应用写作与文案策划实训

王敏杰　主编

陆锋明

张　平　副主编

江苏大学出版社
JIANGSU UNIVERSITY PRESS
镇江

图书在版编目(CIP)数据

应用写作与文案策划实训 / 王敏杰主编. —镇江：
江苏大学出版社,2021.5(2023.7 重印)
ISBN 978-7-5684-1620-7

Ⅰ.①应… Ⅱ.①王… Ⅲ.①企事业单位-汉语-应
用文-写作 Ⅳ.①H152.3

中国版本图书馆 CIP 数据核字(2021)第 097701 号

内容提要

本书根据企事业单位真实工作任务设计写作教学案例,教学内容丰富,写作案例新颖,注重
写法指导。全书共分为十章,内容包括:应用写作概论、事务文书写作与实训、公务文书写作与
实训、会议文书写作与实训、社交文书写作与实训、经济文书写作与实训、司法文书写作与实训、
信息文书写作与实训、实习报告和毕业论文写作与实训、文案策划综合实训。

本书注重教、学、做合一,采用写作任务驱动的教学方法,在激发学生写作兴趣的基础上,指
导学生分析写作案例,有针对性地进行写作训练,切实培养学生的应用写作能力。

本书既可作为普通高校和高职院校应用写作课程教材,也可作为在职人员从事应用文写作
的参考用书。

应用写作与文案策划实训
Yingyong Xiezuo yu Wenan Cehua Shixun

主　　编/王敏杰
责任编辑/米小鸽　任建波
出版发行/江苏大学出版社
地　　址/江苏省镇江市京口区学府路 301 号(邮编：212013)
电　　话/0511-84446464(传真)
网　　址/http：//press.ujs.edu.cn
排　　版/镇江文苑制版印刷有限责任公司
印　　刷/广东虎彩云印刷有限公司
开　　本/718 mm×1 000 mm　1/16
印　　张/22
字　　数/445 千字
版　　次/2021 年 5 月第 1 版
印　　次/2023 年 7 月第 3 次印刷
书　　号/ISBN 978-7-5684-1620-7
定　　价/59.00 元

如有印装质量问题请与本社营销部联系(电话：0511-84440882)

前言

　　本书根据高职高专人才培养目标,以立德树人为根本,注重校企合作,由苏州市会议中心等企事业单位提供写作案例。编写者长期从事应用文写作教学工作,具有丰富的教学经验。本书写作理论精练,写作案例新颖,写法指导具体。本书在提升学生应用写作能力的基础上,增加文案策划实训内容,培养学生的文案策划综合能力,指导学生根据企事业单位真实案例进行文案策划,写作系列策划文书。本书具有以下特点:

　　一、文书类型齐全。本书选编了常用应用文60多种,包括事务文书、公务文书、会议文书、社交文书、经济文书、司法文书、信息文书等几大类。

　　二、教材体例新颖。本书改变传统应用写作教材先介绍写作理论、再附例文的编写体系,采用写作任务引领的方法,各文种按照"案例导入、知识链接、格式扫描、写法指要、写作实训"的体系进行编排。在写作者明确写作任务的基础上,精讲写作理论,注重写法指导,师生共同探讨写作思路,在明确写作思路后进行写作实训,切实培养学生的应用文写作能力。

　　三、教学案例典型。本书的案例大部分由作者深入各企事业单位搜集并加工整理。本书以职业岗位实际写作任务为内容设计应用文写作案例,用贴近企事业单位实际的真实写作任务导入,在激发学生写作兴趣的基础上,指导学生分析写作案例,有针对性地进行写法指导。

本书由苏州市职业大学王敏杰教授担任主编,编写第 1—8 章;陆锋明副教授担任副主编,编写第 9 章;张平副教授担任副主编,编写第 10 章。苏州市会议中心朱青山经理、苏州工业园区管委会研究室刘坤处长提供写作教学案例。主编王敏杰教授负责的"应用文写作"课程以其内容的实用性、教法的生动性、学习的有效性,被江苏省教育厅评为精品课程。"应用文写作"课程网址：http://mooc1.chaoxing.com/course/207088059.html。本书课程网站教学资料齐全,教材配有二维码,方便读者即刻获取相关教学课件。

　　由于时间仓促,以及编写者水平所限,本书难免存在疏漏和不足之处,敬请各位同仁和广大读者提出宝贵意见。

编者
2021 年 5 月

目录

第一章　应用写作概论

教学目标

◎ 比较应用文和文学作品等文体的区别,把握应用文的文体特点。

◎ 熟练阐述应用文主题、材料、结构、语言的特点和要求。

教学指导

◎ 运用比较教学法,比较应用文和其他文体的区别,分析应用文的文体特点。

◎ 运用案例教学法,分析应用文主题、材料、结构、语言的特点和要求。

◎ 学生上网搜集材料,写作介绍自己家乡的应用文和介绍一家世界五百强企业的简介。

◎ 分组选出优秀习作,学生进行课堂汇报,教师点评并分析应用文的写作特点和要求。

第一节　应用文的特点和种类

应用文是国家机关、企事业单位、社会团体、人民群众在日常生活、学习、工作中,处理事务沟通信息时所使用的具有惯用格式和实用价值的文体。应用文写作是社会历史发展的产物,在长期社会实践中形成和发展,并在写作实践中不断演进。

随着信息社会、知识经济时代的到来,各种信息量越来越大,应用文与社会发展、人们生活之间的关系越来越密切,使用频率也越来越高,并逐步走向电脑化、国际化。用人单位对员工的办理事务和处理信息等的应用文写作能力也越来越重视。从事会务工作,需要写作会议通知和会议记录,编写会议简报,写作会议纪要;从事事务工作,需要起草工作计划或实施方案,当工作进行到一定阶段或工作完成后,需要写作情况报告和工作总结;当为领导提供决策所需要的信息资料,提出分析或预测意见时需要写作调查报告;当沟通上下、联系左右时,需要写作公文和信函等。熟练掌握应用文的写作技巧,已是用人单位衡量员工素质和招聘员工的重要标准之一。

应用文写作能力是人的思维能力、知识和文字表达能力的综合体现。具备较高的应用文写作素养和应用文写作能力,是处在当今信息和技术革命时代的人才必备的一项技能。

一、应用文的特点

(一) 实用性

应用文具有明确的写作目的。它主要用来解决工作、学习和生活中的实际问题。如写作个人简历,是为了向用人单位介绍自己的基本情况、教育背景、工作经历、技能特长等,从而谋取工作岗位。写作会议通知,是告知与会者有关会议的议题、议程、时间、地点、会议要求等,确保会议顺利召开。

和反映社会生活的文学作品相比较,应用文的写作目的更直接,在写作应用文的过程中,我们首先要明确具体的写作目的,再思考如何撰写来实现这个写作目的。

(二) 真实性

应用文的写作内容必须真实,完全排斥虚构。无论处理公务或私务,都要以诚信、诚实为基础,内容实事求是,决不能弄虚作假。如写作会议纪要,就要如实反映会议情况,传达会议精神。写作调查报告,就要深入实地展开调研,充分掌握第一手材料,如实反映情况。同时,应用文的真实性还表现在应用文的表述上,语言要求平实准确,不产生歧义。

而文学创作要求的是艺术真实,可以进行艺术虚构,文学作品中的人物不等于现实生活中的原型,故事中的情节也并非照搬生活,不要求写真人真事。但应用文作为解决实际问题的文体,它必须如实地反映客观现实,必须准确无误,一般不使用比喻、夸张、衬托等积极修辞方式,即使是带有艺术性的广告,可以使用文学语言,也不能不切实际夸大商品和服务的内容。

(三) 规范性

应用文在格式上具有程式化、规范化的特点,其写作结构有规律可循。在文学创作中,我们反对格式雷同,走程式化道路,而应用文多具有惯用格式,公文具有规范格式。应用文的格式具有使用的稳定性,所以写作时应根据应用文的具体类型,遵守各自的惯用格式或法定规范格式。

应用文写作在思维方法上侧重逻辑思维,需要把观点阐述清楚,把前因后果、现象和本质分析清楚。体现在文章结构上,要求条理清楚,段落之间具有明显的逻辑关系。如写工作计划,一般先写工作目的,再写具体的工作目标和任务,接着明确完成工作的措施和步骤;写调查报告,一般先介绍调查的目的、调查的对象、调查的时间和地点、调查的方式等,然后就调查的具体情况和结果分项阐述。

（四）时效性

应用文的性质和写作目的决定了应用文的时效性,如写作经济信息和市场调查报告,就是为决策层提供经济信息和决策依据,市场经济瞬息万变,要求经济信息必须及时、有效地反馈给决策部门,以便决策层快速作出反应。

应用文的各个文种都有时间限制,都是针对一定时间内要解决的问题,没有时限就失去了效用,所以,要及时发文,按时办理,这是应用文与其他文体的重要区别。

二、应用文的种类

应用文在各个领域中的应用都非常广泛,本教材按照其内容和写作特点,主要归纳为以下几类:

（一）事务文书

事务文书是指机关、团体、企事业单位或个人在处理日常事务过程中所使用的文书。包括计划、总结、调查报告等。

（二）公务文书

公务文书是指《党政机关公文处理工作条例》规定的 15 种文书,包括通知、请示、报告、纪要等。公文具有法定效力和规范体式。

（三）会议文书

会议文书是指在会议活动中形成和使用的文书。包括会议日程、会议议程、开幕词、闭幕词、会议记录、会议报告等。

（四）社交文书

社交文书是指在不同的社交场合,根据具体情况所写的具有介绍和礼仪性质的文书。包括介绍信、证明信、感谢信、贺信、邀请信、聘书、欢迎词、欢送词、答谢词等。

（五）经济文书

经济文书是指围绕经济活动过程所形成和使用的文书。包括招投标文书、经济合同、市场调查报告、可行性研究报告等。

（六）司法文书

司法文书是指司法机关在办理各类诉讼案件过程中所形成和使用的文书。如起诉状、上诉状、答辩状等。

（七）信息文书

信息文书是指在处理信息过程中形成和使用的文书。如启事、声明、海报、广告、消息、通讯等。

第二节　应用文的主题和材料

一、应用文的主题

（一）主题的含义

任何文章都有主题,它是撰写者通过文章内容所表达出的基本精神或基本观点。应用文的主题与文学作品中的主题是有区别的。文学作品中的主题是作者对所论述的人物和事件的基本看法,它不直接表现,而是通过艺术形象或具体事件借题发挥,或者托物言志,一般来说比较含蓄。应用文写作的目的性和指导性很强,它总是根据某种实际需要而写作,或为说明问题,或为处理事务,或为规范行为。应用文的主题是撰写者在传达政策、告知事项、沟通信息、交流工作时,提出的某个明确的主张、看法、办法和措施等,是事物的客观意义和作者对事物的主观评价在文章中的高度统一。

一篇应用文质量的高低,价值的大小,要看观点、材料、结构和语言诸方面,其中最主要的是看它的观点是不是正确。观点错了,就如同人没有了灵魂;观点含糊,行文的内容就会杂乱无章,文章的意图就不能明确地表达。主题在文章中处于支配的地位,文章材料的取舍,结构的安排,语言的运用,表达方式的选择,以至标题的确定,都要由主题来决定,只有这样,才能使行文的意图得以清楚表达。

（二）主题的要求

主题是应用文的根本,是控制全篇,决定文章成败的关键。应用文的主题强调意在笔先,一般是先确立主题,再组织材料,或者在组织材料的过程中确立主题。因此应用文的主题决定着材料的取舍和使用,统领文章的结构,并制约着语言的运用。

应用文的主题必须符合以下要求:

1. 正确

主旨正确是应用文的基本要求,正确的观点是正确思想的集中表现。因此,作者必须努力学习党的方针政策,不断提高思想政治水平,深入实践,反复分析研究,以获得正确的观点。

2. 集中

应用文基本观点的表达要概括集中。一篇应用文要集中表达一个基本观点,这个基本观点统领全文,是文章的核心,写作时要用简明扼要的语言对全文的基本观点作概要的表述。

3. 鲜明

应用文要态度鲜明地表达出作者肯定什么或反对什么,点明问题的本质和关键,便于读者或受文对象理解。如果主题不明确,让读者慢慢去体会,去琢磨,不仅会影响办事效率,而且容易产生歧义,带来不良后果,违背应用文实用性的原则。

4. 深刻

应用文要求揭示事物的本质及其内部规律,写作者需要全面深入地研究问题,才能弄清问题的症结所在,把握住重点,找到解决问题的办法。主题要有思想深度,要反映和提示客观事物的深层本质,阐明事物之间的必然联系,具有深刻的思想意义和丰富的内涵。

（三）主题的表现

应用文在表现主题方面的独特之处主要体现在以下几个方面:

1. 题中见义

是指在标题中直接点明主题。如《国务院关于实行最严格水资源管理制度的意见》标题就直接点明了该文的主题“实行最严格水资源管理制度”。

2. 开宗明义

是指在开头部分亮出观点、点明主题,给人以鲜明的印象,然后再逐步展开阐述。如某市政府办公室发布的《市政府办公室关于进一步推动非户籍人口在城市落户的实施意见》,开篇写道:“为深入贯彻落实国家和省户籍制度改革电视电话会议精神,进一步推进我市户籍制度改革,努力实现农业转移人口在城镇落户和常住人口基本公共服务全覆盖”,运用目的开头式点明主题,使读者读了开头就明白全文的主旨。

3. 文中点义

是指在行文中,把揭示主旨的观点放在段首或段尾,这种方法适用于较长的文章。长篇文章一般分为若干段,每段用一个观点句统领全段。如《市政府办公室关于进一步推动非户籍人口在城市落户的实施意见》,在第二部分“调整完善户口迁移政策”,分别以“修订积分落户政策”“畅通其他落户通道”“创新户口迁移政策”三个观点句统领每一段的内容,表意明确。

4. 篇末结义

就是在文章结尾处,用简明扼要的文字归纳出主题,加深读者的印象。如某日报刊登了一篇调查报告《短工化渐成年轻人务工新趋势》,调查分析了在农民工群体中出现的旅游式打工的现象,文章结尾写道:“专家建议,解决问题的根本方法应该是体制的调整和法律的规范,完善的农民工的社会保障,实行产业升级,对农民工的需求更加重视。比如改革户籍制度和教育制度、规范劳动合同、稳定劳动关系和维护农民工权益等。同时,还应进一步推进相关法制与政策的完善,加大相关法律法规的执行力度,使劳动关系日益走向稳定。”写作总结类文章或调研报告常用这种方法,在文章的结尾处点明主题。

二、应用文的材料

（一）应用文材料的含义

材料是构成文章的基本要素之一，是写作的物质基础。写作应用文，需要十分重视搜集、积累材料。应用文写作的材料是写作者在日常工作生活中搜集到的，为确立和表现文章观点所搜集、整理的事实、情况、数据、引语等。一篇应用文的质量如何，常常取决于作者所掌握和使用的材料。如果说观点是应用文的灵魂，那么材料就是应用文的血肉。

其作用表现在材料是应用文观点确立的基础。写作一篇应用文，必须占有充分的材料，然后根据主题选择材料。落笔之前，应用文的观点靠材料去确立；落笔的时候，应用文的观点要靠材料来表现和证明。

（二）应用文材料的搜集

要写出有指导性、内容真实、有社会价值的应用文，就要扎扎实实地做好材料的搜集工作。搜集材料时要广泛全面，尽可能多地占有第一手材料，然后进行删选，从中得出正确的观点。

1. 既要掌握直接材料，又要掌握间接材料

直接材料是写作者亲自实践所获得的材料，它最切实、具体、生动、可信，也最有说服力。直接材料可以通过观察和调查的途径获得，有计划、有目的地深入基层，采用一定的方式方法了解和掌握现实生活中的实际情况，获取第一手资料。常用的调查方法有：开调查会，个别采访，实地考察，问卷征集，参加有关会议，阅读有关文件，等等。

间接材料是别人提供的，或是写作者从现成的材料中取得的材料。由于客观条件限制和人的认识能力有限，不可能所有的事都亲身体验，所以，在搜集材料的过程中，可以借鉴他人的成果，总结经验教训，以增长自己的见识，弥补自身的不足。间接材料包括政策材料和本单位业务工作材料等。围绕本单位、本部门和本人的业务工作，有意识地搜集资料，可以为写作提供丰富的材料。一般来说，必须搜集如下材料：党和国家有关政策、方针、纪律、制度；本单位的基本情况，本单位的有关业务的资料；同类单位对比的有关材料；等等。

2. 既要了解现实材料，又要了解历史材料

任何事物都有一个发展变化的过程，要了解事物，就得了解其发展变化的全过程。反映事物过去情况的材料就是历史材料，反映事物现状和结果的材料就是现实材料。现实材料能体现新情况、新经验和新问题，我们要充分重视。但历史是现状的前身，现状是历史的继续。要深刻认识事物，就应该把现实材料和历史材料结合起来，只有全面了解事物运动的全过程，对历史和现状进行全面的分析、比较，才能得出中肯的结论。

3. 既要搜集综合材料,又要搜集个别材料

个别材料是反映具体事实的单个材料,但它不是孤立的只反映个别情况的材料,而是具有代表性的能反映事物本质的材料。把这些同类的个别材料加以集中、归纳,从而反映出事物整体概况的材料叫作综合材料。通常用综合材料来反映事物的广度,用个别材料来反映事物的深度。两种材料结合,使文章既有广度,又有深度。

4. 既要重视正面材料,又要重视反面材料

事物是辩证统一的,我们在搜集正面材料的同时,也要搜集反面材料。总结经验和教训,在肯定成绩的同时,也要借鉴反面的、失败的例子。如果运用恰当,对工作也能起到很好的促进作用。

(三)应用文材料的选择

我们搜集、积累的材料,还要经过一个选材加工过程,才能将这些材料用到文章中去。只有那些能够证明或说明主题的材料才是我们所需要的。选择材料要遵循的原则大体有以下几个方面:

1. 围绕观点选择材料

根据应用文主题的需要来决定材料的取舍,凡是能充分说明观点的材料,均可选取,凡是与观点无关或关系不大的材料,一定要舍弃。

2. 选择真实、准确的材料

写入应用文中的材料是客观存在的事实,是绝对真实的。必须是真人真事,包括时间、地点、人物姓名、企业名称、数字、事件经过、原因、结果、引文等,每一个小细节都要非常真实,不能有一点点虚假,既不能夸大,也不能缩小。

3. 选择典型的材料

典型材料是指能够表现和说明同类事物的实质及其发展规律的最具有特征的材料,它具有广泛的代表性和强大的说服力。典型材料可以起到以一当十的作用,能够揭示出事物的本质和规律。

4. 选择新颖的材料

新颖的材料是指那些反映新事物、新情况、新问题、新矛盾、新经验的材料。新颖的材料具有强烈的时代感,能给读者新鲜感,有吸引力,让人喜欢看,从而达到写作目的。

(四)应用文材料的使用

在材料的搜集和选择之后,还要重视材料的使用,使用得好,就有力地表现了主题,使用得不恰当,就削弱了主题。材料的使用要注意以下几点:

1. 材料与主题相统一

应用文的主题是全文的灵魂,材料是全文的血肉。主题是从对材料的分析、归纳中形成和确立的。主题确立之后,又需要用材料来加以说明。因此,应用文的主

题与材料必须吻合。

2. 材料与文体相符合

有些材料仅作为写作应用文的依据,材料本身并不写入文章。有些材料作为文章的论据或主体,需要写入文章。为了使文章达到更好的效果,更具说服力,对选出的材料要根据文体的需要进行取舍。取舍是否得当,将直接影响到文章的成败。材料取舍的最根本的标准是服从观点的需要。能充分说明观点的就取,不能充分说明观点的就舍。

3. 材料详略得当

应用文写作要根据材料的主次做到有详有略、疏密相间、重点突出。作为主要论据的材料应当详细地写,辅助材料应简略地写,这样才能突出重点。说明现实问题的、新观点的材料应详写,历史性的材料应略写。读者不了解的或特别想了解的要详写,反之,就略写。

第三节　应用文的结构和语言

一、应用文的结构

（一）结构的含义

应用文的结构,是指对应用文的内容进行安排,是应用文的内部组织形式和构造,即文章的谋篇布局,它是撰写者的思路在文中的反映。

结构的作用就是根据主题的需要,合理地安排材料,使主题和材料有机地结合在一起,成为完整严密的有机体。如果把观点看作灵魂,材料看作血肉,那么结构则是整篇文章的骨架。具体来说,观点解决了文章"言之有理"的问题,材料解决了文章"言之有物"的问题,而结构则是解决文章"言之有序"的问题。

（二）应用文的逻辑结构

应用文的结构形式从思维形式看,是逻辑结构;从语言形式看,是篇章结构。应用文的撰写者一般先形成逻辑结构,再形成篇章结构,而阅读者则先了解篇章结构,再了解逻辑结构。逻辑结构一般分为以下几种形式:

1. 总分式

用演绎法处理结构,就成了先总后分式。即先把全文的内容集中概括成为一个总的观点或基本观点,放在全文的开头,然后分成几项或几部分依次加以说明或论述。应用文中往往是先提出总方针、总政策或基本原则作为依据或指导,然后推论或引申出具体方案、意见、措施等。这种结构方式,多用在贯彻执行有关方针、政策、法令、制度等的文书中。

2. 分总式

用归纳法处理结构,就成为先分后总式。即把全文的内容分成若干部分或条款,首先按顺序依次摆出情况,然后加以归纳,得出一个结论。应用文中往往是先分述一系列具体材料,然后根据这些材料总括出结论。这种结构方式,多用在需要一些材料来证明、阐述一个观点的文书中,如调查报告、总结等。

3. 总分总式

即先总述后分述,最后再予以总结。在解决复杂问题的时候,应用文的结构也往往比较复杂,常常把先总后分、先分后总两种情况结合起来。

4. 分条列项式

即把众多、复杂的内容,按其性质分成若干条项予以表述,每一条项前用数字表明顺序。规章制度常用这种结构形式。

5. 递进式

递进式是指以事物或某种现象为脉络,阐明一定的道理或观点的结构形式。这种结构方式,常常包含在总分结构中。在分论的时候,各分论点之间不是平行的,而是纵向展开、逐层深入的。因此,各部分的先后次序不能随便改变,它们的先后位置要按照事物、事理的内部逻辑联系来安排。

6. 图表式

即根据内容的性质,分设若干项来逐项填写。这不仅节省了文字,而且醒目、直观,不易产生歧义。会议日程安排表和经济合同常用这种结构方式,但单独使用的不太多,通常结合其他结构形式使用。

上述几种结构形式在使用中,常常相互交叉、相互结合,各种结构方式都是根据写作目的和内容的需要来确定的。

(三)应用文的篇章结构

1. 开头

开头是应用文的重要组成部分,它应为表达观点服务。文学作品的开头讲究含蓄形象,应用文的开头一般开门见山,直入主题。常用概述式、根据式、目的式、原因式、引文式等开头方式。

(1)概述式。开头概括叙述基本情况,使读者了解写作意图,产生总体印象。调查报告、总结常用这种方式开头。

(2)根据式。开头写明行文的根据,如根据有关政策和上级文件精神,增强应用文的权威性。公文决定、通知等常用这种方式开头。

(3)目的式。开头表明行文目的,用"为""为了"等词语引出下文,如工作计划、规章制度常用这种开头方式。

(4)原因式。开头直接交代写作原因,常用"由于""鉴于"等词语引出下文,有的用叙述的表达方式直接说明原因。如公文通报、函常用这种开头方式。

（5）引文式。开头引用其他文章的内容作为写作应用文的依据。如公文批复，开头一般引用下级的请示内容，再针对请示内容作出答复。

2. 结尾

应用文的结尾，既要符合文种要求，又要做到语言简洁，意尽言止。常见的方式有：

（1）总结式。结尾总结全文，点明主题。如调查报告、总结常用这种结尾方式。

（2）号召式。结尾发出号召、提出希望和要求。如公文通报、会议报告、讲话稿常用这种结尾方式。

（3）说明式。结尾时对与内容有关的问题加以说明，如规章制度在结尾时说明从何时开始执行。

（4）祈请式。结尾用诚恳的语言表达愿望。如"请予大力支持为盼""此请当否，请予批复"等结尾。

应用文也可用自然结尾的方式，结尾或用一些语词如"特此通知""特此报告"等结尾，也可在主体内容写完后，不加其他任何文字，自然结束。

3. 段落

段落是组成文章的最基本的、相对独立的结构单位，是在表达文章主旨时，由于转换、强调、间歇等情况而形成的文章分隔和停顿。

应用文在段落写作时要注意以下事项：

（1）意义单一。即每一段只能集中表达一个中心意思。一段不论由多少句子组成，所表达的意思必须是统一的，必须为表达这一段的主旨服务，不要把几个意思夹杂在一段中说。

（2）内容完整。即每一段都要相对完整地表达出一个中心意思。一段不论长短，都应该把一个意思表达完整，使一段成为一篇文章中一个相对独立的部分，而不要把一个完整的意思分成几个段落来表述。

（3）长短适度。即每一段不能过长或过短。过长增加阅读难度，让人难以把握，过短则难以把意思表达完整和清楚。

4. 层次

层次是应用文思想内容的表现次序，它体现作者的思路。一篇应用文的内容是否有逻辑性，是否恰当地表现主题，主要取决于层次的安排。

层次和段落既有联系又有区别。有时一个段落正好反映一个层次，但是一般而言，层次大于段落，即由几个段落组成一个层次。层次清楚，段落分明，是文章结构最基本的要求。层次安排常见的有以下几种：

（1）以时间为序。就是根据时间推移来安排层次。

（2）以空间为序。就是以空间的变换标志来安排层次。

（3）以问题为序。就是以文章所反映的问题来安排层次。

（4）以工作和活动的发展阶段为序。就是以一项工作、一个事件、一次会议或活动的发展阶段为序来安排层次。

5. 过渡

过渡是文章的段落与段落、层次与层次之间的衔接、转换的方式。它的作用是使文章上下文之间结构紧凑，脉络畅通，以形成一个有机整体。应用文一般在以下几处需要过渡。

（1）内容开合处。内容由总到分或由分到总时需要过渡。如报告在陈述基本情况后，用"现将有关情况报告如下"过渡到下文。又如总结用"综上所说"从分说过渡到总说。

（2）意思转换处。文章内容由一层意思转换为另一层意思时需要过渡。常用"另一方面""但是"等词语进行过渡。

（3）表达方式变动处。当文章的表达方式变动时，如由叙述转为议论、由概括叙述转为具体叙述、由顺叙转为倒叙或插叙、由一种论证方法转为另一种论证方法等都需要过渡。

6. 照应

照应是指文章前后内容上的相互关照、呼应。它的作用是使所表述的事情得到补充、强调。

应用文中的照应主要以下几种方式：

（1）首尾照应。就是开头与结尾相呼应。

（2）前后照应。就是文章前面提到的，后文要有着落；后文写到的，前文要有铺垫。

（3）题文照应。就是文章的内容要与题目相呼应，对标题要作解释和交代。

（四）应用文结构安排的基本原则

1. 结构要正确反映事物的客观规律和内在联系

应用文的结构必须按照事物发展的规律和内在联系来加以安排。如基本观点和从属观点之间、从属观点和从属观点之间、从属观点和材料之间、材料和材料之间采用什么结构，怎样排列，这些都应根据事物的内在联系而定。结构安排得当，能使原本杂乱无章的材料融合为一个有机的整体，真正体现事物的客观规律和内在联系。

2. 结构要服从并服务于主题

结构的问题，其实就是安排开头结尾、先后次序、段落层次、衔接照应等问题。这些问题的处理都要紧紧围绕主题来展开。如果离开了主题，全篇的内容就无法统一起来。因此，我们必须围绕主题来安排结构。

3. 结构要适应文体特点

应用文文种的多样性,决定了其结构形式的多样性。各种文体都有自己的特点,如报告类文体一般按提出问题、分析问题、解决问题的步骤来安排结构。有的文体为了说明、论证观点,往往引用一些具体情况和事实,这些事实的叙述,通常都按事物发生、发展的顺序来安排,而观点的说明和论述则按照事物的内部联系来安排。

4. 结构要适应阅读对象

应用文有明确的阅读对象,因此在写作时一定要重视读者。结构的安排不能忘记为阅读对象考虑,要符合读者的阅读习惯。

(五) 应用文结构的基本要求

1. 完整性

应用文安排结构的目的,是要把全部内容组织成为有机整体,自然就要求文章的结构具有完整性。各个部分既不能各自孤立,又不能相互矛盾,而要密切地联系在一起,共同为阐明一个基本观点服务。

2. 条理性

应用文是以解决实际问题为目的的,应该有明晰的条理,观点材料要经纬分明。为了更切实地解决问题,应用文不能如文学作品一样曲折含蓄,而是必须让读者明白哪是观点,哪是材料。

3. 严密性

为了保证应用文各个部分之间的紧密联系,使全篇构成一个有机的整体,就必须要求各部分之间有严密的逻辑性。首先,要求材料和观点统一,各个小观点也要相互配合,共同为阐明、论证基本观点服务。其次,要找到各个部分之间逻辑上的必然联系。最后,要全面地考虑问题,不能顾此失彼,不能强调一面就忽视另一面。总之,思考一定要严谨周密,表现在结构上就不会破绽百出,经不起推敲。

二、应用文的表达方式

应用文的表达方式是作者借助语言文字反映客观事物的方法和手段。表达方式是文章构成的要素之一。写作时,应当根据主旨的需要和文体的特点而运用不同的表达方式。

(一) 应用文的主要表达方式

应用文使用的表达方式有叙述、说明、议论、描写和抒情等五种,但常用的是前三种,后两种只偶尔在消息、广告和调查报告等文种中出现。就是前三种表达方式,应用文与其他文章也有明显区别。

1. 叙述

叙述就是把人物的经历或事物发生、发展、变化的过程表述出来。应用写作离不开叙述,通过叙述,介绍情况,反映动态,为制定政策或作出决策提供依据,有力地促进工作的开展。叙述方式很多,主要有以下两类:

(1) 按顺序分,有顺叙、倒叙、插叙。

顺叙,即按照人物的经历或事物的发生、发展的先后顺序进行的叙述。这是一种最基本的叙述方法,它从头到尾,脉络分明,易于被读者接受,给人以完整的印象。运用这种方式,要注意材料的取舍,不能罗列现象,也不能平均用墨。

倒叙,即根据内容表达的需要,把事件的结局或最突出的片段提到前面来写,然后再回到事件发生、发展的时间顺序上接着叙述。恰当使用这种表达方式,能制造悬念,突出重点,提高读者的阅读兴趣。写作时要注意,在由倒叙转为顺叙时应有过渡,使文章衔接自然。

插叙,即在叙述的过程中,由于表达的需要,暂时中断了原来的叙述,插入有关的另一件事情进行叙述。运用这种表达方式,可以增加文章的容量,使文章表达更加充分严密。运用插叙,一要看内容是否需要,二要注意文字不宜过多,三要考虑起讫处的过渡。

(2) 按详略分,有概叙和详叙。

概叙,即比较浓缩的、概括性的叙述。它能加快文章的节奏,增加内容的广度,开阔读者的视野,给人一个整体的印象。概叙是应用写作最常用的叙述方式之一,不作精雕细刻,只作粗线条勾勒。

详叙,即充分展开的具体叙述。它内容丰富,介绍详细,使读者更多地了解有关情况。

2. 说明

说明就是用简洁的语言解说事物、阐释事理,将说明对象的形态、性质、特征、功能及成因等解说清楚。应用写作常常使用说明,主要用于表明目的或依据,总结成绩和不足,归纳经验和教训,介绍有关情况等。常用的说明方法有以下几种:

(1) 定义说明。即用简明的语言揭示事物的本质属性。它使读者明确概念,了解事物之间的区别,要求语言准确,有科学性。

(2) 诠释说明。即对说明对象的性质、特征、构成、功能、用途等进行具体的解释。运用诠释说明,表达要精确,言简意赅,切忌言不及义、含糊其辞。

(3) 分类说明。即把说明对象按照一定的标准,分成不同的类别,然后逐一加以说明。分类说明可以显示不同事物的差异性,便于读者掌握不同类型事物的特征。

(4) 举例说明。即举出实例来说明事物,把抽象、复杂的事物或事例说得具体清晰,增强说服力。举例说明要有真实性和典型性,举例应扼要,只概括介绍,不具体展开。

(5) 比较说明。即通过事物之间的相互比较来突出其特征。运用比较说明要注意比较的事物要有明确的相比点,要尽量用人们熟悉的事物来比较。

（6）引用说明。即援引有关资料来增强文章的真实性和说服力。引用说明要引得恰当、准确，不能堆砌材料。

（7）数字说明。即用数据说明事物，使读者从量的方面认识事物的本质特征，数字的来源要可靠，表达要准确。

（8）图表说明。即用图形、表格的方式来介绍有关情况。图表说明要合乎规范，与文字表述巧妙结合。

3. 议论

议论就是议事论理，通过概念、判断、推理等逻辑思维方式，对事实、事理进行分析、议论，以明辨是非，阐发道理，从而表明作者的态度和见解。

应用文的议论，同一般议论文的要求不同。一般议论文为了充分阐明事理，说服对方，要求完整地具备论点、论据、论证三要素，并要求有严密的逻辑推理的过程，分析不仅力求深透，而且要求全面周到。应用文侧重实际问题的解决，要求以确凿的事实为基础，以切实的政策、法规为依据，论证力求简明，议论要抓住要点，不能滔滔不绝地发表长篇大论。常用的议论方法有：

（1）例证法。即以事实为论据，举例证明论点。例证法是运用归纳推理的形式进行论证的，说服力强，易于被读者接受。运用例证法，要以真实、典型的事实为依据，要善于对事实进行科学的归纳。

（2）引证法。即引用权威性论述、科学上的公理及定理、生活中的道理等来证明论点。引证法的关键在于所引用的内容真实可信，而且少而精。

（3）因果法。即通过分析问题，揭示事物本身的逻辑关系，从而证明论点的正确性。使用时要注意逻辑的严密性。

（4）喻证法。即借助于打比方进行形象化的论证，使论证通俗形象。注意拿来打比方的事物必须是人们比较熟悉的，而且有深刻寓意。

（5）类比法。即比较两种事物在某些特征上的相似，从而得出论断的方法。用作类比的事物之间必须有相似点，相似点越多，推出的结论越可靠。

（6）对比法。即将两种性质、特征截然相反的事物加以对照，使它们的本质显现得更加鲜明突出。要注意两种事物必须是对立的，能帮助人们分清是非。

（7）反证法。即不从正面直接证明自己论点的正确，而是从证明与这个论点相反的论点的荒谬入手，来间接证明自己论点的正确。要注意两个论点性质相反，不可共存。

（8）归纳法。即以事实为论据，从许多个别事例中归纳出一般性的结论，就是先分析后综合。

（二）应用文的表达特点

1. 直接性

应用文以实用为目的，运用表达方式时要使读者一目了然，与文学作品中运用表达方式有很大的差别。如叙述，要求朴素、准确，不要求铺叙，也不要求情节的曲折、生动、离奇和引人入胜；说明，只求平实、简洁、恰当；议论，体现简明性，其笔调往往是论断式、评论式和总结式的。这几种表达方式的运用，都体现了直接性的特点。

2. 概括性

应用写作的表达，讲究高度的概括性，笔墨集中，要言不烦。具体地说，在应用写作中，不要求详细陈述事物的发展过程，而是抓住事物的特征对其进行叙述；不需要面面俱到地解说事物和事理，只以简约的文字说明应该怎样做，不应该怎样做；不需要作反复的推理和多次的证明，应当一针见血地进行评析，单刀直入地提出观点。

3. 综合性

应用文种类繁多，是以性质和用途分类的，不像记叙文、说明文、议论文则以表达方式为主要标准划分文体。在应用写作中，虽然个别文体以一种表达方式为主，如产品说明书重在说明，总结多是叙述等，但更多的文体是叙述、说明、议论综合运用。如讲背景、经过、情况时用叙述，解释原因时用说明，分析性质、下结论时用议论。

在实际的写作过程中，这三种表达方式往往互相交织、互相融合，不可截然分开。特别是在解决一些比较复杂问题的应用文中，必然要运用多种表达方式，只有这些表达方式的综合应用，才能充分完整地将问题表述清楚。

三、应用文的语言

应用文语言指应用文语体的语言，不是指某些偶然出现的应用文语言现象或某一篇应用文的具体语言。应用文语言的性质，指的是应用文语言不同于其他文体语言的根本属性。

（一）应用文语体的种类

所谓"语体"，是指各类文章由于体裁样式的不同，各自所具有的语言运用特点的体式。即根据主旨表达的需要，选用相应的文体，不同文体有不同的语言运用特点，形成语言体系，即由词汇、语法、修辞手法及章法等语言材料、表现方法等共同构成的体系，统称语体。

应用文的语体以实用为目的，大致可以分成三种：事务语体、科技语体和宣传鼓动语体。

1. 事务语体

事务语体主要用于事务文书和行政公文。它按不同的文体及其应用场合形成了若干固定的格式。这类语体措辞准确、庄重，句法完整、严谨，避免夸张、拟人等形象描写手法，叙述有条理，论理有逻辑，书写有格式。事务语体的特点如下：

（1）具有准确性、简明性、程式化等特点。

事务语体具有实用性，而且要求及时、针对性强，因此其语言必须准确，内容必须简明扼要，行文必须严格按照一定格式。

应用文的开头、结尾、过渡等结构中，常有一些习惯用语。开头用语如：兹因、为了、根据、关于、遵照等，它们作为导语或引语，在文件的开头提出根据或理由。结尾用语如：为要、为盼、为荷、此复、此致敬礼等，这些词语具有不同的功用，含有不同的语气，使用时要根据需要加以选择。过渡用语如：为此、对此、因此、据此等，这是用于陈述情况、事实和理由之后，引出办法、措施和意见的过渡词语，具有照应的作用。

（2）用语简洁。

应用文经常使用一些专用词汇和一些习惯用语，并保留了一些古语词。如"特此函达""当否，请批示""值此……之际""此致""为荷""欣悉""欣逢"等。

（3）句法要求严格。

句式周密严谨，句子结构完整。在修辞上，一般不用比喻、夸张、拟人等修辞格。

（4）篇章结构规范。

事务语体有严格的要求，如公文包括文头、行文、文尾三个部分，运用公文体式。又如书信和简报都有约定俗成的格式。

2. 科技语体

科技语体主要用于专业文书，其特点是：大量运用术语、符号、公式和图表；句式平整、变化少；一般不用修辞格；语言平实，多采用客观性描述方式。

掌握科技语体是从事应用文写作的前提之一。例如，财经行业的范围比较大，其专业用语也较多，如财政方面有预算、决算、税收、赤字等，财会方面有固定资产、流动资金、发票、收据、凭证等。这些术语对于写作应用文是非常重要的，如果对财经工作的术语一无所知，就根本无从下手。

科技语体要求概念准确，判断严密，推理周密，即有明确的论题，运用充足的论据，进行科学的论证。表达方式主要以议论为主。

3. 宣传语体

宣传语体主要用于新闻、广告、讲话稿等。如新闻通过对新闻人物和新闻事件的阐述，表彰先进，批评错误，引导社会舆论；讲话稿通过向公众进行宣传和动员，它的目的在于表明自己的立场、观点，要求以理服人，并具有强烈的鼓动性和巨大的号召力。

宣传语体的特点是词语运用准确严密，运用的语言材料要求广泛，可以适当运用形象化的词语，较少使用活泼幽默的修辞格，多使用整齐对仗的修辞格。

（二）应用文语体的要求

应用文不论属于哪种语体,都属于实用语言的范畴,其共同的语体要求是:

1. 准确

准确就是指应用文的语言要恰如其分地表达应用文的内容,使人一看就知道应用文的中心思想和基本精神。

要注意应用文语言含义的单意性,绝对不能模棱两可。应用文写作是为解决实际问题,它是从实际出发,有明确的写作目的,作者的表达只有符合当下的客观现实,其写作才能产生现实意义。

应用文写作中所涉及的人与事,一定要确有其人其事,情节、细节、数字都不能虚构。

在文字表述上,要做到准确鲜明,简练畅达,言简意赅,直白而不含蓄,不能有歧义。

当然,还有些小的细节问题,如标点符号错误或错别字,同样也会损害应用文语言的准确性。有时候一点之差、一字之差,就会引起法律纠纷。因此,对于这些问题也应给予高度重视。

2. 简练

简练就是所谓的"言简意赅",语言简练,但意思却充分明白地表达出来。简练包含两层含义,一是简洁,二是精练。

简洁是基本要求。写得简洁,能节省时间,提高办事效率。究竟怎样才能做到简洁呢? 应用文以实用为目的,凡是不能说明观点或与观点关系不大的材料都应删去;众所周知的情况不用再具体细讲;重复啰唆的语句,不但无助于问题的解决,而且会使人生厌。

精练就是力求用较少的语言表达较丰富的内容。应用文要求语言精练,正是考虑到时间、精力的宝贵,是追求高效率的一种表现。精练是用较少的语言表达丰富的内容,关键是要表达得清楚、明白。

3. 平实

平实就是平易、朴实。应用文的价值在于实用,首先,语言平实要反对假、大、空、浮。应尽量不用或少用修饰语,争取做到用语朴素实在。其次,就笔法而言,尽量做到平直,叙述问题采用直陈的方式,不要在语言上哗众取宠。写作过程中,上级对下级作指示、提要求,用词、语气方面既要体现严肃、庄重,又要做到平和、透彻,使人心悦诚服;下级向上级反映情况、请示工作,用词、语气方面既要体现尊重、礼貌,又要避免曲意奉承。

4. 规范

应用文的结构有一定的定型性,不同文体有其固定的格式,因此,在行文过程中,我们要注意其规范性,即注意标准性、规定性和统一性。如行政公文要按国家规定的统一标准写作,格式、用纸、撰拟程序、立卷存档乃至数字、简称、修改符号、计量单位等的使用,都应符合国家统一规定的标准。

要培养应用文的语言表达能力,除了多听、多看、多记之外,还要多写、多练,从习作训练中把握应用文的语体风格,掌握应用文的习惯用语。

修改文章也是提高写作能力的重要途径。应用文的表现形式多种多样,同一内容可以用不同的表现形式,人们在修改文章的过程中,往往能发现自己写作的优点和不足,找到最合适的表现形式。而通过修改发现自己写作上的优缺点,往往比他人的指导更能提高自己的写作能力。

综合训练题

一、比较应用文和文学作品在主题、材料、结构和语言等方面的区别。

二、上网搜集某企业的资料,介绍某企业的经营业务范围、企业管理理念和企业文化等,写作一篇某企业简介。

三、某某班级举行主题班会,要求学生介绍自己的家乡。

1. 运用简洁的语言列出家乡的几个特点。

2. 以这些特点为自然段,写一篇介绍自己家乡的应用文。

四、某某学校最近出现了学生由于厌学、失恋、悲观等原因而产生轻生念头的现象,为了引导学生树立正确的人生观和价值观,学校将举行演讲比赛。

1. 提炼主题,写出演讲稿的开头和结尾。

2. 围绕主题,说出演讲稿的主体部分将运用哪些材料。

第二章 事务文书写作与实训

教学目标

◎ 掌握各类事务文书的写作内容和写作结构。

◎ 能够熟练写作各类事务文书。

◎ 重点掌握计划、总结、调查报告的写作技巧。

教学指导

◎ 运用案例教学法,指导学生掌握各文种的写作技巧。

◎ 运用分组讨论的形式,全班学生以学习小组为单位,选择某一企业为写作背景,以企业开展的某项活动为写作内容,如企业开展产品质量月活动、员工培训工作、产品促销活动等,要求学生写作活动计划、活动总结、调研报告和工作简报,全组同学一起构思、写作并修改,激发学生的写作兴趣。

◎ 采用情景模拟、角色扮演的教学方法,学生在搜集材料的基础上,根据活动的内容,模拟企业活动场景,展示写作内容。

◎ 采用习作交流的形式,分组交流学生习作,并由学生互评,教师及时指导。

◎ 写作实训部分可运用分组讨论的形式,每个小组派一位代表汇报写作提纲,要求学生利用课余时间上网查阅写作资料,撰写电子文稿。

事务文书是指用来沟通信息、总结经验、研究问题、指导工作、规范行为的文书。事务文书在日常工作和生活中使用非常广泛,如:因工作需要用以证明自己的能力就要写作个人简历和自荐信;为了完成一定时限内的某项工作或学习等任务需要制订计划;对工作实践进行回顾检查、分析评价就要写作总结;对客观事物进行调查研究,揭示事物本质和规律需要写作调查报告;等等。

写作事务文书都是为了解决实际问题,需要了解实际情况,进行周密的调研,在工作中搜集积累材料,并以党和国家的方针政策为依据,内容要实事求是。

事务文书的格式虽不似行政公文那样程式化,但各类文种都有约定俗成的格式,要求结构严谨、层次分明、突出重点、表达准确。

第一节　个人简历、自荐信

一、个人简历

⇨ 案例导入

根据你所学专业，确定求职意向，查询用人单位的招聘启事，围绕应聘岗位的工作职责和要求，制作一份个人简历，向招聘单位介绍你的学习经历、工作经历和技能特长等内容。

⇨ 知识链接

（一）个人简历的内涵

个人简历是求职者求职或因工作需要用以证明自己具备的资历、能力和条件而写作的文书。一般包含自己的基本信息：姓名、性别、年龄、民族、籍贯、政治面貌、学历、联系方式等，以及学习经历、工作经历、技能特长、获奖情况、自我评价、求职愿望等。制作一份能充分展示自己的个人简历对于求职至关重要。

（二）个人简历的类型

个人简历根据写作内容的侧重点，可分为以下几种类型：

1. 以工作经历为内容编写的简历

这类简历以时间为顺序介绍工作经历，适合工作经历丰富者使用。如单位要聘请培训师，要求培训师提供个人简历时，一般在简要介绍个人基本信息后，以时间为顺序着重介绍培训工作经历。

2. 以所学专业为内容编写的简历

这类简历围绕所学专业，强调的是个人的专业技能。这类简历内容全面，可分几个模块全面介绍个人的学习经历、实践经历、能力特长、获奖情况、自我评价等，适合应届毕业生使用。

3. 以工作业绩为内容编写的简历

这类简历强调的是个人在以前的工作中取得过什么成就、业绩。应届毕业生没有工作经历，不适合使用这类简历。

⇨ 格式扫描

个人简历可以是表格的形式，也可以是条文的形式，一般包括标题和正文两个部分。无论采用什么形式，都要求层次清楚、重点突出。

（一）标题

标题居中，直接写明"个人简历"。有的简历有针对性，可在简历名称前加上工作内容，如"建筑装饰工作简历"，也可在简历名称前加上岗位名称，如"培训师个人简历"。

（二）正文

正文一般包括基本信息、学习经历、工作经历、技能特长、自我评价等。

（1）基本信息：包括姓名、性别、出生年月、籍贯、政治面貌、婚姻状况、身体状况、求职意向、联系方式等。

（2）学习经历：包括毕业学校、所学专业、毕业时间、获得的毕业证书和学位证书、学习课程等。

（3）工作经历：以时间为顺序介绍工作经历。应届毕业生既可介绍在校期间从事班级、学生会、团委、社团、志愿工作等的经历，也可介绍在校外从事社会实践、实习工作等的经历。

（4）获奖情况：既包括获得的优秀学生、优秀学生干部、优秀团员、奖学金等方面的荣誉，也包括参加比赛获得的荣誉。

（5）技能特长：既可介绍专业技能特长，也可介绍外语、计算机、音乐等方面的技能特长。

（6）自我评价：根据求职意向，评价自己的工作态度、工作理念、工作能力等。

个人简历的内容应简明扼要，突出与求职岗位要求相关的内容，凡正文提及的内容一般都要用附件佐证。附件包括获得的技能证书、个人获奖证书、学习成绩证明、工作经历证明等。

⇨ 写法指要

【例文 2.1】

培训师个人简历

×××，男，1964 年 8 月 9 日出生，××大学教授，主要培训公文写作与处理、应用文写作、秘书学、秘书写作等课程。

一、主要学历

1982.9—1986.7，在××师范大学中文系读书，获文学学士学位；

1986.9—1989.7，在××大学文学院读书，获得古代文学硕士研究生文凭，获文学硕士学位。

二、培训经历

（一）20××年为××市人民政府培训公务文书写作；

（二）20××年为××区财政系统培训公务文书和简报写作；

（三）20××年为××客运服务公司培训调研工作和调研报告写作；

（四）20××年为××市财政局培训财政信息写作；

（五）20××年为××区科技园培训商务文书写作。

三、培训特点

培训工作能针对学员特点，精心设计培训教学内容和教学方法，灵活运用案例讨论、实例演练、情景模拟、文章互评的教学方法，注重教、学、做合一，切实培养学员的学习能力。在培训过程中，能以自身敬业的工作作风、严谨的治学态度、科学的思维方法影响和教育学员，由此增强了培训师的人格感染力，培训效果显著。

联系电话：138×××××××　电子邮箱：×××××@sina.com

【例文 2.2】

个人简历

姓　名	×××	性　别	女	出生年月	1993.09.19	
籍　贯	江苏省××市	民　族	汉族	身体状况	健康	
政治面貌	团员	身高	165cm	求职意向	文员 行政助理	
毕业院校	××职业大学		学　历		专科	
所学专业	文秘		身份证号		×××××××××××××××	
毕业时间	20××年6月		联系电话		××××××××××	
家庭住址	江苏省××市××区××新村××号		邮政编码		××××××	
			E-mail		×××××@qq.com	
主修课程	秘书实务、办公自动化、应用文写作、秘书专业英语、现代礼仪、沟通技巧等					
实践经历	20××年7月—8月在××公司实习，从事文员工作。20××年11月在××公司实习，从事销售工作。20××年7月—8月在××文印店兼职，从事打字、文印等工作。					
专业技能	1. 英语：通过全国大学生英语四级考试，具有良好的听、说、读、写能力。 2. 计算机：通过国家计算机一级考试，能熟练操作常用办公软件(如 Word、PPT、Excel 等)。 3. 秘书礼仪：熟练掌握礼仪规范，并多次在学校参加礼仪服务。 4. 应用文写作：熟练写作各类应用文，曾在学校杂志《文苑》上发表5篇文章。					

获奖情况	20××年度被评为系优秀学生干部。 20××年度获得学校二等奖学金。 20××年度参加学校秘书职业技能大赛,被评为十佳秘书。
自我评价	本人熟练掌握文员、行政助理岗位所需的工作技能,工作细致,时间观念强,工作执行力强,工作效率高,有强烈的责任感,注重团队合作,擅长人际交流,具有较强的沟通协调和组织管理能力。

【评析】以上两份简历,一份采用条文式,重点介绍自己的培训工作经历,这是有针对性的应聘培训师的个人简历;一份采用表格式,围绕所学专业展示自己的学习实践经历和技能特长,是应届毕业生求职的简历。要写出一份出色的个人简历应注意以下几个方面:

一是内容真实。个人简历要如实介绍自己的经历,内容实事求是,不写空话套话。如第二份简历写自己的实践经历时,写清楚自己何时在何单位从事何种工作。不能笼统地写"我曾经在某单位参加过工作实习",用人单位需要了解你具体有哪方面的工作经历。

二是突出重点。个人简历要根据不同岗位的特点,重点介绍与岗位要求相对应的技能特长,突出自己的竞争优势。如第一份简历突出了自己的培训内容、培训经历和培训特点。

三是语言凝练。简历的语言要简短、准确、规范、新颖,篇幅限制在一页纸以内。冗长的简历会使招聘者失去阅读兴趣。两篇例文层次清楚,每层都有醒目的观点句,言简意赅、表达流畅。

⇨ 写作实训

1. 制作一份个人简历,向招聘单位介绍自己的学习经历、工作经历和技能特长等内容。

2. 你所在学校的学生会要招聘干事若干名,包括宣传干事、文娱干事、体育干事、生活干事等,学生会要求有意应聘者先递交一份个人简历。请你制作一份个人简历,有针对性地应聘某一岗位,介绍自己的特长。

3. 下面是一份个人简历中介绍社会实践部分的内容,请指出存在的问题。

(1) 20××年1月—2月,在家乡利用寒暑假摆地摊。

(2) 20××年7月—9月,在××饭店兼职。

(3) 20××年11月—12月,曾做过社会调查活动。

二、自荐信

××科技有限公司需要招聘一名人事助理,招聘信息如下:

职位要求:人事助理,性别不限,大专以上学历,性格开朗大方,具有良好的语言沟通、管理、培训能力,英语四级,电脑熟练,工作认真负责。

请根据以上职位要求进行自我推荐,写一篇自荐信。

知识链接

（一）自荐信的内涵

自荐信是向用人单位作自我推荐的书信,应根据用人单位的情况和要求有针对性地介绍自己、推荐自己。

自荐信不同于个人简历。自荐信是书信的形式,可以有重点地充分展示自己的竞争优势;简历是简要介绍经历,可以附在自荐信后,也可以单独使用。

（二）自荐信的特点

1. 内容真实

只有实事求是、充分而又恰到好处地展示自己的才华,才能有机会受到用人单位的赏识。

2. 态度诚恳

写求职信前,要尽量了解用人单位和应聘岗位的情况,做到知己知彼。字里行间要表现出诚挚的态度,用恳切的言辞证明自己是最合适的人选,做到以诚动人。

3. 语言简洁

自荐信篇幅一般不宜过长,有些基本情况可以通过个人简历和证明材料让用人单位知晓,要侧重介绍自己能够胜任某项工作的能力。

格式扫描

自荐信的基本内容和结构如下:

（一）标题

要用较大的字体在用纸上方标注"自荐信"三个字。

（二）称呼

顶格写用人单位的名称,前用"尊敬的"加以修饰。如果直接向主管领导推荐自己,可以写领导的姓名和职务,如"尊敬的××总经理"。

如果是普发的自荐信,可以用泛称,如"贵单位领导""贵公司人力资源部经理"等。

（三）正文

正文包括以下内容：

1. 问候致意

在称谓之下，另起一行空两格书写，如"您好！非常感谢您百忙之中抽空阅读我的自荐信""百忙之中打扰您，恳请您能读完我的自荐信"。

2. 自我介绍

简要介绍自己的基本情况，如"我叫×××，是一名即将跨出校门走向社会的应届毕业生，毕业于××大学××专业"。

3. 自荐目的

写明信息来源、求职意向、承担工作目标等项目，要写得明确具体，如"我从××报上获悉贵公司的招聘信息，我有意应聘文员一职，我能胜任处理办公室事务、撰写文稿、承办会议和活动等工作"。

4. 展示条件

根据应聘的职位写明自己的才能和特长，充分展示自己在专业知识、工作能力、技能特长、工作表现等方面的竞争优势。

专业知识要分清主、辅修专业课程和成绩状况，对于英语、计算机、普通话证书等级的情况一一说明。

工作能力要结合具体实例写明自己在沟通协调、组织管理、社会调查和处理问题等方面的能力。有特殊技能的也要强调，如办公设备的操作实践、文体、绘画、写作、口才等特长，以充分展示自己的能力，突出个性特征。

工作表现要从活动和绩效两方面来写，如敬业态度、奉献精神、合作意识等方面，并以获奖证书、资格证书作进一步证明。

5. 表达愿望

表达加盟对方组织的热切愿望，展望单位的美好前景，期望得到认可和接纳。如"我期待着贵公司的好消息，我会用自己的努力证明我的能力""如能有幸成为贵公司的一员，我将竭尽所学，为公司的发展贡献自己的力量"。

6. 祝颂语

按书信格式写上"此致　敬礼""恭候佳音"此类语句。

（四）落款

在正文右下方署名，日期写在署名下方。

自荐信的证明材料可以作为附件在书信之后标注。附件是自荐信的重要组成部分，包括学历学位证书、获奖证书、课程成绩单等相关证明材料。

为了便于用人单位联系，在附件之后写明自己的联系方式，包括联系地址、联系电话、电子邮箱等。

【例文 2.3】

自荐信

贵公司人力资源部经理:

　　您好!

　　感谢您在百忙中抽空翻阅我的自荐信,我从《××日报》上的招聘信息中获悉贵公司需招聘一名文员,特写信应聘,期待贵公司能为我打开通往机遇与成功的第一扇大门。

　　我是××大学管理系行政管理专业 20××届毕业生,久慕贵公司盛名,深知贵公司实力雄厚,拥有先进的管理理念和企业文化,若能用我所学知识和技能,为贵公司效力将是我最大的荣幸。

　　在大学学习期间,我认真系统地学习了行政管理专业的基础知识和专业技能,成绩优秀,多次获得奖学金。课余时间我参加学校组织的文学社、书画社,参与朗诵、演讲和书法比赛,曾获得学校演讲比赛第一名,社团活动培养了我的写作能力、语言表达能力和组织管理能力。

　　"纸上得来终觉浅,绝知此事要躬行",我利用寒暑假深入企事业单位参与社会实践,曾在××科技发展有限公司、××街道、××广告策划公司等多个单位实习。在××科技发展有限公司行政部实习期间,我了解了企业的运作模式和管理方式,参加了员工培训,掌握了企业管理知识,在办公室事务管理、会议组织及文书写作等方面积累了一定的经验,并撰写了《浅议商务会议与活动的组织技巧》《论企业文化在行政管理中的运用》等多篇论文。丰富的社会实践铸就了我自强自信、奋发向上的精神品质,我认为一个人只有把聪明才智运用到实际工作中去,服务于社会,才能真正体现自身价值。

　　请贵公司给我一片土壤,我会用智慧和勤奋去耕耘。我坚信,路是一步一步走出来的,只有脚踏实地、努力工作,才能发挥出人的全部潜力,做出优秀的成绩,实现人生的最大价值!

　　随信附上个人简历,衷心希望贵公司能给我一个机会,我会用行动来证明自己,竭尽全力为贵公司效力,为公司的事业发展贡献我的才智。

　　祝
贵公司事业兴旺!

自荐人　×××敬上

××××年×月×日

附件：

1. 个人简历

2. 毕业证书、获奖证书复印件

3. 社会实践证明材料

联系地址：（略）

联系电话：（略）

电子邮箱：（略）

【评析】这是一名即将毕业的大学生应聘文员岗位的自荐信。称谓用泛称"贵公司人力资源部经理"，开头表达感谢之情，并说明求职意向。正文首先介绍自己在校学习和参加活动比赛等情况，紧扣应聘的文员岗位突出自己的"写作能力、语言表达能力和组织管理能力"；接着介绍自己的社会实践经历，重点介绍自己在公司行政部实习所获得的经验；最后表达自己的愿望，并在文后附上相关证明材料。语言表达简洁流畅。

【例文 2.4】

自荐信

尊敬的吴老师：

您好！

我是您的学生李××，感谢您给我一次自我推荐应聘班干部的机会。我想担任班长一职，现将我的能力简述如下：

来自江南水乡的我，在自信中透着细心，在缜密中显示灵动。我拥有强烈的责任心和团队意识，热爱班级工作，乐于为同学们服务，协助老师做好班级工作。

中学阶段我曾担任班长职务三年，事实证明我有能力把班级的各项活动组织好、开展好，使我们的班级真正成为一个团结、活泼、向上的先进集体。

我待人友善、热情开朗、团结同学，拥有良好的人际关系；我积极进取，有良好的生活工作态度和学习习惯。

我善于通过团队合作来更好地完成工作，办事效率高，有极强的时间观念，能及时完成老师布置的各项任务，以极大的热情投入学习和工作。

我有较强的组织管理能力，在工作中能主动听取同学们的意见和建议以更好地完成工作。我会积极组织同学们参加学校组织的各项活动，并经常组织班级集体活动，增强班级凝聚力，让同学们彼此了解，加深友谊。

如果我能担任班长这一职务，我将在日常班级管理中做到一丝不苟，培养同学们的自觉性和优秀品格。我将以身作则，严格要求自己，同时也会严格要求每一位同学,营造良好的班风学风。

恩请老师能够给我这个机会,我会交上一份让您满意的答卷。

此致

敬礼

您的学生　李××敬上

××××年×月×日

【评析】这是一名大学生应聘班长职务的自荐信,开门见山表明应聘职务,主体部分能针对班长的工作职责介绍自己拥有强烈的责任心和团队合作意识,有较强的组织管理能力等,结尾用简洁的语言表达愿望,态度诚恳,充满自信。

⇨ 写作实训

1. 根据案例导入中的内容写一封自荐信,应聘××科技有限公司人事助理职位。

2. 根据自己的特长爱好写一封自荐信,向班主任推荐自己担任班级某一职务。

3. 阅读下面这封自荐信,指出存在的问题并改正。

自荐信

尊敬的班主任老师:

您好!

我是你班级的学生×××,借此机会,我向你推荐自己。现将基本情况简介如下:

在思想上,我拥有良好的道德修养,遵守班级纪律。我积极主动参加学校组织的活动,认真负责地做好自己该做的每一项工作。

在学习上,我刻苦学习,努力学习专业知识,注重吸取各个方面的知识来丰富自己。

在生活中,我是一位懂得生活的人,具有良好的生活习惯,从小就养成了勤劳的习惯。

我希望在此次的班委选举活动中,我可以获胜。我希望你可以给我这个机会,并给我一个答复。

×××

××××年×月×日

第二节 计划、总结

一、计划

⇨ 案例导入

××市鸿远展览服务有限公司是鸿远国际集团在××市的独资公司,公司资金雄厚,组展能力强,运作规范,是致力于中国展览业服务、促进国内外企业经贸合作和开拓市场的大型专业展览公司。在公司成立五周年之际,公司决定在本市凯莱大酒店举行庆典活动,时间是20××年10月20日16:00—20:00,参加此次公司周年庆典晚会的总人数约有100人,属半开放式的中型员工会议,邀请了两家合作伙伴公司中天公司和永业公司的代表以及多位客户代表参会。

为了能充分展现晚会喜庆气氛和公司业务实力,在对庆典晚会规模、性质、晚会现场周边交通条件、会场附属设施和经费情况等因素作综合分析后,请代××市鸿远展览服务有限公司拟写一份庆典晚会策划方案。

⇨ 知识链接

(一)计划的内涵

计划是党政机关、社会团体、企事业单位和个人,为了实现某项目标和完成某项任务而事先拟订目标任务、实施措施和步骤的文书。

计划主要用于对未来的工作任务预先拟订目标,明确工作内容,制订实施步骤,并明确措施。有了计划,工作就有了明确的目标、具体的步骤,就可以协调大家的行动,增强工作的主动性,减少盲目性,使工作有条不紊地进行。同时,计划本身又是对工作进度和质量的考核标准,有较强的约束和督促作用。所以计划对工作既有指导作用,又有推动作用。

(二)计划类文书的名称

计划不是单一的文种,是计划类文书的总称,叫作"计划性文体"。因为涉及内容和时限的不同,主要有以下几种名称:

1. 计划

计划是布置常规性的工作任务,如单位制订的年度计划、季度计划、月度计划。

2. 安排

安排是对短期内的工作进行具体布置,如××公司人力资源部第五周工作安排。

3. 规划

规划是全局性的、长远的、带战略性质的发展计划,可以用它来制订发展远景和总目标,以划分实现远景目标的大的阶段与步骤,如××公司"十四五"发展规划。

4. 要点

要点是为了实现某一工作目的,对所要做的工作提示出主要内容的计划。一般是上级机关指导下级机关工作,明确工作要点,以文件形式下发,如××市公交总公司20××年工作要点。

5. 方案

方案是对专项工作作出全面部署与安排的计划。要具体明确专项工作的目的、要求、工作方式方法和工作步骤,如××公司营销策划方案。

6. 打算

打算是短期内初步的草案性的计划,如××公司20××年第二季度工作打算。

(三)计划的种类

按照不同的分类标准,计划可分为多种类型。

(1)按内容分,有学习计划、生产计划、工作计划、研究计划、财务计划、教学计划、收购计划、销售计划等;

(2)按范围分,有国家计划、系统计划、地区计划、单位计划、部门计划、科室计划、个人计划等;

(3)按时间分,有周计划、月计划、季度计划、年度计划、五年计划、十年规划等;

(4)按效力分,有指令性计划和指导性计划;

(5)按涉及面大小的不同,可分为综合性计划、专题性计划;

(6)按形式分,有条文式计划、表格式计划、条文表格综合式计划和文件式计划。

⇨ 格式扫描

下面分别介绍表格式计划、条文式计划、条文表格综合式计划和文件式计划的写作格式和要求。

(一)表格式计划

表格式计划适用于时间较短、范围较小、方式变化不大、内容较单一的安排。如部门周工作安排表,先列出各项内容,包括工作内容、工作要求、时间安排、地点、负责人等,划分成几个栏目,再把制订的各项具体计划内容填写进栏目中,形成表格式计划。

(二)条文式计划

条文式计划通常包括标题、正文、落款三部分。

 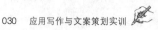

1. 标题

一般包括制订计划的单位名称、适用时限、计划内容和计划文种四部分,如"××市鸿远展览服务有限公司五周年庆典晚会活动方案"。如果所制订的计划还需要讨论定稿或经上级批准,就在标题的后面或下方用圆括号标注"讨论稿"或"草案"等字样。

2. 正文

一般由前言、目标和任务、实施步骤和措施等内容构成。

(1)前言。简要概括基本情况,并指出制订计划的背景和政策依据,也可以阐明计划的目的和意义。这部分内容回答"为什么做"的问题。如举办庆典晚会的前言,可以开门见山交代晚会的意义,"为进一步弘扬公司团结、开拓、求实、奉献、创新的企业精神,提升公司的知名度和美誉度,与业内朋友真诚合作、携手共进、大展宏图",然后,以过渡句"现制订计划如下"领起下文。

(2)目标和任务。这是计划的核心内容,回答"做什么"的问题,提出所要达到的总体目标,明确具体的工作任务。要经过调查研究,广泛征求意见,制订合理的、切实可行的目标和任务。

目标是要实现的最终目的,任务是具体说明要完成的工作内容或者要达到的指标。

(3)实施步骤和措施。这部分内容回答"怎么做"的问题。步骤是指实施计划的时间安排和行动程序。措施指实现计划所必需的人力、物力、财力、技术的保证,包括组织分工、进程安排、物质保证、方式方法等。

3. 落款

在正文右下方署上制订计划的单位名称,在署名的下一行写上制订计划的日期。

(三)条文表格综合式计划

把表格式和条文式相结合,一般是将各项目的内容填进表格后,再用简短文字作解释说明。

此外,如果有些有关的材料在正文里表述不便,可在正文后写上"附表"或"附图"字样,然后在下面把表或图列出,如生产和财务计划中的指标和数字。这些图表、说明也是计划的一个重要组成部分。

(四)文件式计划

计划根据工作需要,也可以上送下达,就要使用文件式。

上送,即报送上级领导机关和主管部门,供领导机关了解某一段时间内其下属单位的工作安排和打算,以便下属单位接受督促检查或接受必要的指导和帮助。上送计划使用报告,如《××分公司关于报送20××年度工作计划的报告》。

下达,供下级所属单位了解上级领导机关的工作部署和安排,以便下属单位在工作中与上级步调一致。下达计划用通知,如《××总公司关于印发20××年度工作要点的通知》。

⇨ **写法指要**

结合教学案例,师生共同探讨鸿远展览服务有限公司五周年庆典晚会策划方案的写作内容和写作要求。

标题一般要写明四个要素,因本方案内容是专项活动,可省略适用时限,即"××市鸿远展览服务有限公司五周年庆典晚会活动方案"。

正文的前言写明基本情况,阐明活动的目的和意义。如"进一步弘扬公司团结、开拓、求实、奉献、创新的企业精神,提升公司的知名度和美誉度,与业内朋友真诚合作、携手共进、大展宏图"。

方案正文的核心内容要写明本次活动的具体内容和活动流程,写法一般采用分条列项的方式,用序号标明层次,逐项写出活动的具体内容,并明确各项内容所用的时间。

如,活动的具体内容和流程:

(1)主持人介绍出席此次晚会的领导和来宾;

(2)公司总经理××先生致辞;

(3)中天公司代表讲话;

(4)永业公司代表讲话;

(5)客户代表讲话;

(6)文艺表演、互动游戏和抽奖活动;

(7)各位领导、来宾和表演者上台合影留念;

(8)庆典晚宴和抽奖活动。

方案的措施要具体,分工要明确。如:

(1)组织相关人员组成策划小组,确定晚会主题,制订晚会策划方案。

(2)晚会策划方案交公司领导审核、落实,公司财务部下发活动经费。

(3)公司行政部确定、统计最终与会人员和人数,预订会场并协助后勤部布置,按职责落实相关岗位人员及开展工作,明确晚会具体工作岗位的职责和工作要求,各项工作落实到人。

(4)公司后勤部根据行政部的要求负责布置会场,确保会场音响、灯光等附带设施的齐备和正常运作;负责会场内外保安工作;负责会后的会场整理工作。

(5)公司行政部做好会务总结工作和会后反馈工作,秘书拟写一份晚会专题报告,财务部作晚会开销统计交领导审批。

方案的每一步骤要明确工作内容和完成的时间要求,必要时可用表格表示,如:

序号	工作项目	完成时间	责任人	备注
1	拟写一份关于庆典晚会的请示	9月2日	经理×××	
2	制订晚会策划方案	9月5日	经理助理×××	
3	发出晚会邀请函	9月6日	×××	
4	核实统计与会人员和人数	9月10日	×××	
5	预订会场	9月15日	×××	
6	布置会场	9月20日	×××	

　　方案的步骤要有序,条理要清楚。尽可能详尽地列出各项工作,确保晚会各项工作有序进行。

　　方案还需要列出晚会经费预算,包括酒店多功能会议厅租用费、服装道具租用费、现场布置费用、抽奖奖品费用、工作人员和演员盒饭费用、会场饮料费用等。

　　方案正文右下方写明制订计划的单位名称"××市鸿远展览服务有限公司"和制订计划的日期。

【例文 2.5】

××区××××年城市环境综合整治工作计划

　　根据《省政府办公厅关于印发××省城市环境综合整治行动实施方案的通知》和《市政府办公室关于印发××市城市环境综合整治行动实施方案的通知》精神,为进一步改善城乡环境面貌和人居环境质量,决定开展××区城市环境综合整治工作。具体计划如下:

　　一、指导思想

　　根据《××省城市环境综合整治行动实施方案》和《××市城市环境综合整治行动实施方案》,以整治群众反映强烈的城市环境薄弱地段脏乱差现象为突破口,加快配套完善城市基础设施,着力改善城市市容面貌,努力实现城市管理规范化、精细化、长效化,不断提升城市人居环境质量,为推进"两个率先"、建设宜居城市作出积极贡献。

　　二、工作目标

　　从××××年起,利用3年左右时间,开展城市环境综合整治行动,使全区城市环境薄弱地段脏乱差问题得到有效解决,市容环境面貌明显改善,城市基础设施承载能力进一步提升,城市管理体制机制逐步健全,优秀管理城市创建扎实推进,长效管理水平不断提升,实现城市环境整洁有序、生态宜居和人民群众满意度显著提高。

三、具体任务

（一）到××××年年底，城市环境薄弱地段脏乱差等群众反映强烈的突出问题整治取得积极进展，城市环境卫生和市容面貌有明显改观；××区相关部门和各街道、社工委建立城市管理群众举报投诉热线和解决机制；××区相关部门和各街道、社工委结合实际制定3年整治规划和年度行动计划；各街道、社工委达到"××省优秀管理城市"一星级标准；各街道、社工委至少有1条道路或1个社区达到"××省城市管理示范路"和"××省城市管理示范社区"标准；建成运行数字化城管平台。

（二）到××××年年底，全区城市环境薄弱地段脏乱差现象基本消除，占道经营、车辆停放和户外广告管理有序规范，完成列入计划的城市危旧房和易淹易涝片区改造任务，城市社区基础设施基本配套；全区分别有5个达到"××省城市管理示范路""××省城市管理示范社区"标准的道路和社区；城市数字化城管实现全覆盖，城市长效管理机制基本建立。

四、实施步骤

全区城市环境综合整治工作分三个阶段开展。

第一阶段：明确任务，制订方案。××区相关部门和各街道、社工委对照整治内容，通过市民投诉热线、数字化城管系统和实地调查走访等渠道，收集社情民意，完成现状调查，明确整治任务，研究制订3年整治规划和年度行动计划。××××年度行动计划和3年整治规划均于××××年9月下旬完成，并报××区城市环境综合整治工作推进小组办公室。

第二阶段：全面发动，实施整治。××区相关部门和各街道、社工委建立组织领导机构，召开动员部署会议，明确整治任务，落实责任主体，全面启动城市环境综合整治工作。××区管委会每年就年度整治工作与相关部门和各街道、社工委签订目标任务书，并加强督促指导。

第三阶段：考核评估，表彰先进。××区管委会每年年底组织开展上一年度目标任务完成情况考核，对相关部门和各街道、社工委整治工作进行评估，结果在全区通报。××××年上半年，××区管委会组织对相关部门和各街道、社工委的城市环境综合整治工作进行全面考核验收，对工作推进力度大、群众参与度高、人居环境前后对比面貌提升显著和人民群众满意度高的××区相关部门和各街道、社工委予以表彰奖励。

五、措施保障

（一）加强组织领导，层层落实责任。为切实加强对××区城市环境综合整治工作的组织领导和统筹协调，成立××区城市环境综合整治工作推进小组，组长由管委会主要领导担任，副组长由管委会分管领导担任，各相关部门和各街道、社工委要相互配合，扎实工作，形成区与街道（社工委）、条与块高效对接的指挥体系和工作网络。各相关部门和各街道、社工委要相应成立指挥协调机构及工作班子，切实做好城市环境综合整治各项工作。

（二）制定实施方案，按时完成任务。各街道、社工委及各部门要根据建设现状和工作目标，结合各自职责制定城市环境综合整治工作方案。（略）

（三）完善政策措施，推动工作落实。（略）

（四）制定考核标准，严格督查考核。（略）

（五）深入宣传发动，营造良好氛围。充分发挥广播、电视、报刊、网络等媒体的舆论引导作用，大力宣传开展城市环境综合整治行动的重大意义，尊重社情民意，扩大公众参与，赢得群众支持和理解，努力形成全社会关心、支持和参与城市环境综合整治的良好氛围。通过开展城市环境综合整治活动，引导广大居民养成良好的生活方式和行为习惯，不断增强环境卫生意识和环境保护观念，全面提升文明素质。

【评析】这是一份城市环境综合整治年度工作综合计划。计划的标题属于四要素齐全的完整式标题。正文前言部分交代了制订本计划的背景和依据，明确指导思想。主体部分首先明确工作总体目标，再交代重点工作任务以及实施步骤和措施。这份计划目标明确，措施具体，条理清楚，语言准确。

⇨ 写作实训

1. 结合教学案例，师生共同探讨鸿远展览服务有限公司五周年庆典晚会策划方案的写作内容和写作要求，制订一份公司五周年庆典晚会策划方案。

2. 上海通用汽车公司是上海影响最大的集汽车贸易、维修、租赁、装潢和代办上牌、办证为一体的综合性汽车贸易和服务企业。该公司最新生产的凯越车外形雕塑感极强，车身体现出来自宾夕法尼亚的领先设计。为了让广大消费者熟悉该车型，公司决定在20××年10月1日至3日在上海新民国际大酒店（五星级）广场举办新车促销活动。请拟写一份新车促销活动方案。

3. 学习小组认真策划，为班级策划一次既富有创意，又能培养学生职业能力的主题班会活动，以丰富大学生的文化生活。分组拟写一份举办活动的计划。

4. 学习小组以某一企业为背景，以企业开展某项工作为写作内容，如开展产品质量月活动、开展新员工培训工作等，分组拟写工作计划。

5. 搜集某企业人力资源部一周工作内容，列出某企业人力资源部一周工作安排表。

计划

二、总结

⇨ 案例导入

20××年3月,××集团公司与××大学合作,对本公司的中层管理领导进行培训。本次培训课程内容以提高管理能力为核心,结合 MBA 工商管理基本知识,融入行业的专业课程,并加入专题研讨。培训采用集中—分散—集中,面授与实践相结合的培训模式,并结合实战型营销专家、跨国公司高管、成功企业家的经验分享式讲座,专业培训顾问课程更是采用提高学员参与性的互动式、案例研习式的授课模式,真正使学员愿意学、学得到和会应用。

培训工作结束后,公司人力资源管理部门对本次培训活动进行总结。请拟写一份工作总结。

⇨ 知识链接

（一）总结的内涵

总结是单位、部门或个人对前一阶段工作、学习或思想情况进行回顾、检查和分析研究,从中找出经验和教训,获得规律性的认识,以便指导今后实践的一种事务文书。

卓有成效的出色工作,是进行总结的客观物质条件,而恰当、切实的分析与综合,则是反映作者对工作本质的必然揭示。一篇好的工作总结,必定是上述两个方面的完美统一。

工作总结评说昨天、指点今天、展望明天,具有继往开来的作用。总结的过程,就是从感性认识上升为理性认识的过程,深化人们对客观事物规律性的认识,更好地指导今后的实践活动,加强工作指导的有效性,促进经验、信息的交流。

（二）总结的种类

总结有以下几种类型:

（1）从内容上分,有工作总结、生产总结、学习总结和思想总结等。

（2）从时间上分,有定期性(年度、季度、月份)总结和以工作周期为阶段的总结。

（3）从范围上分,有地区总结、单位总结、部门总结、班组总结和个人总结等。

（4）从性质上分,有综合总结、专题总结。

综合总结又叫全面总结。它是对一个单位、一个部门在一定时间里各项工作的整体综合和全面概括的书面材料,其特点是内容广泛,篇幅较长,以求综合反映工作的全貌,有时还要求反映全方位的情况。

专题总结有时也叫单项总结。它是对一个单位、一个部门在一定时间里某一项工作或某一项工作中的某一个问题所作的专门总结,其特点是内容比较单一集中,针对性强,篇幅不长。因而这种总结要求对问题的探讨较为深入,分析比较透彻,尽可能把某一单位、某一部门的某项工作中的成绩突出出来,典型经验反映出来。

⇨ 格式扫描

（一）总结的基本结构

总结没有固定的形式,常见的格式由标题、正文和落款三部分组成。

1. 标题

总结的标题有下列几种构成方式:

（1）文件式标题,即一般完整式标题,由"单位+时限+种类+文种"构成,综合总结一般采用这种标题。如果单位名称署于文末或标题下,时间概念也较明确,标题中就不再重复。

（2）主题式标题。根据内容概括出题目,类似一般文章标题的写法,如"开展企业文化建设　提高企业员工素质"。

（3）双标题。由正、副两个标题组成,正标题概括总结的内容或基本观点,副标题标明单位名称、内容、范围、时间和文种,如"'企'字上面是个'人'——××公司20××年培训工作总结""突出创新引领　加快转型发展——××公司20××年度工作总结"。

2. 正文

正文一般由前言、主体、结尾三个部分组成。

（1）前言。概括基本情况,交代总结所涉及的时间、地点、对象和背景;概述基本经验、点明主旨;引用数据扼要说明主要成绩和问题。前言一般以精练的语言,揭示总结的精髓之处,引起读者的注意,并使读者对全文有个大体的印象。

（2）主体。这是总结的主要内容,包括成绩和收获、经验和体会、问题和教训等内容。

一是成绩和收获。成绩和收获是指在实践活动中所取得的成果,这部分内容在不同类型的总结中写法也不同。

综合性工作总结需在前言中概括提一下,而在主体中应专门详细地、具体地归纳成绩和收获的几个方面;专题性经验总结则除在前言部分扼要点明成绩和收获外,其他具体的成绩收获,常在下面部分的"经验体会"中,作为各论题的例证之用,不必专门写"主要成绩和收获"。

二是经验和体会。经验是指取得成果的原因、条件及具体做法。体会是经验的升华、理论的认识。这部分是总结的重心,要分析、研究、概括,从取得成绩的过程中找出规律性的认识并表述出来。

如果写经验总结,应根据推广经验的需要而使侧重点不同,有的重点阐明工作的成效,有的重点阐明做法的先进,有的重点阐明体会的深刻、认识的提高。

三是问题和教训。这部分要说明工作实践中存在的问题,分析造成问题的教训,究竟是思想方法上的问题,还是工作方法上的问题,或者是其他主客观原因,从而总结出造成失误、损失的反面经验,写明应记取的教训。

(3) 结尾。一般写两层意思:一是今后努力的方向,在经验教训的基础上,明确工作前进的方向,提出新的目标和任务。二是针对问题和教训,提出改进措施和新的设想。这部分行文要简短有力、有针对性和鼓动性。

3. 落款

落款包括署名和日期。单位总结的署名,可以写在标题下方或正文的右下方,如果标题中出现了单位名称,则可不另署名。个人总结的署名,一般都写在正文的右下方。

总结日期可加括号放在标题下,也可不加括号放在文末署名下方。

(二)主体部分常见的结构形态

1. 纵式结构

就是按照事物发展或实践活动的过程安排内容。写作时,把总结所包括的时间划分为几个阶段,按时间顺序分别叙述每个阶段的成绩、做法、经验、体会。这种写法的优点是事物发展或社会活动的全过程清楚明白。

2. 横式结构

就是按照事实性质和规律的不同,分门别类地依次展开内容,使各层之间呈现相互并列的态势。这种写法的优点是各层次的内容鲜明集中。

3. 纵横式结构

就是安排内容时,既考虑到时间的先后顺序,体现事物的发展过程,又注意内容的逻辑联系,从几个方面总结出经验教训。这种写法,多数是先采用纵式结构,写事物发展的各个阶段的情况或问题,然后用横式结构总结经验或教训。

⇨ 写法指要

结合教学案例,师生共同探讨××集团公司人力资源管理部培训工作总结的写作内容和写作要求。

培训工作是企业人力资源管理部门的一项重要工作,培训工作总结是一种专题总结,要求总结本次培训工作取得的成效,总结培训工作经验,分析培训工作存在的问题。

标题可采用单标题,"××集团公司20××年度培训工作总结",也可采用双标题,"以人为本,精心打造学习型企业——××集团公司20××年度培训工作总结"。

前言部分概括介绍培训工作的基本情况,包括培训主题、培训时间、培训对象、培训的主要方式等,以过渡句"现将培训工作情况总结如下"领起下文。

第一部分介绍培训的成绩和收获。用观点句进行概括,如用"培训内容系统实用、培训模式灵活多样、培训过程全程跟进"等观点句介绍本次培训的特色,用"员工知识得到更新、团队精神得到提高"等观点句概括收获。

第二部分介绍经验体会。总结的根本任务就在于总结经验,不断把工作推向前进。不能罗列现象,就事论事,写成流水账。可用"开展培训需求分析,明确培训目标;选择适宜培训方式,建立培训评估系统;完善受训人员选拔机制,营造培训转化环境"等观点句找出本次培训工作取得成绩的原因。

第三部分要分析本次培训存在的不足,并提出改进意见。总结不足时态度要实事求是。

工作总结要避免两种倾向:一种是好大喜功,只提成绩,不谈问题;另一种是把工作说得一无是处,写成了检讨书。

【例文 2.6】

力推政务服务转型升级
打造优质高效政务服务平台

——××市政府行政服务中心20××年工作总结

20××年,××市政府行政服务中心认真贯彻落实市委市政府工作部署,紧紧围绕"转型升级,攻坚克难"第二步战略,强化学习,激励创新,以服务为主线,出色完成新办事大厅搬迁、网上办事大厅、12345市民服务热线等三大工作任务,创新服务举措,不断提高政务服务水平,取得了明显成效。

一、主要做法和成效

(一) 以学习、创新为抓手,打造有战斗力和凝聚力的团队

强化学习教育,我们把学习教育贯穿于作风整治"回头看"全过程,结合本单位工作实际,围绕"服务发展,快字当先"的活动主题,认真制定《市政府行政服务中心机关作风整治"回头看"活动方案》,做到有目标、有计划,动真格、出实招、见实效。以学习、创新为抓手,加强队伍建设。我们树立"为尊严而学、为工作而学、为生活而学"思想,把学习教育贯穿于作风整治及日常工作全过程,形成自发化、常态化学习。制定《关于强化学习的意见》《创新激励机制考核暂行办法》,确保学习制度化、规范化。全年召开各类学习会共16场次,围绕干部职工思想、思维、工作、细节和效果等深入学习。创新学习方式,设置班会学习制,组织小组、片区业务知识学习,开展会务、政务、礼仪等培训。班子成员不定期做专题辅导讲座,组织学习观摩会,班子成员列席观摩科室学习会,强化检查科室学习。通过一系列学习教育活动,队伍建设明显加强。

（二）以服务管理为抓手，打造优质高效实体服务平台（略）

（三）以开拓创新为抓手，打造高效便捷网上办事大厅服务平台

今年3月，市政府决定市政府行政服务中心负责网上办事大厅××分厅开发、建设、管理、运行。我中心认真履行工作职责，按《20××年××省网上办事大厅建设工作方案》，扎实推进网上办事大厅建设。认真做好网上办事大厅事项梳理和核对工作，成立了专门的事项梳理和数据核对小组，组织对各单位具体操办人员进行5批次培训，按照省厅规范对进驻部门的事项严格核对。为了推进网厅建设，市政府行政服务中心与市监察局联合下发了《××市网上办事大厅建设实施办法》，组成督导组到各县（市、区）、市直单位督办网上办事大厅建设，确保我市网上办事大厅建设达到省下达任务。目前，网上办事大厅内容有"政务公开、投资审批、网上办事、政民互动、效能监察"五大模块，市进驻55个部门、1104个事项已全部同步到省网厅，可在网上全程受理，县（市、区）网厅建设有序推进，进驻单位511个，共8550项政务服务事项，群众可以真正享受到足不出户就可以办事的高效便捷服务，大大提高了办事效率。

（四）以为民解忧为抓手，打造热情高效市民服务热线服务平台

市民服务热线服务平台坚持以"立足民生、为民解忧"为宗旨，实行"一号对外、集中受理、分类处置、统一协调、各方联动、限时办理"的工作机制。将各行政职能部门的43条服务热线整合到××市民服务热线。为增强市民反映诉求渠道，开创了民生与舆情数据化传输、市民与政府信息化互动的良好局面，开通微博、微信（QQ）、客户端，并指定专人负责处理市民诉求。在××市民服务热线缺少编制、人员、经费的情况下，我们想方设法克服困难，加班加点处理热线日常工作，确保热线稳妥运行，解决市民各类诉求。目前，××市民服务热线工作已取得阶段性成效，有成员单位75个，县（市、区）二级平台11个，话务平台现有20个话务座席，大专以上学历话务员50名，建成了155.6万字的知识库。截止到11月15日，话务量13.5万多个，派发工单9739个，回复率94.5%，市民诉求顺畅，深受群众好评。

二、存在的主要问题

20××年来，我们虽然做了大量工作，取得了明显成效，但也存在一些突出问题和不足。主要问题如下：一是缺乏转型升级紧迫感和危机感，工作按部就班，得过且过，自我感觉良好，没有深刻认识自身不足。二是学习、创新能力不强，有些同志不重视学习，学习不够到位，满足于已有知识，理论和业务学习意识淡薄，钻不进去，浅尝辄止。工作没有思考、没有分析、没有归纳，点子不多，措施不力，造成目光短浅。三是缺乏雷厉风行的工作作风，执行力不强，个别同志工作责任心不强，交办事情未尽快落实，落实不到位。

三、20××年工作设想

20××年市政府行政服务中心将围绕"深化改革，提升服务"三大战略工作目

标,认真落实市委市政府指示精神,以服务为主线,打造政务服务新亮点,推动转型升级深入发展,打造优质高效服务平台。

（一）竭力推动转型升级向纵深发展,在加强队伍建设上下功夫(略)

（二）竭力提高政务水平和质量,在精细化管理上下功夫(略)

（三）竭力推进网上办事大厅科学定位,在提高信息化水平上下功夫(略)

（四）竭力推进××热线扩容提升质量,在提高群众满意度上下功夫(略)

【评析】这是一篇年度工作综合总结。标题采用双标题,正标题"力推政务服务转型升级 打造优质高效政务服务平台"揭示总结的基本观点,副标题补充说明单位、时限、内容和文种。前言部分概述今年工作的基本情况和主要成绩。主体部分采用横式结构,分四个部分来总结今年工作的经验和成效,每个部分"以……为抓手,打造……平台"为小标题概括每部分的内容,并用具体事例和数据为例,说服力强。接着指出了工作中存在的主要问题。最后提出明年的工作设想,明确努力方向。本文运用观点句,层次分明,语言准确。

⇨ 写作实训

1. 根据案例导入部分的写作内容,代公司人力资源管理部拟写一份本次培训活动的工作总结。

2. 每个学习小组以企业开展某项工作(如开展产品质量月活动、开展营销活动等)为写作内容,撰写工作总结。

总结

第三节　简报、调查报告

一、简报

⇨ 案例导入

三星电子(苏州)半导体有限公司位于美丽的金鸡湖畔,是韩国三星电子株式会社于1994年12月在苏州工业园区独资兴办的半导体组装和测试工厂。

为确保最强的竞争力和最高的生产效率,在变幻莫测的产业环境中成功地生存下去,公司积极参与整个三星集团推进的国际化进程,以新经营理念为准则,吸收培育当地人才,壮大自身,促进社会发展,从各个方面加强与当地社会和三星总社的联系与合作,建立起完善的经营体系,成为苏州工业园区乃至中国电子行业的典范。

公司定期编印简报,简报作为一种企业文化的载体,在企业宣传、内部沟通、传播信息等方面发挥了重要的作用。请关注该公司近期举办的新品展示会、人才招聘等信息,为该公司编印一期简报。

⇨ **知识链接**

(一) 简报的内涵

简报是机关、团体和企事业单位内部编发的反映情况、沟通信息、交流经验的内部刊物,也叫"情况反映""简讯""内部参考"等。

简报不是文章的一种体裁,因为一份简报,可能只登一篇文章,也可能登几篇文章。这些文章,可能是报告、专题经验总结、讲话稿、消息等。

简报在日常工作中起着传递信息、上情下达、下情上达的作用。便于下级向上级反映日常工作和业务活动;便于上级了解下情,及时指导下级开展工作;便于平级之间沟通情况、交流经验,推动工作。

从信息来源看,简报是第一手材料,信息更快、更可靠;从传播途径看,简报自由灵活、传播速度快。

(二) 简报的特点

简报有如下特点:

1. 新颖性

简报要反映新情况、新经验、新动态,只有内容新鲜、观点新颖的简报,才具有更强的指导性和交流性。

2. 时效性

只有迅速及时地反映工作动态,发现情况快、撰写成文快、编印制发快,才能更好地发挥简报的作用。

3. 简明性

简报要用简短的文字反映事实和情况,篇幅不能太长,应简明扼要、短小精悍。只需要概括出事实的精髓和意义,不必面面俱到。

(三) 简报的种类

简报有三大类:工作简报、动态简报和会议简报。

1. 工作简报

反映本部门、本系统各方面工作的总体情况,报道某项工作中取得的明显效果和成功经验。

2. 动态简报

报道新近发生的有意义的各种事实,反映各部门、各领域的新情况、新动态。

3. 会议简报

在召开重要会议时用于向上级报告会议情况,组织、引导会议进行,及时报道会议进程和讨论内容。

⇨ **格式扫描**

简报的结构由报头、报核、报尾三部分组成。

（一）报头

首页间隔横线以上称为报头,约占首页三分之一版面,由简报名称、期数、编者、日期、保密提示等项目组成。

1. 简报名称

简报除用"××简报""××动态""情况反映"等常用四字名称之外,还可加上单位名称、专项工作等内容。简报名称用大号字套红印刷。

2. 期数

期数位于简报名称下方正中,加括号。如果是综合工作简报,一般以年度为单位,统编顺排;如果是专题简报,按本专题统编顺排;如果是增刊,就标明"增刊"字样。

3. 编者

编发机关一般是"××办公室""××行政部""××秘书处"等,位于期数下面、间隔横线上方左侧。

4. 日期

编印日期位于编发机关右侧。

5. 保密提示

如果需要保密,在首页报头左上角标明密级或"内部刊物"字样。确有必要,还可在首页报头右上角印上份号。

间隔横线一般为红色。

（二）报核

报头以下、报尾以上的部分都是报核。包括目录、按语和简报文章三项内容。

1. 目录

如简报编发多篇文章,可编写目录,标注在报头下方,居中排印。

2. 按语

按语由编印单位指定有关人员编写,不是简报必备的结构要素。按语的写法有三种形式:一是评价性按语,表明编者对简报的倾向性态度。二是说明性按语,介绍文章材料的来源、转发目的和转发范围等。三是提示性按语,提示简报文章的内容,帮助读者理解文章的精神。

3. 简报文章

简报文章包括标题、正文、供稿者三项内容。

（1）标题。标题要概括正文部分的核心内容，简明醒目，标题的写法类似于新闻标题，可用单标题，也可用双标题。

双标题有两种形式：一种是在引题下再写正标题，先由引题交代背景，再写正标题概括简报中心内容；另一种是在正标题下再加副标题，正标题概括简报中心内容，副标题加以补充说明。

也可用三行标题，即由引题、正题和副题组成。

（2）正文。正文写法较为灵活，一般由开头（导语）、主体、结语组成。

开头与新闻消息相似，它要求用简短的语言概括全文的主旨或中心内容，给读者以总体印象，起到导读的作用。也可将所要说明的道理用提问的方式提出，作为简报的开头，以引起读者注意。

主体部分要求中心突出，叙述清楚，层次分明。安排材料的方法常见的有以下两种：一是按时间顺序，即按事件的发生、发展和结局的顺序安排材料；另一种是按逻辑顺序，即按材料之间的因果、主从等内在联系安排材料。安排内容一般由重要到次要，也称为倒金字塔结构。

结语部分或揭示事件发展的趋势，起到画龙点睛的作用；或对主体部分内容加以概括、总结，点明主题。如果内容单一、篇幅较短，主体部分已经叙述清楚，就不必再写结尾，主体写完，自然结束，以免画蛇添足。

（3）供稿者。在正文的右下方署上提供稿件者姓名。

（三）报尾

报尾位于简报末页下端，报尾与报核之间用横线隔开。左边写发送对象、范围，右边写印发份数。

⇨ **写法指要**

结合教学案例，在学生上网搜集三星公司近期举办的新品发布会等工作新动态的基础上，师生共同探讨简报的编写方法。

首页包括报头和目录，设计如下：

三星电子（苏州）半导体有限公司工作简报

20××年第 8 期

行政部编印   20××年×月×日

本期要目

★ 三星电子（苏州）半导体有限公司荣获"文明单位"称号

★ 三星 LED 电视闪耀上市　引领平板电视新时代

★ 超强豪华阵容集体亮相　三星继续领跑20××全球电视市场

下面以报道三星电视新品发布会为例探讨简报文章的写法。

简报文章标题既要概括正文内容，又要求醒目，可用双标题形式。如：

"三星 LED 电视闪耀上市　引领平板电视新时代

——三星电视新产品发布会在苏州国际展览中心隆重举行"

简报文章导语部分概括新品发布会的主要内容、时间、地点。如：

"20××年 7 月 18 日，三星电视新产品发布会在苏州国际展览中心隆重举行，正式宣告了三星电视大举进军 LED 市场。"

简报主体部分依次介绍本次发布会展示的新品电视名称、新品电视的重大改革和特点。

简报结语部分总结新品发布会取得的成效等。

【例文 2.7】

学工简报

20××年第 6 期

××大学学生工作处编印　　　　　　　　　　20××年 3 月 18 日

给校园添一笔绿　3.12 我们在行动

——××大学艺术与设计系雷锋月系列活动之植树节

20××年 3 月 12 日下午 1 点 30 分，××大学艺术与设计系在北校区开展了以"给校园添一笔绿　3.12 我们在行动"为主题的植树活动。党委×××副书记、学工处××处长、艺术与设计系××系主任及系部师生参加了此次活动。

活动由××主任主持。在×××副书记的号召下，本次植树节活动拉开了帷幕。×××副书记与××主任共同种下了第一株树苗，老师、同学们也一起行动起来。同学们以班为单位，并为自己种下的树挂上班级的牌子。植树现场欢声笑语、气氛热烈。

参加活动的同学们纷纷表示，作为年轻的一代，是最具活力的新锐力量，有责任和义务为植树造林尽一份绵薄之力。通过参加植树活动，同学们增强了实践和动手能力，更加深刻地体会到热爱劳动的光荣传统。

此次活动倡导大学生用自己的双手为母校造一处风景、添一抹绿色。既培养了同学们保护生态、美化环境的意识，也增强了他们的社会责任感和使命感，对提高学生思想素质有一定的促进作用。

（艺术与设计系学工办供稿）

关爱地球　护绿保洁　志愿者在行动
——电子信息工程系"雷锋月"志愿服务系列活动

为维护校园整洁,弘扬志愿服务精神,践行志愿服务理念,在"雷锋月"中,我系以"关爱地球、护绿保洁"为主题,开展了一系列志愿服务活动,志愿者的身影成了校园里一道亮丽的风景线。

3月12日,我系七彩虹义工服务队的志愿者们兵分三路,在全系开展志愿服务活动,上百名志愿者齐心协力,彻底清理了信知楼教学区内张贴的小广告,打扫了教室、楼道的卫生。同时,几十名志愿者深入南区各个宿舍,开展废旧电池回收和保护地球、爱护环境的宣传工作。

当天晚上,我系还举办了志愿者知识竞赛,使同学们进一步了解志愿服务的精神和意义。志愿者在活动中表现出了吃苦耐劳、乐于助人、甘于奉献的优良品质,大家争先恐后地在横幅上签名,保证今后会在学习、生活中以身作则,积极保护校园环境,引导更多的同学保护校园环境,共建美好校园。

我系"雷锋月"志愿服务系列活动的有序开展,使校园环境更加洁净,为同学们营造出舒适的学习生活环境。同学们在劳动中体会到奉献的快乐,弘扬了雷锋精神,使"奉献、友爱、互助、进步"的志愿精神深入人心、播撒校园,体现出当代大学生无私奉献的精神风貌,大家正以实际行动迎接绿色春天、绿色校园。

(电子信息工程系学工办供稿)

【评析】这是一份专题反映学生工作情况的简报,简报名称为"学工简报",编印者是该大学的学生工作处。简报刊登了两篇文章,第一篇文章报道艺术与设计系开展的以"给校园添一笔绿　3.12 我们在行动"为主题的植树活动,第二篇报道电子信息工程系以"关爱地球　护绿保洁　志愿者在行动"为主题的志愿服务活动。两篇简报文章都采用了双标题,非常醒目;正文主题突出,简要报道活动目的、活动情况和活动意义,起到了在全校沟通交流、促进工作的作用。

⇨ **写作实训**

1. 写一篇简报文章,反映你所在院系的学生工作情况,向学生工作处编印的《学工简报》投稿。

2. 阅读下面这篇简报文章,完成以下训练题。

(1) 为下面这份简报文章拟写标题。

(2) 归纳每个自然段的意思。

(3) 调整简报文章段落,使文章主题更突出,内容更简明。

为了让老百姓乘坐公交车能享受到越来越优质的服务,目前,××市委市政府作出一项重要决策,将原来实行由个人承包经营的公交线路,改为公车公运,今后所有用于公交优化上的投资和运营中产生的亏损,全部由政府买单。目前,首期投

资 6000 万元购置的 175 辆新公交车,已经上路运营。

长期以来,××市的公交运营与其他地方类似,实行市场化运作,即投资主体以市场为主,公交线路由个人租赁承包经营。但随着老百姓对乘坐公交车舒适度要求的日益提升,这一运行机制给公交服务质量的提高带来了种种困扰。一方面,近几年政府不断推出公交惠民政策:70 岁以上老人可免费乘车,学生半票等;另一方面,由于受市场竞争激烈影响,公交线路承包经营者为追求利润最大化,常常是看见老人"一脚油门",遇到站上候车学生多就不靠站等,严重影响了公交社会形象。群众将之戏称为"夫妻老婆车",即男的开车,女的收钱。为改变这一局面,今年 8 月,××市决定公交线路全部实行公车公运,其投入和运营,包括每年的车辆更新和新增、站场建设、科技投入及运营中可能产生的亏损等,全部由政府"包揽"。同时,公车公运后,司驾人员可采取外聘和竞争上岗的方式,使职业素质得到保证。

依靠财政强劲支撑,当月,××市交通局对原来的公交运营机制实行大刀阔斧的改革,按照公车公运的要求,重新构建公交运营框架,新建××市公共交通管理服务中心和××市公交总公司,将原承担公交运营的两家公司——××公交公司和××汽车客运公司,纳入上述两家机构。同时制定激励机制,在公交总公司下设三个分公司。其中,一、二分公司负责城市公交,展开内部质量竞争;三分公司负责镇村公交和区域公交。今年××市又投资 6000 万元购置了 175 辆公交车,分批替换线路上的到期承包车辆。

9 月 17 日是全国首个公交周的第 2 天,××市实施公车公运的首条公交线路——公交 8 路车在市区最繁华的前进路投运,车上实行空乘式服务。当天,许多熟悉的老乘客发现,车是新的,人是新的,车上的服务更新。司机全部身穿统一的藏青色制服,端庄稳重,售票员上穿天蓝色青果领衬衫,下着藏青色长裤,时尚又亲切,他们的服装上还佩戴着"××公交"的标志。"请坐稳""请走好"等礼貌用语随时可闻。

3. 各学习小组以某企业为背景,上网搜集材料,为该企业编写一份简报,报道企业工作情况。

简报

二、调查报告

⇨ **案例导入**

某市建筑安装工程公司成立于 1998 年 7 月,经过 20 多年的企业运作,规模不断扩大,技术装备、人员素质、社会信誉、经济效益都得到了显著提高。公司现有职工318人,其中各类专业技术人员100多人。但最近几个月,公司的专业技术人员频频流失,这让公司付出了很大的代价。这些核心人才掌握着对企业发展至关重要的核心技术及机密,这些技术和机密的外泄,会造成企业发展停滞,甚至陷入困境。为此,公司要求人力资源管理部门进行调查,了解专业技术人员流失的原因,并提出留住人才的对策。

要求学生分组作业,查阅资料,代该公司人力资源管理部写作一篇调查报告。

⇨ **知识链接**

(一) 调查报告的内涵

调查报告是对客观事物进行调查研究,在认真深入调研的基础上,经过准确的归纳整理、科学的分析研究,进而揭示事物的本质和规律,得出符合实际的结论,由此形成的反映客观实际、揭示事物本质和规律的事务文书。

调查报告不同于公文报告。公文报告侧重于汇报日常工作,供主管领导部门指导工作时参考;而调查报告不限于日常工作,凡与工作有关的重大情况、典型事件、经验或教训等带有普遍意义的问题,都可以用调查报告的形式予以反映。

调查报告有以下特点:内容真实,观点鲜明;材料性强,夹叙夹议;结构严谨,有条不紊;语言简洁,笔调明快。

(二) 调查报告的种类

调查报告所涉及的内容非常广泛,表现的形式也多样。

1. 从内容分

(1) 介绍经验的调查报告。这类报告是反映某一地区、某一单位在社会实践和工作中取得的突出成绩,为了把具体做法和成功经验反映出来,通过实地调查,写出调查报告,以推广经验,指导全局性工作。

(2) 揭露问题的调查报告。这类报告是针对某一存在的问题展开调查,以揭示这一问题的种种现象和深层原因为主要目的的调查报告。通过大量的事实,揭露问题的严重性,探究问题产生的原因,分析问题的症结所在,提供解决问题的思路和方法,以提高认识、吸取教训、推动工作。

(3) 反映情况的调查报告。这类报告涉及的内容广泛,既可以反映某一地区、某一单位的基本情况、发展状态,也可以反映社会现实中某种新近产生或新近有了长足发展的情况,也可以反映社会风气、百姓意愿、衣食住行等社会情况。

2. 从调查报告的表现形式分

(1) 专题调查报告。它是针对某个事情或问题撰写的调查报告,能及时揭露现实生活中的矛盾,反映群众的意见和要求,研究急需解决的具体的实际问题,并根据调查的结果提出处理意见、对策和建议。

（2）综合调查报告。它是反映全局性的工作情况和问题，以综合调查众多的对象及其基本情况为内容的调查报告，具有全面、系统、深入和篇幅较长的特点。

（三）调查研究的要求

1. 立场、观点要正确

开展调查研究首先必须要有正确的立场、观点，这样才能实事求是地进行调查研究，认识事物的本来面貌，得出合乎客观实际的结论。

2. 调查态度要端正

要想获得丰富的材料，就要有饱满的热情、踏实的作风和实事求是的态度。

3. 调查目的要明确

调查研究是为了掌握实际情况，有助于制定和执行正确的方针政策，树立先进典型，批判错误的倾向，使各项工作沿着正确的方向前进。

4. 调查方法要讲究

为了获得丰富的材料，还要讲究调查的方法。按照工作的步骤来说，应注意下面几个问题：

（1）调查前要围绕调查目的选定调查研究题目并拟定调查提纲，制作调查问卷。

（2）调查时灵活运用有效的调查方法，如普遍调查、典型调查、抽样调查、实地观察访谈等。

（3）调查后还要做好两方面的工作：一是对调查所得的材料进行整理、分类、核实，发现遗漏或有疑问的地方，再作调查补充；二是分析、思考，分析材料的内部联系，发现事物的本质。

⇨ 格式扫描

调查报告一般由标题、署名、正文三部分组成。

（一）标题

标题可以有两种写法。

1. 单标题

单标题写法较灵活。或采用公文式，即"对象范围"加"文种"，基本格式为"××关于××××的调查报告""关于××××的调查报告"；或只写调查对象和文种，"××××调查"等；或采用提问式，如"为什么大学毕业生择业倾向沿海和京津地区"。

2. 正副标题结合式

正标题陈述调查报告的主要结论或提出中心问题，副标题标明调查的对象、范围、问题。副标题写在正标题下一行，前面加破折号。

（二）署名

调查报告的作者姓名、单位名称放在标题下一行居中位置。个人署名可置于文尾右下方。

（三）正文

正文一般分前言、主体、结尾三部分。

1. 前言

前言的写法比较灵活,一般有以下几种写法:

（1）介绍调查的基本情况。写明调查的起因或目的、时间和地点、对象或范围、经过与方法,以及人员组成等调查的基本情况,从中引出中心问题或基本结论。

（2）概括调查对象的情况。写明调查对象的历史背景、大致发展经过、现实状况、主要成绩、突出问题等基本情况,进而提出中心问题或主要观点。

（3）直入主题。直接概括出调查的结果,如肯定做法、指出问题、提示影响、说明中心内容等。

无论运用何种方式开头,前言应起到画龙点睛的作用,要精练概括、直切主题。

2. 主体

这是调查报告的主要部分,这部分具体叙述调查研究的事实情况、做法、经验等,从分析调查研究所得材料中,得出各种具体认识、观点和基本结论。

主体部分内容较多,为了突出段意,一般要给各段加上小标题。

主体部分的结构可以采用纵式结构,即按照事物发生发展的先后顺序组织材料,安排层次;也可以采用横式结构,即按照问题的性质或事物的特点组织材料,分别进行阐述。

3. 结尾

结尾的写法也比较多,可以提出解决问题的方法、对策或下一步改进工作的建议;可以总结全文的主要观点,进一步深化主题;可以提出问题,引发人们的进一步思考;可以在现状分析基础上,指出其发展远景。有的调查报告主体部分结束就自然结尾。

⇨ 写法指要

结合教学案例,师生共同探讨某市建筑安装工程公司人力资源管理部门如何对专业技术人员流失情况进行调查,如何安排调查报告的内容和结构。

中小建筑企业能否培养和留住企业的核心人才是企业成败的关键,只有妥善处理好核心人才的问题,才能最终保证可持续长久发展。该公司人力资源管理部门可采用发放调查问卷的方式进行普遍调查,同时采用座谈会和个别访问的方式进行调查,了解专业技术人才流失的原因,听取企业员工的意见,提出留住人才的对策,为领导决策提供参考意见。

标题可采用单标题,如"某市建筑安装工程公司关于人才流失的调查报告""如何留住专业技术人才""人才流失的现状和对策"等。

也可采用双标题,如:

"给专业技术人才提供发展的舞台

——关于公司人才流失的调查报告"

前言部分概括介绍调查的目的、调查的时间和调查的方式,用"现将调查情况报告如下"过渡到主体部分。

主体部分可分三个部分安排结构,各部分加上小标题,如:第一部分,"公司人才流失的现状";第二部分,"公司核心人才流失的原因";第三部分,"公司留住核心人才的对策"。

主体部分既要具体叙述调查中的事实情况,用数据说明人才流失的现状,又要在事实的叙述中引发思考,阐述观点,做到叙议结合,材料与观点统一。

【例文2.8】

××工业园区社区居民幸福感调查报告

园区社区建设指导委员会办公室

幸福感是一种心理体验,它既是人们对于生活的客观条件和所处状态的事实判断,又是对于生活的主观意义和满足程度的价值判断,在一定程度上也反映了民众对政府公共服务的满意度。影响幸福感的主客观因素很多,只有理性认识这些因素,才能更好地推进幸福社区建设,为此,××工业园区社区建设指导委员会办公室组织开展了首次居民幸福感调查。根据园区实际情况,本次调查在中新合作区和乡镇分别展开,内容涉及居民总体幸福感自我评价、经济生活、政治生活、文化生活、环境生活、社会生活、社区生活等多个方面,对象覆盖园区所有社区,兼顾不同性别、年龄、学历、职业、收入水平的居民群体,具有比较充分的代表性。累计发放问卷1200份,收回有效问卷1140份,有效率95%,现将有关情况分析报告如下:

一、居民幸福感总体情况

(一)园区居民自评幸福感总体较强

问卷将幸福感满分定为100分,请被调查者给自己目前的幸福感打分,调查结果见表1。

表1　中新区、乡镇居民幸福感自评情况

%

区　域	91~100分	81~90分	71~80分	61~70分	51~60分	50分以下
中新区	22.9	34.6	23.5	14.7	2.5	1.8
乡　镇	17.4	35.5	21.7	15.1	6.5	3.8

从不同居民群体来看,除了"中新合作区居民幸福感总体上略强于乡镇居民"之外,还可以发现以下特点,见表2。

1. 女性居民的幸福感强于男性居民。

表2　中新区、乡镇居民幸福感自评情况

%

区　域	性别	91~100分	81~90分	71~80分	61~70分	51~60分	50分以下
中新区	男	19.6	33.3	26.5	17.5	2.1	1
	女	25.4	35.4	21.4	12.8	2.7	2.3
乡　镇	男	16.7	31.3	22.5	16.4	7.6	5.5
	女	18.2	39.8	20.7	13.8	5.5	2

2. 中老年居民的幸福感强于年轻居民。以中新区为例:(略)

3. 中新区中老年居民的幸福感强于乡镇中老年居民。(略)

4. 居民的学历高低与幸福感强弱并不存在必然联系。整体来看,自评幸福感80分以上的居民学历层次较为均衡。(略)

5. 家庭月均收入高低与幸福感强弱成正比关系。以中新区为例:(略)

6. 进入园区居住生活时间越长,幸福感越强。以中新区为例:(略)

7. 社区互识率越高、楼道关系越融洽,幸福感越强。以中新区为例:(略)

(二)居民对园区人的身份认同感仍有待强化(略)

(三)居民对实现幸福园区目标的信心较强(略)

(四)收入增加、身体健康、家庭和谐是园区居民眼中增强幸福感的最主要因素

调查结果显示,中新区和乡镇对于"影响幸福感最主要因素"问题给出的答案完全一致,排名前三位的分别是收入增加、身体健康、家庭和谐,其中,中新区被调查者选择上述三项的比例分别占37.6%、18.4%、13.4%,乡镇被调查者选择上述三项的比例分别占36%、24.7%、14%。

二、居民满意度总体情况

(一)经济生活方面的满意度

1. 园区居民尤其是乡镇动迁居民对进一步提高经济收入充满期待。这一点从"近年来居民收入变化情况的满意度"调查数据得到印证,见表3。

表3　中新区、乡镇居民近年来收入变化情况的满意度

%

区　域	非常满意	比较满意	基本满意	不太满意	很不满意
中新区	11.60	33.80	38.70	11.50	4.40
乡　镇	2.50	19.70	48.60	22.80	6.40

2. 九成以上的居民对园区良好的就业、创业环境和城乡一体的社会保障制度表示满意。调查数据如下：（略）

3. 三成左右的居民对园区的整体消费环境表示不满意。不满意的焦点主要集中在物价偏高、便捷程度不够、尚不能完全满足不同购买力人群的需要三个方面。调查数据如下：（略）

（二）生存安全方面的满意度（略）

（三）医疗卫生方面的满意度（略）

（四）政府行政服务方面的满意度（略）

（五）文化教育方面的满意度（略）

（六）社区服务方面的满意度（略）

（七）城市环境及基础设施方面的满意度（略）

三、调查引发的一些启示

（一）幸福社区建设需要创新理念

一是平等参与理念。幸福社区建设需要将政府、企业、社区组织、居民视为平等的参与者和利益相关者，充分发挥各参与主体的能动性。

二是整体幸福理念。幸福社区建设需要整体提高各参与主体的幸福指数，要让政府及其官员赢得民心，要让企业及其员工在承担社会责任中获得政府与公众的认同，要让社区组织及其成员获得居民认同，要让居民获得物质和精神上的满足。

三是综合评价理念。在幸福社区建设成效的评价上，不仅要考察政府公共服务的投入和效果、企业社会责任的履行情况、社区组织的发育和功能发挥情况、社区居民参与情况，而且还需要考察各参与主体幸福指数提高情况，即政府、企业、社区组织、居民之间相互认同情况。

（二）新的理念需要新的行动（略）

社区是人们在互动中所形成的社会关系体。社区建设的本质是要通过政府、企业、社区组织、居民之间的良性互动来促进干群关系的和谐、企业与社区关系的和谐、邻里关系的和谐，最终实现社会和谐。推进社区内涵式发展，需要以实施"幸福社区建设行动计划"为契机，构建政府引导、企业与社区组织、居民个体广泛参与的良好发展格局。

【评析】这是一篇社区居民幸福感的调查报告。前言部分概括介绍调查目的、调查对象、调查方式等基本情况。主体部分从居民幸福感总体情况、居民满意度总体情况、调查引发的一些启示三个方面进行阐述，结合具体调查数据进行分析，叙议结合，用事实说话，观点和材料统一。

⇨ **写作实训**

1. 以上海通用汽车公司开展新车促销活动为背景,设计一份调查问卷,向参加活动者调查对新车的评价意见。

2. 每个学习小组选择一个调查项目,如大学生学习情况调查、就业情况调查、毕业生跟踪调查、企业对本专业人才需求情况调查等,进行调查研究,写作调查报告。

市场调查报告

第四节　述职报告、竞聘报告

一、述职报告

⇨ **案例导入**

中国农业银行××市分行按照建立现代一流商业银行的总体思路,加速市场化,与国际化接轨,紧紧围绕"发展、转型、提质、增效"的工作方针,注重创新,精细管理,实现了高起点、高平台上的快发展、再突破。20××年3月,全行本外币存款余额在××市金融系统首先突破1500亿元,信用总量超1200亿元。××市分行创造了在本地同业领先、在全系统领跑的辉煌业绩,长期保持市场高份额、发展高速度、经营高效益,这些成绩的取得与××市分行加强内部管理、提升干部队伍素质是分不开的。一年一度的干部述职大会要求全体干部在职工代表大会上述职,接受组织和群众的考核与监督。

各学习小组搜集银行各管理机构的工作职责,模拟各部门主管在干部述职大会上进行述职。

⇨ **知识链接**

（一）述职报告的内涵

述职报告是担任一定领导职务的干部和专业技术人员,向上级、主管部门和下属群众陈述任职情况,包括履行岗位职责,完成工作任务的成绩、问题和设想,进行自我回顾、评估、鉴定，接受上级领导考核和群众监督的书面报告。

（二）述职报告的特点

1. 制作主体的特定性

述职报告与一般报告不一样，特别强调个人性。个人对工作负有职责，自己亲身经历或者督查的材料必须真实。述职报告要对自身所负责的组织或者部门在某一阶段的工作进行全面的回顾，要从工作实践中去总结成绩和经验，找出不足与教训，从而对过去的工作做出正确的结论。

2. 内容的规定性

工作述职，首先应对业绩及职责有一个明确陈述。要求围绕任职期间的德、能、勤、绩四个方面进行述职，重点是把履职经验与组织分享。述职本身是一个对自我能力及团队能力的开发过程。在对业绩的陈述中，还要分析本部门团队建设问题。

3. 表达的述评性

述职报告要写事实，但不是把已经发生过的事实简单地罗列在一起，必须对搜集来的事实、数据、材料等进行认真的归类、整理、分析、研究。通过这一过程，从中找出某种带有普遍性的规律，得出公正的评价。

（三）述职报告的种类

（1）从时限上，可分为任期述职报告、年度述职报告和临时性述职报告。任期述职报告是报告任现职以来的工作总体情况，年度述职报告是报告本年度的履行职务的情况，临时性述职报告是报告担任某一临时职务的工作情况。

（2）从目的上，可分为晋职述职报告和例行述职报告。晋职述职报告是有关领导者和专业技术人员为晋升高一级职务和职称时，向主管部门和领导报告履行岗位职责的情况。例行述职报告是担任一定岗位职务的人员，定期向有关组织和群众汇报工作情况，接受考核和监督。

（3）从表达形式上，可分为口头述职报告和书面述职报告。一般任职时间较短且在较小的基层单位工作的可以用口头述职。

⇨ **格式扫描**

述职报告一般由标题、称谓、正文、署名与日期组成。

（一）标题

常用的有两种写法：一是"任职期限+所任职务+文种"，二是只写文种名称。

（二）称谓

在正文上方顶格书写主送单位和听取报告的人员的称呼，如"×××人事部""×××领导"；如果是在一定的场合述职，则应用"各位领导""各位评委""各位专家"等称呼。

（三）正文

正文一般由开头、主体、结束语等部分组成。

1. 开头

一是任职简介，说明自己从什么时间起任什么职、岗位职责的目标任务，并对述职的内容和范围作必要交代。

二是简要概括评价任职以来的工作情况。

2. 主体

这是述职报告的核心内容，根据上级布置的述职要求，在回顾自己任现职以来或某一阶段全面工作情况的基础上，从德、能、勤、绩四个方面具体地陈述主要业绩、存在的问题等情况。

3. 结束语

对工作中的不足之处作自我评价，表达自己将更加尽职尽责做好本职工作的愿望和努力目标。

表述方式上，属于陈述性文体，以叙述为主，兼以说明和议论。

（四）署名与日期

在正文右下方署上述职人姓名，另起一行写明述职日期。

⇨ **写法指要**

在各学习小组搜集银行各管理机构的工作职责基础上，结合教学案例，以某部门主管的身份，撰写述职报告，并模拟各部门主管在干部述职大会上进行述职。

下面以农业银行××分理处主任的述职为例探讨述职报告的写法。

标题可直接写"述职报告"，也可写明单位名称、姓名、任职时间及文种，如"××分理处主任×××20××年度述职报告"。

称谓可用"尊敬的各位领导、各位同事"。

前言陈述任职人的基本情况："带着领导的重托和同事们的信任，我自××××年担任××分理处主任。我始终保持着良好的工作状态，立足本职工作，潜心钻研业务技能，为农行发展作出贡献。"

主体部分陈述自己的工作实绩，可从稳定与发展储蓄存款、大力发展企业存款等方面陈述分理处取得的工作成效。写作时注重用事实和数据进行介绍。

客观评价自己在工作中所发挥的实际作用，不应将集体功绩都归功于个人。如作为管理者采取了哪些举措，在积极稳住老客户的同时，主动扩大新客户，寻找新储源，在发扬团队精神，加强各岗位间的协调、配合方面自己又开展了哪些工作等。

结尾写自己工作中存在的问题和努力目标。如在金融市场激烈竞争的今天，如何加强自己的理论素质和业务技能水平等。

写作述职报告要充分呈现述职人的工作政绩,但要注意归纳并提炼语言,不能过多描述自己的辛苦,如"记得多少次上门收款,我和同事们忙得饭也顾不得吃;记得多少次为争取一个大客户,我们磨破了嘴皮子跑烂了鞋;记得多少个节假日,我们加班加点没有和家人团聚"等。

【例文2.9】

20××年度述职报告

我于20××年1月参加了公司一年一度的公开竞聘,被任命为行政部经理。上任行政部经理以后,我深知自己肩上的责任。它承担着督查、文秘、人事、宣传报道、档案管理、文件、接待、车辆管理等工作,是信息传递、政策落实、上下内外沟通的窗口,也是为各部室工作起辅助作用的综合职能部门。因此,既要搞好企业文化建设,又要树立企业外部形象。

在过去一年中,行政部围绕公司的中心工作和工作目标,积极发挥综合协调、后勤保障、对外宣传等职能作用,高标准、高规格地完成了各项任务,为公司总体工作的跨越发展发挥了应有的作用。现将我这一年多的主要工作报告如下,请予评议。

一、立足服务,强化意识

1. 强化规范意识。把各项工作、各个环节,用科学、合理的机制和制度加以规范,并以制度保证全体工作人员都能严格、自觉地按照规范开展工作。行政部是公司公务和社会活动的枢纽,事务繁杂,联系广泛,矛盾集中,常常会遇到一些急需解决但又十分棘手的问题,所以有必要建立一套规章制度,使工作的各个环节都置于有效的控制之下。为此,我们出台并完善了接待用餐、车辆管理、信息考核等一系列制度,通过各项规章制度的制定,不断强化每个工作人员的规范意识,使每位同志工作有序、行为规范。

2. 强化责任意识。我要求本部门每位同志都必须以高度负责的精神对待每一项工作。高标准、严要求、创造性地处理好每一件事情。行政部是总揽全局、协调各方的综合办事机构,有着十分特殊的地位和作用。通过强化责任意识,我们能明确自己担负的职责,自觉地按照职责履行职能。

3. 强化形象意识。我们要用一流的工作态度和工作作风,塑造行政部的形象,维护领导权威,赢得群众信赖。行政部是对外联络和宣传的窗口,每位员工的形象如何,直接关系到公司在外界心目中的形象。通过这种形象的塑造,在行政部内部形成了互相学习、互相关心、健康向上、宽松和谐的工作环境。

二、加强基础管理,创造良好工作环境

为领导和员工创造一个良好的工作环境是行政部的重要工作内容之一。一年来,行政部结合工作实际,认真履行工作职责,加强与其他部门的协调和沟通,使行政部基础管理工作基本实现了规范化,相关工作达到了优质、高效的标准,为公司各项工作的开展创造了良好条件。

如:做到了员工人事档案、培训档案、合同档案、公章管理等工作的清晰明确、严格规范;做到了收、发文件的准确及时,并对领导批示的公文做到了及时处理,从不拖延;做到了办公耗材管控及办公设备维护、保养、日常行政业务结算和报销等工作的正常有序。成功组织了室外文化拓展、羽毛球比赛、读书征文、管理学培训课、市场营销学培训课、员工健康体检等活动,做到了活动之前有准备,活动过程中有指导,活动之后有成果,受到一致好评;行政部在人事管理、优化办公环境、保证办公秩序等方面做到了尽职尽责,为公司树立了良好形象,起到了窗口作用。

三、认真履行职责,开展各项重点工作

1. 狠抓员工礼仪行为规范、办公环境与秩序的监察工作。严格按照公司要求,在公司员工行为规范和办公环境等员工自律方面加大了监督检查力度,不定期对员工行为礼仪、办公区域清洁卫生进行抽查,营造了良好的办公环境和秩序。

2. 认真开展培训工作。为了能切实提高员工素质,以更好地适应市场竞争,我部积极配合公司把优化人员结构和提高员工素质与企业发展目标紧密结合。在"学习培训月"活动中,成功开展了管理学、营销学等近60课时的培训课,并把培训工作的规划纳入部门整体的工作计划之中,大力加强对员工政治理论和专业技能等方面的培训。

3. 做好人力资源管理工作。根据各部门的人员需求,协助部门完成人员招聘工作。对于新员工,定期与其面谈,发现问题随时沟通,帮助他们解决思想上的难题,通过制度培训、企业文化培训等手段,设计员工的职业发展规划,让员工熟悉公司的文化、了解企业的发展前景。通过考核,使员工在企业中顺利地度过实习期。完成公司人事档案信息的建立完善、公司员工劳动报酬的监督发放、公司人员进出的人事管理等工作;并按时完成员工月考勤记录、月工资报表的上报工作。

四、存在的不足

过去的一年,我们虽取得了一定成绩,但仍存在着很多不足之处,主要表现在以下几个方面:一是由于行政部工作常常事无巨细,主观上我们希望都能将每项工作完成得最好,但由于能力有限,不能把每件事情都做到尽善尽美。二是对公司各部门有些工作了解得不够深入,对存在的问题掌握真实情况不够全面,从而对领导决策应起到的参谋助手作用发挥不够。三是抓制度落实不够,由于公司事务繁杂,基本检查不到位,因而存在一定的重制度建设、轻制度落实现象。四是对公司的宣传力度有待加强,加大对内对外的宣传力度,成立宣传小组,保障月刊和网站的上稿率。五是对公司其他专业业务学习抓得不够。这些都需要我们在今后的工作中切实加以解决。

以上述职报告,如有不当,请批评指正。

××公司行政部经理×××
20××年12月

【评析】这篇述职报告前言部分概述述职人的基本情况,交代自己的工作职责。主体部分重点陈述自己履行工作职责所取得的工作业绩,对自己工作中的不足也作出实事求是的分析,层次清楚。

⇨ 写作实训

1. 要求各位班团干部在班级进行述职,陈述自己任职以来的履职情况,由同学进行评议。

2. 各学习小组以某企业为背景,搜集企业各管理机构的工作职责,模拟各部门主管进行述职。

二、竞聘报告

⇨ 案例导入

某公司向社会公开招聘总经理助理一职,要求应聘者具备良好的职业道德和敬业精神,具有从事经济管理等相关工作的经验,有较强的组织协调能力和沟通能力。

请以应聘者的身份撰写一份竞聘报告。

⇨ 知识链接

(一)竞聘报告的内涵

随着我国人事制度的改革,"公开、平等、竞争、择优"成为选拔人才的一条重要原则。在公开招聘人才的过程中,竞聘报告具有重要的作用。

竞聘报告,也称竞聘演讲词,是竞聘者为了竞聘某一领导职务或竞聘某一岗位,在特定的场合,面对特定的听众所发表的用于阐述竞聘优势及被聘用后的工作设想和打算的演讲词。

竞聘报告既是竞聘者对自身素质的评价,也是人事部门和群众了解竞聘者情况的渠道,它既为择优选聘提供依据,也有利于竞聘者自身素质的提高。它具有针对性、竞争性、自述性的特点,针对某一岗位,以竞聘成功为目的,使用第一人称,本着对个人、对单位负责的态度,面对听众介绍自己、展示自己、推荐自己。

(二)竞聘报告的写作内容

竞聘报告重点要写清楚三个方面的内容:竞聘的主要优势、对岗位职责的认识以及工作目标、主要设想和打算。报告内容的详略要根据竞聘的岗位、竞聘的场合及竞聘者自身特点来安排。

如果是在本单位竞聘某一岗位,竞聘者个人的基本情况可以略写,详写自己的工作目标和思路。构想既要有前瞻性,又要有现实性,体现竞聘者求实创新的精神。写竞聘报告的人,有的目前就从事这一岗位,有的从来没有从事过这一岗位。前者应突出自己从事本岗位期间的业绩、竞聘成功后新的工作目标和思路;后者应突出介绍自己的竞聘优势,在竞聘报告中详细介绍自己的德、能、勤、绩,强调自己的工作能力和基本素养,并阐述自己对这一岗位职责的认识,写作重点还要落实到竞聘成功后的工作目标、主要设想和打算。

如果竞聘外单位的工作岗位,竞聘者应介绍个人的基本情况,突出自己的工作经历和工作业绩,阐明竞聘者凭什么理由和资格竞聘该工作岗位,着重介绍自己的主要特长。竞聘报告要反映出竞聘者的工作能力和基本素质,使听者对自己有充分的了解和认识,从而使听众确信自己能胜任所竞聘的工作岗位。

⇨ **格式扫描**

(一)竞聘报告的基本结构

比较完整的竞聘报告由以下几个部分构成:标题、称谓、正文、署名和日期。

1. 标题

标题一般包括竞聘的岗位名称和文种等要素。如"综合秘书岗位竞聘报告""关于银行办公室主任一职的竞聘报告""竞聘编辑部主任一职的演讲词",也可简写为"我的竞聘报告""竞聘报告""竞聘演讲词"等。

2. 称谓

根据出席竞聘活动的人员确定,如"尊敬的各位领导、各位同事""尊敬的各位评委"等。

3. 正文

正文一般包括以下几方面的内容:

(1)陈述竞聘的主要优势。针对竞聘的岗位介绍自己的德、能、勤、绩,不是叙述自己工作时间的长短,而是要突出与竞聘岗位相关的经历和业务能力。以积极的态度去描述,让听众认可你确实适合这份工作并具备不断发展的潜力。切忌面面俱到,力求精要。

(2)对应聘岗位职责的认识。竞聘前,要充分了解招聘单位和应聘岗位的情况,只有明确岗位职责,才能有的放矢地提出该岗位的工作目标、工作思路和打算。

(3)表明自己任职后的打算。竞聘者要紧紧围绕听众关心的热点、难点问题,切忌华而不实和故作卖弄之语。只有提出切实可行的措施,才能有效地提高竞聘的成功率。

(4)结束语要求画龙点睛,加深评选者对竞聘者的良好印象,从而有利于竞聘成功。常见的结尾方式有以下几种：

表达愿望式。表达加盟对方组织的热切愿望，展望单位的美好前景，期望得到认可和接纳。

表明态度式。坦诚地表达自己参与这次竞聘的感受。

祈请支持式。表达自己对竞聘上岗的信心，恳切地期望得到大家的支持和鼓励。

4. 署名和日期

在正文右下方署上竞聘者的姓名，另起一行注明日期。

（二）竞聘报告的写作要求

竞聘报告的写作必须适合演讲的场合，但又不同于一般的演讲稿，它必须符合竞聘者的身份，具体要求有以下几方面：

1. 态度诚恳

竞聘报告虽是向听众毛遂自荐，展示才华和德行，但又不能说得过头，以免让听众反感。要在写作过程中仔细揣摩，把握好尺度。

2. 充满自信

自信主要是在平时的学习、工作和生活中培养出来的，所谓胸有成竹，竞聘时要充分展示出来。

注视评委和听众的时间应占竞聘时间的 50%，适时进行面部信息的交流和沟通。竞聘过程中表情自然，学会微笑，微笑能给听众愉悦、快乐、轻松、友好和平易近人的亲切感。

3. 语言质朴

竞聘报告不宜刻意追求气氛的烘托和渲染，避免使用抒情的表达方式，多用符合口语表达习惯和听觉习惯的句子。在展示自己优势部分内容时，不能报流水账，要善于归纳并将简洁的语言放在段首提要，再以事实和数据佐证。

4. 篇幅适宜

竞聘报告有时间的限制，一般为 5~10 分钟，撰写竞聘报告要把握好字数，以千字左右为宜。字数过少，不足以充分展示自己的竞聘优势；字数过多，使听众产生厌倦情绪，就会削弱演讲效果。

⇨ **写法指要**

结合教学案例，师生共同探讨竞聘报告的写作内容和写作要求。

标题写明"总经理助理岗位竞聘报告"。

开头先谈自己对总经理助理岗位职责的认识，接着具体写自己的竞聘优势，如："我认为我参加总经理助理岗位竞争的优势主要体现在以下五个方面：一是具有广泛多样的知识背景（具体介绍自己掌握的知识和技能）；二是具有谦虚谨慎的做人态度(具体介绍自己的获奖情况);三是具有清晰、流畅的沟通能力(介绍自己的工作方法和业绩);四是具有与时俱进、敢于争先的时代意识(介绍自己继续学习和培训经历);五是具备坚韧不拔、百折不挠的心理素养(介绍自己的成长经历和经受的考验)。

结尾表明自己加盟该公司的强烈愿望,"如能蒙贵公司不弃,有幸成为贵公司的一员,我将竭尽所学,为贵公司的发展贡献自己的一份力量"。

【例文 2.10】

综合办公室主任竞聘报告

尊敬的各位领导、同事们:

大家好!

今天我满怀信心和激情走上这个圆梦演讲台,来参加综合办公室主任的竞聘,我自信有能力胜任这一工作。

首先我感谢分行领导为我们创造了这次公平竞争的机会!参加此次竞聘,对于我来说是一次走近理想的自我突破,是证明自己的能力、实现自己的人生价值的一次尝试。

我出生于××××年×月×日,××××年毕业于××大学财会专业,本科学历,会计师专业技术职称。××××年在××银行××分行参加工作,先后从事银行柜员、理财师、业务管理员等工作,在每一个岗位上我都兢兢业业地工作、踏踏实实地做事,为人谦和低调,得到了领导的信任和同事的支持。

经过几年银行工作的锻炼,自己各方面素质得以提高,去年我光荣地加入了中国共产党,荣幸地被××分行评为年度先进工作者,在创先业务竞赛活动中,被分行授予"三收能手"的称号。××××年度我圆满完成了个人揽存金额 1300 万元的任务。几年的工作使我深深地感到机遇和挑战并存。参与这次竞聘,我愿在求真务实中认识自己,在积极进取中不断追求,在拼搏奉献中实现价值,在市场竞争中完善自己。

我深知综合办公室工作十分重要,这主要体现在以下三个方面:一是为支行领导当好参谋,二是为全行事务当好主管,三是为一线员工当好后盾。具体说就是:摆正位置,当好配角;胸怀全局,当好参谋;服从领导,当好助手。

如果我竞聘成功,我的处事原则和风格是,努力做到严格要求、严密制度、严守纪律,勤学习、勤调查、勤督办。以共同的目标团结人,以有效的管理激励人,以自身的行动带动人。努力做到大事讲原则,小事讲风格,共事讲团结,办事讲效率。我将用真情和爱心去善待我的每一个同事,使他们的人格得到充分尊重,给他们一个宽松的发展和创造空间。

尊敬的各位领导、各位评委，只有实实在在的行动才能见证一个人的能力。我要用实际行动全力实现自己的诺言。如果今天我没有竞聘成功，我也不会悲观失望，而是会把这次竞聘视为我迈向未来成功之路的一个新起点，一个里程碑。请大家相信我，支持我！

我的竞聘演讲结束了，谢谢大家！

【评析】这篇竞聘报告开头简要介绍自己的竞聘岗位；主体部分首先陈述自己的竞聘优势，接着阐述自己对竞聘岗位职责的认识，并表明自己竞聘成功后的处事风格和原则；结尾表明自己的竞聘态度。结构完整，语言流畅。

⇨ 写作实训

1. 系学生会将招聘干部，请每个学生根据自己的兴趣特长，竞聘某一职位，撰写竞聘报告，并上讲台进行竞聘演讲。

2. 以某企业为背景，根据自己所学专业竞聘某个职位的工作，写作竞聘报告。

第三章　公务文书写作与实训

教学目标

◎ 理解公文的概念、种类和特点。

◎ 掌握公务文书的结构和各类公务文书的写作方法。

◎ 能根据职业岗位工作任务,熟练写作常用的公务文书。重点掌握通知、请示、报告、纪要、函等公文的写作方法。

教学指导

◎ 组织学生分组自学,阅读《党政机关公文处理工作条例》,比较公文各文种的性质和适用范围。

◎ 运用案例分析法,指导学生熟练掌握公文的写作结构和写作要求。

◎ 指导学生上网搜集写作材料,根据各专业对应的职业岗位工作任务进行实例写作。

◎ 采用习作交流的形式,分组交流学生习作,并由师生共同点评。

第一节　公文概述

一、公文的性质和作用

(一) 公文的性质

《党政机关公文处理工作条例》(中办发〔2012〕14 号)明确公文是党政机关实施领导、履行职能、处理公务的具有特定效力和规范体式的文书,是传达贯彻党和国家方针政策,公布法规和规章,指导、布置和商洽工作,请示和答复问题,报告、通报和交流情况等的重要工具。

《党政机关公文处理工作条例》自 2012 年 7 月 1 日起施行。1996 年 5 月 3 日中共中央办公厅发布的《中国共产党机关公文处理条例》和 2000 年 8 月 24 日国务院发布的《国家行政机关公文处理办法》停止执行。

（二）公文的作用

1. 指导宣传作用

上级机关通过发布公文来布置工作，传达自己的意见、决定，指导下级机关开展各项具体工作。许多公文在布置工作时，一般都阐明其指导思想，宣传与贯彻党和国家的路线、方针、政策，统一人们的思想认识。

2. 行为规范作用

国家制定的一些重要的法律、法规一经发布，便成为全社会的行为规范。任何单位不得违反，否则便会受到法律的制裁、行政处分或经济处罚。

3. 依据凭证作用

公文体现了发文机关的意图，对于受文机关而言，公文是其按照发文机关意图开展工作、处理问题的依据和凭证。某些公文在发挥了现行的作用之后，将立卷、归档。归档后的公文是历史活动的真实记载，起着记载、凭证和备查考的作用。

4. 协调联系作用

公文无论在上下级之间，还是在平级机关、不相隶属机关之间，都能起到联系公务、解决问题、交流情况、商洽工作、协调关系的作用。

二、公务文书的特点

1. 鲜明的政治性和政策性

公文具有传达贯彻党和国家的方针政策，处理党政机关公务的重要职能，这就决定了它的基本内容是国家政权机关的指挥意图、行政意向，是公务往来活动情况的系统记录。这直接反映了小至机关团体，大至国家政权的政治立场和根本利益，因此，公文的内容具有鲜明的政治性和政策性，不能由个人意志决定，必须代表国家和人民的根本利益。

2. 法定的权威性和约束力

公文的权威性是由公文法定作者的权威性决定的，公文的法定作者，是指依法成立，并能以自己的名义行使权力和担当义务的组织。由于公文是由法定作者制发的，代表一定机关的法定职能，每一份公文都有特定的约束力，受文机关必须严肃对待，认真理解，严格遵照执行。《党政机关公文处理工作条例》明确各级党政机关办公厅（室）主管本机关的公文处理工作，并对下级机关的公文处理工作进行业务指导和督促检查。

3. 规范的格式和处理程序

为了维护公文的权威性、确保公文的强制性、充分发挥公文效用，国家对公文从文种名称到行文关系、从制发程序到文体格式都作了严格规定。因此，公文比起其他文体来，无论制作还是处理，都更严格、更规范。所有发文机关必须严格按照规定的程序制发和处理公文，以保证工作的规范化、管理的科学化，提高职能部门的工作效率。

4. 特定的范围和时效性

一份公文对应某一方面的工作、发给一定的受文对象,这就限定了公文的空间范围,超出该范围,公文便失去其效能。此外,公文的效能还受一定时间的限制。公文是为解决现实问题而制发,一般要求限期传达执行。公文总是在规定的空间范围内和时间效力范围内生效,一旦工作完成了,问题解决了,或新的有关公文制发出来了,原公文的效用也就结束了。

5. 准确庄重的文风

撰制公文是一项严肃的工作,公文要维护其政治性和权威性,就必须保持准确、严肃、庄重的文体特点。这就要求反映事物客观实际,表达意见态度明朗,选词用语严谨准确,从而形成理正辞严、简练明达、庄重有力的公文风格。

三、公务文书的种类

(一) 按公文的适用范围划分

1. 决议。适用于会议讨论通过的重大决策事项。

2. 决定。适用于对重要事项作出决策和部署、奖惩有关单位和人员、变更或者撤销下级机关不适当的决定事项。

3. 命令(令)。适用于公布行政法规和规章、宣布施行重大强制性措施、批准授予和晋升衔级、嘉奖有关单位和人员。

4. 公报。适用于公布重要决定或者重大事项。

5. 公告。适用于向国内外宣布重要事项或者法定事项。

6. 通告。适用于在一定范围内公布应当遵守或者周知的事项。

7. 意见。适用于对重要问题提出见解和处理办法。

8. 通知。适用于发布、传达要求下级机关执行和有关单位周知或者执行的事项,批转、转发公文。

9. 通报。适用于表彰先进、批评错误、传达重要精神和告知重要情况。

10. 报告。适用于向上级机关汇报工作、反映情况,回复上级机关的询问。

11. 请示。适用于向上级机关请求指示、批准。

12. 批复。适用于答复下级机关请示事项。

13. 议案。适用于各级人民政府按照法律程序向同级人民代表大会或者人民代表大会常务委员会提请审议事项。

14. 函。适用于不相隶属机关之间商洽工作、询问和答复问题、请求批准和答复审批事项。

15. 纪要。适用于记载会议主要情况和议定事项。

（二）按行文关系划分

1. 上行文

上行文即下级机关向它所属的上级机关的行文，即自下而上的行文。如报告、请示等。

2. 下行文

下行文即上级机关向其所属的下级机关的行文，即自上而下的行文。如命令、决定、批复等。

3. 平行文

平行文即同级机关或者不相隶属机关之间的行文。函是最常用的平行文。

公文的上行、平行、下行，有时有交叉现象。如"意见"用于向上级机关提出见解时，为上行文；用于向下级机关提出处理办法时，为下行文。

（三）按公文的来源划分

1. 收文

收文即从外单位发送来，由本单位收进的公文。

2. 发文

发文即本单位发送给外单位的公文。

3. 内部公文

内部公文即本单位内部使用的公文。

（四）按公文的秘密性质和阅读范围划分

公文可分为公开文、内部文、秘密文三类。

1. 公开文

公开文是指向人民群众和国内外公开发布的公文。这类公文大多数是领导人的讲话、党和国家重要的政策和法规等，通过广播、电视、报刊等大众传媒发布。

2. 内部文

内部文是指供本机关内部的员工阅读，一般不对外公布的公文。

3. 秘密文

秘密文是指内容涉及党和国家的秘密，需要标明密级和保密期限，控制知密范围和对象的文件。涉密公文应当根据涉密程度分别标注"绝密""机密""秘密"和保密期限。

（五）按公文办理时限划分

根据公文送达时限的要求，可分为紧急公文和常规公文。

1. 紧急公文

紧急公文是指需迅速传递办理的公文。根据紧急程度，紧急公文应当分别标注"特急""加急"，具体时间要求由各地党政机关主管自行确定。

2. 常规公文

常规公文是指按正常的要求运转和处理的公文。虽然不是紧急公文,但这类公文也应迅速及时地处理。

四、公文的行文规则

《党政机关公文处理工作条例》明确行文应当确有必要,讲求实效,注重针对性和可操作性。行文关系根据隶属关系和职权范围确定。一般不得越级行文,特殊情况需要越级行文的,应当同时抄送被越过的机关。

(一)向上级机关行文应当遵循的规则

1. 原则上主送一个上级机关,根据需要同时抄送相关上级机关和同级机关,不抄送下级机关。

2. 党委、政府的部门向上级主管部门请示、报告重大事项,应当经本级党委、政府同意或者授权;属于部门职权范围内的事项应当直接报送上级主管部门。

3. 下级机关的请示事项,如需以本机关名义向上级机关请示,应当提出倾向性意见后上报,不得原文转报上级机关。

4. 请示应当一文一事。不得在报告等非请示性公文中夹带请示事项。

5. 除上级机关负责人直接交办事项外,不得以本机关名义向上级机关负责人报送公文,不得以本机关负责人名义向上级机关报送公文。

6. 受双重领导的机关向一个上级机关行文,必要时抄送另一个上级机关。

(二)向下级机关行文应当遵循的规则

1. 主送受理机关,根据需要抄送相关机关。重要行文应当同时抄送发文机关的直接上级机关。

2. 党委、政府的办公厅(室)根据本级党委、政府授权,可以向下级党委、政府行文,其他部门和单位不得向下级党委、政府发布指令性公文或者在公文中向下级党委、政府提出指令性要求。需经政府审批的具体事项,经政府同意后可以由政府职能部门行文,文中须注明已经政府同意。

3. 党委、政府的部门在各自职权范围内可以向下级党委、政府的相关部门行文。

4. 涉及多个部门职权范围内的事务,部门之间未协商一致的,不得向下行文;擅自行文的,上级机关应当责令其纠正或者撤销。

5. 上级机关向受双重领导的下级机关行文,必要时抄送该下级机关的另一个上级机关。

同级党政机关、党政机关与其他同级机关必要时可以联合行文。属于党委、政府各自职权范围内的工作,不得联合行文。党委、政府的部门依据职权可以相互行文。部门内设机构除办公厅(室)外不得对外正式行文。

五、公文的格式

《党政机关公文处理工作条例》明确规定了公文的格式:"公文一般由份号、密级和保密期限、紧急程度、发文机关标志、发文字号、签发人、标题、主送机关、正文、附件说明、发文机关署名、成文日期、印章、附注、附件、抄送机关、印发机关和印发日期、页码等组成。"

公文格式各要素划分为版头、主体、版记三部分。公文首页红色分隔线以上的部分称为版头;公文首页红色分隔线(不含)以下、公文末页首条分隔线(不含)以上的部分称为主体;公文末页首条分隔线以下、末条分隔线以上的部分称为版记。

(一) 版头部分

版头部分由份号、密级和保密期限、紧急程度、发文机关标志、发文字号、签发人、间隔线等项目组成。

1. 份号。公文印制份数的顺序号。涉密公文应当标注份号。

公文份数序号是指将同一文稿印制若干份时每份公文的顺序编号。编制份数序号的目的是准确掌握公文的印制份数、分发范围和对象,便于发文机关根据份数序号掌握公文的去向。当文件需要收回保管或销毁时,可以对照份数序号检查是否有遗漏或丢失。

如需标注份号,一般用 6 位 3 号阿拉伯数字,顶格编排在版心左上角第一行。

2. 密级和保密期限。公文的秘密等级和保密的期限。

涉密公文应当根据涉密程度分别标注"绝密""机密""秘密"和保密期限。

一般用 3 号黑体字,顶格编排在版心左上角第二行;如需同时标注保密期限,则秘密等级与保密期限之间用"★"隔开,保密期限中的数字用阿拉伯数字标注。

3. 紧急程度。公文送达和办理的时限要求。根据紧急程度,紧急公文应当分别标注"特急""加急",电报应当分别标注"特提""特急""加急""平急"。

如需标注紧急程度,一般用 3 号黑体字,顶格编排在版心左上角;如需同时标注份号、密级和保密期限、紧急程度,按照份号、密级和保密期限、紧急程度的顺序自上而下分行排列。

4. 发文机关标志。由发文机关全称或者规范化简称加"文件"二字组成,也可以使用发文机关全称或者规范化简称。联合行文时,发文机关标志可以并用联合发文机关名称,也可以单独用主办机关名称。

发文机关标志居中排布,上边缘至版心上边缘为 35 mm,一般使用小标宋体字,颜色为红色,以醒目、美观、庄重为原则。

联合行文时,如需同时标注联署发文机关名称,一般应当将主办机关名称排列在前;如有"文件"二字,应当置于发文机关名称右侧,以联署发文机关名称为准上下居中排布。

5. 发文字号。由发文机关代字、年份、发文顺序号组成。联合行文时,使用主办机关的发文字号。

发文机关代字一般由两个层次组成。第一个层次是发文机关的代字,第二个层次是发文机关主办文件的部门的代字。如"国办发"这一字号表示这份文件来自国务院,承办部门是办公厅。

年份、序号用阿拉伯数字。年份要用全称,用六角括号"〔 〕"括入;序号不编虚位(即 1 不编 001),不加"第",在阿拉伯数字后加"号"字。如"国发〔20××〕36 号"。

发文字号置于发文机关标志之下、间隔线之上。在发文机关标志下空 2 行,用 3 号仿宋体字,居中排列。发文字号之下 4 mm 处印一条与版心同宽的红色间隔线。

上行文的发文字号居左空一字编排,与最后一个签发人姓名处在同一行。

6. 签发人。上行文应当标注签发人姓名。

签发人是指签发该公文领导人的姓名。签发人平行排列于发文字号右侧,发文字号居左空 1 字,签发人姓名居右空 1 字。签发人用 3 号仿宋体字,签发人后标全角冒号,冒号后用 3 号楷体字标注签发人姓名。

如有多个签发人,签发人姓名按照发文机关的排列顺序从左到右、自上而下依次均匀编排,一般每行排两个姓名,回行时与上一行第一个签发人姓名对齐。

发文字号之下 4 mm 处居中印一条与版心等宽的红色分隔线,其作用是将文首部分与行文部分分开。

(二) 主体部分

主体部分由标题、主送机关、正文、附件说明、发文机关署名、成文日期、印章、附注和附件组成。

1. 标题

标题由发文机关名称、事由和文种组成。

标题是对公务文书内容的概括与提炼,发文机关名称之后用介词"关于"引出文件事由,用助词"的"与文种相连接。如"国务院关于加强职业培训促进就业的意见"。

并不是所有公文的标题中都出现"关于"。比如,公告、通告、纪要的标题,往往不用"关于"。如"中国证券监督管理委员会公告"。

又如,批转和转发式通知的标题,往往也不用"关于"。如"国务院批转发展改革委关于 20××年深化经济体制改革重点工作意见的通知"。

标题文字应力求扼要简短,标题中除法规、规章名称要加书名号外,一般不用标点符号,如"国务院关于修改《机动车交通事故责任强制保险条例》的决定"。

标题一般用 2 号小标宋体字,编排于红色分隔线下空二行位置,分一行或多行居中排布;回行时,要做到词意完整,排列对称,长短适宜,间距恰当,标题排列应当使用梯形或菱形。

公文标题大致可分为以下三种形式。

（1）三要素齐全，即发文机关+事由+文种。这是公文标题的一种典型的形式。如"国务院办公厅关于成立国务院教育督导委员会的通知"。

（2）省略发文机关，即事由+文种。省略发文机关的原因有两点：其一，公文文头上已印有发文机关，很醒目，故无须在标题中再次标出发文机关；其二，为了突出标题中的"事由"。如"关于加强和改进文物安全工作的指导意见"。

（3）省略事由，即发文机关+文种。省略事由的原因有两点：其一，公文的正文很短，一看便知，无须在标题中对"事由"再作提示；其二，为了缩短标题，使之更醒目。这种形式的标题，常常用于公布性、周知性的公文，比如命令（令）、公告、通告等。如"国家外汇管理局公告"。

2. 主送机关

主送机关是公文的主要受理机关，应当使用机关全称、规范化简称或者同类型机关统称。同类型机关的统称如"各省、自治区、直辖市人民政府"等。

主送机关用 3 号仿宋体字，位于标题之下空 1 行，左侧顶格书写，末尾标全角冒号。如主送机关名称过多，回行时仍需顶格。

3. 正文

正文是公文的主体，用来表述公文的内容。

一般由开头、主体和结尾三部分组成。公文的正文由于文种和内容不同，写法不尽相同，将在具体的文种中进行分析。

正文在主送机关名称或标题之下第 1 行开始，每自然段左空 2 字，回行顶格。

正文用 3 号仿宋体字，一般每面排 22 行，每行 28 个字。当公文排版后所剩空白不能容纳印章位置时，应采取调整行距、字距的措施加以解决，务使印章与正文同处一页，不得采用标注"此页无正文"的方法。

文中结构层次序数依次可以用"一、""（一）""1.""（1）"标注；一般第一层用黑体字、第二层用楷体字、第三层和第四层用仿宋体字标注。

4. 附件说明

指公文附件的顺序号和名称。

如有附件，在正文下空 1 行左空 2 字，用 3 号仿宋体编排"附件"二字，后标全角冒号和附件名称。

如有多个附件，使用阿拉伯数字标注附件顺序号（如"附件：1. ××××"）；附件名称后不加标点符号。附件名称较长需回行时，应当与上一行附件名称的首字对齐。

5. 发文机关署名和成文日期

发文机关署名应署发文机关全称或者规范化简称。

成文日期署会议通过或者发文机关负责人签发的日期。联合行文时,署最后签发机关负责人签发的日期。

成文日期是公文生效的时间,是公文的一项重要内容,写在正文右下方。用阿拉伯数字将年、月、日标全,年份应标全称,月、日不编虚位(即 1 不编为 01)。

6. 印章

公文中有发文机关署名的,应当加盖发文机关印章,并与署名机关相符。有特定发文机关标志的普发性公文和电报可以不加盖印章。

印章是公文生效的标志,也是鉴定公文真伪的重要标志。印章上不压正文,下要骑年盖月。成文日期一般右空四字编排,印章用红色,不得出现空白印章。

单一机关行文时,一般在成文日期之上、以成文日期为准居中编排发文机关署名,印章端正、居中下压发文机关署名和成文日期,使发文机关署名和成文日期居印章中心偏下位置,印章顶端应当上距正文(或附件说明)一行之内。

联合行文时,一般将各发文机关署名按照发文机关顺序整齐排列在相应位置,并将印章一一对应、端正、居中下压发文机关署名,最后一个印章端正、居中下压发文机关署名和成文日期,印章之间排列整齐、互不相交或相切,每排印章两端不得超出版心,首排印章顶端应当上距正文(或附件说明)一行之内。

7. 附注

附注是公文印发传达范围等需要说明的事项。

附注对公文的阅读范围、使用时需注意的事项加以说明。如"此件公开发布""此件可登报"等。

如有附注,用 3 号仿宋体字,居左空 2 字,加圆括号标注在成文日期下一行。上行文的联系人姓名和电话号码标注在附注位置上。

8. 附件

附件是公文正文的说明、补充或者参考资料。

附件是公文的重要组成部分,与正文具有同等效力。附件应与公文正文一起装订,并在附件左上角第 1 行顶格标注"附件"。有序号时标注序号,附件的序号和名称前后标注应一致。如附件与公文正文不能一起装订的,应在附件首页的左上角第 1 行顶格标注公文的发文字号并在其后标注附件及序号。

(三)版记部分

版记部分由抄送机关、印发机关和印发日期、页码等组成。

版记中的分隔线与版心等宽,首条分隔线和末条分隔线用粗线(推荐高度为0.35 mm),中间的分隔线用细线(推荐高度为 0.25 mm)。首条分隔线位于版记中第一个要素之上,末条分隔线与公文最后一面的版心下边缘重合。

1. 抄送机关

抄送机关是指除主送机关外需要执行或者知晓公文内容的其他机关,应当使用机关全称、规范化简称或者同类型机关统称。

抄送机关的作用是使有关单位及时了解公文的内容,在工作中给予配合,

如有抄送机关,一般用 4 号仿宋体字,在印发机关和印发日期之上一行、左右各空一字编排。"抄送"二字后加全角冒号和抄送机关名称,回行时与冒号后的首字对齐,最后一个抄送机关名称后标句号。

2. 印发机关和印发日期

指公文的送印机关和送印日期。

印发机关是指公文的印制主管部门,印发日期是为了准确反映公文的生成时效。公文在领导签发后即开始生效,之后要经过打字、校对、复核等环节才得以印发。

印发机关和印发日期一般用 4 号仿宋体字,编排在末条分隔线之上,印发机关左空一字,印发日期右空一字,用阿拉伯数字将年、月、日标全,年份应标全称,月、日不编虚位(即 1 不编为 01),后加"印发"二字。

版记中如有其他要素,应当将其与印发机关和印发日期用一条细分隔线隔开。

3. 页码

页码指公文页数顺序号。

一般用 4 号半角宋体阿拉伯数字,编排在公文版心下边缘之下,数字左右各放一条一字线;一字线上距版心下边缘 7 mm。单页码居右空一字,双页码居左空一字。公文的版记页前有空白页的,空白页和版记页均不编排页码。公文的附件与正文一起装订时,页码应当连续编排。公文的版式按照《党政机关公文格式》国家标准执行。公文用纸幅面采用国际标准 A4 型。公文的具体格式见图 3-1 和图 3-2。

六、公文正文的写作方法

公文正文一般包括开头、主体和结尾三个部分。公文全文必须是一个完整的统一体,中心线索要连贯,结构要周密。下面具体介绍公文的开头、正文、结尾的写作要求。

(一) 公文开头部分的写作方法

公文开头不能像文学作品那样极尽铺张渲染之能事,必须开门见山,一落笔就直接指向要处理的事件或要解决的问题。开头要文笔简练,多数只有一个自然段。

1. 根据式开头

开头表明发布公文的根据,所根据的一般是上级文件、领导指示、有关规章和现实情况。这类开头一般用"根据""遵照""按照"等介词领起。

例如:人社部发布的《关于进一步做好失业保险和最低工资有关工作的通知》开头:"根据国务院关于成品油、电力价格调整有关工作的部署和要求,为保障失业人员和低收入职工的基本生活,现就进一步做好失业保险和最低工资有关工作通知如下:……"

000001
机 密 ★ 1 年
特 急

×××××文件

×府发〔20××〕×号

关于×××××××××的通知

各市、县人民政府,各直属部门:

    ××××××××××××××××××××××。

    ××××××××××××××××××××××××××××××××××。

特此通知

附件:1.

       2.

×××××(印章)

20××年×月×日

(附注内容)

抄送:××、××、×××。

×××××   20××年×年×日印发

(共印××份)

图3-1 下行文格式

000001

急 件

××市人民政府文件

×府发〔20××〕×号   签发人×××

关于×××××××××的请示

××省人民政府：

    ××××××××××××××××××××××××。

    ×××。

以上请示如无不妥，请批准！

    附件：1.×××××××

            2.×××××××

××市人民政府（印章）

20××年×月×日

（附注内容）

抄送：××、××、×××。

×××××   20××年×年×日印发

（共印××份）

图 3-2　上行文格式

这种把行文根据放在前面做开头的写法,在公文写作中运用得十分普遍。运用根据式开头要避免把上级文件、有关规章等原文照搬,而要提炼出主要观点,作为写作公文的依据。

2. 目的式开头

开头提出发布公文的动机、缘由、目的,称为目的式开头。这种开头常以"为""为了"等介词作为领起。

例如:某省教育厅发布的《省教育厅关于做好20××年普通高校"专转本"自主招生工作的通知》开头:"为进一步加强和改进我省普通高校"专转本"工作,引导高职院校深化人才培养模式改革,完善学生综合考评制度,提高人才培养质量,今年我省继续开展普通高校'专转本'自主招生工作。现将有关事项通知如下。"

目的式开头也是公文写作中运用较多的一种开头方式,每发布一篇公文总有一个明确的目的,开门见山,直入主题。

3. 叙述式开头

开头运用概括叙述的方式,对公文所指向的主要事实作一个简要的交代,然后在事实的基础上展开主体部分的表达。

例如:某市发布的《关于提升我市防汛应急响应至 II 级的通知》开头:"受强降雨和上游来水影响,我市主要河湖水位持续上涨,至 15 日 17 时,太湖平均水位已涨至 4.51 米。据气象部门预报,7 月 16 日-17 日我市仍将面临新一轮降雨过程,经综合研判,太湖平均水位可能接近保证水位,防汛形势十分严峻。"

叙述式开头可以使读者对基本情况、主要事实有一个大致的了解,在此基础上,理解公文下一步展开的内容就比较容易。

4. 结论式开头

开头提出对某一事件或某一问题的基本认识,以此为前提布置有关工作,提出开展工作的方法、措施和要求。

例如:某省人民政府发布的《关于进一步完善城乡义务教育经费保障机制的通知》开头:"近年来,我省各地、各有关部门认真贯彻中央和省决策部署,坚持把义务教育作为投入重点予以优先保障,全面落实城乡义务教育免费,基本建立稳定增长的经费保障机制,在全国各省、自治区中率先实现县域义务教育基本均衡全覆盖。随着教育现代化建设深入推进、新型城镇化和户籍制度改革不断深化,现行义务教育经费保障机制已不能很好适应新形势要求,特别是经费可携带性不强、资源配置不够合理等问题日益显现,迫切需要在整合农村义务教育经费保障机制和市县义务教育奖补机制基础上,建立'城乡统一、重在农村、以县为主'的义务教育经费保障机制。"

结论式开头或肯定成绩,或指出问题,或阐明原则,或亮明态度,开宗明义。

（二）公文主体部分的写作方法

公文的主体部分结构方式有两种基本形态，一种是并列式，一种是递进式。开头通常是总述或总论，它自成一个层次。主体部分的各层或分述或分论，或呈现并列形态，或呈现递进形态。

1. 并列式

对事物几个不同侧面的考察，对事件发生的几种不同原因的分析，对法规中不同条文的陈述等，都将形成相互并列的不同层次。

例如："国务院办公厅发布的关于加强普通高等学校毕业生就业工作的通知，围绕高校毕业生的就业工作，从以下几方面明确要求：鼓励和引导高校毕业生到城乡基层就业、鼓励高校毕业生到中小企业和非公有制企业就业、鼓励骨干企业和科研项目单位积极吸纳和稳定高校毕业生就业、鼓励和支持高校毕业生自主创业等。"运用并列式结构从几个方面落实加强高校毕业生就业工作的举措。

2. 递进式

如果是从事物的表象逐步深入去探索其本质，每一个深化的阶段就形成一个层次，各层次之间就是递进形态。从原因出发推导结果，或者反过来从结果出发寻找原因，也会有步步深入的过程，也是递进形态。另外，文章在偏重于记述事件或过程时，按照事实发生的先后顺序表述，事件的阶段性也必然会形成层次，各层次之间也属于递进形态。

例如：某省人民政府发布发的《关于转变农业发展方式加快建设现代农业的意见》，这份意见的主体部分从提出目标任务、采取的主要措施到加强组织保障，各层次之间内容不断深化，层层递进，逐步深入。

公文主体部分并列式和递进式层次往往交叉，相互并列的层次，每个层次可能又采用递进式安排内容。主体部分各层次之间属于递进形态，但具体某一层次又采用并列式安排内容。

（三）公文结尾部分的写作方法

公文的结尾必须明确提出结论性的意见、请求或执行要求，一般不能用象征、隐喻、暗示的写作方法，

1. 总结式结尾

在结尾处用简洁明白的语言进行画龙点睛式的概括归纳，也就是对全文内容进行总结。

例如："各地要加强对高校毕业生就业工作的组织领导，将高校毕业生就业纳入当地就业总体规划，统筹安排，确定目标任务，实行目标责任制，加强工作考核和督查。要大力开展高校毕业生就业工作的宣传，引导高校毕业生树立正确的就业观和成才观，形成全社会共同促进高校毕业生多渠道就业的良好舆论环境。各地要按照本通知要求，结合本地实际，制定切实有效的政策措施，创造性地开展工作，

千方百计促进高校毕业生就业。"

2. 希望式结尾

在结尾处提出希望、号召。如："各重点城市要结合本地实际，根据本方案要求，制定具体工作实施方案，确保通知精神落到实处。"

3. 说明式结尾

在结尾处对与文章内容有关的事项或问题进行交代说明。如："以上内容仅用于征求意见，不能作为执行的依据。在没有正式通知之前，必须按现行有关规定办理。"

4. 套语式结尾

用固定的套语作结尾，如请示使用"此请当否，请批复"或"以上请示如无不妥，请予批准"等结尾；报告使用"特此报告，请审阅"或"特此报告，如无不妥，请批转执行"等结尾；通知使用"特此通知，望贯彻执行"等结尾；函使用"特此函商，请研究见复"等结尾。

公文也可采用自然结尾的方式，主体部分内容表达完毕就结束。

⇨ 写作实训

一、给下面的标题填写文种。

1. ××部关于几起重大火灾情况的_____。

2. 国务院办公厅关于发布《行政机关公文处理办法》的_____。

3. ×××大学关于报送20××年度招生工作计划的_____。

4. ××省教育厅关于同意××大学新建教学楼的_____。

5. ××研究所关于要求改变拨款待遇的_____。

6. ××市政府关于印发××市"十三五"城乡建设规划的_____。

7. ××公司关于表彰20××年度科学技术奖获奖单位和个人的_____。

8. ××市政府关于批转市民政局等部门××市优抚对象医疗保障办法的_____。

9. ××公司第十次工作例会_____。

10. ××公司关于邀请参加客户联谊活动的_____。

二、指出下面的公文标题存在的问题并修改。

1. 某某学校关于建立实验室，购买部分仪器设备，拟在行政费中开支的请示

2. ××公司关于购买劳保用品的请示报告

3. 关于××公司购买办公用品的请示

4. ××大学关于加强宿舍管理的公告

5. ××公司关于表彰科研先进单位和个人的通知

6. 关于进行医疗制度改革的几点想法

7. ××公司关于××大学要求开展校企合作的答复

8. ××公司关于开展新员工培训工作的汇报

9. ××公司关于印发职工考勤制度的通告

10. ××大学关于××系学生××违章使用电器的通告

三、根据以下内容提示拟写公文标题。

1. ××大学就××系学生×××擅离学校,违反学校纪律,给予警告处分一事发出文件,使全校师生周知。

2. 某省人民政府发文要求所属单位认真贯彻执行国务院关于调整纺织品价格的规定,以便保持市场的稳定。

3. 某县工业局为请求购置防暑设备的经费,特向该县财政局制发文件。

4. 某省财政厅对本省农业厅申请批准拨款购置办公设备的来文制发复文,批准对方的请求。

5. 国家××××局就当前农村基层土地管理人员队伍的现状和存在的问题向国务院行文汇报,并对如何进一步加强这支队伍的建设提出了具体的建议。

6. ××大学经过认真研讨,制定了20××年职工绩效考核办法,并印发给全校各部门。

7. 某商场是大型的综合性商场,为提高商场的经济效益和竞争能力,营销部决定开展大型促销活动,特向总经理室请示。

8. 20××年,××公司人力资源部围绕部门制定的工作目标,做好各项工作,圆满完成了各项工作任务,特向公司汇报有关工作情况。

第二节 公告、通告

一、公告

⇨ **案例导入**

××市为缓解高温和改善空气质量,将根据《中华人民共和国气象法》和《人工影响天气管理条例》的规定,适时组织开展人工增雨作业。需要公告以下事项:人工增雨作业时间是20××年8月25日至8月30日,作业区域经空域管制部门批准,××区××街道××村为增雨作业点,以作业点为中心半径10公里内的行政区域。人工增雨作业时需要注意:作业使用设备为WR-98型专用人工增雨火箭,作业具有一定的危险性,在作业现场安全警戒范围(距离火箭作业车半径50米以内)禁止群众围观;在作业区域内(离作业点半径10公里左右范围内),如发现人工增雨作业火箭弹残骸或故障弹,应立即向××市气象局人工影响天气办公室或当地派出所报告,不可擅自拆除、搬动或储藏;如发现火箭残体降落,应注意避让。

⇨ **知识链接**

（一）公告的内涵

公告"适用于向国内外宣布重要事项或者法定事项"。包含两方面的内容：一是向国内外宣布重要事项,公布依据政策、法令采取的重大行动等;二是向国内外宣布法定事项,公布依据法律规定告知国内外的有关重要规定和重大行动等。

如果发布公告时限较紧急,就通过广播、电视、报刊、信息网络等传媒迅速发出。

（二）公告的特点

1. 发布内容的重要性

主要用于国家机关向人民群众公布政策法令,说明采取重大行动的目的,宣布禁止妨害国家和公共利益的行为的有关规定,以及其他需要人民群众了解的事项。

2. 发布范围的广泛性

一般公文只向国内一定范围发布,公告则是向国内外发布,其信息传达范围有时是全国,有时是全世界。因此公告既要能够将有关信息和政策公之于众,又要考虑在国内国际可能产生的政治影响。

3. 发布机关的限制性

公告具有其严肃、庄重、权威的特点。公告的发布机关多为较高级别的国家行政机关或权力机关,如全国人民代表大会、国务院、各省市人民政府及人大等。一般以国家的名义向国内外宣布重大事件,有时也授权新华社以公告形式公开宣布某一事项的有关规定、要求。如公布国家领导人的出国访问,国家领导人的选举结果等。

基层单位、群众团体不制发公告。如事无巨细经常使用公告,只注意到广泛性和周知性,使公告演变为公而告之,滥用公文将影响公文的严肃性。

⇨ **格式扫描**

公告由标题、正文、签署发文机关和日期三部分组成。

（一）标题

公告的标题一般由发文机关、事由和文种三部分组成。

有的标题省略事由部分,有的标题只标出文种"公告"。如果发文机关为授权机关,还要在标题中写明"授权"字样,如"新华社授权公告"。

（二）正文

公告的正文通常由公告背景及缘由、公告事项和结语组成。

公告的背景及缘由部分简明扼要交代公告事件的根据和发布公告的原因,有的公告省略缘由,直接写公告事项。

公告事项部分告知内容如属纯知照性的,只需写明事实即可。如属对被告知一方有所要求的公告,要在正文中写明有关要求。如内容较多,要分条款写作。

正文结束时,一般用"现予公告""特此公告"等结束语。

（三）签署发文机关和日期

在正文右下方署上发文机关的名称和发文日期。如公告标题已写发文机关,有时可将签署中的发文机关省略,如在报纸上登载则常省略落款。有的公告将成文日期在标题之下标示。

➡ 写法指要

公告是告知重大事项或法定事项时使用的公文,行文朴实庄重,内容鲜明准确。发文机关名称一般要用全称,属几个机关共同发文的,可用习惯的简称。正文不能写得冗长,如交代事件根据,无须阐述事件的意义和描写事件的情节。

【例文 3.1】

关于《××市生活垃圾处理费征收若干规定（试行）》公开征求意见的公告

为了进一步规范生活垃圾处理费征收管理行为,××市城市管理局拟定了《××市生活垃圾处理费征收若干规定（试行）》（详见附件）。现向社会公开征求意见:

一、征求意见截止时间：20××年1月1日

二、反映意见的方式

（一）来信请寄至:××市××区××街40号,××市城市管理费用征收服务中心,邮编××××××；

（二）电子邮件请发至:××××××@163.com；

（三）电话:××××××××。

附件:《××市生活垃圾处理费征收若干规定（试行）》征求意见稿

××市城市管理局

20××年12月1日

【评析】这份公告由××市城市管理局发布。正文开头写明行文的目的,用过渡句"现向社会公开征求意见:"领起下文,公告事项采用分条列项的写法,告知征求意见截止时间和反映意见的方式,层次清晰。

二、通告

⇨ 案例导入

　　××大学坐落在国际教育园内,属于开放式校园。最近校园内经常出现下列现象:商贩随意出入校园兜售商品;汽车、自行车进入校园不按规定区域停放;校园草坪绿化被破坏;学生宿舍经常出现偷盗事件;等等。为加强校园管理,学校采取了一些措施,如禁止商贩出入校园,要求各类车辆按序停放,要求保安加强巡视。请代××大学拟写一份通告。

⇨ 知识链接

　　(一) 通告的内涵

　　通告"适用于公布社会各有关方面应当遵守或者周知的事项"。通告在一定的范围内面向社会各有关方面公开发布,是各级机关、团体常用的具有一定约束力和知照性的下行文。

　　(二) 通告的特点

　　1. 制约性

　　通告所告知的事项常作为各有关方面行为的准则或对某些具体活动的约束限制,具有行政约束力甚至法律效力,要求被告知者遵照执行。

　　2. 广泛性

　　通告的内容很广泛,其内容涉及社会生活各方面;通告的使用单位很广泛,只要业务需要,各级机关、企事业单位、社会团体都可以在自己管辖范围内向公众告知有关事项;通告的适用范围也很广泛,不仅在机关单位内部公布,而且可以向社会公布;通告的发布方式多样,可通过报刊、广播、电视、信息网络公布,也可以张贴和发文,使通告内容广为人知。

　　3. 通俗性

　　通告要达到让公众遵守和周知的目的,就要求语言通俗易懂。虽然通告常用于水电、交通、金融、公安、税务、海关等主管业务部门公布有关工作事宜,内容带有专业性、事务性,行文要使用专业术语,但也尽量要做到语言明确、通俗。

　　(三) 通告的种类

　　1. 制约性通告

　　向有关单位和人员公布国家有关政策、法规或要求遵守的约束事项,告知对象必须严格遵照执行,为确保某一事项的执行与处理,通告提出具体规定,以要求相关单位与个人遵守。如《××市人民政府关于春节期间实行烟花爆竹有限开禁的通告》。

2. 知照性通告

有关业务主管部门向公众传达告知业务性、事务性事项,不具有强制性,仅供人们知晓。如自来水公司公布停水的通告,交通部门公布修路的通告等。

（四）通告和公告的区别

1. 内容要求不同

通告用于宣布应当遵守或者周知的事项;公告用于宣布重要事项或者法定事项。通告一般是有关业务方面的内容,其重要程度不如公告。

2. 发布范围不同

通告只在国内一定范围内公布,而公告既可以向国内也可以向国外公布。

3. 发文机关不同

通告的制发机关可以是各级政府机关及其职能机关,也可以是各社会团体、企事业单位;而公告的发文机关级别较高,通常是国家领导机关和地方机关,基层单位、社会团体不制发公告。

（五）通告与通知的区别

1. 行文要求不同

通知事项一般需传达、告知、批转,要求办理和执行,而通告事项一般需遵守或周知。相比较而言,通告比通知政策性更强,更具有行政约束力和法律效力。

2. 受文对象不同

通告的受文对象一般是社会公众,不专指具体单位和个人,而通知的受文对象一般指具体的单位和个人。

3. 发布方式不同

通告可以用文本形式印发,也可采用张贴或登报的形式发布,而通知多在一定范围内传阅或印发。

⇨ 格式扫描

通告一般由标题、正文和落款三部分组成。

（一）标题

完整的标题由发文机关、事由和文种组成,如《××市工商行政管理局关于20××年度企业年检的通告》。有的标题省略发文机关或事由,有的用于内部张贴的通告标题只有"通告"二字。

（二）正文

通告的正文由缘由、事项、结尾三部分构成。

缘由部分写明发布通告的理由或依据。为增强通告的法律效力,常要说明通告的法律依据或职权依据。

通告一般用特定句式引出通告的事项,如运用"为了……,特通告如下"或"根据……,特作如下通告"等句子领起通告事项。

通告事项是全文的核心部分,包括周知事项和执行要求。如果内容较多,可采用分条列项的方法。这部分内容要做到明确具体,需清楚说明受文对象应执行的事项。

结尾部分用"特此通告"或"本通告自发布之日起实施"等句子表述,也可在事项内容表述完毕后自然结尾。

（三）落款

标题已有发布单位的,落款部分可省略;标题没有发布单位的,落款要注明发布单位。要注明发布通告的时间。

⇨ 写法指要

【例文 3.2】

关于启用机动车环保标志电子卡的通告

为推进智能交通等重点项目建设,进一步强化机动车监督管理,改善环境空气质量,根据《××市机动车排气污染防治条例》规定,市政府决定自20××年3月1日起启用射频识别机动车环保标志电子卡(以下简称电子卡),现就有关事项通告如下:

一、自20××年3月1日起,初次在本市注册登记的新机动车,在各上牌点环保窗口直接申领电子卡;已到年检期的本市车辆,经环保检测站检测合格后申领电子卡;未到年检期的本市车辆,需凭有效的纸质环保标志,到新车上牌点环保窗口或环保检测站申领电子卡。对车辆较多的单位可预约上门集中安装服务。

二、电子卡分为绿色和黄色两类,核发标准与纸质环保标志相同。

三、本市机动车均可免费申领电子卡,电子卡由专业机构负责张贴于机动车前挡风玻璃上端。

四、本通告自20××年3月1日起实施。

××市人民政府

20××年2月9日

【评析】这份通告采用省略式标题,省略了发文机关,因此落款部分署上了发文机关。标题事由明确,"启用机动车环保标志电子卡"。

正文采用目的开头式,写明通告的目的是"推进智能交通等重点项目建设,进一步强化机动车监督管理,改善环境空气质量"。因为这份通告强制性较强,因此写明制发通告的依据是"根据《××市机动车排气污染防治条例》规定",要求有关单位和个人按照要求执行。

通告事项部分用承启句"现就有关事项通告如下"领起,分条写明电子卡的办理时间、各类机动车的办理方法、电子卡的类型和张贴要求等。事项排列合乎逻辑,条理清楚。

⇨ **写作实训**

1. 一、根据案例导入部分的写作内容,代××大学拟写一份通告。
2. ××公园是向市民免费开放的公园,最近出现了一些不良现象,如游客带宠物进入公园,游客采摘花木、践踏草坪等。针对游客的不文明现象,公园准备采取措施加强公园环境管理,请代××公园拟写一份通告。

第三节 通知、通报

一、通知

⇨ **案例导入**

××电子有限公司专业从事白色家电生产。主要产品有:冰箱、空调、洗衣机、压缩机等。20××年度全体员工齐心协力圆满完成了各项工作任务,为公司的平稳健康发展作出了贡献。为了表彰先进,公司决定召开20××年度员工表彰大会,表彰公司优秀员工。

表彰大会由公司行政部负责筹办,请代拟写一份会议通知。

⇨ **知识链接**

(一)通知的内涵和特点

1. 通知的内涵

通知在公文中使用频率最高、适应性最广。《党政机关公文处理工作条例》规定,通知"适用于批转下级机关的公文,转发上级机关和不相隶属机关的公文,传达要求下级机关办理和需要有关单位周知或者执行的事项,任免人员"。

2. 通知的特点

(1)告知性。通知是向特定受文对象告知或转达有关事项或文件,让受文对象知道或执行,要求受文对象按发文机关的意图办事。

(2)广泛性。通知的应用极为广泛。下达指示、布置工作、传达有关事项、传达领导意见、任免干部、决定具体问题,都可以用通知。

(3)时效性。通知对时效性有严格要求,它所传达的事项,往往要求受文者及时知晓并在规定的时间内迅速办理。

（二）通知的种类

1. 指示性通知

这类通知用于上级机关需要对下级机关就某一事项作出具体规定，或就某一问题作出具体指示。如《教育部关于切实做好20××年普通高等学校家庭经济困难新生入学"绿色通道"等资助工作的通知》是教育部就家庭经济困难的新生入学问题作出指示，传达要求下级机关办理有关事项的通知。

2. 发布性通知

这类通知用于颁布行政法规、印发本机关的规章等。如《国务院扶贫办综合司关于印发扶贫领域基层政务公开标准指引的通知》。除法规性文件外，被发布的文件一般不加书名号。

3. 批转性通知

批转性通知是用于将有关公文作为附件下发的通知，一般用于批准发出下级机关或业务部门的公文。如《国务院批转节能减排统计监测及考核实施方案和办法的通知》，国务院收到发展改革委、统计局和环保总局分别会同有关部门制订的节能减排统计监测及考核实施方案和办法，国务院表示同意，批示并转发各省、自治区、直辖市人民政府，国务院各部委、各直属机构贯彻执行。

4. 转发性通知

转发性通知是转发上级的公文、同级或不相隶属机关的公文时使用的文书。转发类通知与批转类通知不同，可以转发上级机关、同级机关或不相隶属机关的公文。常见的形式有两种，一是职能部门转发上级业务部门的公文，二是综合部门代上级机关以转发的形式批转下级机关的报告、意见等。最常见的形式是国务院及各级政府的办公厅（室）转发部门的报告、请示、意见等。如《国务院办公厅转发国家发展改革委等单位关于推动都市圈市域（郊）铁路加快发展意见的通知》，国家发展改革委、交通运输部、国家铁路局、中国国家铁路集团有限公司《关于推动都市圈市域（郊）铁路加快发展的意见》已经国务院同意，国务院办公厅转发给各省、自治区、直辖市人民政府，国务院各部委、各直属机构贯彻落实。

5. 知照性通知

这类通知用于安排一般性具体事务。为了便于工作，有必要将某些事项、信息传达和告知给有关单位和人员知晓。这类通知只起告知作用，如设置机构通知、启用印章通知、会议通知和布置具体工作通知等。如《××公司关于召开年终总结表彰大会的通知》。

6. 任免通知

这类通知用于上级任免下级的领导人或上级的有关人事任免需要下级或平级知晓。如《××市政府关于×××等×名同志职务任免的通知》。

⇨ **格式扫描**

通知一般由四个部分构成：标题、主送机关、正文、落款。

（一）标题

通知的标题与其他公文文种标题的格式相同，由制发机关、事由和文种三部分组成。

发布、批转、转发性通知的标题比较特殊，标题内含有一个被批转或被转发公文的标题，是大标题里包含着一个小标题，这个小标题就是大标题的发文事由。如果被批转或被转发的公文是法规性文件，则须在法规性文件名称上加书名号。如"财政部关于印发《财政总预算会计管理基础工作规定》的通知"。

标题中的事由如果十分重要或非常紧急，可在文种前加上"重要""紧急"等词语；如果是两个及以上机关联合行文，加"联合"；如果是对不久前发的文件内容进行补充，加"补充"。

（二）主送机关

所有通知必须有主送机关，以指定通知的承办、执行和应当知晓的受文机关。普发性通知的受文机关一般为直属下级机关，或需要了解通知内容的不相隶属机关。如《国务院办公厅关于印发20××年食品安全重点工作安排的通知》的受文机关是各省、自治区、直辖市人民政府，国务院各部委、各直属机构。

（三）正文

正文一般由缘由和目的、通知事项、执行要求三部分构成。

通知的缘由和目的是通知正文的导语，要交代清楚为什么制发该通知，一般写得简洁明了。过渡语往往用"现通知如下""现将有关事项通知如下""现就有关问题通知如下""特作如下紧急通知"等。

通知的主体部分写明通知事项，通知事项一般分条列项写明，使事项条目分明。

通知的结尾可用习惯用语"特此通知"，如前言和主体间使用了过渡语"现通知如下"等，收尾处一般不再用习惯用语。可以自然收尾，事项写完就结束，也可用简要的文字如"请结合本单位实际情况认真贯彻执行"等，再次明确主题或作必要的说明，以引起受文单位的重视。

（四）落款

在正文右下方写明发文机关名称，如标题中已标明发文机关，落款时可以省略，直接写成文日期。

⇨ **写法指要**

（一）指示性通知的写法

指示性通知正文包括提出指示的根据、指示事项和指示要求等。

【例文 3.3】

教育部关于切实做好20××年普通高等学校家庭经济困难新生入学"绿色通道"等资助工作的通知

各省、自治区、直辖市教育厅(教委),各计划单列市教育局,新疆生产建设兵团教育局,部属各高等学校:

20××年全国普通高等学校招生录取工作即将结束,新学期即将开始。为确保20××年普通高等学校家庭经济困难新生顺利入学,现就切实做好"绿色通道"等各项资助工作通知如下:

一、高度重视家庭经济困难学生资助工作

20××年是全面落实《教育规划纲要》和全国教育工作会议精神的关键一年。切实做好新形势下高校家庭经济困难学生资助工作,是促进教育公平、办好人民满意教育的具体体现。各地教育部门、各高校要根据《教育规划纲要》和全国教育工作会议要求,进一步统一思想,高度重视,切实加强领导,健全工作机制,采取有效措施,把家庭经济困难学生资助工作作为重要的全局性工作抓实抓好,确保家庭经济困难学生"应助尽助"。

二、认真做好秋季学期开学前后有关工作

1. 确保资助经费到位。各地教育部门要会同当地财政部门,严格按照国家政策规定,足额落实各项资助经费,科学合理地及时逐级分解下达预算,务必保证应分担的资助专项资金在开学前及时到位。各高校应严格按照国家政策规定,从事业收入中按比例足额提取经费用于资助家庭经济困难学生,不得提而不支、多提少支或直接列支。要采取有效措施,鼓励社会各界捐资助学,拓宽经费来源渠道。要切实加强对各项资助经费的管理,不得以任何形式、任何理由截留、挤占、挪用资助资金。

2. 确保"绿色通道"畅通。"绿色通道"是确保高校家庭经济困难新生顺利入学的最直接、最有效的措施。今年各公办和民办普通高校在招生录取工作结束后,要尽快全面了解录取新生的家庭经济状况,有针对性地提前做好家庭经济困难新生入学工作预案。要进一步加强对"绿色通道"工作的组织和领导,主管校领导要亲自抓,校内各有关部门要密切配合,分工明确,细化工作程序,明确责任人,在新生报到现场设立专门的"绿色通道"区域,保证提出申请且符合条件的家庭经济困难新生都能通过"绿色通道"顺利入学。

3. 确保国家助学金及时发放。各地教育部门、各高校要切实关心家庭经济困难学生。秋季学期开学后,要及时向家庭经济困难学生发放国家助学金,并通过多种方式帮助解决基本生活费用,确保家庭经济困难新生入学后的正常生活和学习。

4. 确保"应贷尽贷"目标。各地教育部门要积极配合当地财政、银监等部门和有关金融机构，加大工作力度，进一步推进生源地信用助学贷款。县级学生资助管理机构是做好生源地信用助学贷款工作的关键，要配合具体经办银行切实做好组织申请、信息录入、审核批准等相关工作；在暑假集中办理期间，要组织更多的人力，提供必要场所，加强政策宣传和解读工作，合理安排办理批次，为家庭经济困难学生及其法定监护人提供周到服务，严防因工作不到位而引发群体性事件。秋季学期开学后，各高校要配合县级学生资助管理机构和经办银行做好生源地信用助学贷款有关工作，同时，继续做好校园地国家助学贷款工作，并加强对助学贷款学生的诚信教育和征信知识宣传。

5. 确保反映渠道畅通。各地教育部门、各高校要开通学生和社会各界的反映渠道，接受有关政策咨询和问题投诉，并对投诉的问题及时进行核查处理。对于影响面大、敏感程度高的投诉问题，要及时向上级教育主管部门报告。今年8月15日至9月15日，我部将继续开通高校学生资助工作热线电话。请各省级教育部门和各部属高校于8月10日前，将本地高校学生资助工作热线电话的号码和开通时间报送全国学生资助管理中心。

6. 确保政策宣传到位。各地教育部门、各高校要进一步加大国家资助政策及成效的宣传力度，努力扩大宣传的覆盖范围，把党和国家对家庭经济困难学生的关心和爱护带入千家万户。宣传工作要积极利用当地受众广、影响大的网络、广播、电视等新闻媒体，充分运用广大人民群众和学生喜闻乐见的形式，全方位、多角度、深层次地将政策宣传辐射到所有城市和农村尤其是偏远地区，不留死角，确保资助政策入校、入村、入户。要注意政策宣传的时效性，重点把握招生录取和新生入学两个关键的时间节点。各高校在向新生发放录取通知书时，必须按照要求一并寄送《高等学校学生资助政策简介》宣传手册，务必做到人手一册。

三、强化监督检查，确保工作实效

请各省级教育部门速将本通知转发至本行政区域内所有公办和民办全日制普通高等学校，并按照通知要求认真做好组织落实和监督检查工作，确保各项资助政策落实到位，确保所有家庭经济困难新生都能按时入学。秋季学期开学前后，我部将会同有关部门组成检查组，对各地、各高校的落实情况进行专项检查，对拒绝家庭经济困难学生入学等严重违规行为将从严查处。各省级教育部门和各部属高校要及时总结工作情况，于9月底前将总结报告以传真方式报送全国学生资助管理中心。

中华人民共和国教育部

20××年8月5日

【评析】这份通知是教育部就家庭经济困难的新生入学问题作出指示,传达要求下级机关办理有关事项的通知。主题是做好20××年普通高等学校家庭经济困难新生入学"绿色通道"等资助工作。

指示性通知开头一般交代发通知的背景、理由等,应写得简明扼要。这份通知开头简明扼要地交代了写作背景和写作理由。

通知主体部分须写明指示事项和指示要求,这是受文单位执行的依据。主体部分在结构上可采用分条列项的形式,也可用分列小标题的形式。本文运用小标题从三个方面提出要求:一是要求各地教育部门、各高校思想上要高度重视家庭经济困难学生资助工作;二是明确要认真做好秋季学期开学前后有关工作;三是要求强化监督检查,确保工作实效。

这份通知传达了要求下级机关办理和执行的事项,内容明确,层次清楚,每部分都用观点句概括,体现了公文语言准确、庄重的特点。

(二)发布性通知的写法

发布性通知正文包括两层内容:一是发布的法规或规章名称;二是提出贯彻执行的希望和要求。

【例文 3.4】

关于印发《企业安全生产费用提取和
使用管理办法》的通知

各省、自治区、直辖市、计划单列市财政厅(局)、安全生产监督管理局,新疆生产建设兵团财务局、安全生产监督管理局,有关中央管理企业:

为了建立企业安全生产投入长效机制,加强安全生产费用管理,保障企业安全生产资金投入,维护企业、职工及社会公共利益,根据《中华人民共和国安全生产法》等有关法律法规和国务院有关决定,财政部、国家安全生产监督管理总局联合制定了《企业安全生产费用提取和使用管理办法》。现印发给你们,请遵照执行。

附件:企业安全生产费用提取和使用管理办法

中华人民共和国财政部　安全监管总局

20××年 2 月 14 日

【评析】这份通知是印发财政部、国家安全生产监督管理总局联合制定的有关安全生产费用提取和使用管理的规章。公文开头写明制定有关规章的原因和根据,列出制发的规章名称,接着提出了贯彻执行的要求。

发布性通知常用的语句有"现印发给你们,请认真贯彻执行""请照此执行"

等。也常用"现将……印发给你们"这种介词结构前置的句式引出发布的法规或规章名称。

（三）批转、转发性通知的写法

批转、转发性通知的标题比较特殊，完整的标题包括批转或转发机关、原发文机关、事由、文种四要素。事由就是被批转或转发的文件名称。

正文一般包括批语、转发语、批转或转发公文的意义和执行要求。

【例文 3.5】

国务院办公厅转发国家发展改革委等部门
关于加快推进快递包装绿色转型意见的通知

各省、自治区、直辖市人民政府，国务院各部委、各直属机构：

国家发展改革委、国家邮政局、工业和信息化部、司法部、生态环境部、住房城乡建设部、商务部、市场监管总局《关于加快推进快递包装绿色转型的意见》已经国务院同意，现转发给你们，请认真贯彻落实。

附件：《关于加快推进快递包装绿色转型的意见》

国务院办公厅

20××年 11 月 30 日

【评析】这份通知采用完整式标题，"国务院办公厅"是转发机关，"国家发展改革委等部门"是原发文机关，事由是转发文件《关于加快推进快递包装绿色转型的意见》。

有的批转、转发性通知的标题省略部分要素，如在"转发"前省略了"关于"，避免和转发公文名称中的"关于"重复。

批转、转发性通知的正文一般非常简洁，附件中的批转或转发的文件是公文的主要内容。"已经国务院同意"是批语，国务院办公厅和"国家发展改革委等部门"属于同级机关，没有批示的权限，这是转述国务院的批语，"现转发给你们，请认真贯彻落实"是转发性通知常用的结束语。

（四）知照性通知的写法

知照性通知的正文一般包括发文缘由、通知事项、执行要求三部分。通知事项要写得具体明白。

【例文 3.6】

关于组建××市文化投资控股(集团)有限责任公司的通知

各区县人民政府,市府各委办局,市各直属单位:

为进一步深化文化体制改革,整合文化产业资源,大力推动文化产业跨越发展,建立科学规范的国有文化资产管理机制,市政府决定组建××市文化投资控股(集团)有限责任公司(以下简称"市文化集团")。现就有关问题通知如下:

一、市文化集团是市政府授权范围内国有经营性文化资产的经营管理主体,是在市文化体制改革与产业发展领导小组指导下,市国资委管理的市直属企业集团,具有国有资产投资主体职能,承担被授权管理的国有资产保值增值责任。

二、市国资委代表市政府对授权范围内国有经营性文化资产履行出资人职责。

三、市文化集团从事授权范围内国有文化资产的经营和资本运作,实施项目投资和管理、资产收益管理、产权监管、资产重组和经营等。

四、市政府授权管理的国有文化资产、市文化集团的管理职责界定如下:

1.××广电集团有限公司、××日报报业集团有限公司的出资人由市国资委变更为市文化集团,××出版社有限公司出资人由市国资委调整为××日报报业集团有限公司。市文化集团不负责广电、报业集团的具体经营管理业务。

2.××市电影剧场公司、××市歌舞剧院有限公司、××市杂技团有限公司、××市话剧团有限公司、××市京剧团有限公司、××市越剧团有限公司、××市民族乐团有限公司的出资人由市文化广电新闻出版局变更为市文化集团,并作为其核心子公司实施一体化管理。6家市专业剧团公司的文化事业管理职能由市文化广电新闻出版局负责。

五、市文化集团成立后,市文化体制改革与产业发展领导小组办公室牵头,市国资委负责资产划转和产权变更,涉及清产核资部分由市财政局负责。

六、市文化集团的董事会、监事会成员按干部管理程序委派。

七、市文化集团成立的相关手续按法定程序办理。

××市人民政府

20××年8月20日

【评析】这是一份设置机构的通知,告知事项、布置工作、安排活动、召开会议等都使用知照性通知。

正文开头写明发文缘由"组建××市文化投资控股(集团)有限责任公司",主体部分具体介绍市文化集团机构的性质、业务范围、管理职责等。通知的事项分条表述,条理清楚。

（五）任免性通知的写法

任免通知的标题一般包括发文单位、事由、文种。事由部分写明任免人员的姓名,如果同时任免多人,写出一个人的姓名,后加"等同志"予以概括。

如果是只有任命事项的任职通知,标题写"关于×××同志任职的通知";如果是只有免职事项的免职通知,标题写"关于免去×××同志××职务的通知"。

任免通知的正文包括任免依据、任免人员姓名及其职务两个部分。

【例文 3.7】

关于×××等同志职务任免的通知

各县市人民政府,市府各委办局,市各直属单位:

经××市第×届人民代表大会常务委员会第×次会议20××年1月17日表决通过,决定如下:

任命:

×××同志任××市人民政府教育局局长;

××同志任××市人民政府财政局局长。

免去:

×××同志××市人民政府教育局局长职务;

×××同志××市人民政府财政局局长职务。

特此通知。

×××市人民政府

20××年1月19日

【评析】这份任免通知既有任命事项,又有免职事项。开头写任免依据,是经××市第×届人民代表大会常务委员会第×次会议表决通过,接着写具体的任免事项,按照先任命,后免职的顺序,写清楚任免人员的姓名和职务。

⇨ 写作实训

1. ××集团是世界第四大白色家电制造商,目标是创世界名牌,为民族争光。20××年10月15日,第××届中国进出口商品交易会将在广州市中国进出口商品交易会展馆举行,届时××集团准备展出整套绿色时尚家电,展示未来的一种绿色、健康、时尚生活方式,为消费者提供整体生活解决方案。为了部署参展的具体工作安排,确保广交会展出获得成功,公司决定于20××年9月10日上午8:30在公司五楼会议室召开会议,要求各部门负责人参加会议,总结前一阶段工作,对下一阶段工作进行部署。请代拟写一份会议通知。

2.××市人民政府制定了一份《××市规范性文件管理规定》，要印发给各区县人民政府、市府各委办局、市各直属单位，请代拟写一份通知。

3.××公司人力资源部将对各部门新入职员工进行培训，培训的主要内容包括公司的各项规章制度、公司的企业文化、员工的职业道德等。请代拟写一份通知，告知各部门有关培训内容、培训方式、培训对象、培训时间和地点等事项。

二、通报

⇨ 案例导入

××车业有限公司是一家集研发、生产、销售为一体的高新技术企业。自公司成立以来，公司领导带领创业时的团队，励精图治，如今发展成为电动车行业具有行业影响力的企业。

为全面提升质量指标，降本增效，促进质量管理上水平，公司开展了产品质量月活动，以切实提高产品质量、售后服务质量和工作质量。公司各主要生产分厂和职能部室成立了"产品质量月活动工作小组"，认真查找影响产品质量、工作质量及服务质量的主要因素，并针对一些重点、焦点问题进行技术攻关和革新。

质量月活动涌现出了一大批优秀的企业干部和职工，如技术科李××、刘××两位职工连续四个星期天利用休息时间在街头义务为市民传授电动车、三轮车日常保养、简单维修等知识，并在现场为顾客义务修理车辆。他们的行为为企业赢得了良好的社会声誉。他们在活动月考核评比时被评为先进工作者。

但也有部分职工不重视产品质量月活动，如组装车间职工张××在工作中发现成型车的车横轴有严重的质量问题，遂要求当天值班的郑××、林××、陶××等三人拆下重新装配，郑××等三人不仅不配合，反而讽刺挖苦张××。后来质检科在质检中又检查出三辆车的车轴有严重质量问题，经查仍出于他们三人之手。在要求他们重新装配的时候，同样遭到他们的拒绝和谩骂。在月底的考评中，郑××、林××、陶××三人考核不及格。

公司召开经理办公会议，决定对活动月中涌现的先进个人进行表彰，对部分严重违纪的个人进行公开批评和处理。

请代××车业有限公司分别拟写一篇表彰性通报和一篇批评性通报。

⇨ 知识链接

（一）通报的内涵

通报是"适用于表彰先进，批评错误，传达重要精神或者情况"的公文，其作用是交流经验，吸取教训，沟通情况，推动工作的进一步开展。

（二）通报的特点

1. 教育性

通报具有教育意义，让人们知晓通报内容之后，从中接受先进思想的教育，或警戒错误，引起注意，接受教训。通报的时间性很强，因为通报的内容都是新发生的事件和情况，越及时通报，其指导现实的教育作用越大。

2. 严肃性

通报要实事求是，要用事实说话，通报的事件、情况不能有差错，并严肃慎重表明处理意见，因为通报意见直接涉及具体单位或个人。

3. 典型性

通报要选择典型事件，只有选择能指导现实、推动工作、纠正过错的典型事例，才能达到教育的目的。

（三）通报的种类

1. 表彰性通报

用于表彰先进个人或先进集体。这类通报，着重介绍人物或集体的先进事迹，树立榜样，总结成功经验。

2. 批评性通报

用于批评某人或某单位的错误行为，通报事故，总结教训，引以为戒。

3. 情况通报

用于上级机关向所属单位传达情况，沟通信息。

（四）通报与通知的区别

1. 写作目的不同

通报具有教育性，主要是沟通信息，通过典型事例对下属进行宣传教育；通知具有告知性，主要是具体工作部署。

2. 写作内容不同

通知主要是传达布置工作，要求受文单位做什么和怎么做；通报则主要是传达典型事例，分析评价有关情况，提出通报要求。

3. 表达方式不同

通知主要使用叙述的表达方式，告知人们做什么，怎样做，叙述较具体；通报兼用叙述、分析和议论的表达方式，具有较强的感情色彩。

⇨ 格式扫描

通报一般由标题、主送机关、正文、落款四部分构成。

（一）标题

通报标题一般用完整标题，由发文机关、事由和文种三部分组成。有时可省略发文机关。

表彰性通报的标题一般在"关于"后加上"表彰"二字,如《××市人民政府关于表彰科研先进集体和先进个人的通报》。

批评性通报的标题一般在事由部分写明批评对象和批评事件,不加"批评"二字。如《××大学关于学生×××违章使用电器的通报》《××汽车运输公司关于驾驶员××违规收费事件的通报》。

情况通报的标题一般在事由部分加上"情况"二字,如《关于××省××市"××"重大道路交通事故情况的通报》。

(二)主送机关

通报的主送机关一般为直属下级机关,或需要了解通报内容的不相隶属的单位。

(三)正文

正文一般由导语、主体和结尾三部分构成。导语写通报的目的或缘由,通报主体写通报的具体内容,结尾写通报要求。

(三)落款

在正文右下方标注发文机关,如标题中已写发文机关,落款处可省略,只写明成文日期。

⇨ 写法指要

不同类型的通报,其正文写法不尽相同。

(一)表彰性通报的写法

通报正文先写通报事项,用概括的语言叙述先进事迹或先进经验。在评价典型意义的基础上,写明对先进个人或集体作出的表彰决定。最后写通报希望和要求,提出向先进人物或先进经验学习的要求。

【例文 3.8】

关于表彰××市创建国家节水型城市
工作先进集体和先进个人的通报

各市、区人民政府,市各委办局,各直属单位:

近年来,我市各级各有关部门在市委、市政府的正确领导下,以提高水资源利用效率和节能减排为核心,以创建节水型企业、单位、小区为载体,全力做好国家节水型城市创建工作。经过全市上下的共同努力,20××年5月,我市被正式命名为第五批(20××年度)国家节水型城市。为树立典型,弘扬先进,市政府决定,授予××市××区水利(水务)局等42个单位"××市创建国家节水型城市工作先进集体"荣誉称号,授予×××等97名同志"××市创建国家节水型城市工作先进个人"荣誉称号。

希望受到表彰的先进集体和个人珍惜荣誉、发扬成绩,再接再厉、再创佳绩。希望各有关单位广大干部职工以先进为榜样,进一步增强节水工作的责任感和紧迫感,深化节水型城市建设后续管理,提高水资源利用效率和效益,为建设资源节约型、环境友好型社会作出更大贡献。

　　附件:××市创建国家节水型城市工作先进集体和先进个人名单

××市人民政府

20××年2月17日

　　【评析】这份通报正文分为两段,写得非常简洁。

　　第一段先叙述全市围绕"国家节水型城市创建"这项中心工作取得的成绩,强调树立典型的意义;接着宣布表彰决定。

　　第二段写通报的希望和要求,指出向先进集体和个人学习的主要内容,突出通报主题"建设资源节约型、环境友好型社会"。

　　(二)批评性通报的写法

　　批评性通报的正文先写通报缘由,叙述通报事件。接着分析所批评事件产生的后果,评价所批评事件的性质,指出教训所在。最后提出通报要求,对批评对象作出处理意见,根据通报的情况,表明发文机关的态度并提出引以为戒的要求。

　　【例文 3.9】

<h3 align="center">××市教育局关于××学校教育乱收费问题的通报</h3>

各县(区)教育局,局属各单位:

　　经过多年的治理规范,全市治理教育乱收费工作取得了明显成效。但仍有个别学校和教师受利益驱动,有令不行、有禁不止、无视纪律、顶风违纪,以各种理由向学生违规收费,造成不良社会影响,损害了群众的利益和我市教育的形象。

　　最近,我市教育局根据学生家长举报,对××学校违规统一征订和使用教辅资料的问题进行了调查。经查实,××学校于20××年春季,违规允许××公司入校推销教辅资料,部分教师违规协助征订、代收费,加重了学生家长负担。

　　为进一步加大治理教育乱收费工作力度,狠刹歪风,我市监察局(纠风办)核查并责成××学校清退违规收取的教辅资料费,对存在的问题认真整改。给予××学校校长李××行政记过处分,教师吴××、王××行政警告处分。

　　各级教育行政部门和各级各类学校要从通报的典型案件中吸取教训,组织学习、对照检查,切实规范教育收费行为,坚决杜绝乱收费行为的发生。

××市教育局

20××年2月21日

【评析】这份通报结构规范，层次清楚。首先分析教育乱收费行为的危害，叙述了经查实的××学校违规统一征订和使用教辅资料并代收费的情况。接着在分析错误性质的基础上，对批评对象作出处理意见。最后为杜绝类似事件的发生，提出吸取教训，规范教育行为的要求。

（三）情况通报的写法

通报正文写通报情况，对主要情节进行客观叙述，把人物、时间、地点、事件、结果写清楚。接着分析情况现状，即事情发生后的临时处理情况。最后要写明发文机关的意见和要求，可以在对客观事实作出分析的基础上提出。

【例文 3.10】

国务院安委会办公室关于××省××市"2·18" 重大道路交通事故情况的通报

各省、自治区、直辖市及新疆生产建设兵团安全生产委员会：

20××年 2 月 18 日 12 时左右，××省××市××运输有限公司所属的一辆号牌为×××××的中型普通客车（核载 19 人、实载 35 人），从××市××县××镇运载赶集归来的群众往××村方向行驶，当行至省道××线 8 公里 400 米处时，失控驶离道路左侧，翻坠于路侧边沟里，造成 13 人死亡、22 人受伤。

依据有关规定，国务院安委会已对该起事故的查处实行挂牌督办，查处结果将及时向社会公布。据初步分析，事故原因为肇事客车在行驶过程中左前轮爆胎，导致车辆方向失控。事故暴露出部分地区运输企业安全生产主体责任不落实、客车严重超员、路面管控存在薄弱环节等突出问题。为深刻吸取事故教训，举一反三，切实加强道路交通安全工作，有效防范和坚决遏制类似事故的发生，特提出以下要求：

一、认真开展道路交通安全检查，及时排查治理安全隐患。各地区和各有关部门要按照《国务院安委会办公室关于认真贯彻落实国务院第六次全体会议和全国安全生产电视电话会议精神切实加强第一季度安全生产工作的通知》要求，针对春运结束后道路交通安全事故容易反弹的特点，进行再动员、再部署，切实增强做好道路交通安全工作的紧迫感和责任感，坚决克服春运结束后的松懈情绪，确保事故预防工作不放松。各地区要认真开展道路交通运输安全检查，查找道路交通安全监管中存在的主要问题，加大对重点地区、重点路段的道路交通安全隐患排查整治力度，强化事前督促和事后检查，务必把各项安全防范措施落实到位，确保道路运输安全。

二、进一步落实道路客运企业安全生产主体责任，加强对客运车辆的安全管理。各地区要严格落实《国务院关于进一步加强企业安全生产工作的通知》和《国务院办公厅关于继续深入扎实开展"安全生产年"活动的通知》精神,进一步加大对道路客运企业的安全监管力度,落实企业安全生产主体责任。要严格把好道路客运企业市场准入关、营运车辆技术状况关和营运车辆驾驶员从业资格关;要大力推行客车运输企业安全告知制度,在车辆醒目位置粘贴包含客运公司名称、车辆号牌、驾驶员姓名、相关法律提示等信息的安全告示;要定期组织客运企业开展驾驶员培训教育,提高驾驶员的安全意识。对安全生产责任制不落实、安全隐患突出的客运企业,要立即责令限期整改;经整改仍达不到安全运营条件的,要依法收回线路牌,取消其客运经营资质。

三、进一步深化路面交通秩序管控,加大道路交通安全源头治理力度。各地区要督促相关部门依法履行道路交通安全管理职责,分工协作、多措并举,着力解决影响道路交通安全的深层次、源头性问题。要针对春运结束后,各地交通安全检查服务站减少,客货运车辆超员、超载等违法行为反弹的特点,进一步加大执法力度,依法从严查处超员、超速、疲劳驾驶等严重交通违法行为;对管控力量薄弱的县乡道路,要依靠县乡政府和农村基层组织等多方力量共同开展整治,净化道路交通环境。要加大宣传力度,确保交通安全宣传进农村、进社区、进企业、进学校、进家庭,进一步提高全民交通安全意识和法治意识。

四、严肃事故查处,严格责任追究。各有关地区要严格按照《生产安全事故报告和调查处理条例》的规定,坚持"四不放过"和"科学严谨、依法依规、实事求是、注重实效"的原则,认真组织事故调查,查清事故原因,认定事故性质,总结事故教训,严肃追究事故责任,对在事故中负有领导、监督、管理责任的单位和人员,要依法依规严肃处理。要认真执行事故查处挂牌督办制度,确保事故按期结案,及时向社会公布调查处理结果,并跟踪督促事故责任和整改措施的落实。

国务院安全生产委员会办公室

20××年2月24日

【评析】这篇通报及时快速地通报了新发生的一起交通事故,情况通报的目的是教育各地区和各有关部门"深刻吸取事故教训,举一反三,切实加强道路交通安全工作,有效防范和坚决遏制类似事故的发生"。

第一段写交通事故发生的具体情况,详细交代了产生事故的时间、单位、原因和导致的后果。

第二段写事情发生后的临时处理情况,"国务院安委会已对该起事故的查处实行挂牌督办,查处结果将及时向社会公布"。

在结合事故原因进行初步分析的基础上提出了四点要求,以引起各部门的重视和警惕,遏制类似事故的发生。

1. 结合案例,代××车业有限公司分别拟写一篇表彰性通报和一篇批评性通报。

2. 最近××市××学校发生一起学生因为翻窗户而坠楼的事故:学生×××因为忘记带宿舍钥匙,想从临近宿舍翻窗进入宿舍,不幸从九楼坠落身亡。××市教育局及时将事故情况通报各学校,要求各校加强学生安全教育,增强安全意识,珍惜生命。请代××市教育局写一份情况通报。

通报

第四节 报告、请示、批复

一、报告

➡️ 案例导入

××化妆品有限公司销售部在20××年"五一"节期间开展了一次大型促销活动,活动场地安排在市区商业中心广场,活动形式丰富,在现场为每位消费者提供皮肤测试服务,讲解化妆品的使用方法等知识,同时采取有奖销售的形式,取得了良好的销售业绩。

销售部员工对待每一位顾客都始终如一地热情服务,以饱满的热情接待每一位顾客,竭力使每一位顾客高兴而来,满意而去。

本次活动激发了员工的工作热情,增强了团队的凝聚力,提升了销售业绩。

请代公司销售部拟写一份报告,向总经理室汇报本次促销活动的具体做法和成效。

➡️ 知识链接

(一)报告的内涵

报告"适用于向上级机关汇报工作,反映情况,答复上级机关的询问"。

（二）报告的特点

1. 呈报性

报告是一种上行公文,用于下级机关向上级汇报工作的具体落实情况,反映工作中存在的问题、对上级文件的执行情况和答复上级的询问。报告是上级机关了解下情、制定方针政策、指导工作的重要依据,是密切上下级联系、沟通情况、提高工作效率的重要途径。

2. 实践性

报告中无论是汇报工作成绩,还是反映工作中存在的问题,内容都必须属实,不夸大,不缩小,并能从中揭示出一定的规律。因此报告的写作者必须熟悉工作情况,以实践为依据,审核报告材料。

3. 概括性

写作报告要突出重点,点面结合,在概括叙述基本情况的基础上,按时间顺序、工作发展过程或情况的发现和分析过程等列出观点句,有层次地概括叙述。避免把工作报告写成面面俱到的流水账。

（三）报告的种类

报告的种类繁多。按内容不同可分为工作报告、情况报告、答复报告和报送报告等。

1. 工作报告

是指汇报工作的报告。它又包括就本地区、本单位的各项工作所写的综合性报告和针对某一项工作、某一问题、某一事件所写的专题性报告两种。

2. 情况报告

是指反映情况的报告。一般是指工作中发生的重大事件、意外事故,或带有倾向性的新问题、新现象、新动向等。这种报告主要用于对突发性事件或非正常情况的反映,写作要及时,以便上级机关及时了解新情况和新问题。

3. 答复报告

是指答复上级机关询问事项的报告。这种报告内容较为单一,要体现针对性,不能答非所问。上级询问什么就回答什么,有问必答,表述明确具体。

4. 报送报告

是向上级报送文件、材料或物件时所附加的说明性报告。这种报告比较简单,篇幅也短小,一般只要写清报送物件、材料的名称和数量。

⇨ 格式扫描

报告的结构包括标题、主送机关、正文、落款四部分。

（一）标题

完整式标题是指发文机关、事由、文种三要素俱全。如《××分公司关于开展产品质量月活动的报告》。有的标题详细地标明报告的性质如"工作报告""情况报告""事故报告"之类。

倘若文件版头已标明发文机关,标题可以只写事由和文种;若发文机关名称署在落款处,标题中也可省略不写。

（二）主送机关

顶格写明受文机关全称或规范化的简称。

（三）正文

报告正文的基本内容一般由以下三部分构成。

1. 报告缘由。开头说明报告的目的、原因、依据等,要求写得简明扼要。

2. 报告内容。不同类型的工作报告,在内容上各有侧重点,在写法指要部分将分类讲述。

报告内容较多时,可依事情的发展脉络、认识处理问题的由浅入深,以纵式结构安排材料;也可按情况、经验、教训或问题的方方面面,以并列的横式结构安排材料,可以分条列项使层次段落清晰分明。

3. 报告结语。一般以"特此报告""以上报告请审阅"等习惯语作结。也可省略不写结语。

（四）落款

包括发文单位和成文日期,并加盖单位公章。若标题已有发文单位,此处亦可省略。

⇨ **写法指要**

报告类公文的结构并不固定,工作报告很复杂,而报送文件、物件报告很简单,一般仅数十字。所以笼统地谈报告的写作是很困难的,下面侧重谈谈工作报告、情况报告、答复报告的写作。

（一）工作报告的写法

正文一般由工作基本情况、工作主要成绩、工作经验体会、存在问题和改进办法等部分构成。

工作报告篇幅较长,一般列小标题分部分写作。基本情况部分要简要叙述工作的背景和总体情况;工作成绩部分要突出重点,用事实说明工作的成绩并介绍工作的具体做法;工作经验和体会要把工作中的感性认识上升到理性认识,总结工作取得成绩的原因,得出规律性的认识以指导今后的工作实践;存在问题部分要客观评价工作的不足之处,并有针对性地提出改进工作的意见。

【例文 3.11】

关于城乡一体化社区建设管理工作的报告

××市人民政府：

近年来，我区认真贯彻落实中央和省、市指示精神，以城乡一体化为导向、以农村居民增收为重点，积极实施"区镇一体、富民强镇"的发展战略，有力推动了园区城乡一体化发展水平的全面提升。20××年三镇完成地区生产总值602.8亿元、地方一般预算收入40.89亿元，农村居民人均纯收入达到17118元。

一、基本情况

1. 社区建设情况：我区共有5个乡镇、132个行政村、813个自然村。16年来，经历了大发展、大动迁、大建设，已累计投入城乡一体化建设资金451.67亿元。到20××年年底，累计拆除民房51680户，建设农村居民安置房约1030万平方米，建成动迁小区88个。原农村自然村庄全面撤村建居，建成社区49个，约90%的动迁群众已迁入动迁社区。目前这49个社区管理了约44.28万人。其中本地居民约20.92万人，占47%；外来租住人口约23.36万人，占53%。平均每个社区管理约1.8个小区、0.9万人。

2. 社区管理情况：社区行政管理方面，管理队伍主要是在原来的行政村整体过渡转移的基础上，根据各个社区的规模统一设置，原有村管理人员转换成现在社区的主要工作人员。共建立了49个基层党组织，并建成"七位一体"社区服务中心42个，占社区总数的85.7%，一站式整合提供教育、文化、卫生、体育、党员服务、就业社保等服务内容。社区物业管理方面，主要由所在社区组织人员自行管理，保安、保洁、绿化等物业队伍主要通过吸纳动迁农村居民组成。通过物业公司进行管理的社区，共计15个，占全区动迁社区总数的31%。

二、主要做法体会

1. 领导重视。（略）

2. 富民优先。园区始终把健全完善农村居民的增收机制作为社区建设管理的重要内容，积极投入优质资源用于富民，做到了"四个有"：一有政策。陆续出台了《关于进一步促进农村居民持续增收的实施意见》等一系列富民政策，为"40、50"就业困难人员提供公益性岗位，鼓励优先录用本地大中专毕业生，全面消除"零就业家庭"，农村居民就业率在95%以上。二有载体。确立了从20××年起，连续3年每年新建富民载体100万平方米的工作目标，据测算，建成后每人每年将增收600元左右。三有股份。49个社区全面完成股份合作社改革，并成立了5家富民公司、1家大闸蟹专业合作社，到20××年年底，累计参与"三大合作"组织的农村居民达67379户，股红分配总额达8049万元，人均分红439元左右。四有保障。我区先后在全市率先实现了区镇最低生活保障和社会养老保险的并轨。目前,累计已有15万被征地农民纳入基本生活保障体系,被征地农民每月养老金待遇已达770元。

3. 配套完备。(略)

4. 组织健全。(略)

三、存在的主要问题

1. 社区规模较大。(略)

2. 外来人员较多。(略)

3. 物业管理较难。(略)

4. 居民素质较杂。(略)

四、主要对策

我区开发建设16年来,在城乡一体的社区建设和管理工作中取得了一定的成绩,也存在着一些问题。在下一步的工作中,我们将力求在以下几个主要方面取得新的突破,为全市城乡一体化进程中的社区建设和管理积累更多的经验。重点加大以下五个方面的转型力度:

一是管理体制的城市化。(略)

二是收入水平的城市化。(略)

三是社区建设城市化。对于新建社区,要围绕副中心定位、城市化推进和现代化建设的标准和要求,从起点上就达到城市化的要求,并结合重点亮点社区的创建,积极培育社区建设管理新特色。对于老动迁社区,结合城乡一体化建设,按标准完善提升社区服务中心、文化活动中心、老年活动中心、卫生服务中心等便民利民设施。

四是物业管理城市化。(略)

五是居民素质的城市化。注重提高居民素质,丰富其精神文化生活,借助社区居民学校、六进社区等活动,深入开展文明创建,培养良好的城市生活习惯,真正实现从"农民"到"市民"身份的转换。

××区管委会

20××年8月12日

【评析】这是一篇综合性工作报告,结构严谨,分四个部分汇报工作基本情况、取得的成绩和做法体会、工作存在的问题与不足以及改进工作的对策。介绍社区建设和管理的基本情况和主要做法时,运用数字进行对比说明,突出重点。正文主体每个部分按照逻辑关系分设若干小标题,有层次地概括叙述。

关于冷库建设及使用情况的报告

商贸集团总公司：

我公司在接到总公司关于冷库建设的批复和建筑经费后，当即成立了冷库建设工作组，会同当地有关部门协商冷库建设事宜，完善冷库建设方案，选择临近火车站的××县南郊作为新建冷库地址，目前新建冷库已如期完工并投入使用。现将冷库建设及使用情况报告如下：

一、采取股份办法筹集资金。我公司严格按照国家政策进行筹款，采取股份办法共筹集资金壹佰万元，加上总公司所拨建筑款伍佰元，确保经费按期到位。

二、运用招标方式选择施工队伍。为确保工程质量，我公司严格招标程序，选择有信誉有资质的施工队伍，确定由本省建筑工程公司第三建筑队负责施工。

三、加强工程管理确保工程质量。我分公司选派有经验有能力责任心强的王明副经理负责冷库建设工作，加强工程质量管理。冷库于20××年9月竣工。经验收工程质量完全达标。

四、完善冷库设施按期投入使用。工程竣工后我公司经过20多天的布置、安装、调试设备，又自筹资金购置了一套冷冻设备，冷库于20××年10月1日正式投入使用。冷库占地面积4000平方米，上下两层，分四个区域，分别储存肉类、蛋品和海鲜，储藏量达200吨。

新建冷库由于规模扩大，交通运输便利，冷冻设备效果显著，投入使用三个月来，我公司营业收入就比去年同期增长了20%，极大地鼓舞了广大干部和职工的士气，促进了公司的发展。

特此报告。

商贸集团第五分公司

20××年11月1日

【评析】这是一篇专题性工作报告，做完一项专门工作或解决某项问题之后，立即报告上级部门有关工作的开展情况。

开头写明报告的缘由，在接到总公司同意新建冷库的批复和建筑经费后，分公司开始了冷库建设工作，目前已如期完工并投入使用，用"现将冷库建设及使用情况报告如下"过渡到下文。

正文部分用几个观点句分别报告冷库建设和使用情况。层次清晰。

（二）情况报告的写法

情况报告的正文一般由陈述情况或问题、分析原因和责任、提出处理意见和要求等部分构成。写作情况或问题部分，要实事求是地叙述清楚事情的经过和结果；

分析原因和责任部分要客观具体地写明有关情况或问题的性质并明确责任;最后提出切实可行的措施。

【例文 3.13】

关于医用耗材专项检查情况的报告

××区人民政府:

为进一步规范和加强医用耗材管理,20××年 9 月 14 日—9 月 17 日,我局组织××区医药卫生管理中心对辖区各医疗机构开展专项检查,现将检查情况报告如下:

一、存在的主要问题和原因分析

此次专项检查发现的主要问题是纳入医用耗材管理的治疗贴类、妇科外用耗材的采购仍然不规范。

由于此类耗材未纳入医保目录,且价格昂贵,采购、使用缺乏有效监管,存在一定的道德风险,因此,我局已于今年 7 月明确要求各医疗机构禁止使用,并对相关单位下达整改通知。

此次检查发现济亭镇卫生院、璜塘镇卫生院、斜桥镇卫生院仍在大量采购和使用。特别是济亭镇卫生院在用的品种多达 5 种,7、8 两月的采购金额达 17.1 万元。跨塘卫生院在用的品种也多达 5 种,7、8 两月的采购金额累计 10.8 万元。

二、处理意见和工作要求

为进一步加强医德医风建设,严肃行业纪律,坚决遏制医药购销领域的不正之风,降低群众看病就医负担,我局已提出如下处理意见:

1. 立即停止使用相关耗材。临床必需的医用耗材须经医院药事(耗材)委员会重新讨论后,报我局备案,并且必须在《××市医用耗材中标目录》《××市医保目录》范围内。

2. 相关医疗机构于 9 月 30 日前书面向我局说明情况。

3. 各医疗机构要举一反三,进一步规范诊疗行为,做到因病施治、合理检查、合理用药、合理治疗;要严格执行医药卫生系统"三条禁令",廉洁行医,坚决抵制商业贿赂等不正之风。

特此报告。

××区社会事业局

20××年 9 月 22 日

【评析】这篇报告是××区社会事业局向区政府报告医用耗材专项检查情况。开头交代检查的目的、检查时间、检查对象和检查内容等基本情况,用过渡句"现将检查情况报告如下"引出下文。

正文分两个部分,分别用观点句作为小标题。第一部分运用数字分析存在的问题,并分析原因;第二部分针对存在的问题提出处理意见,并明确工作要求。层次清楚,行文简洁。

（三）答复报告的写法

答复报告的正文由报告的依据、答复事项两部分构成。首先要写明答复依据,即何时接到上级机关询问的事项和要求回答的问题,然后针对上级询问的事项或提出的问题作出答复。

【例文 3.14】

××市人民政府
关于清理非法占用企业财物情况的答复报告

××省人民政府:

根据省政府20××年1月10日召开的廉政会议的要求,现将我市清理非法占用企业财物的情况答复如下:

从1月份开始,通过深入调查摸底,广泛开展教育,组织自查自纠,此项清理工作取得了明显的成效,迄今全市共清理出党政机关及其工作人员非法占用企业资金×××万元,占用汽车、摩托车等交通工具×××辆,手机等通信设备×××部,电视机、录像机等声像器材××台,空调及冰箱等高档物品××件。

对占用的上述财物,已按规定进行了清退。

特此报告。

××市人民政府

20××年3月15日

【评析】这是××市人民政府上报省政府的答复报告。正文运用根据开头式写明答复缘由,是根据省政府廉正会议要求,答复本市清理非法占用企业财物的情况。接着具体汇报清理工作的具体做法和成效,用"特此报告"结尾。行文简明扼要,表达清楚。

⇨ 写作实训

1. 根据案例导入部分内容,代××化妆品有限公司销售部拟写一份报告,向总经理室汇报本次促销活动的具体做法和成效。

2. 根据以下材料拟写一篇报告。

××区凤凰城小区入住居民有5000多人,20××年4月成立业主委员会。小区附近的可胜、可利公司排放异味废气引发小区居民不满。业委会两位副主任维权意识很强,对可胜、可利公司的环保问题高度关注。5月份开始,小区业委会部分委员多次到两家企业实地查看治污设施运转情况。7月份,小区业委会××区环境保护局投诉,两家企业因为废气处理设备运转不到位导致异味。8月13日上午,15位业主来到企业进行交涉,要求企业列席8月21日的小区业主代表大会,并在会上就异味废气问题向50位业主代表作出解释。企业对此未作明确回应。目前,15位业主正在通过网络论坛、QQ群召集居民旁听即将召开的业主代表大会,并声称,如企业届时未到场或者未作合理答复,将集体前往企业进行维权,截至8月18日上午,有120多位居民跟帖表示响应。

××区环境保护局接到投诉后,对可胜、可利公司一直保持至少每十天一次的高强度检查,检查中多次发现公司在污染治理设施运行和日常环境管理方面存在问题,多次约谈公司负责人,并开具过多份行政处理通知单、进行过3次行政处罚。自8月12日起,××区环保局执法人员24小时蹲点值守在凤凰城小区,及时响应居民的投诉,进一步强化对公司的监管。

目前两公司的废气处理设施基本都能正常运行,经多次监测,废气排放都能达到国家规定的标准,但公司内部仍存在环境管理制度不完善、人员环保意识不强等问题。另外由于污染物排放总量大、无组织排放点多等原因,在特定的气象条件下,公司气味影响凤凰城居民的情况仍时有发生。

鉴于目前的态势,加之可胜、可利公司拟实施扩建项目,可成公司也存在同样的废气排放现象,该问题如不能得到根本解决,凤凰城周边的水墨城、世纪家园等多个小区也存在同样的不稳定因素。

为此,环保局建议区政府在8月21日凤凰城小区业主代表大会前,牵头召集有关部门召开专题会议,研究妥善解决凤凰城小区异味废气扰民问题的方案,避免群体性事件发生。

报告

二、请示

⇨ 案例导入

　　××公司人力资源部为了让新员工在入职前建立对公司事业和文化的认同感,全面了解公司管理制度和员工行为规范,使新员工明白自己的工作职责任务及目标,掌握本职工作要领,人力资源部拟开展新员工培训工作,为此向总经理室请示有关培训内容、时间和地点安排等问题。

请代人力资源部拟写一份请示。

⇨ **知识链接**

（一）请示的内涵

请示"适用于向上级机关请求指示、批准"。当下级机关处理工作时涉及有关方针政策需要上级机关作出明确的解释和答复，当下级机关在工作中出现新情况、新问题，需要上级机关作出明确指示，当下级机关需要请求上级机关解决某一具体问题和实际困难，都可以使用请示。

请示是上行公文，具有强制回复的性质。写作请示必须一文一事，如果一文多事，会导致受文机关无法批复。

（二）请示的类型

根据请示的适用范围，可分为三类：

1. 请求指示的请示

工作中遇到某些问题或者出现新情况，缺乏明确的政策规定和文件依据；某项工作需要上级裁定，需要请求上级机关给予明确指示；执行上级机关有关政策规章时不够明确需要上级机关作出明确解释。这类请示一般涉及政策上、认识上的问题。如《关于执行〈经济合同法〉若干问题的请示》。

2. 请求批准的请示

工作中出现了无权自行处理和解决的问题，需要上级机关批准；工作中出现了一些涉及面广而本部门无法独立解决的困难或问题，需要上级机关协调和帮助；工作中出现了具体困难和实际问题需要上级帮助解决。这类请示一般涉及人事、财物、机构等方面的具体问题，如《关于××风景名胜区列为国家重点风景名胜区的请示》。

3. 请求批转的请示

对本部门就全局性或普遍性问题提出了解决办法，请求上级机关批转各单位执行。

（三）请示的特点

1. 请示事项的单一性

请示必须一文一事，每份请示只能提出一个事项，解决一个问题，这样才有利于上级批复，使问题得以解决。

2. 请示时间的超前性

请示必须在事前行文，得到上级的答复和批准后才能办理有关事项。

3. 请示结果的反馈性

请示需要等待上级的批复，请示所涉及的问题一般较紧迫，没有批复，下级机关也就无法工作。上级机关必须及时地、有针对性地对下级的请示给以批复。

（四）请示与报告的区别

1. 行文目的和作用不同

请示是请求性的上行公文，主要是通过上级的决策意见，明确工作中需要处理而又无权或无法解决的问题。而报告是陈述性的上行公文，重在汇报工作、反映情况、提出建议。

2. 行文时限不同

请示必须在事前行文，而报告可在事前行文，也可在工作进行中或事后行文。

3. 内容和结构不同

请示的内容单一，请示理由必须充分，请示事项明确具体。而报告的内容既可以是单一的，也可以是多方面的。报告和请示必须分开使用，报告中不能写请示事项。

⇨ **格式扫描**

请示的结构由标题、主送机关、正文和落款几部分构成。

（一）标题

请示的完整式标题由发文机关、事由和文种构成，如《××分公司关于开展促销活动的请示》。

标题有时省略发文机关，在落款处标明。如《关于扩建冷库的请示》。

写标题要注意以下几点：

一是要写清楚事由，应精确表述请示内容，尽量不要出现"请求"之类的词语，避免和文种语义重复。

二是标题文种只能写"请示"两字，不能写成"报告"或"请示报告"。

（二）主送机关

指直属上级机关。一份请示，只送一个主管的上级机关，不能同时主送两个或两个以上机关。受双重领导的机关向上级机关请示工作时，要根据请示内容的性质，主送一个上级机关，抄送另一个上级机关。

请示一般不直接送领导个人，一般不越级请示，如果因情况特殊或事项紧急必须越级请示时，要同时抄送越过的机关。

（三）正文

正文包括请示缘由、请示事项和请示结语三部分组成。

1. 请示缘由

开头写明提出请示事项的理由、背景和依据，理由要充分，一般从请示事项的必要性和重要性等方面进行写作。

如某公司需要修建仓库的下水道，先写仓库的现状，该仓库是公司唯一储存产品的仓库。接着说明周边新建高楼导致仓库地势低洼，仓库积水情况严重，以致仓储物品霉变的情况,并用具体数字写明损失情况。

请示缘由关系到请示事项是否成立,必须讲清情况,举出必要的事实和数据,才有说服力。

2. 请示事项

写明请示上级机关给予指示或批准的具体事项。请示的内容要具体明确,符合国家法律法规,符合实际。请示要求应切实可行,具有可操作性。

请示语气要得体,不用"我们决定……"之类词语,而用"我们拟……"引出请示事项,表明是下级机关的初步打算,等待上级机关答复后再实施。

3. 请示结语

常用的结语有"以上请示当否,请批复""以上请示当否,请指示""以上请示如无不妥,请审批"等习惯用语。

(四)落款

在正文右下方标注发文单位名称和成文日期,并加盖公章。若标题已有发文机关名称,此处可省略,只写明成文日期。

⇒ 写法指要

【例文 3.15】

商贸集团第五分公司
关于拨款新建冷库的请示

商贸集团总公司:

近年来,随着人民生活水平的不断提高,我公司副食品经营的市场前景越来越广阔,经营规模也在不断扩大。我公司原有冷库已不能满足储存副食品的需要,为此公司办公会议集体商议,拟再建一个冷库。

我公司拟订了冷库建设方案,新建副食品冷库地址初步选择在××县火车站附近,冷库建设规模计划可以储存近 200 吨副食品。新建冷库准备于今年 3 月开工,20××年 9 月竣工并投入使用。

经预算冷库建设需要捌佰万元人民币,恳请总公司拨款。

以上请示当否,请批复。

附件:商贸集团第五分公司冷库建设方案

商贸集团第五分公司
20××年 3 月 10 日

【评析】这份请示是请求批准的请示,采用完整式标题,事由是"拨款新建冷库"。因为请示的目的是希望上级批准、同意并解决有关问题,为达到这一目的,正文开头写明新建冷库的原因,由于经营规模扩大,原有冷库不能满足储存的需要。

请示事项部分具体分析了新建冷库的选址、规模和建设时间等,写得具体、明确,以说明新建冷库的可行性和可操作性。

最后用"以上请示当否,请批复"结尾。

⇒ 写作实训

1. 根据案例导入部分的内容,代公司人力资源部拟写一份请示。

2. 根据以下材料拟写一篇请示。

××市食品公司所属××冷库,系全市重点仓库,有库房 10 间,建筑面积 600 多平方米,可贮存约 1000 吨物资。但多年来,冷库消防设施十分简陋,器材不足,库内仅有一处有消防栓,年久失修,且水压低,达不到喷射要求,去年冬季有关部门来冷库检查,提出增建消防栓的建议,但因缺少资金,一直无能为力。公司急需修建消防栓四处,购置消防器材,请求市商业局予以拨款。

3. 请指出下面这份请示存在的问题并加以修改。

关于开展"传递温暖播种希望"慈善宣传活动的请示

李总经理:

您好!

为了塑造良好的企业形象,提高我公司的知名度,所以我部门决定举办"传递温暖,播种希望"慈善宣传活动。活动具体安排如下:

一、时间:20××年 4 月中旬(具体时间由我部门决定);

二、地点:全市民工子弟学校。

三、活动内容:赠送我公司产品和学习用品。

四、经费预算:

交通费:800 元

学习用品:5000 元

本公司产品:50000 元

总计:55800 元

请总经理一定给予支持,这项活动能提升本公司的影响力,宣传新产品,提高销售额。

妥否,请批复。

××公司行政部

20××年 3 月 20 日

三、批复

⇨ 案例导入

××公司行政部写了一份《关于对优秀员工及优秀团队奖励的请示》,总经理室经过研究,同意设立优秀员工奖和优秀团队奖,要求行政部制定奖励办法。

请代公司总经理室拟写一份批复。

⇨ 知识链接

（一）批复的内涵

批复"适用于答复下级机关的请示事项",是上级机关答复下级机关请示事项的一种公文。

（二）批复的特点

批复具有以下几个特点：

1. 针对性

批复是针对下级机关的请示而写作,批复意见要有针对性,既要研究请示事项与近期的工作需要及党的方针政策、国家的法律法规是否相符,又要研究请示事项是否可行。批复内容如果涉及其他部门,应会同有关部门商议,取得一致意见后再行文答复。

2. 指导性

批复是答复下级请示事项并要求下级遵照办理的指示性文件,往往政策性较强,具有指导性的特点,因此表态必须慎重,批复意见要态度鲜明,理由充分,尤其是不同意或不完全同意的批复,要考虑下级的心理,有理有据地说服下级。而下级机关接到批复后必须执行上级机关的批复意见。

3. 及时性

下级部门是在遇到无法解决的问题时才制发请示的,上级机关不作答复,问题就无法得到解决。因此上级机关必须为下级机关着想,对请示要尽可能迅速批复,真正帮助下级解决问题。

（三）批复的类型

根据批复内容,可分为指示性批复和审批性批复两大类。

1. 指示性批复

是指针对下级机关涉及政策及认识上的问题,上级机关给予明确指示的批复。

2. 审批性批复

是指针对下级机关涉及人事、财物、机构等方面的具体问题,上级机关进行审批后作出明确答复的批复。

批复写作比较简单,但有独特的结构要求。

（一）标题

批复的完整标题由发文机关、表态语、请示单位、请示事项和文种等要素构成。如《××总公司关于同意××分公司组织春季运动会的批复》,这一标题十分完整地表述出这份批复的主旨。

有的批复标题可省略部分要素,例如《关于××分公司开展促销活动的批复》省略了发文单位。

也有批复标题直接写明所答复的文件标题,如《国务院关于〈中华人民共和国集会游行示威实施条例〉的批复》,这种写法常用于对法规性文件的批复。

（二）主送机关

批复的主送机关是直属下级机关,即来文的请示机关。如果是针对下级机关请求批转的请示进行批复,需要有关部门了解和执行批复的事项,既可以直接把有关部门列入主送机关,也可以用抄送方式处理。

（三）正文

正文包括批复引语、批复意见、结束语等内容。

1. 批复引语

批复是针对请示而写的,所以正文的开头,一般要简约地引述下级来文的日期、文号、标题和要点等,意在说明依据什么请示而作的批复。

引述的方法有多种:引述请示标题和发文字号;引述请示的时间和标题;引述请示的时间和请示事由。如"你公司20××年9月10日关于开展促销活动的请示收悉"属于引述请示的时间和请示事由。

批复引语之后一般用"现批复如下""经研究,批复如下"等过渡语引出批复意见。

2. 批复意见

批复意见是针对请示事项所作的明确具体的答复。如果是请求批准事项,必须明确表明是否批准;如果是请求指示,则应指出原则、政策、要求,提出办法。

如果完全同意请示事项,在复述请示主要内容后写上肯定性意见,并提出一些具体要求;如果部分同意请示事项,就要写明同意的内容,不同意的内容要写明理由;如果不同意请示事项,在表明态度后,要阐明不同意的理由,要考虑下级部门的心理,使其容易接受并能及时采取相应措施。

无论是什么批复意见,都必须写得明确、肯定,措辞果断、坚决,语气肯定,不能模棱两可,使下级无所适从。

3. 结尾语

为了加强语气,批复常用"此复""专此批复""特此批复"等语句结尾。

⇨ 写法指要

【例文 3.16】

国务院关于扩大昆山深化两岸产业
合作试验区范围的批复

江苏省人民政府、国家发展改革委:

你们关于扩大昆山深化两岸产业合作试验区范围的请示收悉。现批复如下:

一、同意扩大昆山深化两岸产业合作试验区(以下简称昆山试验区)范围至昆山全市。

二、昆山试验区要坚持以习近平新时代中国特色社会主义思想为指导,全面贯彻党的十九大和十九届二中、三中、四中、五中全会精神,认真落实党中央、国务院决策部署,围绕构建以国内大循环为主体、国内国际双循环相互促进的新发展格局,加强两岸产业合作,支持台资企业转型升级,促进两岸中小企业深度合作,在两岸贸易便利、科技交流、金融合作等方面先行先试,推动两岸人才交流合作,进一步促进两岸产业融合发展。

三、国家发展改革委、江苏省人民政府要会同有关部门和单位,依托昆山深化两岸产业合作试验区部省际联席会议制度,进一步加强对昆山试验区建设发展的指导和服务,继续推动昆山试验区建设促进两岸产业合作转型升级的先行先试区、两岸中小企业深度合作的重要载体、两岸交流合作模式创新的示范平台,及时总结推广昆山试验区好经验和好做法。

国务院

20××年 12 月 14 日

【评析】这是国务院关于扩大昆山深化两岸产业合作试验区范围作出的具体、明确的答复。主送单位是江苏省人民政府、国家发展改革委,引述语"你们关于扩大昆山深化两岸产业合作试验区范围的请示收悉"引述了请示单位和请示事项。然后用"现批复如下"过渡,引出批复意见。批复意见采用分条列项的写法,首先表明态度"同意扩大昆山深化两岸产业合作试验区(以下简称昆山试验区)范围至昆山全市",接着明确昆山试验区的发展目标和指导思想,最后提出具体要求。全文针对性强,条理清楚。

⇨ **写作实训**

1. 根据以下材料写作一份批复。

根据案例导入部分内容,请代公司总经理室拟写一份批复。同意设立优秀员工奖和优秀团队奖,要求行政部制定奖励办法。

2. 根据以下材料写作批复。

根据请示写作实训题中有关××市食品公司所属××冷库的请示,××市商业局接到××市食品公司的请示后,经研究,同意食品公司修建消防栓,购置消防器材,并拨款 10 万元。请代拟写一份批复。

请示和批复

第五节 函、纪要

一、函

⇨ **案例导入**

为了答谢广大客户对公司的支持,××公司定于20××年3月25日到3月27日开展客户联谊活动,活动地点安排在××宾馆。由公司行政部负责此项活动,行政部发函与宾馆商讨布置会场、安排食宿、提供服务的有关事宜。

请代公司行政部拟写一份函。

⇨ **知识链接**

(一)函的内涵

函"适用于不相隶属机关之间商洽工作,询问和答复问题,请求批准和答复审批事项"。函是公务文书中的平行文,"不相隶属机关之间"不论级别高低,都不存在职权上的领导与被领导关系,它们之间的行文只能用函。

(二)函的特点

函主要有以下两个特点:

1. 行文方向灵活

在公文中,函的使用最为灵活,行文方向不受限制,既适用于不相隶属机关之间的行文,又适用于平行机关、上下级机关之间的行文。

2. 适用范围广泛

函的适用范围很宽,既可用于不相隶属机关之间商谈公务、接洽工作、询问事情、答复问题,又可用于向业务主管部门请求批准事项及业务主管部门审批或答复有关事项。

(三)函的种类

1. 按行文方向划分

函可分为去函和复函两类。去函也可叫来函,是发文单位主动发出的函,复函是针对来函进行答复的函。

2. 按发函对象与内容划分

可分为商洽函、询问函、请批函、答复函四类。

商洽函主要用于平行机关或不相隶属机关之间商洽工作、联系有关事宜。如高校和企业之间商洽有关校企合作事宜等。

询问函主要用于不相隶属机关之间询问如何处理有关问题的函。如公司因为合同纠纷,需要向法院或律师事务所询问损失如何赔偿等问题。

请批函主要用于向无隶属关系的业务主管部门请求批准有关事项。如向工商行政管理部门申请营业执照等。

答复函用于不相隶属机关之间答复询问事项,业务主管部门答复或审批无隶属关系的机关请求批准的事项。

3. 按文面规格划分

可分为公函和便函。公函要求严格按照公文格式写作,按公文要求进行规范化处理。便函写法较自由,格式灵活,不列入正式文件范围。

无论是公函或便函,都是机关之间处理公务的信件。和普通书信相比,有比较严格的格式,在文字表述上更为简洁、庄重、严肃。

(四)函、复函与请示、批复的区别

按照行文关系,函是平行文,是向有关业务主管部门请求批准有关事项。请示是上行文,是向上级机关请求指示、批准。复函是业务主管部门用于回复不相隶属机关来函提出的有关请求事项,批复是上级机关用来答复下级机关的请示事项。

⇨ 格式扫描

函的基本结构包括标题、主送机关、正文、落款几部分。

(一)标题

完整式标题包括发文机关、事由、文种三要素。如《××公司关于询问损失利息如何赔偿问题的函》。

有的省略发文机关，但事由、文种不可省略，如《关于商洽校企合作事项的函》。

复函的标题一般在事由部分写明来函单位名称和具体事项，文种前加"复"字，如《××茶叶公司关于××茶厂商洽报价的复函》。

（二）主送机关

函的主送机关是指需要商洽工作、询问情况或答复事项等的有关机关，应写全称或者规范化的简称。

（三）正文

正文是函的主体部分，一般由发函缘由和具体事项组成。

去函的正文一般包括两部分内容。第一部分陈述商洽、请求、询问有关事项的背景和缘由，第二部分写明具体事项和要求。要求明确具体，简短扼要，语气谦和。

复函的正文写法和批复相似。第一部分引述来函事项，第二部分针对来函提出的有关事项写明给予答复，要求说明情况，表明态度，并有针对性地提出办理意见。

正文最后常用习惯语作结。去函多用"特此函商，盼函复""特此函达""敬请函复""请研究函复"等。复函常用"此复""特此函复""特此函告"等。

（四）落款

发函单位、日期写在正文尾部右下方。

⇨ **写法指要**

（一）商洽函的写法

机关、单位之间商洽工作、联系事项用商洽函。这类函的正文内容多分为缘由、事项、结尾三部分。

【例文 3.17】

××市丝绸厂
关于商请赔偿停产损失的函

××市丝绸进出口公司：

我厂生产的丝绸，由贵公司专门收购已有多年，目前生产已形成一定规模。但贵公司骤然改变今年一季度的丝绸收购计划，收购数量比上季度减少30%，我厂因未收到贵公司的通知，事前毫无准备，致使部分生产线停产，预计损失达贰拾万元。

 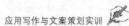

为此,特与贵公司函商,要求赔偿我公司停产损失费贰拾万元,今后收购计划如有重大变化,请提前两个月告知。

可否,请函复。

××市华丽丝绸厂
20××年 3 月 20 日

【评析】这篇商洽函标题规范,三要素齐全,事由是商请赔偿停产损失。第一段写明去函的缘由,由于丝绸公司突然改变丝绸收购计划,又未通知丝绸厂,直接导致该厂停产造成损失。第二段写明商洽事项,提出赔偿要求。语言得体,有理有据。

(二)询问函的写法

询问函是用于平级和不相隶属的机关和单位之间询问问题、征求意见。写作询问函,应清楚地陈述询问事项,以便对方回复。

【例文 3.18】

<h2 align="center">关于征求《××市城乡社区服务体系建设
"十四五"规划》意见的函</h2>

市城乡和谐社区建设工作领导小组各成员单位:

"十三五"期间,在市委市政府正确领导下,在各相关部门的共同努力和大力支持下,我市城乡社区服务体系建设工作取得了显著成效。

社区是社会治理和民生保障的重要载体,社区服务体系建设是全面建成小康社会的重要任务。随着城乡二元结构逐步解体,我市社区服务体系建设进入了城乡统筹的新阶段。为进一步健全面向城乡全体居民,公共服务、志愿互助服务、便民利民服务有效衔接的社区服务体系,我办在深入调研的基础上,根据《××市国民经济和社会发展"十四五"规划纲要》,结合我市社区建设工作的实际,起草了《××市城乡社区服务体系建设"十四五"规划(征求意见稿)》。

望各单位提出修改意见和建议,直接在征求意见稿原稿上修改,并请于 12 月12 日前将原稿(首页盖章后)传真至我办,如无修改意见也请盖章后传真原稿首页。

联系人:张××　联系电话:×××××××(兼传真)

附:××市城乡社区服务体系建设"十四五"规划(征求意见稿)

××市城乡和谐社区建设工作领导小组办公室
20××年 12 月 5 日

【评析】这份征求意见函标题规范明确,第一段写明去函的背景和缘由,第二段明确写明答复要求。言简意赅。

（三）请批函的写法

请批函是机关、单位涉及业务工作,向没有隶属关系的业务主管部门制发的请求批准的函。因双方不是上下级的隶属关系,不宜用请示。请批函要求写明请批的事项和理由。

【例文 3.19】

关于"××科技文化艺术中心"地名更名的函

××市地名委员会办公室:

"××科技文化艺术中心"位于我区××镇明湖路以东、祝园路以南、青枫街以西、南苑以北范围内,占地 60925.19 平方米、总建筑面积约 150000 平方米,系由 7 幢楼宇及道路、绿地等组成的综合性大型建筑区域。当时以其科技、文化、艺术展示的主要功能特点命名。

但当前,该建筑区域的功能定位和发展方向产生了一些变化,科技功能弱化,文化艺术功能凸显。我区政府经过商议,按照名实相符的地名命名原则,拟将"××科技文化艺术中心"更名为"××文化艺术中心"。

鉴于"××科技文化艺术中心"地名更名涉及社会影响较大,属重大地名更名事项,根据重大地名更名的程序性规定,我区政府于20××年 3 月 28 日召开了专题听证会议,听取了我区规划建设局、城市管理局、公安分局、交警大队及业主单位等对"××科技文化艺术中心"地名更名的意见和建议,经商议,与会单位一致同意将"××科技文化艺术中心"更名为"××文化艺术中心"的方案。经请示市政府,该方案也获得了市政府的认可。

综上所述,"××科技文化艺术中心"更名"××文化艺术中心"既符合地名命名基本原则,也符合重大地名更名的程序性规定,鉴于地名更名涉及社会影响较大,我区政府将会同公安、交通、城管、房管、土地等有关部门妥善处理好与此相关的行政管理、公共服务等事宜,确保社会稳定。

现将该方案提交贵办,请审批。

××区人民政府

20××年 4 月 8 日

【评析】这是区政府向业务主管部门市地名委员会办公室请求审批地名更名的函。标题事由明确,正文首先概述基本情况,叙述地名更名的理由,提出将"××科技文化艺术中心"更名为"××文化艺术中心"的请批事项。接着叙述围绕请批事项区政府所采取的具体做法,并表明态度。最后用"现将该方案提交贵办,请审

 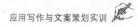

批"结尾。理由充分,态度诚恳。

（四）答复函的写法

答复函也称复函,它具有明确的针对性,即针对询问函而作的答复。复函的正文由引述语和答复意见两部分组成。引述语就是引述来函的标题、来函时间和发文字号。答复意见是针对来函事项予以答复,表明态度。

【例文 3.20】

××市地名委员会办公室
关于"××科技文化艺术中心"地名更名的复函

××区人民政府:

你区 20××年 4 月 8 日来函《关于"××科技文化艺术中心"地名更名的函》收悉,经研究,现函复如下:

鉴于你区"××科技文化艺术中心"科技功能弱化,文化艺术功能凸显的实际情况,按照名实相符的地名命名原则,同意将"××科技文化艺术中心"更名为"××文化艺术中心"。

××市地名委员会办公室
20××年 4 月 15 日

【评析】这份答复函第一段首先引述来函的时间和标题,表明复函的缘由。用"经研究,现函复如下"这一过渡句领起下文。第二段写批复意见,作出同意的明确答复,答复事项完毕,全文自然结束。行文简洁,态度鲜明。

⇨ **写作实训**

1. 根据以下材料写作一份函。

××高新技术产业股份有限公司与××建筑装饰有限公司近年来在房地产建造和装潢方面互相合作与支持,彼此建立了良好的合作关系。

但由于近期高房价带给消费者巨大压力,楼盘销售量大大减少,××高新技术产业股份有限公司为了应对市场变化,决定改变传统建筑模式,开发新型建筑模式,因此需要购买××建筑装饰有限公司建材数量将会大大减少,为此去函协商变更合同,减少购买建材数量。

2. 根据以下材料写作一份询问函和一份答复函。

××电子公司近年来在××大学的帮助下解决了多项技术难题,因此希望与××大学在技术攻关和员工培训等方面建立长期合作关系,并与××大学共同建立研究所,设立专项资金用于技术攻关,由企业确定相关的研究课题,委托××大学进行技术攻关。请代××电子公司写一份商洽建立合作关系的函,并代××大学写一份同意建立合作关系的复函。

3. 指出下面这份函存在的问题并加以修改。

××公司
关于要求对新员工进行技能业务培训的商洽函

××大学培训处:

我公司于今年 2 月新招聘了 20 名员工,为了让他们尽快胜任工作,行政部决定在 3 月份对新员工进行技能业务培训。

经讨论决定在你校进行培训,特此向你校商议相关事宜,望你校对我公司本次培训提出宝贵意见:

一、新员工业务技能培训内容:客户接待,展厅讲解,客户跟踪服务等。

二、新员工业务技能培训时间:初步定于 3 月 10 日左右。(具体时间由你校安排)

三、请你校为我公司制定员工业务技能培训方案,方案包括培训的具体内容、时间安排和具体课时等,务必要做到培训内容丰富,培训方式灵活。

附注:

联系人:××公司　行政部李××

联系电话:0512-65×××22

如不妥,再协商。

××公司行政部

20××年 2 月 16 日

函和复函

二、纪要

⇨ 案例导入

××公司是从事家电生产的企业,为了进一步提高公司的服务水平,公司于20××年 3 月 16 日下午 2 点在公司大楼第五会议室召集各部门经理会议。公司总经理与各部门经理就关于如何提高公司的服务水平进行了热烈的讨论,下面是各部门经理的会议发言内容。

一、作为与消费者关系最密切的元素之一,服务成为20××年家电行业关注的重头戏。在政策支持纷纷退市,家电市场总体不景气的情况下,以服务转型撬动市场需求,成为很多企业的新希望。

二、然而从目前家电行业的服务现状来看,多数企业虽然在极力进行着服务升级,但还是仅限于售后服务,更有部分中小企业连最基本的售后服务都实现不了,这种现状与消费需求之间显然还有很大的差距。因此,我们公司应加大服务的力度,维护消费者的权益。

三、21世纪,是一个以用户为主导的时代,消费者的体验决定一切,公司应从消费者的角度出发,力所能及地给予人性化关怀和体贴入微的服务,这样才能引发消费者的情感共鸣,提高公司的形象。所以要明确消费者至上的服务观念。

四、公司应推出成套精致的服务。售前,我们服务人员应根据消费者需求免费上门设计家电组合方案,还可以为消费者提供免费打孔、预埋管线的服务;售中,我们可以实现即买即送即装,并且安装前免费为消费者测甲醛、测电,消除安全隐患,正在装修的消费者还可以根据装修进度要求分批送货;售后,会员还可享受8到10年延保、终身免费清洗保养等服务。

五、一切以消费者为主,全心全意为消费者服务,为用户提供优质服务,遵循用户是上帝的原则,完善服务体系,升级服务模式,树立良好的公司形象。

请根据会议发言内容写作纪要。

⇨ **知识链接**

(一)纪要的内涵

纪要适用于记载、传达会议情况和议定事项。

纪要是根据会议情况、会议文件和其他会议资料整理的要点,是为了贯彻会议精神,扩大会议影响,推动有关工作,要求与会单位共同遵守、执行的一种公文。

纪要既可以传达给与会者及其所属单位,也可以上呈上级机关。

(二)纪要的特点

纪要主要有以下特点:

1. 纪实性

纪要必须如实反映会议基本情况和会议精神,注重客观准确,不能把没有经过会议讨论的内容写进会议纪要。

2. 提要性

纪要必须紧密结合会议主题,对会议内容和研究决定事项进行概括和提炼,反映会议的主要精神和重要结论。会议纪要不同于会议记录,会议记录是与会议同步进行,如实记录会议原貌,作为机关单位内部资料保存。会议纪要是会后整理,归纳出主要事项,体现会议的主题,在一定范围内公布传达。

3. 指导性

纪要一经成文下发,就起到沟通情况、统一认识和指导工作的作用,要求有关单位和人员遵照执行会议精神,具有指导意义和约束作用。

(三) 纪要的种类

1. 根据会议的性质和内容划分

可分为工作会议纪要和专题会议纪要两大类。

工作会议纪要是指由机关、单位为研究工作、处理事务或解决问题而召开的工作会议形成的纪要。这类会议纪要应传达会议的基本情况、议定的事项、布置的工作任务,要求与会单位和有关人员共同遵守执行。

专题会议纪要是指专题研讨会、座谈会、学术研究会等会议形成的纪要。这类会议纪要主要通报会议情况,使有关单位和人员知晓会议的基本情况和主要精神,对有关方面的工作具有指导作用。

2. 根据会议纪要的写法划分

可分为摘要式会议纪要和综合式会议纪要。

摘要式会议纪要是概括反映会议的议定事项或反映会议的讨论情况,一般适用于小型会议或议题单一的会议。写作时把具有典型性和代表性的言论提要加以整理,按一定的逻辑关系分条列项排列成文。

综合式会议纪要是按照会议议题反映会议的综合情况,一般适用于大型会议或议题较多的会议。按照议题分几个部分写作,每部分列出小标题,层次清晰。

(四) 会议纪要与会议记录的区别

1. 性质不同

会议纪要是法定公务文书;会议记录是机关、单位内部用于记录会议发言的事务文书。

2. 内容不同

会议纪要以会议记录等会议资料为依据,是经过整理加工的会议内容的要点;会议记录是会议内容的原始记录,基本上要如实反映会议原貌。

3. 写作要求不同

会议纪要应按照公务文书的规范格式,结构安排条理清楚,语言表达简洁明快;会议记录没有统一的格式,各单位一般都有固定的会议记录用纸,开头分项写出会议的基本情况,再按照会议的议程和发言人的顺序,记录会议的全部内容。

4. 发布方式不同

会议纪要按公文发文程序公布传达;会议记录仅作为内部资料保存,不对外公开发布。

⇒ 格式扫描

纪要的结构一般包括标题、正文、落款几部分。纪要不写主送机关,而是需要抄送给参加会议的机关和需要知道会议情况的机关。

（一）标题

完整式的标题包括发文机关、会议名称、文种三个要素,一般可以省略介词"关于"二字。如《××公司第六次工作例会纪要》。

有的标题省略发文机关,由会议名称加文种构成,如《××学会第十届年会会议纪要》。

（二）正文

会议纪要的正文包括会议概况、会议内容和结语三部分内容。

1. 会议概况

正文的开头部分概括介绍会议的基本情况。如会议的名称,会议召开的背景、依据和目的,会议召开的时间、地点,会议参加人员和规模,会议的主持人、出席人,会议的主要议程,研讨的主要问题和会议成果,等等。

介绍会议情况要简明扼要,让阅读者对会议有个总体了解。用"现将会议情况纪要如下""现将会议议定事项纪要如下"等习惯用语领起下文。

2. 会议内容

这是正文的主体部分。根据会议的中心议题有重点地写出会议的内容和成果,包括会议讨论的问题,议定的事项,提出的任务、要求和措施等。常见的写法有两种:

一是综合叙述式。围绕会议的中心议题,对会议内容进行综合分析,整理归纳出几个部分进行阐述,以准确反映会议的主要精神。

二是摘要记录式。按照会议进行的程序,根据会议发言的顺序,将每个发言人的讲话要点分别予以综合、归纳,依次摘要写出其发言内容。

3. 结语

结尾一般对与会者提出要求和希望,或发出号召,也可以自然结尾。

（三）落款

写明发文单位和成文日期即可。若标题中已有发文单位,落款处可省略。成文日期有时也可以写在标题下一行居中。

【例文 3.21】

社区建设指导委员会第三次会议纪要

20××年 9 月 26 日下午,××区人民政府社区建设指导委员会召开第三次工作会议,由××区工委副书记×××主持,参加本次会议的有工委×××、×××和园区社区建设指导委员会全体成员。会议主要审议社会事业局牵头起草的幸福社区建设行动计划,并就下一步修改完善行动计划、推进幸福社区建设工作提出意见,现将会议议定事项纪要如下:

一、高度重视,充分认识新形势下建设幸福社区的重要性。会议强调,××市第十一次党代会提出了建设幸福社区的总体要求,将民生优先作为首要发展战略,对进一步提升居民幸福指数提出了更高要求。为了确保在推进"两个率先"的过程中始终处于领先地位,××区既要推动产业转型升级,又要在社会管理、民生幸福领域争创示范、树立标杆。为此,各级、各部门要充分认识建设幸福社区的重大意义,要像重视经济工作一样重视社区工作,齐心协力、各负其责,主动支持、参与幸福社区建设。

二、创新思路,打造具有特色的幸福社区。重点突出五个方面的特色:一是区镇一体的特色,加快消除区镇二元结构,使全体居民更多、更好地分享开发建设成果;二是分类指导的特色,根据不同类型社区的不同基础、不同特点提出不同的发展举措、发展目标;三是多方参与的特色,既强化政府在政策、规划、投入方面的职责,又积极引导社会力量、整合社会资源、鼓励居民参与;四是抓好当前工作与建立长效机制相结合的特色,把建设幸福社区行之有效的工作举措上升为政策制度,建立健全长效机制;五是循序渐进、逐步完善的特色,明确推进项目、完善考核体系,确保幸福社区建设每年都有新进展、三年实现大突破。

三、群策群力,修改完善幸福社区建设行动计划。会议原则同意幸福社区建设行动计划的总体框架和主要内容,并要求下一步着重在六个方面进行修改完善:一是在确定行动目标的时间节点上以三年为主、适当兼顾"十三五"发展目标;二是进一步突出与社区职能紧密结合的相关内容,指标体系和重点任务适当定位、各有侧重,做到篇幅详略得当;三是根据行动内容进一步明确责任部门;四是请地方发展局、组织人事局指导各镇就社区经济职能剥离、经济指标考核内容作进一步研究补充,切实完善行动计划中有关社区管理体制机制改革的内容;五是请规划建设局就完善社区规划,适当增设公共活动场地、停车位等幸福社区硬件配套方面提出补充内容;六是进一步完善考核指标、细化推进项目,作为行动计划文本的附件。

会议要求社区建设指导委员会各成员单位结合部门实际,进一步深化对幸福社区建设行动计划的讨论和研究,并于 10 月 10 日前将书面意见和建议提交社会事业局,由社会事业局修改完善后报工委会议审议。

××区社区建设指导委员会办公室

20××年 9 月 26 日

【评析】这是一篇工作会议的纪要,会议主题是审议社会事业局牵头起草的幸福社区建设行动计划。第一段为会议概况。以简洁的语言交代召集会议的机关、会议名称、会议议题、会议时间、地点、主持人、出席者等基本情况。

正文的主体部分采用分条列项的写法,写明幸福社区建设的意义、思路,并就幸福社区建设行动计划提出六点修改意见。结尾提出深化幸福社区建设行动计划的修改要求。

本文条理明晰,重点突出,运用"会议强调""会议原则同意""会议要求"等词语,准确表述会议整体性的观点。最后提出总的要求和希望,实际上起到了结尾段的作用,使纪要到此自然结束。

⇨ 写作实训

1. 参考案例导入内容,根据××公司关于如何提高公司服务水平的讨论意见,写作一篇会议纪要。

2. 根据下面的会议记录,写一篇会议纪要。

××房地产开发有限公司
20××年度第五次工作例会记录

会议名称:20××年度第五次工作例会

会议时间:20××年 2 月 24 日下午 1 点 30 分

会议地点:多功能会议大厅

出席者:公司中层以上管理人员

主持人:公司副总经理李明宇

主持人李副总发言:目前中国房地产市场不但遭遇房产税、限购、价格控制等一系列调控政策的强力冲击,而且受到了传统的春节成交淡季的影响,受到国家新政的影响,我公司的楼盘销售也跟随着寒流,步入寒冬,直接的表现就是成交量急剧萎缩。虽然价格方面没有像一线大城市一样出现明显的下滑,但是市场观望气氛明显凝重起来。今天的会议主要结合公司的实际情况,针对市场的变化,分析我公司楼盘销售量增长缓慢的原因,请大家集思广益,提出切实可行的办法,为公司楼盘销售献计献策。

销售部张经理发言：我认为楼盘销售量增长缓慢的原因，主要是目前社会主流购房人群主要是正在奋斗中的"80后"，面对当前高房价的压力，许多人都买不起住房，这便使楼盘销售量大大减少。

公关部王经理发言：由于媒体对房地产业违规建筑的不断曝光，人们也对房地产业越来越不放心，不管是材料问题，还是违规建造，都让购房者不敢随意买房，这就使得房地产业销售停滞不前。

行政部肖经理发言：楼盘销售人员的态度问题也是导致销售量增长缓慢的一个重要原因。如今，从事房地产销售工作的工作人员压力很大，不仅仅要完成销售指标，还要面对市场不断的变化，这让这些年轻人压力、情绪很大，所以在面对购房者时，情绪性表现得比较明显，因此也对销售量有直接影响。

主持人李副总发言：刚才大家分析了楼盘销售量增长缓慢的原因，我认为大家的意见都有道理。我们公司面临这样的困境，还是要靠大家一起来想办法啊。

人力资源部林经理：我认为销售人员必须强化自身的专业知识与技能，每个工作人员都必须真诚地对待顾客，取得顾客的信任，满足顾客的需求，真正做到从消费者的角度出发，为顾客谋福利。我们部门将会进行相关知识的学习与培训，从而达到学以致用，提高服务水平。

开发部陶经理发言：根据当前的市场变化，同时面对社会主流购房的需求，我们开发部准备开发中低价位、中小套型的普通商品住房，积极应对市场变化。

销售部张经理发言：根据项目的具体情况，推出具体适合项目的推广方式，另外，销售人员还可以通过培训，转变销售理念、改进销售方法，提高楼盘的销售量。

公关部王经理发言：我们公关部要加强宣传报道，我们可以开展房地产营销活动，开盘前或当天举办大型推广活动。

主持人李副总发言：今天的会议非常务实，我们各部门要齐心协力，强化内部控制和管理，提高楼盘销售量，使公司综合经济效益不断提升，使公司与消费者达到双赢。希望大家会后召集各部门工作会议，调动全体员工的积极性，为公司增长销售额制订具体的对策。

第四章　会议文书写作与实训

教学目标

◎ 能够阐述各种会议文书的写作内容和写作要求。

◎ 重点学会写作会议记录、开幕词、闭幕词、会议主持词和会议报告。

教学指导

◎ 在学生明确各种会议文书的写作内容和写作要求的基础上,以学习小组为单位,以某单位举办的一次会议为工作任务,如新员工培训会议、新产品发布会议、年终总结表彰大会等,小组进行研讨,明确各自的分工,根据写作案例,上网搜集写作材料,完成会议文书的写作,小组成员互相评改文章。

◎ 运用成果展示法交流学生习作,师生互评。

会议文书是指在会议活动中形成和使用的所有文件材料。会议文书种类多样,按照会议活动进程,主要有以下几类:

1. 会议管理文书

是指从会议筹备到会议总结的一系列会务管理活动中形成和使用的文书,包括会议计划、会议通知或邀请函、会议日程、会议议程、会议须知、会议指南等。

2. 会议主旨文书

是指围绕会议议题,阐明会议宗旨、目的、任务和要求的文书。包括开幕词、闭幕词、会议报告、专题讲话、会议决议、会议提案等。

3. 会议动态文书

是指如实记录和反映会议动态信息的文书,包括会议记录、会议简报、会议报道等。

本章重点介绍会议日程、会议议程、开幕词、闭幕词、会议主持词、会议报告等文书的写作方法。

第一节　会议日程、会议议程

一、会议日程

⇨ **案例导入**

"20××第十届中国(上海)国际家具展览会"将于 20××年 5 月 11 日—13 日举行。展会地点设在上海新国际博览中心(浦东新区龙阳路 2345 号)。

展会批准单位是中华人民共和国商务部、上海市对外经济贸易委员会。主办单位是中国国际经济技术交流中心、中国家具工业信息中心、上海百应展览有限公司和香港威隆国际展览有限公司。

请搜集家具展览会的有关信息资料,编写展览会日程安排表。

⇨ **知识链接**

（一）会议日程的内涵

会议日程是指会议在一定时间内的具体安排,指各项议程的时间排列。如有说明可附于表后,会前发给与会者。

会议日程是会议进行的蓝图,是会议有条不紊地进行的保证,一旦确定,就不能随意更改。

（二）会议日程安排要求

会议日程安排要有科学性,要根据会议的内容来确定。一般上午 9 点到 10 点是进行业务性会议的最佳时间;上午 10 点到中午 12 点(或下午 1 点半到 3 点半),是一天中人的精力最充沛的时间,最适用于需要发扬团队精神、集思广益、各抒己见的会议。

会议日程在时间、地点、人员等问题上,如遇到一些变化,可相应调整。

⇨ **格式扫描**

会议日程一般采用简短文字或表格形式,将会议时间分别固定在每天上午、下午和晚上三个单元里,将会议的议题具体化。

（一）标题

标题由会议名称和文种构成,如"全国和谐社区建设工作会议日程安排表"。

（二）正文

无论采用文字还是表格形式,会议日程安排都要明确以下几项内容:日期、时间、内容、地点、负责人。

由会议开始到结束这段时间被称为会期,会议日程要详细列出会期内的各项活动安排,会议时间要精确到年、月、日、时、分。

⇨ 写法指要

【例文 4.1】

第十届中国(上海)国际家具
展览会日程安排表

时　间		活动安排	地　点
20××年 5月11日 星期五	09:30—09:45	开幕仪式	上海新国际博览中心
	10:10—11:20	参观展会	上海新国际博览中心
	14:00—17:00	"百慧杯"首届中国家具 设计大赛院校组评奖	上海新国际博览中心
	16:30—18:00	"百慧杯"首届中国家具 设计大赛专业组评奖	上海新国际博览中心 E4 馆
5月12日 星期六	09:30—11:30	红木艺术家具论坛	上海新国际博览中心 E4 馆
	13:30—16:30	红木家具、艺术品拍卖会	上海新国际博览中心 E4 馆
	18:00—20:30	晚宴及"百慧杯"首届 中国家具设计大赛颁奖典礼	浦东圣莎大酒店
5月13日 星期日	15:00	撤馆	上海新国际博览中心

【评析】这是第十届中国(上海)国际家具展览会日程安排表。本次家具展览会共安排三天时间,展览会安排了开幕仪式、评奖活动和论坛等活动内容,因此日程表列出时间、活动安排、地点等项目,制作成表格形式,使参加者一目了然。

⇨ 写作实训

1."20××中国国际服装服饰博览会"于 3 月 26 日—29 日在北京举行,本次服装博览会安排了展会参观、商家及媒体招待晚会、中国服装论坛、中国服装品牌年度大奖颁奖盛典、20××中国高级成衣品牌发布、专场时装表演等多项活动。要求学生上网搜集信息资料,编写 20××中国国际服装服饰博览会日程表。

2.润达公司是一家生产电子产品的公司,于 20××年 10 月 10 日—12 日举办新产品展示会,邀请各地经销商参加,10 日下午报到,11 日安排参观公司、新产品展示、新产品订货等活动,12 日组织参观考察活动。请为润达公司编写新产品展示会日程表。

二、会议议程

⇨ **案例导入**

××市模具有限公司于 1995 年 6 月建成投产。投资 1.2 亿元人民币,占地 1.4 万平方米。公司汇聚国内模具精英,拥有 80 多人的研究、开发、设计队伍和 300 多名训练有素的技术工人。公司专业从事各类大中型、精密、复杂的五金、注塑、吸塑、发泡、压铸模具的开发、设计与制造,是中国规模最大、技术设备最先进、实力最强的模具制造中心之一。

公司领导非常重视职工的用餐卫生和安全,决定面向全市用公开招标的方式确定食堂承包人,在公布了招标信息后,有 5 家单位参与竞标。公司决定于 20×× 年 6 月 10 日召开食堂招标会,由各部门经理组成招标小组成员,全体管理人员列席会议。请根据招标工作的程序,制订食堂招标会会议议程。

⇨ **知识链接**

(一) 会议议程的内涵

会议议程是对会议所要通过的文件、所要解决的问题进行概略安排,确定会议讨论问题的程序,会前发给与会者。

成功举办一次会议,会议主办者应事先确定会议的主题,制订切实可行的会议目标。提前向与会者简明介绍会议的目的,共同商讨确定会议的议题,再通过预备会议确定议程。

(二) 会议议程的作用

议程是会议的程序安排。议程不仅能够规范会议的内容,有助于会议目的的具体化,而且也足以约束会议沟通的次序与沟通的节奏。如果会议欠缺议程,则会议的内容不能确定,沟通的次序势必杂乱。为使与会者及早作准备,议程应随会议通知事先发给与会者。

(三) 会议议程和会议日程、会议程序的区别

会议议程是整个会议议题性活动顺序的总体安排,不包括会议期间的仪式性、辅助性的活动。

会议日程是将各项会议活动(包括仪式性、辅助性活动)落实到单位时间,凡会期满一天的会议都应当制订会议日程。

会议程序则是一次单元性会议活动或单独的仪式性活动的详细顺序和步骤。

议程、日程在会前发给与会人员;程序只供领导主持会议时参考,不发给其他与会者。

会议议程一般由标题和正文构成。

（一）标题

标题由会议名称和文种构成，如"××小区业主代表大会议程"。

（二）正文

会议议程一般用事项排列的方式分别列出会议的各项议题，并标注各项议题所需时间。有的议程在前言部分介绍会议名称、时间和地点。

例如：

按照物业管理有关法律法规，经过全体业主的共同努力，××小区首次业主代表大会于20××年5月30日在××会议室召开，大会共有9项议程，具体如下：

一、13:30—13:40，筹备组组长介绍业主代表大会筹备情况；

二、13:40—13:50，全体代表表决《业主管理规约》；

三、13:50—14:00，全体代表表决《业主代表大会议事规则》；

四、14:00—14:10，宣读业委会委员候选人名单和选举办法；

五、14:10—14:30，业委会委员候选人进行自我介绍；

六、14:30—14:40，业主代表记名投票选举业委会委员；

（休会10分钟）

七、14:50—15:00，业委会委员投票选举业委会主任、副主任；

八、15:00—15:10，当选业委会主任发言；

九、15:10—15:30，建设单位、物业公司、居委会、社工委代表发言。

在编排议程的时候，一般遵守以下原则：一是根据会议主题按照议案的轻重缓急编排次序；二是每一个议案应预估所需的处理时间并明白地标示出来；三是安排讨论的问题，尽量将同类性质的问题集中排列在一起。

⇨ 写法指要

【例文4.2】

××市模具有限公司食堂招标会会议议程

一、13:30，会议开始，由主持人宣布会议议程、会议纪律，公布竞标人员名单。

二、13:35，总经理讲话，同时公布招标组成员名单和招标考评标准。

三、13:45，竞标者依次发表演讲，同时将标书交主持人处。

四、15:00，招标小组对竞标者的竞选演讲、组阁方案、工作能力、敬业精神、综合评价这五个方面进行无记名投票。

五、15:30,招标小组对竞标者的各项指标进行排名得分统计,对无记名投票进行等级得分统计。

六、16:00,招标小组委托主持人公布中标人名单和竞标情况。

【评析】这份会议议程标题写明召集会议单位名称、会议名称和文种。议程正文运用事项排列的方式,安排各项议题的时间和程序,条理清楚。

⇨ 写作实训

1. 20××年 11 月 25 日,××信息公司在本市信息职业技术学院举行校园招聘会。招聘岗位主要集中在各类市场营销人才和信息技术人才。招聘会上,共有 125 名毕业生参加了宣讲会和笔试,95 名进入第二轮面试。其中,参加销售类岗位应聘面试的 38 名同学还进行了"学历和能力、做人与做事"的即兴演讲,许多同学的精彩演讲和独特见解得到了招聘考官的称赞。请根据招聘会情况编制招聘会会议议程。

2. ××公司年度工作会议将于 20××年 12 月 28 日 14:00 在公司二楼会议室举行,会议由××副总经理主持。

总经理助理在制订工作会议的议程时,征求公司领导意见,工作会议内容共包括以下几方面:

×××总经理传达总公司工作会议精神;

××副总经理通报 20××年经济承包考核结果并作下一年度承包考核办法说明;

××书记作公司党委工作报告;

×××总经理与各单位、部室签订 20××年生产经营和工作承包责任书;

××副书记通报 20××年落实党建工作目标责任制和创建"四好"领导班子活动考评结果;

××书记代表公司党委与各直属党组织签订 20××年党建工作目标责任书;

××副总经理代表公司领导向 20××年创建"四好"领导班子授牌;

请根据议程编写要求,将以上工作内容纳入工作会议的议程,编写公司年度工作会议议程表。

第二节　开幕词、闭幕词

一、开幕词

⇨ 案例导入

××厂是一家专门从事服装设计、制造、加工的服装企业。该厂注册资本为 100

万元,主要承接西服、衬衫、T恤定做服务,包括定做企事业单位的职业装、行政制服。拥有熟练缝纫车工210人,后道整烫工32人,其他技术研发室、裁剪室等各科室人员合31人,技术及生产力量雄厚,年生产服装能力可达90万件。

该厂将于20××年12月20日召开第二十届职工代表大会第二次会议,动员广大干部职工群策群力,商讨新一年全厂各项工作。××厂职工代表大会由厂工会主席致开幕词。

要求学生搜集职工代表大会的有关资料,写作职工代表大会开幕词。

⇨ 知识链接

（一）开幕词的内涵

开幕词是党政机关、社会团体、企事业单位的领导人在会议开幕时的致辞,旨在阐明会议的指导思想,交代会议议程,阐述会议宗旨和重要意义,向与会者提出会议的中心任务和要求。

（二）开幕词的特点

1. 宣告性

不论召开什么重要会议或开展什么重要活动,按照惯例,一般都要由主持人或主要领导人致开幕词。这是一个必不可少的程序,标志着会议或活动的正式开始。

2. 指导性

开幕词通常要阐明会议或活动的性质、宗旨、任务、要求和议程安排等,集中体现了大会或活动的指导思想,起着定调的作用,对引导会议或活动朝着既定的正确方向顺利进行,保证会议或活动的圆满成功有着重要的意义。

3. 简明性

开幕词的语言要简洁晓畅、通俗明快,最忌长篇累牍、言不及义,多使用祈使句,表示祝贺和希望。

⇨ 格式扫描

开幕词通常由标题、时间及称谓、正文几部分组成。

（一）标题

通常有三种写法:

（1）由会议名称和文种构成。其形式是"××会议开幕词",也有的只写文种"开幕词"。

（2）由致辞人姓名、会议名称和文种构成。其形式是"×××同志在××××会议上的开幕词"。

（3）复式标题。主标题揭示会议的宗旨、中心内容,副标题与前两种标题的构成形式相同。

（二）时间及称谓

标题之下，居中用括号注明会议开幕的年、月、日。

称谓一般写在标题下行顶格，根据会议的性质及与会者的身份确定称谓，通常用"同志们""朋友们""各位代表""各位来宾""女士们、先生们"等。

（三）正文

一般包括开头、主体和结尾三个部分。

1. 开头

一般开门见山地宣布会议开幕。也可以对会议的规模及会议的筹备和出席会议人员情况等作简要介绍，并对会议的召开表示祝贺，对与会人员表示感谢。

2. 主体

一般包括以下内容：会议召开的背景和意义；会议的性质、目的及主要任务；会议的主要议程及要求；会议的奋斗目标；等等。写作中一定要把握会议的性质，郑重阐述会议的特点、意义、要求和希望，对于会议本身的情况如议程等，要概括说明、点到为止。行文则要明快、流畅，评议要坚定有力、充满热情、富有感染力。

3. 结尾

开幕词的结束语要简短、有力，要有号召性和鼓动性。写法上常以呼告语表述，并用"预祝大会圆满成功"等语作结。

⇨ **写法指要**

结合教学案例，在学生搜集职工代表大会有关资料的基础上，师生共同探讨职工代表大会开幕词的写作思路。

开幕词的标题写明会议名称和文种，即"××服装厂第二十届职工代表大会第二次会议开幕词"。

标题之下，居中用括号注明会议开幕的时间："20××年12月20日"。

本次会议是职工代表大会，称谓另起一行顶格写"各位代表："。

正文开头首先宣布"在辞旧迎新之际，××厂第二十届职工代表大会第二次会议隆重开幕"，接着代表大会主席团向出席大会的各级代表表示欢迎，如"向出席大会的上级领导表示热烈的欢迎和衷心的感谢！向参加会议的全体代表及全厂各条战线广大职工群众致以亲切的问候！"

正文部分先写会议召开的背景：回顾本厂在第二十届职工代表大会第一次会议以来获得的经济效益和社会效益，分析工厂面临的形势和任务。接着明确本次职代会的重要任务，提出会议的主要议题和奋斗目标。

结尾一般用呼告语领起一段，并对与会代表提出希望，鼓舞士气。如："各位代表、同志们，希望与会的各位代表不负重托，以高度的政治责任感，充分行使民主权利，积极建言献策。我们相信在××党委的正确领导下，经过我们全体代表的共同努力,会议确定的目标一定能够实现,也一定能够把这次会议开成一个民主团结、求真务实、开拓奋进的大会。预祝大会圆满成功!"

【例文 4.3】

20××年首届××市阅读节活动
推进大会的开幕词

(20××年 9 月 12 日)

××市副市长　×××

同志们、朋友们:

一年美景最秋色,金风送爽菊花黄。在丹桂飘香的美好时节,我们将拉开20××年首届××市阅读节的序幕。在此,我谨代表××市人民政府表示热烈的祝贺!向所有关心、支持和参与阅读节活动的社会各界和广大市民朋友们表示衷心的感谢!

开展广泛的群众性阅读活动,是提高市民文明素质的重要途径,是建设文化强市的重要内容。书,是人类最宝贵的精神财富。一个人的精神发育史就是一个人的阅读史。随着时代的进步,人类的精神财富累积得越来越多,书的形式也由纸质向多媒体发展。所以,我们只有通过更多的阅读,才能使自己更加富有智慧,并让我们的精神生活更加丰富多彩。任何人,不读书学习,就会落伍,就会被时代淘汰。任何国家、任何社会,没有读书尚学之风,就会失去理想和信念,失去发展动力和竞争依托。最优秀的城市就应该拥有最善于阅读的市民。

市委、市政府决定举办××市阅读节,就是要继承中华民族的优良传统,以创建学习型城市、构建和谐社会为目标,通过广泛开展群众性阅读活动,倡导阅读理念,弘扬阅读文化,营造书香城市,让读书学习真正成为广大市民群众自发追求的一种生活方式,自我发展的一种内在需求,进而确立现代市民意识,培育现代生活方式,养成现代文明行为,进一步提高文明素质,为××市率先基本实现现代化提供强大的动力支持和良好的人文环境。

本届阅读节的活动丰富多彩,有 18 项之多。其中"感动接力——图书漂流"活动,是开展群众性阅读的创新,它将通过开放式的自取自读,读后再漂的天然图书流动模式,使书香漂流到社会的各个角落,让参与者分享到阅读的动人感悟。

"流动图书大篷车"活动,将利用现代信息技术把公共图书馆搬到学校、搬到社区,为开展群众性阅读活动提供更为广泛的服务。我相信,上述两项活动将成为本届××市阅读节上亮丽的风景线,将会得到广大市民群众的欢迎和喜爱。

同志们、朋友们,开卷有益,欢迎大家踊跃参加阅读节的各项活动。在全市营造读书求知、好学向上的良好氛围。让我们携手共进,共同努力,一起播撒书香,一起创造文明,把为期一个月的阅读节打造成为××市美丽的新亮点和重要的文化品牌。

最后,祝首届××市阅读节取得圆满成功!

谢谢大家!

【评析】这篇开幕词的标题由会议名称"20××年首届××市阅读节活动推进大会"和文种"开幕词"构成。正文开头简要交代首届××市阅读节活动即将拉开序幕,表示祝贺之意。主体部分阐明活动的重要意义,概括说明本次活动的目的和活动主要内容安排。结尾用呼告语希望大家踊跃参加本次活动,激发大家的参与热情。这篇开幕词紧紧围绕阅读节推进大会主题,语言明快热情。

⇨ **写作实训**

1. "20××第十二届亚太电子工业展览会"于20××年3月26日—28日在××市国际博览中心举行。

本次展会的主办单位是中国电子学会,承办单位是××展览有限公司。

一年一度的亚太电子展获得了国内外电子行业的广泛支持和积极参与,累计吸引近3000家企业参展,超20万人次高层次专业观众入场参观,已成为中国最主要的电子展会之一。

本届展会将吸引电子、通信、计算机、自动化仪表、家用电器、汽车、机械、安防、广告、医疗器械等多个制造业的实力买家与会参观交易。

要求学生查询展会的有关信息,撰写"20××第十二届亚太电子工业展览会开幕词"。

2. 以本校一次学生代表大会为背景,要求学生了解学代会有关情况,写作学代会开幕词。

二、闭幕词

⇨ **案例导入**

××服装厂第二十届职工代表大会第二次会议经过全体代表的共同努力,历时一天,圆满地完成了大会预定的各项任务。提交大会审议的报告有:党委副书记×××同志向大会报告20××年集体合同执行情况;行政部经理××同志向大会报告20××年企业业务招待费支出情况;财务部经理×××同志报告20××年×××资金使用情况;纪委书记×××同志报告厂务公开执行情况;党委组织部部长×××同志宣读民主评议领导干部方案。

大会认真审议提交本次会议的报告、方案,并表决通过了有关报告和方案。

大会还听取了企业副处级以上领导干部的述职报告,并进行民主评议。

会议始终充满了民主、团结的浓厚气氛,收到了预期的效果,取得了圆满的成功。

××服装厂第二十届职工代表大会第二次会议由工会副主席×××致闭幕词。要求学生搜集有关材料,写作闭幕词。

⇨ **知识链接**

(一)闭幕词的内涵

闭幕词是党政机关、社会团体、企事业单位的领导人在大型会议或活动闭幕时所作的总结性的讲话。闭幕词是大会的尾声,意味着会议即将结束。闭幕词应对会议进展情况、完成的议题、取得的成果、提出的会议精神及会议意义等进行高度的概括,闭幕词要激励与会人员的干劲,增强他们贯彻会议精神的信心。闭幕词的篇幅一般都短小精悍,语言简洁明快。

(二)闭幕词的特点

1. 总结性

凡重要会议或重要活动,与开幕词相对应,一般都有闭幕词,这是一道必不可少的程序,标志着整个会议或活动的结束。

2. 评估性

闭幕词通常要对会议或活动作出正确的评估,充分肯定会议或活动所取得的成果,强调会议或活动的主要精神和深远影响。

3. 号召性

闭幕词要向与会者提出贯彻落实大会精神的要求和希望,使与会者充满信心地奔赴各自的岗位,为实现大会提出的目标去尽职尽责完成各自的任务。

⇨ **格式扫描**

闭幕词由标题、时间及称谓、正文等部分组成。

(一)标题

与开幕词的标题构成形式基本相同。一般有以下几种写法:

(1)由会议名称和文种构成,有的只写文种,以"闭幕词"作为标题。

(2)由致辞人、会议名称和文种构成,如"×××在××大会上的闭幕词"。

(3)采用复式标题结构形式,由主标题和副标题组成。

(二)时间及称谓

时间写于标题之下居中,用括号注明会议闭幕的年、月、日。

称谓一般和开幕词的称谓一致,根据会议性质及与会者的身份来确定称谓,如"同志们""各位代表"等。

（三）正文

包括开头、主体和结束语三部分。

1. 开头

首先说明会议已经完成预定任务,然后概述会议的进行情况,恰当地评价会议的收获、意义及影响。有的开头用简洁的文字说明会议在何种情况下圆满闭幕。

2. 主体

这是闭幕词的核心部分内容,写明会议通过的主要事项和基本精神;肯定会议的成果,对大会作出客观评价;指出会议的重要性和深远意义;向与会人员提出贯彻会议精神的基本要求。

主体部分写作时要充分掌握会议情况,有针对性地对会议内容予以阐述和肯定,同时可以对会议未能展开但都已认识到的重要问题作出适当强调或补充。

3. 结束语

结束语一般先对保证大会顺利进行的有关单位及服务人员表示感谢;然后以坚定语气发出号召,提出希望,表示祝愿等;最后用"现在,我宣布,××××大会闭幕"宣布会议结束。

结束语部分行文要热情洋溢、简洁有力,起到激发斗志、增强信念的作用。

⇨ **写法指要**

结合教学案例,让学生在搜集职工代表大会有关资料的基础上,写作职工代表大会闭幕词。

闭幕词的标题写明会议名称和文种,即"××服装厂第二十届职工代表大会第二次会议闭幕词"。

标题之下,居中用括号注明会议闭幕的时间:"20××年 12 月 21 日"。

称谓另起一行顶格写"各位代表:"。

正文开头介绍会议的进行情况,如"××服装厂第二十届职工代表大会第二次会议在市××工会的关怀下,在厂党委的正确领导和大力支持下,经过全体代表的共同努力,历时两天,圆满地完成了大会预定的各项任务,现在就要结束了"。

主体部分写明会议对各项议题的审议情况,通过的主要事项和基本精神。用"代表们一致认为""代表们一致表示"等语句领起对会议的评价。

结尾首先感谢保证大会顺利进行的有关单位及服务人员。接着发出号召,提出希望。如:"各位代表、同志们,我们即将迎来充满希望的新年,不管我们会遇到多大困难,我们都要解放思想、抓住机遇、务实创新、开拓进取、迎接考验。大会闭幕后,希望代表们要认真贯彻落实会议精神,为全面完成会议确定的各项工作任务而努力。"最后宣布:"××服装厂第二十届职工代表大会第二次会议胜利闭幕,祝各位代表身体健康、工作顺利、万事如意!"

【例文 4.4】

××区"加快转型升级 推进二次创业"大会上的闭幕词

(20××年5月30日)

同志们:

今天我们利用星期天时间召开"加快转型升级 推进二次创业"大会,主要目的是全面深入贯彻全市加快转型升级现场交流推进会精神,并对××区的转型升级工作进行再部署、再落实。

与以往会议相比,今天参会人员范围进一步扩大,特地邀请了工委、管委会领导,各局办副局以上干部,各派驻机构班子成员,各大公司、各直属企事业主要负责人,各镇书记、镇长、招商中心主任、人大主席等前来参加会议。因为我们感觉到整个周边转型升级形势逼人,以前会议都是邀请单位主要领导参会,但是少数干部认识不清、行动不够、力度不大,仅仅主要领导了解工委意图还不够,因此需要更大范围统一思想认识,共同做好转型升级、二次创业文章。

今天的会议传达了市转型升级会议精神,×××书记集中讲的"转得快、转得准、转得好"三个主题词,让大家普遍感觉形势紧迫、刻不容缓,转型升级是一场硬仗、攻坚战和持久战,不可能一蹴而就,更不可能一劳永逸,需要我们长期的艰苦工作。同志们在工作中要不断思考、探索、把握。

会议分析了当前工作中面临的一些问题:一是传统的发展模式和思维惯性仍然具有强大的束缚力,现有产业结构的优化和粗放增长方式的转变需要假以时日,固有体制机制的创新还须付出艰巨的努力;二是一些部门和单位对发展新兴产业的认知程度还不够深,对现代经济发展规律的把握能力还有待提高;三是少数单位加快转型升级的危机感和紧迫感还不强,机关服务能力与转型升级要求相比还存在一定差距,对加快转型升级的品牌打造、宣传策划力度还不够。因此,要赢得这场攻坚战,不仅要有"等不起"的紧迫感、"慢不得"的危机感、"坐不住"的责任感,更要有解放思想、锐意进取的创新精神,抢抓机遇、突破重点的关键举措,团结拼搏、狠抓落实的强大合力。

本次会议也对当前工作进行了部署。我们要统一认识,一是要在"转得快"上凝聚更深共识。面对逼人的形势,更需要抬头看路,理性思考,找准方向。只有机遇把握好、方向瞄得准、推进力度大,才能确保××区在科学发展道路上始终站在转型升级的第一方阵,在新一轮发展中赢得主动、赢得先机、赢得优势,不辜负各级领导的殷切期望。二是要在"转得准"上体现更大成效。

要善于营造有利于转型升级的环境氛围,着力发挥自身的优势和特点,把发展创新型经济作为主攻方向,在重点领域求突破。三是要在"转得好"上形成更强合力。加快转型升级,既是经济领域的一次深刻变革,也是对全市各级党员干部的一场重大考验。转型升级没有现成的道路可走,没有既有的经验可借鉴。各级各部门特别是领导干部一定要始终保持奋发有为、争先创优的精神状态,以时不我待的责任感和使命感,以提升能力来支撑转型升级,以转变作风推动转型升级,以完善机制保障转型升级,以不达目标不罢休的雄心壮志,确保转出成效、转出水平。

我希望所有部门都能认真地思考,各个部门在转型升级的过程中该转什么,该升什么。目前,转型升级的口号和提法很多。但我认为省市提出的"由开放型经济向创新型经济转变"是很有道理的。根据我区的情况,我们的重点就是由开放型经济向创新型经济和服务型经济转变。

同志们,××区16年开发建设取得了辉煌的成就,基础很好,现在正站在一个全新的起点上。希望同志们加倍努力,奋勇争先,努力争做转型升级的排头兵,为"三区三城"建设添砖加瓦!

【评析】这篇闭幕词的开头概括地对会议作了总体评价,主体部分总结会议完成的任务:传达了市转型升级会议精神,分析了当前工作中面临的一些问题,对当前工作进行了部署。闭幕词肯定了会议的成果,对大会作出了客观评价,并对如何贯彻会议精神提出明确的要求。结尾对与会者提出了希望。

⇨ 写作实训

1. "20××第十二届亚太电子工业展览会"于20××年3月26日—28日在××市国际博览中心举行。本展会作为业内规模宏大的展示交流活动,通过全方位有声有色的包装和宣传,依托长江三角洲及华东地区巨大的现实市场及××市优越的投资和旅游环境,吸引了华东各地专业人士与目标客户参与盛会,充分利用展示会供需见面交流深入的优势,为参展商和参观者提供全面优质服务,促成采购与商业洽谈。

要求学生查询展会的有关信息,撰写"20××第十二届亚太电子工业展览会"闭幕词。

2. 以本校一次学生代表大会为背景,要求学生了解学代会有关情况,写作学代会闭幕词。

第三节　会议主持词、会议报告

一、会议主持词

⇨ **案例导入**

为了认真贯彻落实中央和省市有关会议精神,回顾总结区镇一体化发展和幸福社区建设所取得的成绩,表彰一批先进集体和先进个人,部署下一步有关工作,全面推进幸福社区建设行动计划,××区人民政府于20××年3月10日召开××区区镇一体化暨幸福社区建设推进大会。会议主要有四项议程:

1. 工委副书记、管委会×××主任作工作报告;
2. 工委委员×××同志宣读表彰决定,以及举行颁奖仪式;
3. 有关单位递交责任书;
4. 市委常委、工委书记×××同志作重要讲话。

请根据以上内容写作会议主持词。

⇨ **知识链接**

（一）会议主持词的内涵

会议主持词是会议主持者主持会议时使用的带有指挥性、引导性的讲话。一般大型或正规的会议都要有会议主持词,所以其使用频率较高。写作会议主持词是办公室文员的一项经常性工作,写好一篇会议主持词对于保证会议的顺利进行、串联会议的各项议程、提高会议的整体效果,具有举足轻重的作用。

会议主持词要根据会议的安排,对有关内容和事项作出说明,对一些重要问题进行强调,对领导讲话作出简明扼要的评价,并对会后如何贯彻落实会议精神提出要求、布置任务。

主持词有其特有的写作格式和要求,掌握它的写作方法,可以使写出的会议主持词更规范、更具体。

（二）会议主持词的特点

1. 结构固定

主持词的结构是由会议议程所决定的,必须严格按照会议议程谋篇布局,不能随意发挥。

2. 内容一致

主持词的内容是由会议的内容所决定的,不能脱离会议内容。因此,在撰写主持词的过程中,从内容乃至遣词造句、语言风格、讲话口气等,都要服从并服务于整个会议,与会议协调、一致。

3. 篇幅短小

主持词的篇幅一般不宜过长,要短小精悍、抓住重点、提纲挈领。篇幅过长、重复会议内容就会造成主次不分。

4. 语言平实

与严肃的会议气氛相适应,会议主持词在语言运用上应该平实、庄重、简明、确切。要开门见山、直入主题,尽量不用修饰和曲笔。

⇨ **格式扫描**

会议主持词一般由标题、称谓、正文三部分组成。

(一)标题

主持词的标题力求简洁明了,由会议名称加文种"主持词"构成。如"第四届乡镇社区居民委员会换届选举动员会议主持词"。

在标题正下方居中注明主持者的姓名(可加小括号)。

(二)称谓

称谓应根据会议的性质和出席会议的人员确定。一般用泛称,如"各位领导、同志们""各位来宾""同志们""同学们"等。

在特殊情况下,如地位、职务较高的领导、专家莅临下级单位指导工作时,可以针对某位领导,用特称,如"尊敬的×××市长"等。

会议开始前要有称谓,主持中间还应适当用称谓,以引起注意、承上启下。

(三)正文

正文由开场白、主体、结束语三部分组成。

1. 开场白

开场白的形式多种多样,可开门见山、直奔主题,如"今天,我们在这里召开××区第四届乡镇社区居民委员会换届选举动员会议"。也可简单介绍一下会议的召开背景、目的,如"会议的主要目的是:贯彻落实××市委、市政府关于开展第四届社区居委会换届选举工作的决策部署,对××区第四届乡镇社区居委会的集中换届选举工作进行具体安排、提出明确要求,以此为契机,加强社区管理,壮大基层组织,巩固基层政权,提升××区基层民主政治建设水平"。

另外,在开场白部分还要介绍主席台就座的领导和出席人员(可包括姓名、身份、职务等),介绍出席人员时,必须要注意先后顺序,先上级后下级,先来宾后主人。同时对各位来宾的到来,主持者要表示热烈的欢迎和衷心的感谢。

2. 主体

主体部分是会议的主要议程,也是主持词的核心部分。这部分是向与会者全面介绍会议的总体安排,可先总说、后分说。如先总说,"根据会议安排,今天的议程主要有三项:一是社会事业局××局长作第四届乡镇社区居委会换届选举工作部署;二是××区工委××副书记讲话;三是××市民政局×××处长作专题辅导报告";然后分项说,"下面进行第一项议程……"。

也可直接分条说,如"今天的大会主要有三项议程,下面进行第一项议程……"。

还可以不明确说有几项议程,如"××区第四届乡镇社区居委会换届选举工作现在开始。首先,进行会议的第一项议程,请社会事业局××局长作第四届乡镇社区居委会换届选举工作部署。大家欢迎"。

值得强调的是,在两项议程之间,主持者可以作一个简短的、概括的评价,使这两项议程能自然地衔接起来,给人以连续感。如:"同志们,刚才××局长对积极稳妥地做好第四届社区居委会换届选举工作进行了详细部署,归纳起来就是要求牢牢把握'一、二、三、四、五'关节点,即:明确'一个目标'、鼓励'二个探索'、坚持'三个过半'原则、把握'四个阶段'、抓好'五个关键环节。'"

在顺次介绍会议的每项议程时,切忌千篇一律,要讲究灵活性和多变性,不要都用"下面进行会议的第几项议程",可以选用"接下来""下一个议程是"之类的语言。

3. 结束语

结束语可以总结会议收到的效果,也可以发出号召、邀请,还可以表达祝愿,寄托主持者美好的愿望。如:"今天几位领导的讲话主题鲜明、内涵丰富,对做好本次换届选举工作具有很强的指导意义。各镇、各社区一定要增强政治意识、大局意识、责任意识,切实加强组织领导、扩大社会宣传、严肃工作纪律,以周密细致的准备、一丝不苟的态度、民主严谨的作风,扎扎实实推进换届选举工作。""最后,我提议,让我们以热烈的掌声向区政府领导的关心和支持表示衷心的感谢!今天的会议到此结束。散会。"

在写作主持词的结束语部分时,语言要有鼓动性,内容要有号召性,力求营造良好的会场气氛。

⇨ **写法指要**

会议主持词的主要内容是在开头的会议背景介绍和结尾的会议总结、任务布置两部分,中间部分分量较轻,只要简单介绍一下会议议程就可以了。因此,会议主持词的撰写,重点在开头和结尾。

【例文 4.5】

××社区工委20××年度工作总结
表彰大会主持词

×××

20××年 12 月 30 日

尊敬的×××书记、各位领导、各位朋友：

大家上午好！

蜡梅吐芳，辞旧迎新。今天，我们隆重举行20××年度××社区工委工作总结表彰大会。这是××社工委成立四年来最大规模的总结表彰大会，是我们回顾工作、总结经验、凝聚力量、鼓舞斗志、再攀高峰的宝贵契机。

在这欢聚的时刻，首先，请允许我介绍出席本次大会的领导，他们是：

××区工委×××副书记、社会事业局×××局长、国土房产局××副局长、社会事业局×××副局长、××区政法委×××副书记、××区宣传办×××副主任、××社区党委×××书记、××社工委×××副主任。

让我们以热烈的掌声对各位领导的到来表示热烈的欢迎和衷心的感谢！

今天的大会有五项议程。一、由××社区党委×××书记作工作报告；二、由先进代表发言；三、由×××社工委×××副主任宣读表彰决定；四、请各位领导为获奖集体和个人颁奖；五、请××区工委×××副书记作重要讲话。

下面，大会进行第一项议程，请××社区党委×××书记作工作报告。

谢谢×书记热情洋溢的报告。小舞台提供大服务，×××书记的报告对四年来××社区建设的经验进行了高度概括，对下一步的工作进行了部署。

大会进行第二项议程，请先进代表发言。

首先，有请××社区党支部书记、居委会主任×××同志发言。

（谢谢×××同志的精彩发言）

接下来，有请××社区优秀党员×××同志发言。

（感谢×××同志的精彩发言）

大会进行第三项议程，请×××社工委×××副主任宣读表彰决定。

（谢谢×××主任）

大会的第四项议程，请领导为获奖集体和个人颁奖。

让我们再次以热烈的掌声向获奖集体和个人表示祝贺！

大会进行第五项议程，请××区工委×××副书记作重要讲话。

非常感谢×××书记。×××书记的报告高屋建瓴，充分肯定的言辞中饱含着有力的鞭策、更高的要求,为社区工作指明了前进方向,我们一定要认真领会、抓好落实。

各位领导、各位朋友,同志们:在××区工委的正确领导下,在各单位的大力帮助下,在全体居民的热情参与下,××社区建设经过四年的创新探索,已经迈上新的台阶。展望未来,我们豪情满怀。面对新的发展机遇,××社工委将再接再厉,奋勇拼搏,为××区开创二次创业新辉煌,作出新的贡献!

我宣布,20××年度××社区工委工作总结表彰大会到此结束。

【评析】这篇主持词开头部分简明扼要说明会议的必要性和重要性,接着介绍出席会议的领导。为了使与会者对整个会议有一个全面总体的了解,在会议的具体议程进行之前,首先将会议五项议程逐一介绍,再按照会议的安排,依次介绍会议的每项议程。每两项议程之间都作一简短的、恰如其分的评价,以加深与会者的印象,引起重视。结尾对整个会议进行总结,对如何贯彻落实会议精神提出要求,作出部署,并宣布会议即将结束。总结概括有高度,语言准确精练。

⇨ 写作实训

1. 根据案例导入部分的写作内容,为××区人民政府召开的××区区镇一体化暨幸福社区建设推进大会写作会议主持词。

2. ××大学××系将于20××年9月20日举行新生开学典礼,由系副主任主持,开学典礼议程如下:一是系主任发言,介绍全系基本情况;二是教师代表发言;三是老生代表发言;四是新生代表发言。请写作一份开学典礼主持词。

二、会议报告

⇨ 案例导入

××市投资置业集团有限公司于20××年8月10日召开半年度工作会议,集团公司执行总裁×××在半年度会议上作了题为"认清形势,开拓创新,力争全面完成全年工作目标"的工作报告,全面回顾了上半年的各项工作,总结了有益经验,指出了存在的不足,并对下半年的工作作了具体部署。

要求学生以学习小组为单位,搜集有关信息,分析会议报告的写作思路。

⇨ 知识链接

(一)会议报告的内涵

会议报告是指特定的组织或个人根据会议安排向与会者所作的系统陈述、演讲或介绍。会议报告和公文中的报告属于两种不同的文种。前者适用于会议,上级领导、平级机关、下级干部和群众都可以成为报告的对象;后者则属于法定的上行文,用于向上级机关汇报工作、反映情况、答复询问。

会议报告是一种书面文字材料,既是会议文件的重要组成部分和贯彻会议精神的依据,又是供查阅的历史资料。

(二)会议报告的种类和基本内容

1. 会议工作报告

是特定的机关或负责人就一段时期的工作向所负责的会议作出汇报,同时提出下一阶段工作任务和计划,提请会议审议通过的会议文件。

2. 主旨报告

是大型论坛、学术研讨会、专题工作会议上由主办方领导人所作的给会议定基调、指方向、下任务、提要求的报告,又称主旨演讲、主旨讲话。

3. 形势报告

是报告人向与会者阐明当前形势、指明事物的发展趋势,帮助与会者了解情况、提高认识、明确方向的报告。形势报告涉及领域广泛,只要是工作需要或者群众关心的政治、经济、军事、科教、文化等方面的热点问题,都可以成为报告的内容。

4. 动员报告

是提高与会者对完成任务意义的认识,鼓舞与会者的斗志,使其掌握完成任务的方法、步骤和措施的报告。动员报告具有较强的激励性和鼓动性。

5. 事迹报告

是介绍先进集体或个人事迹的报告。事迹报告应当具有真实性、典型性和生动性。

⇨ 格式扫描

(一)标题

会议报告的标题有以下几种写法:

(1)由报告机关、文种构成,如"某某公司年度工作报告"。

(2)由会议名称、文种构成,如"在××会议上的报告"。

(3)由报告人、会议名称、文种构成,如"××同志在××工作会议上的报告"。

(4)正副标题。正标题揭示主题,副标题标明"在××会议上的报告",如"抓住机遇,迎接挑战,开创××公司新局面——在××公司年终总结表彰大会上的报告"。

(二)报告日期或题注

标题下方标注报告的日期,如果标题中已经注明报告时间,就不必再标注。如果会议报告已经获得会议表决通过,可以在标题下标写题注,注明通过的日期和会议名称。

(三)称谓

会议报告的称谓要根据会议的性质和出席情况而定,如:"各位代表""各位委员""各位领导、各位同志""尊敬的主席先生、女士们、先生们"等。

 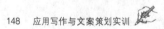

称谓安排大致有两种情况：一是只写在报告的开头；二是除开头的称呼外，在报告的进程中适当穿插使用，作用是提示听众注意。每次称呼的出现，都标志着讲话进入了一个新层次。

（四）正文

1. 开头

会议报告开头的写法多种多样：有的开门见山，揭示题旨；有的提出问题，巧设悬念；有的交代背景，介绍情况；有的讲述一个故事，吸引听众。不管采用哪种写法，总的要求是要开门见山，接触正题，提出全文的中心论点或主要议题，说明报告的意图，以便听众抓住要领，并造成一种气氛，控制住听众的情绪，使他们全神贯注地听取报告。

以会议工作报告开头为例，或交代报告人所代表的机关，揭示报告的内容范围，或说明报告的缘起和目的，或介绍报告的背景。

主旨报告一般安排在会议开始后第一个发言，所以开头要向与会的来宾表示欢迎。

2. 主体

主体部分具体展开报告的内容，这是会议报告的核心部分。会议工作报告主体的内容一般有两项：一是全面总结汇报任期内的工作，按成绩、经验、问题的顺序安排结构；二是提出下一阶段的工作目标、任务和措施。

主旨报告的主题要阐明会议面临的形势、任务和本次会议的主题，提出应对形势的主张和建议，为会议确定基调。

主体部分写作要紧紧围绕主题，条理清楚，内容要符合报告人的身份和报告机关的职权。

报告主体部分的结构形式主要有三种：

（1）递进式。即层层深入地讲述。其特点是各层都以前边一层的意思为论述的基础，各层之间形成步步深入、层层递进的逻辑关系。

（2）并列式。即从几个方面来阐述。其特点是对报告主旨所包含的几项主要内容分别进行阐述。几个层次之间的关系是并列的，它们分别从不同的方面来论证报告主旨。但并列式结构并不是随意罗列，各层意思谁先谁后，也有一定的依据：或按性质的强弱，或按问题的主次，或按时间的先后等。

（3）对比式。把两种不同意见、不同方面的情况对照起来加以阐述。

在实践中，以其中的一种形式为主，两三种结构形式结合使用，也是长篇报告经常采用的结构形式。但是，不管采取哪种结构，都必须集中于一个中心、一个主旨讲深讲透。这样，才能使听众得到一个完整、清晰、深刻的印象。

3. 结尾

结尾要依据报告的性质和内容而定。会议报告结尾的写法一般有两种：一种是概括全文的内容,通常是对未来前景的展望或对文件内容的概括性总结;另一种是以报告所谈的最后一个问题的末段作为全文的结尾,内容讲完了,自然结束。

如会议工作报告的结尾一般提出希望、发出号召,或请求审议。主旨报告、学术报告和形势报告的最后可以"谢谢大家"一句结尾,以示亲切、礼貌。

在表现形式上,有的可以写得余味无穷,给听众以启示;有的充满战斗的激情,给人以鼓舞;有的提希望,发号召,提建议。

⇨ **写法指要**

结合案例导入中的写作内容,在学生以学习小组为单位搜集有关材料的基础上,师生共同分析会议报告的写作思路。

××市投资置业集团有限公司执行总裁×××在半年度会议上所作的报告属于会议工作报告。

会议工作报告是代表一级组织的意见,它不是一个人所能完成的,而是集体讨论的结果。工作报告在起草过程中要经过反复修改,在领导宣读之后,仍要请代表们讨论,提出修改意见。

会议工作报告具有总结和指导作用。

标题采用正副标题的形式,正标题是"认清形势,开拓创新,力争全面完成全年工作目标",副标题是"×××总裁在公司半年度工作会议上的报告"。

会议工作报告的内容要紧紧围绕本单位的中心工作,如投资置业集团有限公司要围绕项目开发建设、营销策划与管理、融资与成本控制、企业管理与形象等方面进行报告。

会议工作报告正文较长,要总结工作中的经验、教训,明确下阶段的工作任务,通过报告,让与会者认清形势、明确任务,更好地完成会议提出的各项任务。

会议工作报告一般分几个部分写作:上半年主要工作回顾、工作取得的成绩和经验、当前工作中存在的主要问题、下半年工作思路。

【例文 4.6】

在20××年度总结表彰大会上的讲话

××区人民政府副区长 ×××
20××年 12 月 30 日

同志们:

今天,××社工委在这里隆重召开20××年度总结表彰大会,目的非常明确,就是要通过总结经验、表彰先进,掀起宣传先进、学习先进、争当先进的新高潮,推动各项工作再上新台阶、再创新辉煌。

近两年,××区人民政府高度重视社区建设工作,出台了《关于加快推进社区建设的若干意见》,制订了幸福社区建设行动计划,召开了两次社区工作推进大会,表彰了一批社区工作先进集体和个人,实行了社情民意联系日制度,加大了社区经费投入力度,打通了社区工作者的内部晋升渠道,社区管理的体制机制更加顺畅,形成了各级领导关心支持、各部门齐抓共管的良好格局。

在刚刚过去的一年里,××社工委紧紧围绕我区"三化三型"总目标,坚持以人为本、创新创优,各项工作成绩斐然。××社区党委被评为"全国先进基层党组织","触爱行动"荣膺"××市和谐社区建设创新奖","爱心餐厅联盟"当选××市第二十届精神文明建设十大新事,农产品平价直销点进驻社区等等,亮点多、品牌响,值得充分肯定。

这些成绩的取得,不仅是我区各部门各单位团结奋进的结果,更是全体社区工作者辛勤工作、无私奉献的结果。正是有了你们的忘我工作,才有了社区大家庭的和谐稳定;正是有了你们任劳任怨、无怨无悔的辛勤付出,才有了我区经济社会的大繁荣。在此,我代表××区人民政府向所有社区工作者表示衷心的感谢和崇高的敬意!向今天受到表彰的先进集体、标兵和先进个人表示热烈的祝贺!

新的一年,我对全体社区工作者提三点期望:

一是进一步增强服务意识。广大社区工作者要从社会稳定和社区发展的大局出发,将服务居民、服务群众作为一切工作的出发点和落脚点,工作中要力求实效,深入第一线了解居民情况,为居民群众办实事,办好事,增强群众对你们的信任,努力促进社区大家庭的和谐稳定。

二是进一步提高服务能力。我们鼓励社区工作者参加进修、函授等多形式的继续教育,支持社区工作者参加国家社会工作者职业水平考试。不断提高社区工作者的理论和业务水平,不断提高社区工作者管理社会事务、协调利益关系、开展群众工作、处理矛盾纠纷、维护社会稳定的本领。希望广大社区工作者主动查找不足,不断学习、不断提高、不断进步。

三是进一步创新服务举措。要大力弘扬"创业创新创优、争先领先率先"的精神,在规范服务流程、简化办事程序上动脑筋,在熟悉社情民意、深化民主自治上做文章,在扩大社区参与、促进多元融合上下功夫,要通过打造品牌活动、发展特色团队、培育精品项目,切实增强每一位社区成员的幸福感和满意度。

同志们,雄关漫道真如铁,而今迈步从头越。新的一年里,让我们以更加饱满的热情、更加务实的作风,同心同德推进幸福社区建设,使社区建设各项工作再上新台阶。

新春佳节即将来临,衷心祝愿大家工作顺利、阖家幸福、万事如意!谢谢大家!

【评析】这是一篇年终总结表彰大会上的工作报告,报告的主题是通过总结经验、表彰先进,掀起宣传先进、学习先进、争当先进的新高潮,以推动各项工作的开展。报告肯定了社区工作者在幸福社区建设中取得的成绩,对全体社区工作者提出三点期望。结尾用鼓舞人心的语言激励大家务实工作,进一步推进幸福社区建设。全文一气呵成,语言流畅。

⇨ **写作实训**

1. ××市公交公司积极响应市委、市政府提出的争创文明城市的目标,开展"努力提高工作质量,塑××公交新形象"劳动竞赛。本次竞赛从20××年6月1日开始到10月31日结束,竞赛的主题是以"优质服务无投诉,遵章守纪无违章,安全行车无事故"为主要内容。此次劳动竞赛是贯彻××市公交公司20××年精细化管理目标的一项重要举措,是强化内部管理、提升队伍素质、加快企业自身发展的需要。通过劳动竞赛这一活动载体,抓好服务、练好内功、塑好形象,从而实现"三个满意"的目标,即乘客满意、政府满意、职工满意。

在劳动竞赛动员大会上,××市公交公司总经理作了动员报告,强调劳动竞赛的意义,并就开展此次劳动竞赛提出希望和要求。

要求学生搜集有关公交公司的资料,撰写劳动竞赛动员报告。

2. 为广泛宣传创业者的典型事迹,大力营造更加浓厚的创业氛围,××市创业事迹报告会于20××年6月28日上午9点在市会议中心第一会堂举行。本次创业事迹报告会由××市劳动和社会保障局、市委宣传部、市经委、市广电局、市总工会、团市委、市妇联7家单位联合举办。市委、市政府有关领导出席会议并讲话,有关部门负责同志和500名各界代表参加会议。报告会上,6位来自下岗失业人员、大中专毕业生、复员转业军人、返乡农民工等不同岗位、不同领域的创业者代表,介绍了自己凭借顽强意志、勤劳双手和聪明才智,获得创业成功的经历。

要求学生以学习小组的形式,选择本校或其他学校一名自主创业成功的典型人物,通过采访其创业事迹,撰写一份事迹报告。

第四节 会议记录、会议提案

一、会议记录

⇨ **案例导入**

××物业管理发展有限公司是一家从事物业管理、物业保洁、建筑内外墙清洗、建筑防水、建筑内外墙粉刷翻新、装潢工程、房屋修缮、环卫产业、环卫产品的研究与开发、工程建设以及清洁环卫产品生产、代理、销售等的多元化、专业化、综合性服务企业。

公司自2003年成立以来,不仅培养和拥有一批资深的专家、专业和技术娴熟的施工队伍以及朝气蓬勃的管理团队,还以优质的服务、现代化管理系统、完善的组织机构、别具特色的保洁服务以及智能化管理运营模式而受到业内和客户的广泛关注。

20××年2月6日上午,公司在二楼小会议室召开部门经理工作例会。物业管理部、装饰翻新部、工程技术部、清洗保洁部、行政财务部等各部门的负责人对1月份的工作进行了总结,并分别阐述了2月份的工作计划和具体安排。

要求学生以学习小组为单位,查询物业管理公司的有关工作信息,分角色模拟物业管理发展有限公司部门经理工作例会,并做好会议记录工作。

⇨ 知识链接

(一)会议记录的内涵

在有组织、有领导地商议事情的集会上,记录人员把会议的组织情况和具体内容如实地记录下来,就形成了会议记录。会议记录是记录会议上讲话、发言、决定、决议等内容的一种文字材料。比较重要和正式的会议都需要做会议记录。

(二)会议记录的作用

1. 史料作用

会议记录是会议最原始的全面记录,反映了会议的内容和进程,是日后查找资料的重要依据和凭证。有些重要的会议记录,若干年后仍有参考价值。所以,重要的会议记录,一定要归入档案,以备查考。

2. 素材作用

会议记录是形成会议纪要、会议简报的重要素材。为使会议开得生动活泼,提高会议质量,要发会议简报,有些重要会议结束后,要形成会议纪要。会议记录也是形成文件和文章的素材,会后参照记录写出文章或形成文件。

3. 依据作用

会议记录可以作为传达、执行会议决定和贯彻会议精神的依据,也可以作为总结工作,检查决议执行情况向上级汇报的依据。

(三)会议记录的特点

1. 实录性

会议记录要反映会议的全过程,从会议名称记起,直至"散会",主持人、记录人签名等,要项项落实。忠实记录会议上的发言和有关动态。会议发言的内容是记录的重点。其他会议动态,如发言中插话、笑声、掌声、临时中断,以及别的重要的会场情况等,也应予以记录。

2. 具体性

凡是需要记录下来的会议内容、过程、有关的人和事、问题等，都要记全，如实反映。详细记下会议主持人、出席会议应到和实到人数，缺席、迟到或早退人数及其姓名、职务，记录者姓名。如果是群众性大会，只要记参加的对象和总人数，以及出席会议的较重要的领导成员即可。如果某些重要的会议，出席对象来自不同单位，应设置签名簿，请出席者签署姓名、单位、职务等。

3. 准确性

会议记录准确写明会议名称(要写全称)、时间、地点、会议性质。如实地记录主持人、报告人、发言人的讲话和会议决议，不能有差错。特别是工作会议的决议，是开展和检查工作的依据，更需记录得准确、详尽。

(四) 会议记录与会议纪要的区别

1. 性质不同

会议记录是讨论发言的实录，属事务文书。会议纪要只记要点，是法定行政公文。

2. 功能不同

会议记录一般不公开，无须传达或传阅，只作资料存档；会议纪要通常要在一定范围内传达或传阅，要求贯彻执行。

3. 载体样式不同

会议纪要作为一种法定公文，其载体为文件，具有法定效力。会议记录的载体是会议记录簿。

4. 称谓用语不同

会议纪要通常采用第三人称的写法，以介绍和叙述情况为主。会议记录中，发言者怎么说的就怎么记，会议怎么定的就怎么写。

5. 适用对象不同

作为公文的会议纪要，具有传达告知功能，因而有明确的读者对象和适用范围。作为历史资料的会议记录，不允许公开发布，只是有条件地供需要查阅者查阅。

⇨ 格式扫描

一般单位都使用有单位标记的具有一定格式的记录纸。会议记录主要分为两部分：一部分是会议组织情况，另一部分是会议内容。

(一) 会议组织情况

(1) 标题。由会议名称(含届、次)加上"记录"构成。

(2) 会议的名称(含次数)。

(3) 召集部门。写清召集会议的单位或机构的名称。

 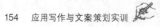

（4）开会日期和地点。开会时间要写清年、月、日，会议开始的具体时间。会议地点要写清召开会议的场所名称。

（5）出席、列席、缺席人员。

出席人指按照规定必须参加的人。人数不多的会议，要把出席人的姓名全部写上，有些重要的人员要写上职务。

列席人指不属于本次会议的成员，但与会议有关的各方面人员，要写清单位名称和姓名。

参会人数少的会议要写清缺席人员的姓名，人数多的会议要记明人数。

（6）主持人、记录人。主持人要写出姓名和职务。要写上记录人的姓名，以示对所作记录的内容负有责任。

上述这些内容，要在会议主持人宣布开会前写好。

（二）会议内容

会议上的报告、发言及决议事项都是会议记录的内容。记录时应写上发言人的姓名和发言内容。

会议记录内容应该突出的重点包括以下几方面：

（1）会议中心议题以及围绕中心议题展开的有关活动；

（2）会议讨论、争论的焦点及其各方的主要见解；

（3）权威人士或代表人物的言论；

（4）会议开始时的定调性言论和结束前的总结性言论；

（5）会议已议决的或议而未决的事项；

（6）对会议产生较大影响的其他言论或活动。

记录的方法有两种：

（1）摘要记录，一般记录会议中的发言要点、结论、决议等；

（2）详细记录，在重要会议中尽可能详细完整地记录会议上的重要发言、不同看法和争论，有条件的可采用录音、录像手段，以保证其准确和完整。

最后单独一行写"散会"，使记录有头有尾，结构完整。

现场记录下来的文字需要进行整理，整理后，应送发言人和会议主持人审阅。

⇨ **写法指要**

在学生查询物业管理公司有关工作信息的基础上，要求学生以学习小组为单位，分角色模拟物业管理发展有限公司部门经理工作例会，并做好会议记录工作，各小组派代表在课堂上交流会议记录，师生共同探讨会议记录的写作方法。

【例文 4.7】

××物业管理发展有限公司
第二次部门经理工作例会记录

会议名称：第二次部门经理工作例会
时间：20××年 2 月 6 日上午 9 点
地点：公司第二会议室
出席人：公司各部门经理
缺席人：市场经营部×××经理(公出)
主持人：公司副总经理×××
记录人：行政财务部副经理×××

主持人发言：今天我们的工作例会主要是请各部门的负责人对 1 月份的工作进行总结，并分别阐述 2 月份的工作计划和具体安排。公司总经理对各部门工作提出要求。

物业管理部×××经理：我们部门 1 月份工作重点是开展专职督察工作。安排 2 名专职督察，以不定期的督察、打分的方式，对公司下属 17 个管理处员工的服务质量进行考评。这项工作不仅提升了公司员工的服务质量，还形成了员工之间争先创优的风气。2 月份我们将继续完善这项工作。

工程技术部×××经理：我们工程技术部 1 月份工作重点围绕墙面防水项目进行研究。这是防水行业的一道难题，我们认准了这个有着较大的市场空间的服务项目后，精心研究防水材料和建材的特性，一边反复做试验，一边虚心向省内防水专家请教，目前已初步掌握了这项施工的新工艺。目前，已为××公交集团、××小区等 5 栋楼宇的外墙进行过补漏或防水处理的施工，施工质量和服务质量受到了客户的认可和赞扬。2 月份我们将总结经验，争取娴熟地掌握这项施工的新工艺。

行政财务部×××经理发言：我部门 1 月份的主要工作是加强日常的管理与服务。为了提高员工的服务质量，一方面通过请专业人士现场讲解、演练等方式来提高员工服务技能水平；另一方面在员工中开展"服务明星"等评比活动。2 月份我们部门将进一步带动公司的其他服务项目开展评比活动。

建筑清洗部×××经理发言：我们建筑清洗部是一个年轻人的大家庭。1 月份我们部门发挥自身善于高空作业的优势，发扬年轻人不怕苦、不怕累的精神，组成 8 支施工技术过硬、训练有素的项目组，勇闯××市的建筑"美容"市场，为××市高楼大厦的外墙进行清洗和粉刷翻新等施工服务，仅 1 月份，我部门员工已先后为××市政府办公楼、××医科大学教学楼、××市电力设计院办公楼、××市公交集团及其下属所有的公交站房等8栋楼宇的外墙实施了清洗或翻新等"美容"服务,工程优质率达100%。2月份我们部门将以先进的施工工艺、一流的施工和服务质量、高效和严格的安全管理措施获得商机,再创佳绩。

总经理×××发言:1月份在各部门的努力下,我们公司取得了较好的业绩。在座的各位工作都非常辛苦。目前我市正在创建文明城市,我们要抓住这个契机,不断开拓创新、自我超越,努力把公司发展成为具有国内一流管理水平的现代化物业管理服务企业。

主持人发言:今天的工作例会就到此结束。散会。

主持人:(签名)

记录人:(签名)

【评析】这份会议记录第一部分记录了会议的组织情况,明确会议的名称、时间、地点和与会人员的情况,缺席人员注明了缺席原因,主持人写明具体姓名和职务。第二部分记录会议内容,按发言顺序详细记录了每个发言人汇报的内容。非常完整地反映了会议的全部过程。

⇨ **写作实训**

1. 以某公司为背景,根据学生所学专业对应的工作部门,分小组搜集材料,召开部门工作会议。学生以部门员工的身份写好发言稿,分组模拟会议情境。如模拟公司人力资源管理部召开的部门工作会议,研讨新员工培训内容和培训方法。模拟结束后,以小组为单位写一份部门工作会议记录。

2. 以一次班会课为背景,写一篇班会课的会议记录。

二、会议提案

⇨ **案例导入**

××集团公司将召开一届四次职代会,行政部代表针对目前企业文化缺失的现状,提交了一份关于加强企业文化建设方面的提案。

请查阅企业文化建设的相关资料,拟写一份提案。

⇨ **知识链接**

(一)会议提案的内涵

提案是参加各级代表大会的代表、参政议政会议代表或委员、依法可以提案的单位或个人,向大会提出意见和建议,要求大会讨论或提请转交政府部门解决的书面建议。比较常见的是两会提案和企事业单位的职工代表大会提案。

提案的写作主体是个人,个人的意见和建议只能用提案而不能用议案,即使有多人附议也不能更名为议案。提案的作用是供有关部门今后决策时参考,有可能被采纳,也有可能不被采纳。因此提案与议案是两种性质根本不同的文种。

（二）提案与议案的区别

1. 内容不同

"议案"是国务院发布的《党政机关公文处理工作条例》中规定的 15 种公文文种之一。议案适用于各级人民政府按照法律程序向同级人民代表大会或人民代表大会常务委员会提请审议事项。议案的内容也仅用于向同级立法机构提出审议事项,供同级立法机构开会时审议,供审议的事项必须是在各级人民政府职权范围内。提案的内容是提出供有关部门今后决策时的建议。

2. 制作主体不同

议案的制作主体是法定的,是具备法定权限的各级人民政府,并仅限于向同级权力机关行文。提案的制作主体可以是个人或组织。

3. 法律效力不同

人民代表大会是权力机关,议案一经通过,就具有法律效力。提案是民主监督的一种形式,没有法律的约束力。

4. 提出时间不同

议案一般只在大会期间提出。提案既可在会议期间提出,也可在休会期间提出。

5. 通过的方式不同

议案须经人民代表大会或人大常委会议审议后表决通过,然后形成相应的决议或决定。提案只要经过提案委员会审查,符合规定,便予以立案。

⇨ 格式扫描

提案由案由、提案者、提案内容组成。

（一）案由

案由就是标题,高度概括提案的内容,揭示提案的主旨。如"关于进一步加快我市社会工作事业发展的建议""进一步扶持中小微企业发展""关于发掘我市社会保障卡金融功能的建议"等。

（二）提案者

写明提出提案的单位名称或提案者姓名,包括联系方式。

联名提出的提案,发起人作为第一提案人,签名列于首位。其他人可作为附议人。

（三）提案内容

提案内容包括两部分,一是案由分析,二是建议和要求。

案由分析是提案的理由和依据,先提出案由事项,然后分析存在问题的原因,提出解决问题的依据。

建议和要求是针对案由反映的问题,以现行的方针政策和法律法规为依据,提出自己解决问题的建议和办法。

例如在××市政协会议上,由市工商联提出了一份《关于进一步扶持我市中小微企业发展的建议》的提案,先提出案由的具体事项,"去年,××市规模以上中小企业的产值、销售等指标的增幅呈现回落态势;利税、利润逐月下滑;企业景气指数、企业家信心指数持续下降,且小型企业两大指数明显低于中型、大型企业。××市规模以上民营工业企业的亏损面有进一步扩大和加重的趋势。××市中小企业虽然还没有遭遇倒闭潮,但面临的多重压力正在升级"。

接着分析存在问题的原因是"20××年以来,在宏观经济运行环境趋紧和市场竞争加剧的背景下,中小企业特别是小微企业面临着很大的压力。资金短缺、订单普降、原辅材料价格上涨、劳动力成本提升、人民币升值等多重不利因素叠加,使本就不够强壮的中小企业越发困难重重"。

最后提出解决问题的办法:"中小微企业面临的突出问题是贷款难。提案建议,金融部门应与银监会、担保协会及主要银行的负责人进行协调沟通,在目前经济困难的情况下,为了××市的稳步发展,制订指导性意见或建议,争取各方协调一致,共渡难关。"

⇨ **写法指要**

写作提案要深入学习有关方针政策和法律法规,对所提的提案事项要深入开展调查和分析研究,内容实事求是,分析要贴切,提出的建议要切实可行。

【例文 4.8】

××市政协第十二届五次会议的两份提案

案　　由:关于推进我市会展经济健康发展的建议

提出人:×××

单位名称:××××××

联系电话:×××××××

附议人:×××、×××、×××

我市在发展会展经济中存在的问题,严重制约了会展经济的发展。为了使会展经济更快更好地发展,建议做好以下几项工作:

一、加强领导,提高会展经济意识

××市要想快速健康地发展会展经济,首先要使政府及企业的领导全面、科学地认识会展经济的作用;其次要提高企业和市民的会展经济意识,提高其参与度。只有领导和市民的认识提高了、意识增强了,才能加大发展会展经济的紧迫感和责任感,才能摒弃过去那种"文山会海"和形式主义的错误思想和做法,进而采取积极有效的措施去发展会展经济,使我市成为会展经济强市。

二、加强政府宏观调控和行业自律,营造良好的会展环境

会展业要走市场化、产业化的道路,要彻底改变过去很多主展单位靠政府部门批任务、发补贴过日子的状况,要积极吸取国外会展业的发展经验,在市场竞争中不断发展壮大。建议政府加强宏观调控,促进会展市场的公平竞争和资源的合理配置,切实为会展业的发展营造良好环境。同时,成立我市会展行业协会,制定协会章程和行业规章,尤其要对会展主办者及参展商的资质和信誉进行严格的审查,对会展业市场的不正当竞争、欺诈行为进行监督,以维护会展市场的公平竞争,保证会展市场的健康发展。

三、培养高素质的专业会展人才,提高会展经济的质量和效益

由于我市急需一大批高素质的会展人才与专业的会展公司,因此培养一大批熟悉会展业务、富有管理经验、有强烈责任感和事业心的会展人才与塑造名牌会展公司已成为当务之急。建议政府在我市高等院校开设会展学位专业教育,市职业培训单位开设会展职业教育,加快培养高素质的会展人才,并积极引进会展专业人才。此外,还要塑造专门从事会展工作的名牌会展公司,使会展经济早日向专业化分工协作迈进。只有涌现出更多的高素质的会展人才和名牌会展公司,才能使我市会展经济的质量和效益不断提高。

【评析】这份提案的主题是推进会展经济健康发展,结合会展经济存在的问题,从提高会展经济意识、营造良好的会展环境、培养高素质的专业会展人才三个方面提出建议和办法,提案内容用小标题的形式分项列出,层次清楚。

【例文 4.9】

案由:关于推进城乡养老服务工作的建议

提出人:×××

附议人:×××、×××、×××

一、探索政府购买服务的养老模式

依托社会资源,因地制宜,创办适合老人特点的日托所、居家养老中心等小型分散、就近方便、服务多样的养老服务场所,使老人不出家门和社区就能如愿地享受各种养老服务。政府从公共财政中安排专项资金,选择硬件水平高、服务质量好、管理规范的民办养老机构,以"委托合同"的形式,通过加大财政补贴和提供政策优惠来鼓励、吸引民办养老机构参与承担社区和居家养老的责任。对于享受最低生活保障待遇的孤寡老人和特困空巢老人,政府为其提供低价的养老服务项目,以切实保障他们的晚年生活。

二、确保养老服务专业化

养老服务工作人员的非专业化是当前我国养老服务中面临的一大难题,政府需要促进养老服务形成行业标准。要保证养老服务工作人员接受正规化的专业岗前技能培训,并严格执行只有持养老服务培训结业证书的人员才可以进入机构、社区及居家养老的服务环节,为养老服务的专业化提供保障。

三、探索养老机构—医疗机构一体化发展

探索养老机构与医疗机构合作共建的方式,建立住、养、医疗、康复一体化的综合养老机构,政府给予适当补贴使之能够提供高质量的医疗服务,转变当前自理能力差的老人在养老机构求住无门的现象,并在此基础上形成系统化的临终关怀服务网络,使生存时间有限的患者能够在专业化的养老机构中得到适当的医疗及护理,以减轻病患的疾病症状、延缓疾病发展。实行医疗机构对社区及养老机构的"配对服务制",通过政策强制与经费补贴的方式,促使规模较大的医院承担起为相关社区及养老机构的老年人提供定期健康检查、上门急诊与问诊等服务的责任,使社会化养老服务机构能够为入住老年人提供更为优质的医疗服务。

四、加快养老社区的建设

养老社区是一种在国外普遍流行的老年社区,为老年人提供从退休养老到临终关怀一站式的社区服务。养老社区通常规模不大、开发周期不长,容易形成连锁经营的格局,实现规模效应。北京、杭州等地已经作了大胆的探索,并引起了热烈的反响。根据北京、杭州等地的调查,有三分之一的居民喜欢的机构养老形式是高档老年社区,这说明养老社区有着巨大的市场需求。因此可以通过加大宣传、给予税收优惠等措施引导民间资本投向这个庞大的市场,通过提供高质量的养老服务,满足社会的养老需求,同时带动养老第三产业的发展。

五、大力推进社区养老

社区养老服务是由社区为在家中生活的老人提供直接的照料服务,主要服务范围包括卫生、日常生活、康复、心理健康和人际交往等领域,基本覆盖老年人生活需要。政府牵头,推动村(居)启动以下工作:一是社区老年人便利服务,主要是开展老年人日常的家务劳动服务;二是社区医疗保健服务,根据老年人的生理特点开设老年病的治疗门诊、保健站、康复中心等,加强对老年病的预防知识宣传和普及健康保健知识;三是老年文化娱乐活动服务,从社区的资源状况和老年人的需求出发,因地制宜地兴建老年人活动场所,开展各类群众性文化、体育、娱乐活动;四是建立老年日托和全托中心,社区建立托老所,对照顾老人有困难的家庭以及独居老人实行集中统一的管理服务,在减轻家庭压力的同时,也满足了老年人不离开熟悉环境的心理需求。

【评析】这份提案是针对全社会关注的养老问题而提出的,随着我国步入老龄化社会,涉及养老的各方面问题逐渐显现出来,因此这份提案借鉴国内外养老的具

体办法,结合本地实际,在调研的基础上,从五个方面提出了解决办法。

⇨ 写作实训

1. 根据案例导入部分内容,代行政部代表拟写一份关于加强企业文化建设的提案,提交××集团公司即将召开的一届四次职代会。

2. ××大学将召开学代会,请你作为学生代表,深入开展调查研究,针对学校教学管理和学生管理方面存在的问题,写一份提案,提交学代会。

第五章　社交文书写作与实训

教学目标

◎ 掌握感谢信、贺信的写作内容和写作结构,根据案例写作感谢信和贺信。

◎ 掌握邀请信、请柬和聘书的写作内容和写作结构,根据案例写作邀请信、请柬和聘书。

◎ 掌握欢迎词、欢送词等文种的写作内容和写作结构,根据案例写作欢迎词、欢送词、答谢词和祝贺词。

教学指导

◎ 在学生明确各类礼仪文书的写作内容和写作要求的基础上,让学生以学习小组为单位,根据案例分小组进行研讨,明确各自的分工,上网搜集写作材料,完成礼仪文书的写作。

◎ 小组成员互相评改文章。运用成果展示法交流学生习作、师生互评。

　　礼仪文书是指为礼仪目的或在社交礼仪场合使用的文书。礼仪文书包括邀请信、请柬、贺信、慰问信、感谢信、喜报、欢迎词、欢送词、祝贺词等。本章重点介绍感谢信、贺信、邀请信、请柬、欢迎词、欢送词的写作方法。

　　礼仪文书应当根据不同的场合和写作对象,准确、适当地表达出礼仪上的内容和要求,力求写得恰如其分、恰到好处,以便使礼仪文书达到更好的效果。礼仪文书中涉及的时间、地点和其他有关资料,均应经过核对,做到翔实可靠。语言要感情真挚,以营造友好热烈的气氛。

第一节　介绍信、证明信

一、介绍信

⇨ **案例导入**

　　××科技有限公司于20××年9月10日对公司新员工进行培训,为确保培训效果,公司决定租用××饭店会议室进行为期三天的培训。公司人力资源管理部培训专员张××提前一个月持公司介绍信到××饭店具体落实有关培训工作事宜。

根据以上内容,写作介绍信。

⇨ 知识链接

（一）介绍信的内涵

介绍信是机关团体、企事业单位派人到其他单位联系工作、了解情况或参加各种社会活动时用的函件。它具有介绍、证明的双重作用,使用介绍信,可以使对方了解来人的身份和目的,以便得到对方的信任和支持。

（二）介绍信的类型

介绍信有两种类型:

1. 书信式介绍信

一般用印有单位名称的信笺书写,格式与一般书信基本相同。

2. 表格式介绍信

这是一种印有固定格式的专用信纸,共有两联,一联是存根,另一联是介绍信文本格式。两联正中有间缝,同时编有号码。填写时需根据要办的具体事项按格逐一填写。表格式介绍信有存根,便于查存。

⇨ 格式扫描

（一）介绍信文本格式

介绍信一般由标题、称呼、正文、署名和日期构成。

（1）标题。第一行居中写明介绍信。

（2）称呼。写明介绍信收文单位的名称。

（3）正文。用"兹介绍我单位"的术语领起姓名、人数、相关身份内容及需要办理的事项等。结尾处要写祝愿或表示敬意的语言,如"此致　敬礼"。

（5）署名和日期。在正文右下方注明出具介绍信的日期,加盖开出介绍信单位的公章,并另起一行注明有效期限。

（二）介绍信存根格式

（1）第一行:标题"介绍信（存根）"。

（2）第二行:介绍信编号"××字××号"。

（3）第三行:正文内容摘要,如"×××等×人前往×地联系×××事宜"。

（4）第四行:开出介绍信的日期。

⇨ 写法指要

【例文 5.1】

××科技有限公司介绍信

××饭店：

　　兹介绍我公司张××等二人（系我公司人力资源管理部培训专员），前往贵处联系培训场地租用事宜，敬请接洽并予以协助。

　　此致

敬礼

××××年×月×日（盖章）

（有效期七天）

【例文 5.2】

××大学介绍信

××公司：

　　兹介绍我校××班级学生 45 人于××××年×月×日前往贵公司参观学习，请予大力支持为荷。

　　此致

敬礼

××××年×月×日（盖章）

（有效期七天）

【评析】这两封介绍信格式规范。第一封是××科技有限公司介绍人力资源管理部培训专员到××饭店具体落实有关培训工作事宜。第二封是××大学介绍学生到××公司参观实习。介绍信的内容都很明确，写明了被介绍人的姓名、人数、相关身份及需要办理的事项等，语言简洁。

⇨ 写作实训

　　1. ××市丽华服装厂将派 5 名员工于 20××年 10 月 12 日前往××市梦兰服装厂参观学习，请以××市丽华服装厂的名义写一封介绍信。

　　2. 学校要求各院系安排学生深入企业进行认识实习，请以你所在院系的名义写一封介绍信，介绍你班级学生前往企业实习。

二、证明信

⇨ 案例导入

××炊具股份有限公司生产压力锅、铝制品、不锈钢制品、不粘锅、铁锅、小家电等六大类400多个品种。

随着业务的发展,公司秉承"以人为本,顾客至上"的经营理念,强化售后服务,在全国各大中城市设立售后服务网点,为顾客建立用户档案,为产品实行跟踪服务。

最近公司接到顾客投诉,投诉售后服务点工作人员服务态度差,维修技术不过关。为维护公司的形象和信誉,公司决定派出售后服务部张××等三位技术人员前往各地维修网点检查售后服务情况,指导维修技术。

××炊具股份有限公司写了一封证明信,让他们随身携带,在外出办事、活动时作为证件使用,有效期一个月。

⇨ 知识链接

（一）证明信的内涵

证明信是以组织、机关、团体或个人的名义,证明有关人员的身份、经历或证明有关事件的真实情况,供接受单位作为处理和解决事情依据的专用书信。

（二）证明信的类型

证明信一般有两种类型:

1. 以组织名义所写的证明信

这种证明信多数是证明曾在或正在本单位工作的有关人员的身世、经历或与本单位有牵连的事件;也可供有关人员外出活动时作为证件来使用,以确保被证明者的工作、生活、旅行等的正常进行。这类证明信一般需要注明有效时间,过期失效。

2. 以个人名义所写的证明信

这种证明信是由个人写的,用于证明某人某事的真实情况,证明信的内容完全由个人负责。这类证明信一般需要由出具证明者所在单位签署意见,说明出具证明者的政治面貌和主要表现,表明对证明信上所写材料的态度,以便使需要证明信的单位能鉴别证明信的真伪和可靠程度。

⇨ 格式扫描

证明信由标题、称谓、正文、署名和日期构成。

（一）标题

直接写"证明信"或"有关××问题的证明"。

（二）称谓

另起一行顶格写上收信单位名称。

（三）正文

正文写明需要证明的事实情况。

如果证明的是某人的历史问题，就应写清被证明人的姓名、时间、地点及经历等基本情况。

如果证明信是一个人外出办事、活动时作为证件使用的，就应写清被证明人的工作单位、姓名、性别、年龄、职务、任务、历程等情况，然后在文尾注明证明信的有效日期。

如果是证明某事真实情况，要绝对真实、可靠地叙述事情发展的过程，要言必有据、证据确凿，不能隐瞒真相、弄虚作假。

结尾另起一行空两格写"特此证明"。

（四）署名和日期

正文右下方由出具证明的单位署名，并注明日期，加盖公章。如是个人写的证明信，由出具证明者签名，再附上所在单位签署意见，说明对证明信上所写材料的态度。

供被证明人外出活动时作为证件使用的，需要在正文左下方注明有效时间。

⇨ 写法指要

【例文 5.3】

证明信

××大学：

你校学生×××于××××年×月×日—×月×日在我公司行政部实习，主要从事办公室事务管理工作，包括誊写材料、文印、整理办公环境等具体工作。实习期间能严格遵守公司各项规章制度，工作认真细致，与同事和谐相处，具有较强的事务管理和人际沟通能力。

特此证明。

××公司（盖章）

××××年×月×日

【例文 5.4】

证明信

×××先生自××××年×月×日入职我公司，担任人力资源部人力资源助理职务，

至××××年×月×日因个人原因申请离职,在我公司工作期间无不良表现,经公司研究决定,同意其离职,已办理离职手续。因未签订相关保密协议,遵从择业自由。

特此证明。

××公司(盖章)

××××年×月×日

【例文 5.5】

证明信

××炊具股份有限公司各售后服务网点:

兹有我公司售后服务部×××等三位技术人员前往你处检查售后服务情况,并指导维修技术。望给予大力支持。

特此证明。

××炊具股份有限公司(公章)

××××年×月×日

(有效期一个月)

【评析】这是三封以单位名义写作的证明信。第一封是证明学生实习期间的具体工作情况和工作表现;第二封是离职证明,证明某人在某单位的工作年限、工作岗位、具体职务、工作表现及离职的原因等;第三封是供个人外出办事、活动时作为证件使用,证明其单位、职务和外出办理的工作事项,并写明了有效期。三封证明信格式规范、语言简洁。

⇨ 写作实训

1. ××大学要求学生利用节假日参与社会实践,并要求学生在社会实践结束后,请有关单位写一封证明信,证明学生的社会实践内容和具体表现。请代拟写一封证明信。

2. ××大学××党支部近期将发展××同志加入中国共产党。为了解其家庭历史及社会关系,发函到××同志爱人工作单位××中学,了解其爱人的工作表现。××中学出具证明信,证明××同志爱人思想上积极要求上进,对教学工作认真负责。请以××中学名义写作证明信。

3. ××公司××准备购买结婚用房,需要单位出具收入状况证明,证明××月收入3500元。请以××公司名义出具证明信。

第二节　感谢信、贺信

一、感谢信

案例导入

　　××公司的一名普通员工近期突发急病被送往医院,经诊断是心脏动脉血管内膜撕裂,急需手术挽救生命,但因其家境贫寒,无力承担巨额医疗费用。在他一筹莫展的时候,公司党支部、工会、团支部在全公司范围内发起爱心募捐倡议活动,并请电视台向社会各界求助。公司同事及其亲属,还有社会各界人士纷纷捐款,在三天时间内,共募集善款 10 万元人民币。公司工会将善款及时送达正在医院接受治疗的员工。为了答谢给予帮助的社会各界人士和公司同事,倡导团结互助的精神,公司工会写了一封感谢信,张贴在公司宣传栏内,并请电视台播发。

知识链接

　　（一）感谢信的内涵

　　感谢信,是单位或个人因生活、工作、学习或其他方面得到别人的帮助、支持和关心而表示谢意的一种书信。

　　感谢信对于弘扬正气、树立良好的社会风尚、促进社会主义精神文明建设有着重要意义。

　　根据寄送对象不同,感谢信可以分为三种:一种是直接寄送给感谢对象;一种是寄送给对方所在单位或在其单位公开张贴;还有一种是寄送给广播电台、电视台、报社、杂志社等媒体公开播发。

　　（二）感谢信的特点

　　1. 感情真挚

　　字里行间要饱含感谢之情。表示感谢的话,要说得符合双方的身份,感情要真诚。表达谢意的行动,要说到做到,切实可行。

　　2. 内容简练

　　感谢信要求叙事精练,文字要简短,篇幅不要过长。

格式扫描

　　感谢信的格式由标题、称呼、正文、落款构成。

（一）标题

可以采用三种方式：

（1）直接写"感谢信"字样，也可只写"感谢"或"鸣谢"。

（2）感谢信前面加上感谢对象，如"致××公司的感谢信"。

（3）由感谢者、感谢对象和文种构成，如"××公司致××公司的感谢信"。

（二）称呼

另起一行顶格写称呼，写感谢对象的单位名称或个人姓名，如"××公司"。

（三）正文

正文是感谢信的主体部分，内容可按以下层次进行安排。

（1）感谢的原因。准确、具体、生动地叙述对方的帮助，交代清楚人物、时间、地点、事迹、过程、结果等基本情况。如果写给个人，则简单叙述，因为双方都知道事情经过；如果是写给对方单位或用于张贴的感谢信，则可详述，以激发大家学习感谢对象的高尚精神。

（2）赞扬对方崇高的思想和风格。要以充满激情的文字表现出对方美好的思想品质、高尚的精神风范，赞扬用语要切合实际。

（3）表达自己对对方崇高的敬意和深深的谢意，并表示愿意向对方学习的决心。

（4）结尾用"此致　敬礼"或"再次表示诚挚的感谢"。若是鸣谢，结尾可用"特此鸣谢"或"特此感谢"。也可自然结束正文，不写结语。

（四）落款

感谢信的署名与日期写在正文的右下方。有些感谢信的署名前面可标明感谢人的身份。

⇨ 写法指要

结合教学案例，具体分析感谢信的写作方法。

××公司在员工生活有困难时，及时伸出援助之手，发出捐款倡议，并以感谢信倡导团结互助的精神，既增强了公司的凝聚力，又树立了良好的社会风尚。

标题居中写明"感谢信"。

另起一行写感谢对象，如"可敬的社会各界人士、亲爱的同事、朋友们"。

正文首先要交代感谢的原因，如："衷心感谢你们的慷慨解囊和无私帮助。我公司员工×××是不幸的，在人生最灿烂的时候却遭遇疾病；但他又是幸运的，因为有公司全体同事及社会各界人士最真挚的爱心伴他同行。在他突发心脏动脉血管内膜撕裂疾病，急需手术挽救生命却无力承担巨额医疗费用的时候，是我们大家、我们所有关爱他的同事，以及社会各界人士给了他生命的希望。你们的善行义举极大地鼓舞了在病榻上与病魔斗争的×××同志，也让每个参与其中的人看到了希望的曙光。我们相信,有大家的祝福、关爱与帮助,×××同志定会创造出生命的奇迹!"

正文接着具体介绍捐款情况,并对帮助者表达崇高的敬意和深深的谢意。表达谢意感情要真挚,如:"我们感谢所有捐献善款的同志和朋友们,感谢你们的爱心捐助,是你们给了×××重新拥有生命和美好人生的希望! 在此,我们谨代表××公司×××同志及其家人向所有奉献爱心的人们致以最诚挚的谢意! 谢谢你们!"

落款在正文的右下方署名××公司工会和写作日期。

【例文5.6】

感谢信

审计署××特派办、××区审计局:

在这个金灿灿的美好时节,××社区非常荣幸地收获了来自审计署××特派办、××区审计局的浓浓爱意——爱心赠书。在此,我代表××社区工委,代表广大居民,向特派办、审计局的各位领导表示最诚挚的感谢!

作为具有国际化、多元化鲜明特点的新型社区,××社区目前已成立社区居委会19个、入住居民近6万人。在享受现代化物质生活的同时,广大居民的精神文化需求日益突出,闲暇之余到社区阅览室读书看报、互动交流日益成为大家的生活习惯。审计署××特派办、××区审计局想居民之所想,急居民之所急,为社区专门购置了数百本新书、好书,为居民准备了丰盛的精神食粮。我想,表达感激之情最好的方式,就是把这些图书保管好、使用好,通过这些图书在社区内的"漂流",让××社区成为传播和弘扬文化的一片沃土,让越来越多的居民感受到来自特派办、审计局的浓浓情意,共同分享结对共建活动的成果。

借此机会,我们还要向审计局的各位领导、各位党员特别是居住在××社区的党员发出诚挚的邀请,请大家利用业余时间参加社区举办的各种活动、为社区工作多提宝贵意见和建议。××社工委将为机关党员进社区搭建更多的平台,让每位机关党员在社区都能发挥所长,找到合适的活动项目。我们始终坚信,在各位领导的关怀指导下,在广大党员干部的引领带动下,××社区一定会建设成为和谐社区、幸福社区!

最后,再一次向各位领导、各位党员对××社区的关心、厚爱,表示衷心的感谢!

××社工委

××××年×月×日

【评析】这封感谢信开头在叙述事由的基础上表达感谢之情。主体部分首先说明爱心赠书活动的意义,接着表示要把这些图书保管好、使用好,以报答对方浓浓的情意,最后发出诚挚的邀请,请对方参加社区举办的活动。感谢信格式规范、语言流畅、情感真挚。

⇨ 写作实训

1. ××大学管理系市场营销专业学生××到×房地产公司应聘销售助理一职,由公司营销总监进行面试。在面试过程中,××非常赞赏公司的经营理念和企业文化,敬佩营销总监专业资深、人际娴熟、洞察力深入细微。面试结束后,××写了一封感谢信,感谢公司给了他这次面试机会,感谢营销总监给了他一次愉快而收获甚大的经历,并表达自己应聘公司销售助理岗位的愿望和信心。

请代××拟写这封感谢信。

2. ××省电力公司捐款 200 万元给贫困山区××学校,用于学校改造危房,为贫困生、失学孤儿交纳学费和生活费,××学校写了一封致××省电力公司的感谢信,对××省电力公司积极履行社会责任、奉献爱心、帮助贫困山区学生的行为表示感谢。

请代拟这封感谢信。

二、贺信

⇨ 案例导入

××市建筑装饰(集团)有限公司成立于 19××年 9 月,是一家拥有近 200 多名注册建造师和一、二、三级项目经理的装饰施工一级企业,拥有一大批优秀的施工队伍,技术实力雄厚,施工管理科学严谨,施工工艺不断创新。

在 30 年的实践与探索中,让社会放心、让业主放心是公司承做工程一丝不苟的态度与决心,诚信、共赢是公司承担责任、与市场同发展的企业理念。

公司于 20××年 9 月 20 日隆重举行公司成立 30 周年庆典。请代中国建筑装饰协会写一封贺信。

⇨ 知识链接

(一)贺信的内涵

贺信是指党政机关、企事业单位、社会团体或个人向其他单位或个人表示祝贺的一种专用书信,以表彰、赞扬、庆贺对方在某个方面所作的贡献。

某个单位或个人作出了巨大贡献,某单位召开了重要会议,某工程项目竣工,某科研项目成功,某项重大任务保质保量提前完成等,都可以使用贺信的形式表示祝贺。

贺信能给会议、仪式、节日等增添庄重、喜庆的气氛,能给被祝贺者以鼓舞和激励,能加强相互之间的沟通与交流。

(二)贺信的类型

(1)按表现形式分,书面形式称贺信,电报形式称贺电。

(2)按内容分,可分为祝贺节日、祝贺周年纪念、祝贺会议召开、祝贺事业成功、祝贺晋升、祝贺获奖、祝贺开业、祝贺结婚等。

贺信可以直接寄给对方,也可以在报刊上登载、在电台广播。贺信的内容要实事求是,评价成绩要恰如其分,语言要精练明快、通俗流畅,篇幅要短小。

⇨ 格式扫描

贺信的基本结构由标题、称呼、正文、署名和日期构成。

（一）标题

（1）直接写"贺信",在第一行居中。

（2）由祝贺单位、祝贺对象、事项和文种构成,如"××协会致××公司改制十周年庆典的贺信"。

（二）称呼

另起一行顶格写被祝贺单位或个人的称呼,称呼之后加冒号。

（三）正文

正文是贺信的主体部分,需另起一行,空两格写正文的内容。

（1）贺信的缘由和背景。通常简要叙述写作贺信的缘由,祝贺对方所取得的成绩,举行庆典活动或召开重要会议的意义。

（2）概括说明对方在哪些方面取得了成绩,并分析对方取得成绩的主客观原因。如果是祝贺重要会议的召开,应说明会议的内容及其重要性;如果是寿辰贺信,应精练、概括地说明对方的贡献和品德。

（3）表示热烈的祝贺、赞颂之情,还要写出祝贺者向对方学习的愿望。

（4）热情的鼓励、殷切的希望和表达双方的共同理想。

（5）结尾写上表示祝愿的话,如"祝贵公司事业兴旺发达""祝大会圆满成功""祝您健康长寿"等。

（四）署名和日期

另起一行,在正文右下方写发信单位或个人姓名,署名下边写年、月、日。发信是单位的还需加盖公章。

⇨ 写法指要

在学生搜集有关庆典贺信写作材料的基础上,师生共同分析教学案例中贺信的写作思路。

标题可直接写贺信,也可写"中国建筑装饰协会致××市建筑装饰(集团)有限公司成立 30 周年的贺信"。

称呼要顶格写,如"××市建筑装饰(集团)有限公司领导及全体员工",正文开头叙述写作贺信的缘由,如:"值此××市建筑装饰(集团)有限公司隆重举行 30 周年庆典之际,中国装饰协会向贵公司领导及全体员工表示最热烈的祝贺!"

主体部分要叙述××市建筑装饰(集团)有限公司30年来所取得的成绩。如："30年来,你们不断开拓创新,锐意改革,不断发展壮大,创造辉煌;30年来,你们不断致力于企业管理创新,探索具有行业特点并符合企业实际情况,能为企业带来经济效益的管理模式,从行政管理、经验管理走到了制度管理、文化管理这一高级阶段;30年来,你们把思路变为制度,把制度变为行动,把行动变为效益,市场做大了,品牌打响了,企业发展了,在全国各地建成了一批颇有影响的工程,为建筑装饰行业树立了座座丰碑。"

结尾部分表达热情的鼓励,殷切的希望。如："我们坚信,在公司领导的正确决策下,在全体员工的共同努力下,你们将不断创造新的业绩,成为我国建筑装饰行业的排头兵和旗舰式的企业。祝公司事业蒸蒸日上! 祝全体员工身体健康! 工作愉快!"

落款部分在正文右下方写上"中国建筑装饰协会"和写作日期。

【例文5.7】

×× 职业技术学院建校 10 周年贺信

××职业技术学院全体师生员工:

值此贵校建校10周年庆典之际,我谨代表××省教育厅,向学校的全体师生员工致以热烈的祝贺!

××职业技术学院是国内一所创新型的高等职业院校,在全省乃至全国具有较高的知名度和影响力。学校确立了"企业的需要,我们的目标"的办学宗旨,在校企合作方面形成了自己的办学特色,走出了一条服务企业、依靠企业的办学之路,为全省同类学校作出了表率。办学以来,毕业生始终供不应求,招生形势一直势头很好,办学步入了良性循环的发展轨道。

近年来,学校一直高度重视增强示范辐射功能,平均每年都要接待很多来自国内外的中职、高职甚至本科院校的来访交流,并承担了全国中职骨干教师国家级培训,接受省内外同类高校中层干部挂职锻炼,接受海外学生来校进行国际研习,为推动全国职业教育的发展和探索职业教育与国际接轨作出了较大的贡献。

学校一向高度重视探索教改之路,推行教学工厂模式,普及项目化教学,努力提高育人质量,在培养学生岗位技能的同时,着力培养学生的软技能,以增强毕业生的岗位适应能力。学校的办学成绩不仅接受了市场的检验,而且也得到了教育部的肯定和认可。

当前,席卷全球的金融危机对入驻我国的诸多跨国公司造成空前强大的冲击,并进一步影响到了我国的许多实体经济。作为与企业发展联系最为紧密的职业院校,也已经切身感受到由此带来的冲击,毕业生出路受阻,学校的发展也受到影响。在这种严峻的经济形势下,我们更能深切地感受到学校与企业之间唇齿相依的关系。所以,我希望贵校能够一如既往地与企业携手并肩,积极探索金融危机大势下的"校企合作"新思路,共同应对危机,在危机中找机遇,在困境中求发展。

最后,我再次代表省教育厅,祝××职业技术学院越办越好,越办越兴旺。

祝学校全体师生员工工作顺利! 学习愉快!

××省教育厅副厅长　×××

××××年×月×日

【评析】这是一封祝贺学校建校 10 周年的贺信。开头直入主题,表达祝贺之情。主体部分祝贺对方取得的办学成绩,并评述取得成绩的原因。结尾部分提出希望。全文层次清楚,语言简洁流畅。

⇨ 写作实训

1. ××市真空设备科技有限公司将乔迁到"××市高新技术产业园区",请以××市真空学会的名义向公司表示热烈的祝贺,写一封贺信。

2. ××发明公司是在中国注册成立的第一家专业化商业创造型机构,同时也是第一家团队主要成员由职业发明家、技术专家、资深设计师和战略咨询顾问组成,严格按照发明创造潜在规律进行发明创新,并将科技发明、工业设计、战略咨询业务有机整合为一体,为客户提供系统化技术创新协同解决方案的创造型企业。该公司新发明成功的折叠翼太阳能空气动力汽车作为联合国工业组织"蓝天奖"入选项目,应邀在第×届高交会蓝天奖展区展出,多家媒体对该项新发明成果给予了关注和报道,来自国内外的数百名与会人员来到公司的展位咨询、洽谈,其中有来自以色列、阿联酋、法国、澳大利亚、南非等多个国家的投资商、销售商分别与公司的参会人员洽谈了投资或代理销售等合作事宜。

请以××市科协的名义写一封贺信。

第三节　邀请书、聘请书

一、邀请书

⇨ 案例导入

××太阳能科技有限公司是我国专业开发、生产太阳能热水器的高新技术企业,积极响应国家"节能减排,产业报国"的号召,并已形成了集科研、开发、生产、销售为一体的科工贸体系。

公司定于20××年3月10日9:00—16:00在××市××大酒店举行春季招商会。请代××太阳能科技有限公司写一封邀请各地经销商参加招商会的邀请书。

⇨ 知识链接

（一）邀请书的内涵

邀请书，也称邀请信或邀请函，是单位或个人为了增进友谊，发展业务，邀请有关单位或人士参加庆典、会议及各种活动的信函。有些庄重的礼仪场合需使用请柬。

邀请书使用范围广泛，凡召开各种会议，举行各种典礼、仪式和活动等，均可以使用邀请书。

（二）邀请书与请柬的区别

1. 内容容量不同

邀请书篇幅较长，内容容量大，当邀请的事项较复杂或需要向被邀请者说明有关问题时，使用邀请书。请柬的篇幅有限，内容容量小，当邀请的事项单一时，使用请柬。

2. 写作格式不同

邀请书采用书信格式，请柬一般有两种样式：一种是单面的，直接由标题、称谓、正文、落款等构成；一种是双面的，即折叠式，一为封面，写"请柬"二字，一为封里，写称谓、正文、落款等。"请柬"二字，一般应进行艺术加工，可以采用名家书法、字面烫金或加以图案装饰等。

3. 写作要求不同

邀请书一般用红色A4纸打印，或者自行设计带有单位标志或富有文化特色的邀请书信纸。请柬在纸质、款式和装帧设计上要注意艺术性，做到美观、大方、精致，使被邀请者体味到主人的热情与诚意，感到喜悦和亲切。

4. 使用场合不同

一般的会议或活动使用邀请书，隆重的礼仪场合使用请柬。

⇨ 格式扫描

邀请书一般由标题、称谓、正文、落款等构成。

（一）标题

第一行居中写"邀请书"，也可以在"邀请书"前加上会议或活动名称，如"计量管理与质量管控培训活动邀请书"。

（二）称谓

另起一行顶格写被邀请单位名称或个人姓名，其后加冒号。个人姓名后要注明职务或职称,或称呼"××先生""××女士"。

（三）正文

正文包括前言和事项两部分内容:

前言简要说明邀请目的,会议或活动的主题、时间和地点等。

事项部分要写明会议或活动的指导思想、具体内容和日程安排,对被邀请者提出的要求和希望,以及参加会议或活动的注意事项等。

结尾用"敬请光临指导""敬请莅临"等习惯语,如需对方回复,可直接附上回执单。为方便邀请对象联系,还需附上邀请方的联系人、电话、地址等信息。

（四）落款

正文右下方写明邀请单位名称或个人姓名,下一行注明日期。

⇨ **写法指要**

【例文 5.8】

请　柬

尊敬的＿＿＿＿＿＿＿＿先生/女士:

我公司定于 20××年 3 月 10 日 9:00—16:00 在××市××大酒店举行春季招商会。

此次招商会,将全面诠释××太阳能的品牌基础、企业实力和经营指导政策,使您对××品牌太阳能热水器有一个更为全面、细致、精确的了解,也为行业同仁提供一个相互交流的平台。

感谢您长期以来对××品牌太阳能的关注和支持,我们将在幽雅良好的氛围中,全力做好这次招商会的各项工作,使您在一个放松、愉快的互动与交流中享受全新的体验! 热忱期待着您百忙之中光临并指导工作,共商太阳能市场建设发展大计。

敬请光临指导!

××太阳能科技有限公司

20××年 3 月 1 日

【评析】这是一份邀请参加招商会的请柬。如果采用双面的折叠式请柬,封面上写"请柬"二字,封面要装帧精美。

正文前言要说明招商会的时间、地点,主体部分写春季招商会的内容安排。

最后用期盼性的语言表达对被邀请者的期待,"热忱期待着您百忙之中光临并指导工作,共商太阳能市场建设发展大计",并以"敬请光临指导"的习惯语结尾。

【例文 5.9】

邀请书

尊敬的各位科技园同仁：

　　为进一步加强对企业科技管理工作的辅导，宣传国家和省有关科技政策，提高企业科技项目的申报质量，帮助企业排忧解难，给予合理规划建议，××国际科技园第二期企业非核心业务经营辅导会将为大家带来"科技政策培训讲座"。希望能帮助大家理清思路，为今后的申报工作做好充分准备。

　　一、培训时间：20××年3月30日(周五)14:00—16:00

　　二、培训地点：××市××大道××号国际科技园三期三楼多功能厅

　　三、培训人员：企业负责科技管理的相关人员

　　四、培训内容：

1. 国家、省、市科技创新政策解读；

2. 科技项目申报流程、考核重点、注意事项及技巧；

3. 企业自主知识产权(专利、软件著作权、商标等)申报流程、申报时间、政府补贴；

4. 中心新增服务信息传达。

本次讲座免费，参与者还将得到精美礼品一份！热忱期待您的光临！

联系人：蔡××

联系电话：×××××××

电子邮箱：××××××@ sina.com

××国际科技园

20××年3月20日

回　执

公司名称				
姓名	职务	办公电话	移动电话	E-mail

　　【评析】这是一份邀请参加培训讲座的信函。正文采用目的开头式写明邀请的目的，因主体部分事项较多，采用分条列项的写法，依次写明邀请参加讲座的时间、地点和主要内容。

结尾用"热忱期待您的光临!"表示对被邀请者的尊重。为吸引邀请对象参与本次讲座,还赠送精美礼品,最后附上联系人和联系方式,便于被邀请者联络。要求被邀请者填写回执,主要是为了统计参与人数,确保培训活动圆满举行。

⇨ **写作实训**

1. 中国××保险公司于 1988 年成立,是以保险为核心,融证券、信托、银行、资产管理、企业年金等多元金融业务为一体的紧密、高效、多元的综合金融服务集团。公司成立以来,资产从起初的 5000 万元发展到现在的 7000 多亿元。为了回馈社会,提升服务质量,公司特举办客户联谊活动,凡参加活动者均可免费获赠一张 4 万元的保险卡。请代中国××保险公司写一封客户联谊活动邀请书。

2. ××大学××系将举办一年一度的职业技能大赛,请设计双面折叠式的请柬样式,邀请学校领导光临指导本次大赛。

请柬

二、聘请书

⇨ **案例导入**

××电子有限公司为了维护本公司的合法权益,特聘请××律师事务所资深律师×××担任公司常年首席顾问律师,帮助公司处理公司内外的法律相关事宜。请代××电子有限公司拟写聘请书。

⇨ **知识链接**

(一) 聘请书的内涵

聘请书简称聘书,通常是指单位延请专业人士担任某种职务或承担某项工作时所用的文书。

聘请书的作用较为广泛,在社会交往和工作中主要起加强横向联系、发掘人才潜力和明确工作职责的作用。聘请书的授予能加强应聘者的工作责任感,更好地发挥他们的聪明才智,使他们得到一个充分施展才能的机会。

(二) 聘请书的种类

1. 聘请外单位人员的聘请书

这是一个单位在工作、生产、科研活动中,因为自身力量不足,需要聘请外单位有关人员承担某个职务或某项工作时使用的文书。临时聘请书由单位负责人签署,任务完成后,聘请书即告失效。

2. 单位内部的聘请书

一般在实行聘任制的单位中使用。这种聘请书又包括专业技术职务聘书和聘约书。聘约书是单位与受聘人的协议,由双方商定协议内容并由双方签署。聘约书一经签署,双方都要履行所承担的权利与义务,期满失效。

⇨ 格式扫描

聘请书的基本结构一般包括标题、称呼、正文、落款四个部分。

(一) 标题

印刷的聘请书,一般在封面上印有"聘书"二字,字号要求较大,制作美观大方,有的套红烫金。

书写的聘请书,在用纸的第一行中间书写"聘书"或"聘请书"字样。

(二) 称呼

被聘请者的姓名、称呼,有的顶格写在标题之下,有的在正文中写明。

(三) 正文

聘请担任某项临时性工作的聘请书,正文要写明聘请原因、报酬及对被聘者的要求。

聘请担任某一职务的聘书,要写明被聘的职务、工作性质、待遇、时限等。

聘任待遇可直接写在聘书中,也可另附详尽的聘约或公函写明具体的待遇,这要视情况而定。

结尾一般要写上表示敬意和祝颂的话。可以用"此聘"或"特聘"等作结。

(四) 落款

另起一行,在正文右下方写上聘请单位的名称,在署名下方写年、月、日。同时要加盖公章。

⇨ 写法指要

【例文 5.10】

聘请书

××律师事务所:

我公司为维护公司的合法权益,特聘请××律师事务所资深律师×××担任公司常年首席顾问律师,帮助处理公司内外的法律相关事宜。具体工作职责如下:

一、担任公司的法律顾问,为公司经营提供全程法律服务;

二、公司项目的设立、运营、谈判和签约、公司运营及服务模式的法律建议,公司规章制度建立等法律服务;

三、公司知识产权的维护:公司著作权、域名及商标保护和反保护、商业秘密和隐私保护、涉及公司知识产权保护的各项法律服务;

四、公司各类商务交易合同的起草、审查,国际商务跨境关联交易法律服务;

五、欺诈、侵权调查,指控与反指控;

六、公司内部员工法律知识教育等。

聘期自××××年×月×日至××××年×月×日。

此聘

××电子有限公司

××××年×月×日

【评析】这是一封聘请单位法律顾问的聘请书。正文先明确交代了聘任目的、聘请人担任的职务及具体的工作职责,接着写明聘任时限,最后用"此聘"结尾。

⇨ 写作实训

1. ××家电集团聘请×××同志为××家电集团维修部总工程师、主任,聘期自××××年×月×日至××××年×月×日,聘任期间享受集团高级工程师全额工资待遇。请代××家电集团拟写聘请书。

2. 为加强校企合作,更好地开展专业建设,提高学校的人才培养质量,学校要求各专业聘请行业企业专家成立专业指导委员会。请以你学校的名义写一份聘请书,聘请行业企业专家担任你所学专业的专业指导委员会委员。

第四节　欢迎词、欢送词、祝贺词

一、欢迎词

⇨ 案例导入

××集团有限公司是一家全球化家电专业生产企业,是中国家电业最优秀的企业集团之一。××集团有限公司创立以来,一直保持稳健、向上的发展势头,定位于"全球名牌家电制造中心"。到20××年,公司致力于推动"全球微波炉(光波炉)制造中心""全球空调制造中心""全球小家电制造中心"三大名牌家电制造基地的发展,保持微波炉制造、光波炉制造世界第一。20××年,××集团销售额超过250亿元。20××年,××集团迎来创业30周年的喜庆日子。××集团筹备了一系列隆重的庆祝活动,邀请公司经销商出席庆典活动,在回顾总结的基础上,发扬优良传统,以新的精神风貌,在新的起点上,推动企业新的发展。

要求学生搜集有关材料,以公司总经理的名义写一篇在公司创业 30 周年庆祝活动上的欢迎词。

⇒ **知识链接**

(一)欢迎词的内涵

欢迎词是在迎接宾客的仪式、宴会上或开会伊始,主人表示欢迎客人到来的讲话稿。欢迎词的礼仪形式要重于事务性的内容。

欢迎词主要在国际交往活动中、国内各组织和单位之间,以及组织或单位内部使用。

(二)欢迎词的特点

1. 欢迎色彩浓厚

欢迎词不是一般的应酬客套之词,它表达热情好客的思想感情,叙述国家之间、组织之间的友谊,称赞宾客的学识才艺,欢迎气氛热烈饱满。

2. 直接宣读

欢迎词要由致辞人在欢迎仪式、宴会上或其他欢迎场合亲切宣读。

3. 感情真挚

欢迎词要表达一种发自内心的欢迎的真挚情感,态度恳切,使宾客产生宾至如归的感觉。

(三)欢迎词写作注意事项

1. 语言礼貌、篇幅适宜

对宾客要用尊称。在姓名前后要加上头衔或亲切词语,不可用简称或代称。尊重对方的风俗习惯,不讲对方忌讳的话。篇幅长短适宜。

2. 选词恰当、把握分寸

选词用语恰当准确,庄重典雅。既要充分表达热情欢悦的情感,也要注意身份,正确把握和处理卑与亢的关系,有分寸、有节制,不趾高气扬、盛气凌人,也不过分谦恭。

⇒ **格式扫描**

撰写欢迎词首先要了解是在什么场合欢迎哪些宾客和宾客来访的目的。根据具体场合和宾客来访的目的,以及宾客方面的情况选择材料,确定欢迎词所要表达的思想感情。

欢迎词一般由标题、称谓、正文三个部分组成。

（一）标题

可以只写"欢迎词"三字，也可以在"欢迎词"前边附加致辞人姓名、职务及欢迎活动或会议名称等修饰限定词语，如"××公司总经理在欢迎韩国考察团宴会上的欢迎词"。

（二）称谓

欢迎词的称谓应是宾客姓名或代表团名称。一般要在姓名前冠以"尊敬的"等词语，在后边加上职务头衔，或加"先生""女士"等称呼。

（三）正文

欢迎词的正文内容主要有以下几个方面：

一是表达欢迎之情。这是欢迎词正文的开头部分，一般用简洁的文字交代致辞的背景，然后用热情的话语写明致辞者在什么情况下，代表谁向宾客表示欢迎，并向来宾表示祝愿或者感谢。

二是阐明宾客来访的意义。首先介绍宾客的主要情况，如领导职务、工作成绩、学术造诣等。根据双方的关系，回顾相互交往的历程，展望美好的未来。这是致辞的中心内容。

三是展示优势，树立形象。东道主简要介绍会议或活动情况，宾客来访期间的安排，体现东道主的热情友好，以提升形象、扩大影响。

四是表达祝愿。这是欢迎词正文的结尾部分，一般用简洁的句子祝愿活动或会议圆满成功，再一次表示感谢并表示美好的祝愿或希望，如"我衷心地祝愿各位来宾身体健康，访问期间生活愉快"等。

最后另起段落以"谢谢大家""谢谢各位"作结。

⇨ 写法指要

结合教学案例，师生共同探讨欢迎词的写作思路。

按照惯例和程序，在节庆活动开幕式上，常常要由一位东道主方面的要员向来宾致热情洋溢的欢迎词。

标题可直接写"欢迎词"，在标题下方写致辞者的职务和姓名。也可写完整的标题，如"××集团有限公司董事长×××在公司创业30周年庆祝活动上的欢迎词"。

称呼写"尊敬的各位领导、各位嘉宾"。

正文首先代表公司向来宾表示欢迎。用简洁的文字交代致辞的背景，如："今年是××集团有限公司创立30周年。从××××年7人创业到××××年拥有4万员工，公司借着改革开放的春风，从一片荒滩起家发展成为世界微波炉冠军，到现在进而发展成世界家电行业的主流品牌之一。"

接着用热情的话语对来宾表示欢迎，并代表公司向支持公司发展的各界人士表示感谢和祝愿。如："值此公司创业30周年庆祝活动之际，请允许我代表公司，并以我个人的名义,向远道而来的贵宾们表示热烈的欢迎,向支持公司发展的各界朋友表示最诚挚的感谢。"

表达欢迎之情后阐释举办庆祝活动的意义。如:"今天在座的各位来宾,有许多是我们的老朋友,我们之间有着良好的合作关系。我公司创立30年能取得今天的成绩,离不开老朋友们的真诚合作和大力支持。对此,我们表示由衷的钦佩和感谢。同时,我们也为能有幸结识来自全国各地的新朋友感到十分高兴。我谨再次向新老朋友们表示热烈欢迎,并希望能与新老朋友们密切协作,发展相互间的友好合作关系。"

接着展示优势,也可以说树立形象。如:"××集团有限公司作为中国民营企业的代表,在过去30年的成长、发展和壮大,是中国制造发展过程的一个缩影。面对未来,××集团有限公司在近年确定了'百年企业,世界品牌'的目标,立志做一个基业长青的百年企业,'既做500强,更做500年'成为每个××公司人的梦想。"

最后,表达祝愿。一般用简洁的句子祝愿活动圆满成功,或者祝愿来宾生活愉快,并另起段落以"谢谢大家"的礼仪语结束全文。

【例文 5.11】

宏宇公司成立 20 周年年会欢迎词

尊敬的各位嘉宾、朋友们、同志们:

值此20××年即将来临之际,我们欢聚一堂,共同庆祝宏宇公司成立20周年,一起回顾并总结20年来的成绩和得失,共同协商、探讨未来发展道路。在此,我代表宏宇公司全体员工,对各位嘉宾的到来表示热烈的欢迎!

20年前,宏宇公司从一间办公室、两台电脑、三个人开始起步,从汽配汽修行业管理软件入手,经过20年的发展,已经发展成为总部员工逾百人、全国各地核心合作伙伴过百家的全国知名的管理软件公司。每天,全国有超过10万家中小企业使用宏宇管理软件。公司销售收入和经济效益连续20年持续稳定快速增长。这些成绩的取得,是各地合作伙伴坚持与宏宇公司"携手共进,一起成长"的合作理念,互相支持、共同努力的结果,是包括合作伙伴员工在内的全体宏宇人辛勤工作的结果。在此,请允许我代表宏宇公司向全国各地的合作伙伴朋友们、向公司全体员工表示最衷心的感谢!

坚持"与合作伙伴携手创业"是宏宇公司获得成功的法宝。20年中,合作伙伴与我们肝胆相照、荣辱与共,心往一处想,劲往一处使,把客户当作衣食父母,真诚服务,在全国各地展示了宏宇公司优秀的软件和优良的服务,树立并维护了宏宇软件的品牌形象。在此过程中，合作伙伴和我们结下了深厚的友谊，形成了长期、稳定、和谐的鱼水之情。

20年来，合作伙伴以理解和宽容之心，容忍并原谅了我们很多的工作失误。我们知道，你们期盼我们工作方法不断改进，期盼软件研发不断创新，期盼我们效率更高、软件更好。我们知道，你们之所以有这样博大的胸怀，之所以这样宽容，是因为你们坚信：宏宇一定能够成为最棒的！

在此，我代表宏宇公司，向理解并宽容我们的合作伙伴朋友们再一次表达最诚挚的感谢！向原谅和容忍我们失误的合作伙伴朋友们真诚地说一声：谢谢你们，我们一定会努力改进！

成绩属于过去。我们清醒地认识到，经过20年快速的发展，公司也出现了很多矛盾，其中一些矛盾开始制约公司的发展。盲目自满、对矛盾熟视无睹、过于求稳等思想普遍存在，公司快速、持续的发展与新产品研发的矛盾没有得到根本解决，对此，我们正在着手解决。

从汽配汽修行业管理软件，到中小企业管理软件，再到管理软件，这是我们软件发展的大思路。进入中国管理软件三大品牌，是我们未来几年的奋斗目标。宏宇是大家的宏宇，宏宇品牌是大家共有的品牌，同样，这个目标也将成为全体宏宇人共同的奋斗目标！

宏宇的目标是做百年企业。俗话说：德乃人之本。无德之人无以立身，无德之商无以成业。小德成小业，大德立大业。这就要求我们所有认同宏宇品牌的合作伙伴朋友们，"德"字当头，真诚为客户服务。古人说："勿以善小而不为，勿以恶小而为之。"在服务上，我们不经意的疏忽，得到的或将是失去客户甚至更为沉痛的经济代价。

"宏宇，一生的体贴"是凝聚员工思想、获得客户认可的企业灵魂，是客户购买宏宇最根本、最充足的理由。如果我们都能做到对客户"一生的体贴"，客户一定会自动传播我们的品牌，越来越多的客户一定会主动找上门来，购买宏宇软件。

伙伴朋友们，愿我们的合作更加紧密，愿我们的友谊更加深入，愿我们的明天更加美好！

谢谢大家！

【评析】这是一篇公司成立20周年年会上的欢迎词，公司总经理代表全体员工欢迎与会的嘉宾。开头以热情洋溢的语言表达欢迎之情，主体部分回顾公司20年来的成长历程，展示公司的企业形象"宏宇，一生的体贴"，并向支持公司发展的合作伙伴致以衷心的感谢。结尾展望公司的明天，表示加强合作的意愿。这篇欢迎词内容紧扣20周年年会主题，言辞情真意切。

⇨ 写作实训

1. ××电子有限公司人力资源管理部组织欢迎新员工仪式,邀请公司总经理在迎新大会上致欢迎词。请代拟写欢迎词。

2. ××塑业有限公司创立于 1997 年,专业生产卫生容器,产品包括太空杯、运动水壶、塑料口杯、儿童专用杯、女士专用杯、商务公务杯、礼品杯等 10 多个系列 300 多种型号。为了感谢各地经销商多年来对公司的支持和帮助,公司召开合作伙伴大会,以深化合作,共谋发展。公司总经理在合作伙伴大会上致欢迎词,请代拟写欢迎词。

二、欢送词

⇨ 案例导入

××集团有限公司在公司创业 30 周年之际,开展了一系列隆重的庆祝活动。这 30 年,对于公司来说,是艰苦奋斗、努力拼搏、求真实干的 30 年;是以人为本、开拓创新的 30 年;是突破困难、屡创奇迹、屡创辉煌的 30 年。庆祝活动的主题是"三十辉煌,百年梦想",活动内容包括庆典大会、文艺表演、为各子公司和各部门颁奖、为各供应商颁奖等。

庆典仪式结束后,公司举行欢送宴会,宴请出席庆典活动的各位供应商。

要求学生搜集有关材料,以公司执行总裁的名义写一篇在欢送宴会上的欢送词。

⇨ 知识链接

(一)欢送词的内涵

欢送词是指在一些会议、重大庆典活动、参观访问等结束时,主人表达对客人欢送之意的讲话稿。

它是与欢迎词相对的文书,欢迎词在迎接时使用,欢送词在送别时使用。欢送词主要在国际交往活动中,组织与组织之间的公共关系活动中使用,多由国家、组织或单位的领导人代表国家、组织或单位致辞,感谢宾客的光临,祝他们归途平安;或预祝单位成员出行顺利、成功。

(二)欢送词的特点

1. 欢送色彩强烈

欢送词是用来欢送宾客回归的,既有礼节形式又有事务内容,既要祝宾客归途顺利平安,又要畅叙友谊、收获,这样欢送气氛才热烈饱满。

2. 直接宣读

欢送词由欢送人在欢送仪式上直接宣读。

3. 感情真挚

欢送宾客，要感情真诚、发自内心，使主宾双方都能感受到友谊的珍贵。

（三）欢送词写作注意事项

1. 要有实质内容

写欢送词忌内容空泛，要注重以情动人，多采用带有感情色彩的词语。致辞者可根据自己与被欢送者的关系，向被欢送者提出共勉之词。

2. 措辞要注意礼貌、委婉

欢送词的语言要热情亲切，适合欢送的环境气氛。

3. 篇幅不宜过长

欢送词是一种礼节性致辞，它为特定的会议或场合所使用，要受会议或特定时间的限制。

⇨ 格式扫描

写欢送词前应明确写作目的。不同社交活动对欢送词的写作要求是不一样的，欢送词的内容要为社交活动服务。掌握宾客的有关资料，深入了解欢送对象在本单位的工作、参观、指导等方面的情况，以便对此进行介绍和评价。

欢送词一般由标题、称呼、正文三个部分组成。

（一）标题

有两种写法，一种是只写"欢送词"，另一种是完整式标题，由致辞人职务、姓名、欢送会的名称组成，如"×××总经理在欢送××考察团仪式上的致辞"。

（二）称呼

对主宾的称呼一般用全称，即姓名后加职务或职称，以示尊重。有时，在被欢送者的姓名前加上"尊敬的"等修饰语。其他来宾用泛称，如"尊敬的×××会长，各位嘉宾"。

（三）正文

欢送词的正文内容主要由开头、主体、结尾三部分组成。

开头直接表达欢送之意，有时也可对被欢送者表示祝福。说明致辞者在什么情况下，代表谁，向宾客表示问候和欢送。

主体部分简要介绍欢送对象的工作、学习、参观指导等情况。或对来宾访问成功和会谈成功表示祝贺与感谢，评价来宾访问与会谈的意义和影响；或回顾友好交往合作的过程，表达惜别之情；或说明被欢送者所面临的新的工作、学习的意义，等等。

结尾向被欢送者表示美好的祝愿和希望。展望双方未来的合作关系，或者对单位成员提出希望和要求。如"祝我们的合作更加紧密！我们的友谊更加深入！""祝××旅途愉快！""祝××在新的环境中生活愉快！"等。

在学生搜集有关材料的基础上,师生共同探讨欢送词的写作思路。

标题写明"××集团有限公司执行总裁×××在欢送宴会上的致辞"。

称呼写"尊敬的各位领导、各位嘉宾"。

开头表达欢送之情,"我首先代表××集团有限公司向在座的各位合作伙伴表示最诚挚的感谢! 感谢你们在百忙之中抽身前来参加我们公司创业 30 周年庆祝活动,我们共同度过了愉快又美好的时光"。

主体部分回顾友好交往合作的过程。如:"感谢大家支持公司的事业,感谢大家多年来对公司的帮助。正是因为大家的支持,才有今天的××公司,也因为有你们的帮助,才会有明天更加优秀的××公司。愿我们携手创造更为出色的业绩,共同迈向共赢的美好未来!"

接着展望双方未来的合作关系。如:"××集团有限公司有著名的品牌,有团结的经营团队,有优秀的生产和质量骨干,有在座的各位朋友。展望未来,我们充满信心,同时任重道远! ××集团有限公司未来的发展更需要各位供应商朋友在配套服务上主动、积极跟上去。希望各位供应商朋友一如既往地支持我们,和我们携手共赢,××品牌是大家共同创造的,利益与大家息息相关,大家要像爱惜自己的眼睛一样去维护她。各位供应商朋友要用开放的思想、开放的合作方式与我们互动探讨,献计献策,多提问题,多提改进意见,多与经营班子沟通,以谋共同发展之路!"

最后表示公司会切实考虑广大供应商的根本利益,与公司共同壮大。结尾祝愿各位供应商朋友身体健康、工作顺利、阖家幸福!

【例文 5.12】

欢送 20××届毕业生的致辞

亲爱的 20××届毕业生:

在这充满深情留念和依依惜别的日子里,你们作为新一届大学毕业生,即将完成大学学业,带着母校的期盼,带着父母的重托,走向社会,奏响人生第二乐章,到社会中去接受洗礼,迎接新的挑战。我谨代表全系老师向同学们致以美好的祝愿,祝全体毕业生前程似锦,事业有成!

在母校宁静温暖的怀抱里,你们曾留下拼搏的足迹。教室里出现过你们专心致志的身影,我们一起遨游知识的海洋。实训室里你们充分展示技能,我们一起切磋交流。丰富多彩的文体活动展示过你们充满青春活力的风采,夕阳晚照的林荫道上留下过你们探求知识、思索人生的足迹……

现在,你们将告别母校,踏上新的征程。同学们,大学毕业既是终点,也是起点。党和国家对当代大学生寄予了殷切的期望,当代大学生理应成为有远大理想的一代、艰苦创业的一代、道德高尚的一代。母校希望你们树立远大的理想,发扬艰苦创业的精神,坚定信念、开拓创新、积极进取,用勤奋和智慧作双桨,驾驭人生的航船,驶向成功的彼岸。

作为新世纪的大学生,应从自身实际出发,利用自己所掌握的专业知识和实践能力,施展才华,建设国家。母校希望你们用丰富的专业知识、高尚的职业道德、精湛的业务水平,为祖国的建设添砖加瓦,为祖国的繁荣富强贡献智慧和力量。母校相信你们会在长期而艰苦的实践中不断实现自己的人生价值,努力达到自己的人生目标。千里之行,始于足下。亲爱的同学们,愿你们志在千里,求真务实,忠于职守,勤奋工作,以优异的成绩报效祖国,以优异的成绩为母校争光。

今天,母校师长欢送你们踏上学成报国的万里征程;明天,父老乡亲和老师同学将分享你们事业成功的无限快乐。海阔凭鱼跃,天高任鸟飞。亲爱的同学们,祝你们早日实现远大的理想,拥有美好的未来。

【评析】这是一篇教师代表欢送毕业生的致辞。开头部分用深情的语言表达依依惜别之情,并向毕业生表达美好的祝愿。主体部分回顾大学期间师生共同度过的美好时光,并对毕业生提出了殷切希望。字里行间充满了对毕业生的欢送和期盼之情,语言流畅。

⇨ 写作实训

1. ××公司举行离职员工欢送宴会,公司党委书记代表公司党委向离职员工表示祝贺,感谢员工为企业所作的贡献。请拟写一篇在员工欢送晚宴上的致辞。

2. ××大学为毕业生举行"感恩母校,情满校园"毕业生欢送会,请你作为学生代表写一篇在欢送毕业生典礼上的致辞。

三、祝贺词

⇨ 案例导入

宏宇公司将举办成立 20 周年年会。宏宇公司从一间办公室、两台电脑、三个人开始起步,从汽配汽修行业管理软件入手,经过 20 年的发展,已经成为总部员工逾百人、全国各地核心合作伙伴逾百家的全国知名的管理软件公司。每天,全国有超过 10 万家中小企业使用宏宇管理软件。公司销售收入和经济效益连续 20 年持续稳定快速增长。

请以该公司合作伙伴的名义写一篇在 20 周年年会上宣读的祝贺词。

⇨ **知识链接**

（一）祝贺词的内涵

祝贺词泛指在各种喜庆场合中对人或事表示祝贺的礼仪文书。祝贺词既可用于国家的外交活动，也可用于单位或个人的各种礼仪活动，如在单位的各种庆典、仪式，个人的婚嫁乔迁、升学参军等喜事中。

（二）祝词与贺词的异同

祝词与贺词合称为祝贺词，二者都是泛指对人、对事表示祝贺的言辞和文书，它们都富于强烈的感情色彩，针对性、场合性也很强。因此祝词和贺词在某些场合可以互用，如祝事业的祝词常常也兼有贺词的意思，但从严格意义上说，二者是有区别的。

祝词一般对象是事情尚未成功，表示祝愿、希望的意思；而贺词一般对象是事情已成，表示庆贺、道喜的意思。

（三）祝贺词的类型

祝贺词根据其内容和使用场合的不同，可分为两类：一是祝贺人，如祝贺人的生日、事业、婚姻等；二是祝贺事，如祝贺重大会议开幕、商店开业、展览剪彩及其他纪念活动。

⇨ **格式扫描**

祝贺词一般由标题、称呼、正文、落款等部分组成。

（一）标题

标题写在第一行居中的位置，通常有两种写法：

一是直接写"祝贺词""祝词""贺词"；二是写出具体祝贺的内容，再加上文种，如"×××在××开业典礼上的祝贺词"。

（二）称呼

称呼在标题之下第一行顶格书写，以示尊重。

称呼要结合具体场合而定，对个人的称呼一般用泛称，如"各位女士、各位先生""各位嘉宾、朋友们"。如有特定的祝贺对象，可以用特称，如"尊敬的×××先生"。如祝贺单位，可以称呼单位或部门名称，要注意称呼的先后顺序和亲切感。

（三）正文

正文写法比较灵活，针对祝贺对象和祝贺事项写出相应的祝贺内容。内容一般包含下面几层意思：

一是向受祝贺的单位或人员表示祝贺、感谢，或者说明写祝贺词的理由、原因。如："今天是×××公司一个值得纪念的喜庆日子，我们在这里庆祝×××公司隆重开业，值此开业庆典之际，请允许我代表××公司对×××公司的开业表示热烈的祝贺！"

二是对已取得的成就进行适当评价或指出其意义。

三是表示祝愿、希望、祝贺之语，也可以给被祝贺者以鼓励。

正文结束后常用一句礼节性的祝颂语结束全文，如："祝贵公司事业兴旺！祝各位朋友万事如意！"

（四）落款

最后在正文的右下方署上祝贺者的名称（单位或个人）及具体日期。

⇨ 写法指要

【例文5.13】

在中新置地10周年庆典上的祝贺词

尊敬的各位领导、各位来宾：

大家上午好！值此中新置地成立10周年之际，首先请允许我代表签约共建的三个社工委，以及接受捐赠的36个社区，向中新置地表示热烈的祝贺和衷心的感谢！

有句话说得好，十年磨一剑。2500年前，我们脚下的土地曾经铸造出中国最锋利的宝剑——干将和莫邪，两位铸剑大师锲而不舍、追求卓越的精神流芳百世。而今，作为园区开发建设的主力军、国资国企的排头兵，中新置地在工委、管委会以及中新集团的正确领导下，用10年的不懈努力，践行着"进取成就未来"的企业精神，打造着中国房地产开发领域的干将莫邪，为改善社区居住品质、提升园区城市形象贡献着自己的全部力量。

中道大成，十年如新。在园区加快转型升级、建设"三化三型"新城区的关键时期，中新置地把"奉献爱心、回馈社区"作为庆祝自己10周岁生日的特殊方式，低调中彰显着企业卓越的核心竞争力、强烈的社会责任感。根据今天启动的"幸福社区爱心行动计划"，置地公司捐赠40套便民服务工具，使园区在全市乃至全省率先实现社区便民工具的标准化配置；同时，置地公司还将出资对社区遭遇突发事故的困难家庭进行临时救助。这些创新、务实、长效的举措，将进一步有效提升广大居民的幸福感、满意度。作为共建单位，我们也借此机会郑重承诺，严格按照协议约定，使用好、保管好公司捐赠的每一件便民工具，服务好、关心好公司救助的每一户困难家庭，齐心协力将"幸福社区爱心行动计划"打造成为园区居民交口称赞的优秀品牌！

最后，祝愿中新置地各项事业蒸蒸日上，再创辉煌！

×××

××××年×月×日

【评析】这是一篇在公司成立10周年庆典仪式上的祝贺词。回顾总结祝贺对象所取得的成就，感谢祝贺对象奉献爱心、回馈社会的举动，赞扬其强烈的社会责任感。最后表示热烈的祝贺之情。感情真挚，营造了友好热烈的气氛。

⇨ **写作实训**

1. 根据案例导入部分内容,以宏宇公司合作伙伴的名义写一篇在该公司 20 周年年会上宣读的祝贺词。

2. 要求学生分组作业,以某单位为背景,以单位召开重大会议、工程开工、开业、展览剪彩及其他纪念活动等为写作内容,写一篇祝贺词。

第六章 经济文书写作与实训

教学目标

◎ 掌握各类经济文书的内涵、写作内容和写作结构。

◎ 能根据案例熟练写作招标书、投标书、经济合同、市场调查报告、可行性研究报告。

教学指导

◎ 指导学生认真阅读例文,揣摩经济文书的语体风格。

◎ 采用分组作业的形式,组织学生分组展开市场调查,撰写市场调查报告。

◎ 组织学生开展课堂讨论,以自主创业项目为内容,自主创业项目可以是开设家乡特色产品专卖店,也可以是选择学生感兴趣的项目。以所在学校的学生广场为创业环境,评价项目的经济效益和社会效益,交流可行性研究报告。

经济文书是在经济活动中形成和发展,用来记载和反映经济信息,分析经济活动现状和发展趋势,确定经济活动当事人彼此的权利和义务,为决策层提供经济信息和决策依据的应用文书。写作经济文书必须以国家经济政策、法律法规和经济理论为指导,熟悉经济业务工作知识,深入开展调查研究,掌握真实准确的材料,并以科学的态度分析经济数据,反映经济活动的本质规律。

本章主要介绍招投标书、经济合同、市场调查和预测报告、经济活动分析报告、可行性研究报告等文种的写作方法。

第一节 招标书、投标书

一、招标书

⇨ 案例导入

上海通用汽车有限公司成立于 1997 年 6 月 12 日,由上海汽车工业(集团)总公司、通用汽车公司各出资 50% 组建而成。从诞生之日起,上海通用汽车就胸怀"国内领先并具国际竞争力"的远景目标,不断超越,以快速学习的能力、世界级的眼光,不断创新整合全球及本地化优势资源,建构起基础坚实、有持续发展能力的世界级企业。

公司坚持"以客户为中心、以市场为导向"的经营理念,不断以高质量、全系列的产品和高效优质的服务,以丰富、差异化的产品线满足日益增长的市场需求,成为"多品牌、全系列"汽车公司。

公司将在上海市浦东世纪大道浦东南路口建设上海通用汽车展示厅工程,展示厅装潢工程设计方案决定采用公开招标的方式,面向全市择优选定设计单位。请为公司拟写招标书。

⇨ 知识链接

（一）招标书的内涵

招标是指招标单位为承包建设项目、购买大宗商品或合作经营某项业务、承包或租赁企业等,事先对外公布招标的有关事项和要求,利用投标者之间的竞争,从而择优选取中标者的行为。招标的目的是挑选出技术力量和经济实力雄厚、管理经验丰富、足以胜任招标任务的承包单位。

招标书有广义和狭义之分。广义的招标书是指招标者在招标中使用的所有文字材料;狭义的招标书是指招标者对外公布标准和条件,提出投标程序安排,招徕投标者的书面材料。这里主要介绍狭义招标书的写法。

招标书一般通过报刊、广播、电视等公开传播媒介发表。在整个招标过程中,它是首次使用的公开性文件,也是唯一具有周知性的文件。

（二）招标的形式

招标的形式有公开招标和非公开招标两种。

1. 公开招标

公开招标是指招标人把招标的项目、条件、要求等写成招标文书,通过报刊、广播、电视等公开的宣传媒介,公开邀请投标人参加投标。这种公开的招标文书,采用"招标通告"和"招标启事"的形式进行招标。

凡涉及的投标面较广、交易总款项较大的,用"招标通告",以示庄重。与之相反则选用"招标启事"。

2. 非公开招标

非公开招标又称有限招标、选择性招标和邀请招标。即由招标单位向预先经过选择的数目有限的承包单位发出邀请函,要求他们参加某项目的投标竞争。采用"邀请招标书"的形式进行招标。

非公开招标可以节省招标经费,也可以提高投标者的中标率,但限制了竞争范围,不符合公平竞争、机会均等的原则。

（三）招标书的种类

（1）按时间划分，有长期招标书和短期招标书。

（2）按内容及性质划分，有企业承包招标书、工程建设招标书、大宗商品交易招标书、劳务招标书、科研课题招标书等。

（3）按招标的范围分，有国际招标书和国内招标书，国内招标书又分为面向企业内部、系统内部的招标书和面向全社会的公开招标书。

⇨ 格式扫描

（一）公开招标书的写法

1. 标题

（1）由招标单位名称、招标项目名称和文种构成，如"××厂食堂承包经营的招标启事""××大学新建教学楼的招标通告"。

（2）招标单位加文种，如"××公司招标通告"。

（3）直接采用文种的形式，如"招标通告""招标启事"。

2. 正文

前言写明招标的根据、目的、招标项目的名称及招标的范围等内容，力求简明扼要，如"为加速××工程建设，经上级批准，决定对××工程面向全省公开招标"。

主体部分分条列出公开招标的有关事项，主要包括招标项目的具体内容，招标程序和方法，招标的起止时间和地点，标书售价，发送招标文件的时间、地点和方式，开标的时间和地点，以及投标者的责、权、利等内容。

主体部分内容篇幅较大，写作时要注意简明扼要、突出重点、条理清楚。

3. 落款

写明招标单位名称、法人代表及日期，写明具体联系人姓名、地址、电话号码、电子邮箱和邮政编码等，以便投标单位及时联系。

（二）非公开招标书的写法

1. 标题

可直接写"招标书"，也可写"招标邀请书"。

2. 称谓

顶格写明主送单位名称，即被邀请投标单位的名称。

3. 正文

另起一行空两格，用比较礼貌的语言，说明邀请投标单位参加何种项目的投标。

主体部分说明该招标项目的有关条件与要求，投标的起讫日期，开标的时间与地点，以及其他注意事项。

最后表明招标单位对被邀请投标单位的态度或期望。如"贵单位曾多次承包类似工程项目,工程质量上乘,故特邀请如期投标",也可以用"此致 敬礼"结尾。

4. 落款

写明发函单位名称、发函的日期、单位地址、电话、电报挂号及联系人具体情况等并加盖公章。

招标书仅起到邀请投标者参加投标的作用,开列的条件比较简明概括,具体的条件与要求就必须另用招标文件说明,这就是招标说明书。

招标说明书可以出售给投标者,也可以无偿发送给投标者。说明项目名称、承包方式、技术质量要求、实物工程量清单、工程款项支付方式、开工完工日期、物资供应方式等多方面内容,力求详尽完备,由熟悉业务的专职人员撰写。

⇨ 写法指要

结合教学案例,师生共同探讨上海通用汽车展示厅工程设计方案招标书的写作思路。

标题写明"通用汽车展示厅装潢工程设计方案招标通告"。

正文前言部分简要说明邀请投标单位参加何种项目的投标。如"我公司将建设上海通用汽车展示厅工程,展示厅装潢工程设计方案决定采用公开招标的方式,面向全市择优选定设计单位"。

主体部分首先介绍工程概况。包括工程名称、工程地址、工程建筑面积、工程设计范围、工程承包方式、工程要求和规定等内容。

接着写明参加投标的设计企业的资质与合格条件的要求。如,参加投标的设计企业必须符合以下要求:

(1) 投标单位至少须满足工业与民用建设设计甲级所要求的资质等级。

(2) 参加投标的设计单位必须具有独立法人资格和相应的设计资质。

(3) 投标单位应提供令招标单位满意的资格文件,以证明其符合投标合格条件和具有履行合同的能力。

(4) 所提交的投标文件中应包括以下资料:有关确立投标单位法律地位的原始文件的副本复印件,包括营业执照、资质等级证书。

然后具体写明招标程序。包括投标报名的时间和方式、投标资质审查时间、发放标书的时间和地点、现场勘察的时间和地点、投标预备会的时间和地点、截标与开标的时间和地点、发中标通知书的时间等。

最后写对招标过程中的一些其他要求。

落款处要详细写明单位名称、地点、联系人、联系方式等。

【例文 6.1】

××公司××厂房外墙装饰招标通告

××公司拟对××厂房及其辅房的外墙墙面进行全面翻新，以改善公司环境，提升整体形象。经××市建设委员会批准，现面向全市组织××厂房及其辅房的外墙墙面涂料施工招标，欢迎符合以下资格条件的单位前来参加。

一、招标项目

××厂房及其辅房约 16000m^2 外墙墙面涂刷。

二、投标人资格条件

1. 具有独立订立合同的能力；

2. 企业未处于被责令停业、投标资格被取消或者财产被接管、冻结和破产状态；

3. 企业没有因骗取中标或者严重违约及发生重大工程质量、安全生产事故等问题，被有关部门暂停投标资格并在暂停期内；

4. 资格预审申请书中的重要内容没有失实或者弄虚作假；

5. 企业具备安全生产条件并取得安全生产许可证，拟派项目经理具有项目负责人安全生产考核合格证 B 类证件；

6. 具有建筑装修装饰工程专业承包三级及三级以上资质；

7. 项目经理无在建项目且取得小型项目管理师及以上资格，具有安全 B 证；

8. 招标人可以拒绝××市施工单位考评结果为 C 类或者××市规划建设部门认定的其他不良信用的申请人投标。

三、参加投标报名及取得招标文件时间和地点

时间：20××年 3 月 19 日—3 月 23 日，每日 9:00—11:30，13:30—17:00（节假日除外，只有报名并取得招标文件的单位才可参加本次投标）

地点：××市××大道 66 号物流中心 12 楼合约部

四、报名所需材料

报名时经办人携带本人身份证（同时提供身份证复印件）、法人代表授权委托书及有关报名资料。

报名资料如下：营业执照、资质证书、安全生产许可证、小型项目管理师证（或建造师证）、安全 B 证、税务登记证、业绩合同等相关资料原件及复印件一份（加盖公章）。

五、开标、评标时间及方式

开标时间：（略）

评标时间：（略）

开标、评标方式：邀请××市建设委员会、建设银行和公证处及投标方参加公开

开标,采取集体评议方式确定中标单位。

请各单位取得招标文件后,认真阅读各项内容,并按文件的要求详细填写和编制投标文件,并按以上确定的时间、地点准时参加投标。

招标人:××公司

地址:××市××大道 66 号物流中心 12 楼

联系人:合约部×××

电话:×××××××　　传真:×××××××

电子邮箱:×××××××@sina.com

【评析】这份招标书格式规范,标题由招标单位、招标项目名称和文种三部分构成。前言写明招标的目的、招标项目名称和招标范围。主体部分为招标项目的具体内容、投标人资格条件、参加投标报名及取得招标文件时间和地点、报名所需材料等,并明确开标、评标时间及方式。采用分条列项方式写作,层次清晰、内容明确。

⇨ 写作实训

1. ××计算机通信科技有限公司为了更好地塑造公司形象,更好地开展产品的市场推广工作,拟对以下广告业务采用公开招标的方式选择合适的广告单位。

广告策划:为招标人安排的广告项目提供优秀可行的广告策划,或协助策划平面广告创意与设计。为招标人的广告项目提供最佳的内容创意和设计表现,设计包括户外、杂志、报纸等形式的广告。

品牌规划与广告策略:配合招标人对品牌建设工作作出长远规划,制订阶段性的具体执行方案,结合招标人的实际情况协作制订最优化的广告策略。

规范广告投放:为招标人规范户外、杂志和室内等形式的广告投放。

本次招标面对已经筛选出来的几家具备候选资格的广告单位进行邀请招标。请查询有关资料,为该公司制作招标书。

2. ××大学后勤集团饮食服务中心根据学校及政府主管部门的要求,决定面向全省的食品供应基地,对学生食堂消费的米、面、油、肉、蛋、禽等六类食品实行招标,向稳定的基地供需结合规范化发展。请为服务中心拟写招标书。

二、投标书

⇨ 案例导入

××物业位于某市城乡接合部,项目总用地面积 55 亩,总建筑面积 120492m²。其中住宅 92368m²,商店 9774m²,其余为小区配套用房。总投资 4 亿 2000 多万元,共有 12 幢 7~12 层住宅,700 多户,户型面积 30~220m² 不等,小区机动车位 198

个,摩托车、自行车位 936 个,小区出入口有 3 个,其中一个为主要出入口。

为了保证物业管理工作的正常开展,建设单位就物业管理面向全市物业管理公司公开招标。××物业管理公司经考察现场和研究建设单位的招标文件后,制作投标书,参与竞标。

⇨ **知识链接**

（一）投标书的内涵

投标是一个比实力、比价格的竞争行为,它是投标单位在充分领会招标文件,进行现场实地考察和调查的基础上编制投标文书,响应并承诺招标单位提出的要求,同时提出具体的标价及有关事项来竞争中标。

投标书是指投标单位在规定的期限内,按照招标书所提出的条件与要求,向招标人提出承包工程项目、承买大宗商品或承包企业经营等,提供给招标者的文书。它要求密封后邮寄或派专人送到招标单位,故又称标函。

（二）投标工作程序

投标工作是一种商业竞争活动,要想赢得竞争,就要做大量的准备工作。

1. 成立投标机构

投标机构要配备专业人员,以报价为核心开展市场调研等工作,以确保投标文件能准确、及时地发送出去,参加投标竞争。

2. 选准投标项目

投标单位要认清本单位的技术实力和专业特长,选准投标项目,制订正确的投标策略,提高中标率,以求获得良好的经济效益。

3. 搜集有关信息

投标单位既要认真分析招标单位提出的条件和要求,又要认真分析本单位的实际状况,还要分析可能遇到的困难和实际问题,以及解决问题的办法。只有知己知彼,才能对参与投标活动作出正确的决断。一旦确定参加投标,应立即派人去领取或购买有关文件,参加投标资格审查。

4. 研究招标资料

调查市场上有关的技术经济信息,合理计算标价,认真估价招标单位的标底范围和竞争对手的可能报价范围,确定自己的报价。投标单位要对招标单位提出的条件和要求、本方的实力和承受能力作出正确的判断与估价,并得出合理的结论和承诺。在竞争激烈的情况下,薄利的投标策略是中标的基础。

5. 写作投标书

针对招标书的内容和要求编写投标书,向招标单位表明自己愿意承担招标书中提出的任务,表明本单位参与投标的优势所在,对投标项目等有关内容作出说明,并提出承诺和保证事项。投标书必须在规定时间内送交或寄交招标单位。

（三）投标书的种类

（1）按性质和内容划分,可分为工程建设项目投标书、大宗商品交易投标书、企业承包投标书、科研课题投标书等。

（2）按投标方人员构成情况划分,可分为个人投标书、合伙投标书、单位投标书等。

⇨ 格式扫描

投标书的写作结构包括标题、正文、落款三个部分。

（一）标题

由投标项目和文种名称组成,如"承包××工程投标书""租赁××厂的投标书"。也可以简写成"标书""标函""投标书"。

（二）正文

前言简明扼要地阐述投标方案的总体目标、指导思想和有关依据,并表明态度。

介绍投标者概况,包括单位名称、性质、经营范围、地址、负责人姓名等基本情况。如果个人投标,要写明姓名、性别、年龄、民族、文化程度、政治面貌、所在单位、工作经历等。

主体部分的主要内容包括:

（1）投标项目的具体内容和指标。

（2）实施项目的具体措施。包括组织措施、管理措施、技术措施等。

（3）其他要说明的投标条件和事宜。

结尾表明投标者的信心和决心,或作出保证和承诺,或提出有关意见和建议。也可附寄投标单位状况说明,介绍企业的状况,以加深招标单位对自己的印象。

（三）落款

写明投标单位名称、负责人姓名、地址、电话、电子邮箱、邮编、开户银行及账号等,加盖投标单位公章和负责人的印鉴。

最后注明投标时间,投标时间也可以在标题的右下角标注。

⇨ 写法指要

投标书的写作一要注意有针对性,针对招标书提出的各项内容及条件,逐一准确回答;二要注意合理性,通过认真细致的研究,做到成本核算合理、报价合理,从而在激烈的投标竞争中既有竞争能力,又能获得一定数量的利润。

根据教学案例,师生共同分析投标书的写作思路。

标题居中写明"××物业管理投标书",另起一行顶格写称呼"××单位"。

正文开头介绍基本情况并表态。如:"根据已收到的某市城乡接合部××物业管理招标文件,遵照《××市物业管理招标投标管理法》的规定,经考察现场和研究上述招标文件后,我方愿以所要递交的标书中的总投标价,承担上述物业的全部管理工作。"

主体部分首先列出总投标价,用表格列出总投标价明细表。

接着根据招标文件提出的条件和要求进行承诺,如:"根据招标文件所提要求,我公司承诺如下:

(1)一旦我方中标,我方保证按递交的标函中承诺的期限和招标文件中对承包期限的要求如期按质提供服务。

(2)一旦我方中标,我方保证所提供的物业管理质量达到我方所递交的标函中承诺的质量等级。

(3)一旦我方中标,我方保证按投标文件中的物业管理班子及管理组织设计组织管理工作。如确需变更,必须征得业主的同意。

(4)我方同意所递交的投标文件在投标有效期内有效,在此期间内,我方的投标有可能中标,我方将受此约束。

(5)我方同意招标文件中各条款,并交纳保证金。若我方违约,则扣除所交纳的全部保证金。"

在承诺后,要详细介绍公司的物业管理前期筹备工作,接管后的日常管理服务工作,包括安防工作、环卫绿化工作和房屋及设备、设施管理,拟采取的管理方式,管理处组织机构等。

落款处写明公司名称、法人代表姓名、单位地址、电话、电子邮箱、邮编、开户银行及账号、投标日期等,加盖投标单位公章和负责人的印鉴。

【例文 6.2】

××建筑安装工程投标书

××公司:

在研究了贵单位××建筑安装工程的招标条件和勘察设计施工图纸,以及参观了建筑安装工地以后,经我们认真研究核算,愿意承担上述全部工程的施工任务。我们的投标书(标函)内容如下:

一、建筑安装工程内容一览表

工程名称	工程地点	建筑面积(或安装项目)	栋数	层数	结构形式	地质勘察单位	工程设计单位	备注

二、标价

总造价：（略）

综合单价：（略）

总包标价构成：（略）

三、工期

开工日期：（略）

竣工日期：（略）

合计天数：（略）

四、工程质量标准及主要施工技术组织措施

质量达到等级：（略）

保证质量主要措施：（略）

施工方法及选用施工机械：（略）

我们特此同意，在本投标书发出后的_____天之内，我们都将受本投标书的约束，我们愿在这一期间的任何时候接受贵单位的中标通知。一旦我们的投标被接纳，我们将与贵单位共同协商，按招标书所列条款的内容正式签署建筑安装工程施工合同，并切实按照合同的要求进行施工，保证按质、按量、按时完工。

我们承诺，本投标书一经寄出，不得以任何理由更改，中标后不得拒绝签订施工合同和施工；一旦本投标书中标，在签订正式合同之前，本投标书连同贵单位的中标通知，将构成我们与贵单位之间有法律约束力的协议文件。

投标书发出日期：_____年_____月_____日_____时

投标单位：_____（公章）

企业负责人：_____（盖章）

联系人：_____（盖章）

电话：_____

地址：_____

【评析】这份投标书首先表明态度，经调查核算，愿意承担招标书中提出的任务。接着对投标项目有关内容作出说明，包括工程内容、标价、工期、质量、施工方法及设备等。最后提出保证事项。阐述清楚明白，态度实事求是，具有说服力。

⇨ 写作实训

1. 以招标书写作实训一中的案例为背景，根据××计算机通信科技有限公司广告业务招标书，以某广告单位的名义制作投标书。

2. 以招标书写作实训二中的案例为背景，根据××大学后勤集团饮食服务中心的招标书，以某食品供应基地的名义制作投标书。

第二节　意向书、协议书、经济合同

一、意向书

⇨ **案例导入**

  ××控股集团有限公司是中国汽车行业十强企业。1997 年进入轿车领域以来，凭借灵活的经营机制和持续的自主创新，取得了快速的发展，现资产总值超过 1000 亿元，连续 9 年进入中国企业 500 强，连续 7 年进入中国汽车行业十强，被评为首批国家"创新型企业"和"国家汽车整车出口基地企业"。

  为全面提升××汽车品质，打造××汽车旗下高端品牌，××控股集团总裁、CEO×××先生和×××汽车公司总裁、CEO×××先生及双方公司高管在上海××宾馆就技术转让进行洽谈，双方达成初步合作意向。

  ×××汽车公司将部分技术转让给××控股集团有限公司，××控股集团有限公司将在旗下高端品牌使用该先进技术。同时双方联合开发小排量、高性能、绿色环保系列发动机，环保型的小型车平台，电动车、油电混合车及插入式混合动力等新能源汽车总成系统技术。

  根据以上材料，写作一份意向书。

⇨ **知识链接**

（一）意向书的内涵

  意向书是当事人双方或多方，就某一项目经过初步商谈之后，关于合作愿望或设想形成原则性的意见并签署的文书。如对某项工程的确立、投资，合作经营某个项目等。

  意向书是一种希望达到某种目的、意图和打算的初步意见，是对某个项目在正式签订协议之前，由一方向另一方表明基本态度或提出初步设想的一种协商性的文书。

  意向书没有协议书或合同书那样的法律约束力，但为当事各方以后的进一步合作洽谈奠定了基础。由于意向书都由比较高级、有决策力的成员参加讨论，因此，意向书的签订对于一个项目的确定具有决定性意义，它是签订具有法律效力的协议书或合同书的前期准备。

（二）意向书的特点

1. 协商性

写意向书的目的是提出自己的基本主张或打算与对方协商，行文多用商量的口气,不带任何指令性。但也需明确提出自己能做到什么、答应什么条件,希望对方做什么、怎样做,等等。自己一方在意向书中表明的态度和答应了的条件,在进一步签订协议书或合同时一般不能反悔,否则将失去意向书的意义。当然,在签订协议书或合同之前还可以重新审查自己的意向,进行修改和补充。

2. 灵活性

一是内容的灵活性。意向书只表达一种合作意愿,不涉及具体的合作内容。一份意向书发出之后,对方如有更好的意见,可以放弃自己的主张而采纳对方的意向,部分改变或全盘改变都是可能的。在同一份意向书里可以提出数种设想方案,供对方选择。或者对其中的某些项目同时提出数种意见,让对方比较。

二是行文的灵活性。意向书既可采用协议书的写作形式,也可采用会议纪要形式。行文措辞也比较灵活。

3. 临时性

意向书是协商过程中各方基本观点的记录,一旦签订了协议书或合同,意向书便完成了使命。意向书不像协议书、合同那样具有法律效力,它对任何一方均无约束力。只有一种情况例外:一方向另一方提出一份签字盖章的意向书,另一方回复一份签字盖章的函件明确表示"我方完全同意你方意向书提出的各项条件,决定按你方意向书的内容执行。以此为约"。这样,一方提出的意向书也就具备了协议书的性质,有一定的法律效力。不过在非特殊的情况下,最好还是另签订一式数份的正式协议书或合同,以免引起不必要的纠纷。

⇨ **格式扫描**

意向书的书写格式有书信式、方案式两种。

书信式意向书是指用书信的形式向对方表明自己一方的意向。内容可分段陈述,也可列条款表达。

方案式意向书是一份完整的方案,分组分条地谈想法、列条件、提措施。

意向书一般由标题、正文、署名和日期三个部分组成。

(一)标题

意向书的标题有三种写法。一是公文式标题,包括提出意向书的单位名称、事由和文种三部分,如"××公司与××大学关于合作开展课题研究的意向书"。二是包括事由和文种两项内容,如"关于共同投资举办××公司的意向书"。三是只有文种的标题,只在首行居中写"意向书"。

(二)正文

正文包括前言和主体两部分内容。

1. 前言

主要写明签订意向书的各方当事人的名称、签订意向书的指导思想和政策依据、需要实现的总体目标。如果双方达成初步意向性的意见,并履行签字手续,前言部分应该写明双方协商的简要经过及出席代表等情况。如果是一方提出的意向书,应该写明提出意向性意见的依据或意义。

2. 主体

主体部分写明经过协商后当事人各方达成的具体意向。

可以分段叙述,也可以分条列项地表达。主体部分后面一般加上"本意向书未尽事宜,在正式签订合同或协议书时予以补充"。

(三) 署名和日期

各方谈判代表在正文右下方签字盖章。如果是双方或多方协商后写出的意向书,需要双方或多方写明所代表的单位和代表人姓名;如果是一方向另一方提出的意向书,只签署自己一方的单位名称。

最后写明签订意向书的日期和本意向书的份数。

⇨ **写法指要**

在写作意向书时应当注意不要同协议书混淆,意向书的内容要比协议书的内容更简明,更概括,多列明原则性的条款。意向书一般只写明在哪些方面合作,具体怎么合作,待专门商议后,再签订协议书具体落实。

【例文 6.3】

关于技术转让的意向书

甲方:××控股集团有限公司(以下简称甲方)

乙方:×××汽车公司(以下简称乙方)

时间:××××年×月×日

地点:××市××宾馆

双方就技术转让的合作事宜,经过初步协商,达成如下合作意向:

一、乙方将部分技术转让给甲方,甲方将在旗下高端品牌使用该先进技术。

二、双方联合进行小排量发动机、环保小型车平台,以及新能源汽车等方面的技术联合开发。双方积极推进,联合开发小排量、高性能、绿色环保系列发动机,环保型的小型车平台,电动车、油电混合车及插入式混合动力等新能源汽车总成系统技术。

三、在双方完成前期工作基础上,双方商定于××××年×月×日签订正式协议。

四、本意向书是双方合作的基础。甲乙双方的具体合作内容以双方的正式协议为准。

甲方：××控股集团有限公司　　　　乙方：×××汽车公司

代表人：×××　　　　　　　　　　代表人：×××

××××年×月×日

【评析】这是一份技术转让的意向书。合作双方就技术转让的合作意向进行磋商，双方就技术转让、技术联合开发等达成初步合作意向。签署意向书，表明双方愿意进一步商谈合作意向，在双方完成合作前期准备工作的基础上，就具体合作内容签订正式协议。

⇒ 写作实训

1. ××市良好的区位优势、优惠的招商条件及优美的投资环境吸引了××投资有限公司董事长×××，经过多次考察，××投资有限公司与××市科技文化旅游公司就××文化村旅游开发项目签订了旅游投资意向书，总投资金额为 10 亿元。预计该项目于 20××年建成并对外开放。

请查阅有关资料，拟写一份××文化村旅游投资意向书。

2. 根据以下材料写作意向书。

全聚德集团股份有限公司主要经营餐饮服务，正向着"中国第一餐饮，世界一流美食，国际知名品牌"的宏伟愿景而努力。为落实公司制订的发展规划，加快直营连锁事业的发展，积极探索资本运营和资产重组的途径，加快公司在西部地区的发展规模与速度，公司拟与特许加盟合作方君邦公司签订合作意向书，双方共同投资成立区域公司，在新疆乌鲁木齐等市从事餐饮、住宿及食品加工销售业务。

君邦公司先投资成立新疆全聚德。全聚德集团股份有限公司再向君邦公司收购其所持新疆全聚德公司部分股权。公司最终持有新疆全聚德 85%的股权。

双方同意君邦公司目前在新疆乌鲁木齐市的现有餐饮业务全聚德长江路店、全聚德北京路店、君邦天山饭店将由双方共同投资的区域公司收购。该区域公司拟先由君邦公司在乌鲁木齐市投资成立，名称为新疆全聚德控股有限公司。

新疆全聚德公司的初始出资方式为：君邦公司以全聚德北京路店和全聚德长江路店的经营性资产及现金出资。出资的资产具体范围由双方共同协商确定，并以经双方认可的资产评估机构出具的资产评估报告的评估价值作为定价依据。

新疆全聚德公司成立后，将向君邦公司控股的新疆君邦天山大饭店有限公司收购其除房地产以外的经营性资产，收购的资产范围由双方协商确定，并以双方共同认可的资产评估机构出具的资产评估报告的评估价值为准。

新疆全聚德公司完成对天山大饭店经营性资产的收购后，全聚德集团股份有限公司向君邦公司收购其所持新疆全聚德公司部分股权，股权转让价格应以双方共同认可的资产评估机构出具的资产评估报告的评估价值为准；全聚德长江路店、全聚德北京路店及天山大饭店拟进入新疆全聚德公司的资产初步合计估值预计为

1.63 亿元。股权转让及增资完成后,新疆全聚德公司的股权结构初定为：全聚德集团股份有限公司持有新疆全聚德公司 85%的股权,君邦公司持有新疆全聚德公司 15%的股权。

二、协议书

⇨ **案例导入**

　　××市放心早餐工程有限公司成立于20××年 1 月,是一家由下岗工人、待业青年、失地农民等群体组成的企业,是××市政府的民心工程。该企业创造出一种新型商业模式,不制造食品而一举成为××市早餐市场的最大销售商。供货商都是经过筛选,在市民中有一定美誉度的知名品牌,采用流动餐车的形式布点于市区,其供应的品种满足了部分消费群的需求。公司率先在"放心早餐"服务行业引入质量管理体系,已成为全国早餐业的知名品牌和主导企业。

　　为了加强企业间的合作,促进企业共同发展,××市放心早餐工程有限公司同意将餐车交给××奶业有限公司作为发布广告使用,双方就有关合作事项进行协商,签订合作协议书。

⇨ **知识链接**

　　（一）协议书的内涵

　　协议书是当事人双方或多方经过谈判或共同协商,取得一致意见后订立的一种具有经济或其他关系的契约性文书。协议书一经签订,即具有法律约束力,任何一方都不能随意变更协议书的内容。

　　协议书与合同都是在自愿、公平的原则下签订的具有法律效力的文书,都起到加强合作、制约监督和凭证依据的作用,不同之处有以下几方面：

　　1. 在涉及的项目方面

　　协议书涉及的项目比合同广泛,除了合同涉及的经济方面的项目外,协议书还常常涉及文化、教育、科技等方面的项目。

　　2. 在内容方面

　　协议书一般对某些问题或事项只作原则性、概括性的规定,而合同的内容较为全面、细致、具体和正规,便于执行。

　　对有些初次建立的经济关系或较复杂的经济关系,往往要多次磋商才能确定彼此的权利义务。因此常常在签订正式合同之前,先签订协议书作出原则性的规定。

　　3. 在文体的功能方面

　　合同比较严谨单一,使用时较规范正式。而协议书的功能比较灵活多样,既可以在签订合同之前明确双方的合作意向,也可以补充修订合同的有关条款。如果协议书的条款已具体明确地规定双方权利,也可以直接作为合同来使用。

4. 在时效性方面

协议书的时效性比合同长。一旦当事人共同指向的标的已经完成,合同的效力便自然消失。

(二) 协议书的种类

(1) 按具体内容分,有涉及经济方面的协议书,如承包工程协议书、购销协议书、承揽加工协议书、财产保险协议书、赔偿协议书、经济技术合作协议书等。也有涉及文化、教育、科技等方面的协议书,如合作经营协议书、校企合作协议书、技术转让协议书等。

(2) 按适用时间分,有长期协议书、中期协议书、短期协议书和临时协议书等。

(3) 按作用分,有意向式协议书、补充修订式协议书、合同式协议书等。

⇨ 格式扫描

协议书的格式一般包括标题、当事人名称、正文和落款四个部分。

(一) 标题

既可以只标明文种,在首行居中写"协议书",也可以是协议性质加文种,如"技术转让协议书",还可以加上签订协议的双方单位名称,如"××大学与××公司关于开展校企合作的协议书"。

(二) 当事人名称

写明参与协议的双方或多方当事人的单位名称或个人姓名,为了表述方便,在名称后用圆括号标注"以下简称甲方"或"以下简称乙方"。

(三) 正文

正文可分前言和主体两部分。

前言部分简明交代签订该协议的目的、依据和过程等。

主体部分写明双方当事人议定的内容,一般应包括:协议的项目内容、合作的方式、各自的权利和义务、有关问题的具体要求、违约责任、有效期限、协议书份数和保存,以及其他需说明的事项等。

正文通常采用条款式,如果需要,有些条款也可以用表格来表示。

(四) 落款

落款部分包括:双方及多方当事人单位名称并加盖公章,法定代表人签名并盖章;签订协议书的日期;有关附项,包括单位地址、电话、传真、开户银行、银行账号等。

协议书的内容必须符合国家颁布的法律、政策和有关规定,各项条款表述清楚、措辞严谨。

 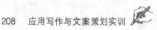

⇨ 写法指要

根据教学案例,师生共同研讨协议书的写作思路。

××市放心早餐工程有限公司与××奶业有限公司就利用餐车发布广告事宜进行协商,签订合作协议书。

第一行居中写明标题"协议书"。

标题下方写明双方单位名称和法定代表人姓名,为便于表述,简称甲方和乙方。

前言部分写签订协议书的依据和目的,如"为了加强企业间的合作,促进企业间的共同发展,甲乙双方本着诚实守信、互惠互利的原则,经友好协商,达成如下协议"。

主体部分用条文的形式依次写明双方当事人议定的内容。具体包括以下几方面的内容:

（1）甲方同意将多少辆餐车前的广告版面交给乙方作为发布广告使用。

（2）广告设计图由哪方提供,哪方负责制作广告。

（3）明确广告发布内容要求,如必须符合国家广告法及其他有关法律的规定,经双方认可后确定。约定乙方使用甲方餐车广告版面的期限。

（4）甲方餐车广告版面,每辆车的广告费用,合计的广告费用。

（5）广告费用结算时间和方式。

协议书在明确双方权利和义务的基础上,还要写明违约责任、有效期限、协议书份数和保存,以及其他需说明的事项等。

协议书经双方签字盖章后生效。

【例文 6.4】

校企合作协议书

甲方:××大学(以下简称甲方)

乙方:××包装纸业有限公司(以下简称乙方)

为推动学生校外实习和社会实践活动的开展,培养具有较高专业实践能力的技术型人才,甲方与乙方本着协作、互助、共赢的原则,建立校企合作关系。经双方协商,达成如下协议:

一、合作内容

1. 双方同意建立校企合作关系,通过校企合作,走"产、学、研"相结合的道路,使双方互惠互利。

2. 甲方所属系(部)根据教学计划和课程教学大纲的要求,在不影响乙方正常生产的前提下,派遣学生到乙方实习。乙方根据学生实习期的内容、项目和课题给予适当安排,并派相关专业技术人员进行实习指导,以保证学生能顺利完成教学实习的内容,为毕业后服务于企业奠定良好的基础。

3. 乙方可根据自身业务及规模发展的需要,在甲方建立"定制班"或将需要提供给甲方,以便甲方在学生培养方面有所侧重;同时乙方可利用甲方的技术知识资源及学生资源,将一部分项目的前期调查及研发或工作量较大的非核心技术任务交甲方完成,以降低成本。

4. 双方建立合作领导小组,负责产学研合作的指导及管理。同时安排专人负责进行联络与沟通,其中甲方由×××负责,乙方由×××负责。

二、责任和义务

(一) 甲方

1. 根据乙方的实际情况和要求,提供技术支持和项目协作。优先为乙方培训管理人员、专业技术人员或转岗工人提供服务,优先为乙方提供技术咨询和开展技术协作。

2. 确定实习基地名称和牌匾的制作,并通过各种渠道在相关媒体上进行宣传报道,以提高企业知名度。

3. 根据专业教学计划和课程教学大纲要求,初步确定每次实习的时间、内容、人数和要求,提前一个月与乙方联系,与乙方共同制订具体实施计划和安排。经乙方确认后组织实施。

4. 委派专人负责管理实习学生的行政事务,并参与教学实习指导。

5. 负责实习学生的往返交通和其他教学组织管理工作,做好安全教育工作。

6. 教育实习学生必须严格遵守乙方订立的各项管理制度、劳动制度、保密制度等。

(二) 乙方

1. 充分利用乙方企业的行业优势,根据自身需要对甲方现行的理论教学体系与当前企业实际需求提出建设性意见,并可在甲方校内成立"人才培养及项目研发基地"。

2. 按照甲方教学计划,结合单位实际情况,安排学生的实习内容,组织及指导实习的全过程,培养学生的职业素质和实际操作能力。

3. 提供实习设备、场地和原材料。

4. 对实习学生的实习成绩进行相关的评价和考核。

5. 根据情况酌情为实习师生提供工作午餐,为学生提供少量劳动补贴。

6. 根据学生的综合表现和素质,可优先选择优秀毕业生。

7. 在学生使用乙方的机器设备时,指导监督学生遵守有关安全生产操作规程,确保工作安全。

 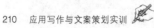

8. 可将预研项目及非核心技术工作委托甲方进行调研、研发、制作及编制,以降低成本费用。

三、合作时间

合作时间为贰年,根据双方合作意愿和实际情况,可长期合作。首次合作结束后,双方可共同商议形成新的合作意向。

本协议一式肆份,双方各执贰份,合作协议一经双方代表签字、盖章即生效,双方应遵守有关条款,未尽事宜,可由双方协商解决。

甲方: (盖章) 乙方: (盖章)

代表: 代表:

××××年×月×日

【评析】这是一份校企合作协议书,校企合作是大中专院校谋求自身发展、实现与市场接轨、大力提高育人质量、有针对性地为企业培养一线实用型技术人才的重要举措。协议书围绕实习、项目研究等内容明确双方的权利和义务,让学生在校所学与企业实践有机结合,让学校和企业的设备、技术实现优势互补、资源共享,以切实提高育人的针对性和实效性,提高技能型人才的培养质量。

⇨ 写作实训

1. ××企业本着支持中国体育运动事业及羽毛球运动发展,更好地充分利用体育资源,树立企业产品良好的品牌形象,促进品牌推广的目的,经和中国羽毛球协会协商,双方就合作事宜达成以下一致意见:由企业每年向中国羽毛球协会提供赞助费,要求运动员服装印上该企业名称等。请查阅有关资料,写作协议书。

2. ××建筑工程公司(甲)和××装修设计公司(乙方)为发挥双方的优势,共谋发展,并为今后逐步向组成集团公司过渡,双方经过充分友好的协商,就以下几方面达成协议:双方建立密切的技术合作关系,今后凡甲方承接的工程,装修设计任务均交给乙方承担;为保证设计的质量,甲方将毫无保留地向乙方提供所需的一切建筑技术资料;乙方在接到任务后,将立即组织精干的设计队伍,在10日内提出设计方案,并在方案认可后一个月内完成全部设计图纸;装修施工队伍由甲方组织,装修工程的施工也由甲方组织实施。施工期间,乙方派出高级工程师监督施工,以保证工程的质量;甲方按装修工程总费用的×‰向乙方支付设计费。根据以上内容写作协议书。

三、经济合同

⇨ 案例导入

根据平等自愿、互惠互利的原则,××服装公司(以下简称甲方)与××市人民商

场(以下简称乙方)经过协商,签订服装经销合同,具体内容如下:

甲方授权乙方在××市经销××服饰。甲方以商品全国统一零售价的4.5折作为乙方结算价,并开具增值税发票。运费由乙方负担,甲方代办运输手续。本市内运输由甲方承担。乙方自行看样订货,发货后不作退换货处理。如有质量问题,货到三天内通知甲方,并发回给甲方鉴定,过期不再处理。乙方在该地区经销期间,应维护甲方的品牌形象,不得损害甲方的利益,同时应做好优质服务、售后服务工作。

甲方授权期限为一年,经甲方对乙方销售业绩考核,再协商制订续签手续,或转为连锁经营点。

如有下列情况之一,甲方不需经乙方同意,可以终止本合同,并且由乙方自负一切责任:有违反本合同之事的行为;不能及时给付货款;提供畅销产品,供同业仿造;对外促销等广告,未经甲方事先同意而实施。乙方如违反以上条例,经口头劝告无效,再发书面通知限期改正,如还不思改过,经甲方信函通知乙方终止本合同。合同期满,自动终止双方义务。期间如有异议,双方协商解决。如双方协商不成可在签约地点处所管辖法院提出诉讼。

请拟写一份服装经销合同。

⇨ 知识链接

（一）经济合同的内涵

经济合同是指平等民事主体的法人、自然人、其他经济组织之间,为实现一定的经济目的,明确相互间权利义务关系而订立的文书。

合同当事人经协商同意的有关修改合同的文书、电报等书面材料,也是合同的有效组成部分。

签订经济合同是两个或两个以上的当事人,依法就经济合同的主要条款协商一致,达成协议的法律行为。签订经济合同是经济合同成立并产生法律约束力的前提,没有这一法律行为,当事人之间的权利和义务关系就不能发生。因此,签订经济合同是建立经济合同法律关系的基础,它对于确定合同是否有效,能否履行,当事人的经济目的能否实现,发生纠纷如何判定责任等问题都有极其重要的意义。

（二）经济合同的种类

合同种类繁多,可从不同的性质和角度分类。

1. 按内容分

（1）买卖合同。是出卖人转移标的物的所有权于买受人,买受人支付价款的合同。

（2）供用电合同。是供电人向用电人供电,用电人支付电费的合同。内容包括供电的方式、质量、时间,用电容量、地址、性质,计量方式,电价、电费的结算方式,供用电设施的维护责任等条款。

（3）赠与合同。是赠与人将自己的财产无偿给予受赠人，受赠人表示接受赠与的合同。

（4）借款合同。是借款人向贷款人借款，到期返还借款并支付利息的合同。借款合同采用书面形式，但自然人之间借款另有约定的除外。借款合同的内容包括借款种类、币种、用途、数额、利率、期限和还款方式等条款。

（5）租赁合同。是出租人将租赁物交付承租人使用、收益，承租人支付租金的合同。内容包括租赁物的名称、数量、用途、租赁期限、租金及其支付期限和方式、租赁物维修等条款。

（6）融资租赁合同。是出租人根据承租人对出卖人、租赁物的选择，向出卖人购买租赁物，提供给承租人使用，承租人支付租金的合同。内容包括租赁物名称、数量、规格、技术性能、检验方法、租赁期限、租金构成及其支付期限和方式、币种、租赁期届满租赁物的归属等条款。

（7）承揽合同。是承揽人按照定做人的要求完成工作，交付工作成果，定做人给付报酬的合同。承揽包括加工、定作、修理、复制、测试、检验等工作。内容包括承揽的标的、数量、质量、报酬、承揽方式、材料的提供、履行期限、验收标准和方法等条款。

（8）建设工程合同。建设工程合同，是指一方依约定完成建设工程，另一方按约定验收工程并支付酬金的合同。建设工程合同包括工程勘察、设计、施工合同。

（9）运输合同。是承运人将旅客或者货物从起运地点运输到约定地点，旅客、托运人或收货人支付票款或者运输费用的合同。

（10）技术合同。是当事人就技术开发、转让、咨询或者服务订立的确立相互之间权利和义务的合同。

（11）保管合同。是保管人有偿或者无偿地为寄存人保管物品，并在约定期限内或者应寄存人的请求，返还保管物品的合同。

（12）仓储合同。又称仓储保管合同，是保管人储存存货人交付的仓储物，存货人支付仓储费的合同。

（13）委托合同。是指受托人为委托人办理委托事务，委托人支付约定报酬或不支付报酬的合同。

（14）行纪合同。是行纪人以自己的名义为委托人从事贸易活动，委托人支付报酬的合同。

（15）居间合同。是居间人向委托人报告订立合同的机会或者提供订立合同的媒介服务，委托人支付报酬的合同。

2. 按形式分

可分为条款式合同、表格式合同及条款、表格结合式合同。

（1）条款式。用文字叙述的形式，把双方协议内容逐条记载。

（2）表格式。将合同的全部内容用表格的形式来表述。

（3）条款、表格结合式。由合同条款另加若干附表构成。

（三）经济合同的写作内容

1. 标的

经济合同中权利和义务共同指向的对象，也就是双方当事人所要实现的目的。

2. 数量与质量

数量是对标的量的规定，数字具体准确，明确计量单位和计量方式。如数量难以十分精确，则应规定交货数量允许的超欠幅度、合理的镑差、合理的中途运输损耗等。

质量是对标的质的规定，即检验标的内在素质和外观形态优劣的标志。凡有法定标准可依据的，应说明遵循的国家标准、部颁标准或地方及企业的标准；没有法定标准可依据的，由经济合同当事人双方协商具体标准或凭样交货，对某些特殊的标的还应规定一定的验收办法。

3. 价款与酬金

取得对方的产品而支付的代价叫价款。

获得对方的劳务或智力成果所支付的代价叫酬金。

凡由国家或地方统一价格标准规定的，一律按规定支付。凡没有规定价格的，由当事人之间自行议价。还应写明结算方式和结算程序。

4. 履行的期限、地点与方式

期限是指交货或完成劳务或交付货款等的日期。

履行的地点和方式，包括供方、需方自提或委托运输部门托运等。

这些都直接影响到费用的计算和合同内容的具体履行。

5. 违约责任和争议的解决办法

指对不按合同规定履行义务时所采取的制裁措施。主要是过错方向对方支付违约金、赔偿金和承担由于违约而造成的多支出的运费、仓储费等。

如因违约产生争议，可根据《合同法》第128条的规定解决："当事人可以通过协商或者调解解决合同争议。当事人不愿意和解、调解或者调解不成的，可以根据仲裁协议向仲裁机构申请仲裁……当事人没有订立仲裁协议或者仲裁协议无效的，可以向人民法院起诉，当事人应当履行发生法律效力的判决、仲裁裁决、调解书；拒不履行的，对方可以请求人民法院执行。"

6. 其他条款

包括根据法律规定或经济合同性质必须具备的其他一些条款。如，需方要求供方在交货时采用特殊的包装材料、包装方式等；又如，预购合同的供方要求需方交纳定金，借款合同中贷款方要求借款方提请保证人等。

⇨ **格式扫描**

经济合同由合同名称、合同当事人、正文、结尾四个部分组成。

（一）合同名称

主要是说明合同的性质与种类。如"买卖合同""建设工程承包合同""借款合同"等。合同编号、签订日期通常置于合同名称的右下方，也可以置于正文右下方。

（二）合同当事人

要写明签约双方单位的名称和代表人姓名。为了表述方便，可以在全称之后括注以下简称，如"甲方、乙方""供方、需方""买方、卖方""建筑单位、承包单位""出租方、承租方"等。

（三）正文

1. 前言

写明双方签订合同的依据和目的，如"兹因需方向供方订购下列商品，经双方协议，特签订本合同，并共同信守"。

2. 双方协议的内容和违约责任

这是合同的主要部分，它规定当事人各项具体的权利和义务，应做到三个明确：合同的标的要明确，双方的权利义务要明确，违约责任要明确。拟订协议内容和违约责任时，要认真研究经济合同各项条款的内容，使其周密严谨。

例如，在买卖合同中，关于产品包装条款，不能简单地写袋装、瓶装、桶装，应当注明用什么材料包装，包装要达到什么要求、标准等。

又如，在违约责任条款中，不能笼统地写任何一方违反合同都要追究违约责任并赔偿对方经济损失。违反合同的情况有多种：不按期履行合同，产品质量不合格，包装不符合要求，不按期付款等，应写明如何追究违约责任，赔偿的数额等。

3. 合同的附件

附件是合同的组成部分，与合同具有同等法律效力。合同附件包括提议方的书面要约，承诺方的书面承诺，与标的有关的图纸、质量说明、证书、工程进度表等。

附件可以附在正文的后面，合同正文应该有专门条款注明附件份数和名称。

（四）结尾

结尾写明合同的有效期限、合同的份数及保存，双方单位及代表签字盖章，有的还要加上上级机关或鉴证机关名称和盖章。

⇨ **写法指要**

经济合同当事人的主体资格，即法律地位都是平等的，任何一方都不能对他方强迫命令。经济合同的签订是当事人自愿的行为，是建立在当事人各方自愿基础之上的。当事人在签订经济合同时，必须进行充分协商，考虑到各方利益，最终达成一致协议,达到各自的经济目的。

写作经济合同,要明确签订的目的,厘清协议内容,确定当事人的权利、义务和应承担的责任及其他必备条款。

撰写经济合同要本着认真细致的态度,使合同的内容详细严密,便于执行。要使用国家规定的规范用语,表述准确,避免产生歧义。字迹要清晰,书写要工整,手续要完备;经济合同拟订之后,双方当事人要签字,并加盖合同专用章或公章。

【例文 6.5】

农副产品买卖合同

订立合同双方:

    ××县农产公司(以下简称需方)

    ××县××乡××村(以下简称供方)

为了促进农副产品生产的发展,沟通城乡流通渠道,经供、需双方充分协商,特订立本合同,以资双方共同遵守。

第一条　品名、数量、交售日期及价格

1. 供方在_____年_____月_____日以前向需方交售_____(农副产品)_____公斤。

2. 由供、需双方协商议定价格为人民币_____元/公斤。

3. 供、需双方的任何一方如需提前或延期交货与提货,均应事先通知对方,达成协议后按协议执行。

第二条　品种、等级、质量及包装

1. _____(农副产品)的品种、等级和质量,按地区标准执行。

2. _____(农副产品)的包装物由需方供应,包装物由需方回收。

第三条　交(提)货方式、验收和货款结算办法

1. 由需方提货,供方应按合同规定的时间通知需方提货,以发出通知之日作为通知提货时间。

2. 验收办法:

(1)验收期限和地点:自接到提货通知后三天内在提货地点验收。

(2)验收方法和验收标准:由需方根据合同规定的质量要求进行抽样验收。

(3)在验收中对产品质量发生争议,应按《中华人民共和国标准化管理条例》的规定,交质量监督检验机构裁决。

3. 货款结算办法:

供方交售的_____(农副产品)经验收合格后,需方应在 10 天之内,通过银

行转账向供方支付货款。

第四条　供方的违约责任

1. 供方交货数量少于合同的规定而需方仍然需要的，以及供方逾期交货而需方仍然需要的，应照数补交，供方并应比照人民银行有关延期付款的规定，按逾期交货部分货款总值计算，向需方偿付逾期交货的违约金；供方超过规定期限不能交货的，应偿付需方不能交货部分货款总值＿＿＿＿＿％（1%～20%的幅度）的违约金；因逾期交货，需方不再需要的，由供方自行处理，并向需方偿付该部分货款总值＿＿＿＿＿％（1%～20%的幅度）的违约金。

2. 供方如因违约自销而不履行合同时，应向需方偿付不履行合同部分货款总值＿＿＿＿＿％（5%～25%的幅度）的违约金。

3. 供方在交售＿＿＿＿＿（农副产品）中掺杂使假、以次充好的，需方有权拒收，供方同时应向需方偿付该批货款总值＿＿＿＿＿％（5%～25%的幅度）的违约金。供方交售的鲜活产品如有污染或疫病的，需方有权拒收，并可按国家有关规定处理。

4. 供方的包装不符合规定，发货前需返修或重新包装的，应负责返修或重新包装，并承担因此而支付的费用。发货后因包装不善给需方造成损失的，应赔偿其实际损失。供方由于返修或重新包装而造成逾期交货的，按逾期交货处理。

5. 需方按供方通知的时间、地点提货而未提到的，供方应负逾期交货的违约责任，并承担需方因此而支付的实际费用。

6. 因数量、质量、包装或交货期限不符合同规定而被拒收的产品，需方应代供方保管。在代保管期间，供方应负责支付实际开支的一切费用，并承担因保管、保养不善所造成的损失。

7. 供方在接到需方验收产品提出的书面异议后，应在10天内作出处理，如供方未按时处理，可视为默认。

第五条　需方的违约责任

1. 需方在合同执行中退货的，应偿付供方退货部分货款总值＿＿＿＿＿％（5%～25%的幅度）的违约金。因此造成供方损失的，还应根据实际情况赔偿其损失。

2. 供方通知提货而逾期提货的，除比照银行有关延期付款的规定，按逾期提货（收购）部分货款总值计算偿付违约金以外，还应承担供方在此期间所支付的保管费或保养费，并承担因此而造成的其他实际损失。

3. 需方未按合同规定的期限付款的，应按银行有关延期付款的规定，向供方偿付延期付款的违约金。

4. 需方未按合同规定提供包装物的，供方交货日期得以顺延，需方并应向供方偿付延期付款的违约金。因此造成供方损失的，需方还应根据实际情况赔偿其损失。

5. 需方在合同规定的验收期限内，未进行验收或验收后未在规定期限内提出异议,视为默认。

第六条　不可抗力

供、需双方的任何一方由于不可抗力的原因不能履行或不能完全履行合同时,应尽快向对方通报理由,经有关主管机关证明后,可允许延期履行、部分履行或不履行,并可根据情况部分或全部免予承担违约责任,供方如果由于不可抗力造成产品质量不符合合同规定的,不以违约论。对这些产品的处理办法,可由供、需双方协商决定。

第七条　合同的变更与解除

供、需双方的任何一方如遇有《经济合同法》第二十六条所列之一情况,要求变更或解除合同时,应及时通知对方,并采用书面形式由双方达成协议。未达成协议以前,原合同仍然有效。当事人一方接到另一方要求变更或解除合同的建议后,应在收到通知之日起15天内作出答复,当事人双方另有约定的,按约定的期限答复,逾期不作答复的,即视为默认。

第八条　其他

违约金或赔偿金应在供、需双方商定的日期内或由有关部门确定责任后10天内偿付,否则,按逾期付款处理。

第九条　执行本合同发生争议,由当事人双方协商解决。协商不成,双方同意由_____仲裁委员会仲裁。

本合同有效期自_____年_____月_____日起至_____年_____月_____日止。

本合同正本一式二份,供需双方各执一份;合同副本一式二份,交银行、乡政府各留存一份。

需方:××县农产公司(公章)

代表人:_____

开户银行:_____账号:_____

供方:××县××乡××村(公章)

代表人:_____

开户银行:_____账号:_____

_____年_____月_____日订

【评析】这是一份农副产品买卖合同规范文本。明确了签订合同的目的、当事人的权利和义务、当事人应承担的责任。违约责任部分按供需双方分别论述,使当事人能清楚地了解自己的权利和义务。条款表述层次清晰、语言流畅。

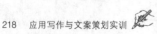 写作实训

1. 根据案例导入部分内容,拟写一份服装经销合同。

2. 根据以下材料写作一份经营场地租赁合同。

出租人××发展有限公司(以下简称甲方)和承租人××有限公司(以下简称乙方)根据《中华人民共和国经济合同法》和国家工商行政管理局《租赁柜台经营活动管理办法》有关规定,双方签订了一份经营场地租赁合同。

甲方将其管理的××市场××楼××号柜台出租给乙方使用,建筑面积××m²。经营租期一年,租赁期满后如甲方继续出租,在同等条件下乙方有权优先承租。日租金人民币××元/m²。月租金×××元。总计××××元整。付款日期为每月底,付款方式为银行转账。

租赁期内甲方责任:依约将经营场地交付乙方使用;负责卖场的市场管理、推广宣传及安全检查等相关维护;租赁期内,甲方须提前解除契约的,应事前征得乙方同意;租赁期届满须收回经营场地的,应在租赁期届满之日前一个月书面通知乙方;如该经营场地继续出租的,在同等条件下乙方有权优先承租。

租赁期内乙方责任:依约按时交纳租金;将经营场地转租、分租或者与他人合作、联合经营应事前征得甲方书面同意和订立书面协议,并按规定重新议定租金;因使用需要对经营场地进行扩、加、改建(含改变间隔)或者室内外装修,应经甲方书面同意和订立书面协议,并按规定重新议定租金;因使用不当或者人为造成经营场地损坏的,应负责修复或者赔偿;协助甲方检查经营场地安全,不得贮存危险、易燃、违禁物品;租赁期内,乙方须提前解除契约的,应事前征得甲方同意;乙方在租赁期届满或者解除契约之日应交还原承租经营场地和设备给甲方,如需继续承租的,应提前一个月与甲方协商,双方另签订契约。

经济合同

第三节　市场调查报告、市场预测报告

一、市场调查报告

⇨ **案例导入**

　　××纺织服装企业感受了这几年外贸的竞争激烈,开始考虑国内市场营销,建立自己的品牌。但国内服装市场竞争激烈,从西装、女装到休闲服装都有全国性的强势品牌,再加上国际服装品牌越来越多地进入中国市场,市场竞争不断升级。××企业不敢贸然进入。企业高层经常在全球各地进行市场调研,一方面了解纺织服装新趋势,另一方面开拓自己的眼界。最后,××企业选择了泳装作为突破。

根据以上材料,开展纺织服装市场调研,写作市场调查报告。

⇨ 知识链接

(一) 市场调查报告的内涵

市场调查报告,是运用科学的方法,有目的、有计划地对购买商品、消费商品的个人或团体进行调查,系统收集有关商品生产、供应、需求等情报资料,并对其进行分析研究,从而得出合乎客观事物发展规律的结论之后写出的报告。

市场调查具有鲜明的针对性,调查的内容可以概括为四个字:"产、供、销、购",即调查产品质量、货源潜力、供货情况、花色品种、供需状况、竞争情况、销售环境、流通渠道、市场价格、购买力、购买对象、购买者的心理等。

市场调查报告必须快速地反映市场变化,及时为企业决策提供参考意见。

(二) 市场调查报告的种类

市场调查报告按内容可划分为以下三类:

1. 市场需求调查报告

这类市场调查报告主要调查市场对本企业产品的需求量和影响需求量的因素。要紧紧抓住购买力、购买动机和潜在需求三个方面展开调查。

2. 竞争对手调查报告

这类市场调查报告主要调查竞争对手的总体情况、竞争能力及其新产品的发展动向等。

3. 经营策略调查报告

这类市场调查报告主要调查本企业的产品、价格、广告和推销策略、销售和技术服务策略等的效应,通过调查了解企业的销售能力是否适应消费者需求,企业的销售策略是否合理,及时发现问题并改进。

⇨ 格式扫描

市场调查报告包括标题、前言、主体、结尾四个部分。

(一) 标题

有直接在标题中写明调查对象、调查内容和调查范围的,如"××自行车在国内外市场地位的调查";有直接揭示调查结论的,如"××自行车市场进入饱和期""出口商品包装不容忽视";还有正副双行标题的,如"'泥巴换外汇'——陶瓷品出口情况调查"。

(二) 前言

前言部分用简明扼要的文字写出市场调查的范围、时间、地点和调查方法,概括全文主旨。有的市场调查报告为了使读者迅速、明确地了解调查报告的全貌,还在前言里极简要地列出一个报告的摘要。

（三）主体

1. 情况部分

这部分内容是对调查结果的描述与说明。可以用文字、图表、数字加以说明。对情况的介绍要详尽而准确,为结论和对策提供依据。

2. 分析部分

这部分内容是通过对资料的分析研究,得出调查结论,或者预测市场未来的发展、变化趋势。为了表述清楚,往往分为若干条或列出小标题分别叙述。

3. 建议部分

这部分内容是针对市场发展变化情况应采取的应对措施提出建议或看法。

（四）结尾

结尾与前言互相照应,或总结全文,或重申观点以加深认识。

⇨ 写法指要

写作市场调查报告,必须实事求是地进行市场调查,报告中引用的调查资料要翔实可靠,对于重要的数据要反复核实、测算,做到确凿无误。

市场调查的内容较广泛,涉及的问题也较多,在整理和撰写时,要根据主旨的需要来剪裁取舍材料。市场调查报告不能堆积材料和罗列数字,必须既有材料,又有观点,观点统帅材料,材料说明观点。作者要在反映情况的基础上提出有见地、有说服力的分析意见和相应的建议。

市场调查报告要综合运用说明、记叙、议论等表达方式。应选用比较全面、系统、完整的事实、数据说明问题,并且运用议论的表达方式提出措施和建议。

【例文 6.6】

××市××区 20××年服务业发展现状的调查报告

××区是××市服务业高度聚集发展的区域,服务业占全区经济总量的 80% 以上。抓住行政区划调整带来的重大发展机遇,加快发展壮大服务业,对于促进××市现代化建设,提升××市中心城市首位度和辐射能力具有重要意义。

一、××区服务业发展现状

1. 总体规模

从××区产业结构总体情况看,第一产业已经退出;第二产业以新型加工业、电子、机电等行业为主,经济总量也不大,占比不到 20%;第三产业以商贸、金融、文化、旅游为主,是××区内的主体产业。20××年,××区实现服务业增加值383.53亿元,占全区地区生产总值的比重达到85.6%。今年1—9月,××区实现服务业增加值321.49亿元,同比增长10.0%,占全区生产总值的86.4%。

2. 税收贡献

服务业税收是××区地方财税收入主要来源。地税局统计数据显示,20××年××区完成地方税收78.03亿元,其中服务业税收66.83亿元,占全区地方税收的85.6%。其中金融业和房地产业两大行业税收33.65亿元,占服务业税收的50.4%。今年以来,××区服务业税收占比继续稳步提升,1—9月,全区服务业完成地方税收55.08亿元,占地税总额的85.8%,同比提高0.5个百分点。

3. 集聚区建设

现代服务业集聚区是服务业发展的重要载体,科学有序推进现代服务业集聚区建设是加快区域服务业尤其是新兴服务行业发展,培育形成增长极的重要举措。近年来,××区服务业集聚区建设发展较快,初步形成了涵盖商贸、物流、科技等不同类型、不同层级的市级服务业集聚区8家。今年上半年,全区服务业集聚区1445家企业,实现营业收入25.84亿元,上缴利税1.25亿元,吸纳就业人员2.9万人。

4. 投资力度

服务业投资是提升服务业发展水平的重要保障。20××年××区完成服务业固定资产投资126.46亿元,占全区固定资产投资总额的99.4%。今年1—9月,全区完成服务业固定资产投资103.79亿元,同比增长26.8%,增速高于全市平均水平8.4个百分点。

5. 重点项目

服务业重点项目建设是产业结构优化的重要抓手。近年来,××区高度重视服务业重大项目拉动作用,项目建设成效显著。目前,××全市服务业重点项目115个,其中××区24个,涵盖了城市综合体、文化创意、城市商贸、现代物流、现代旅游等多个现代服务业领域,总投资额355亿元,今年计划完成投资64.8亿元。

6. 骨干企业

龙头骨干企业对产业发展有较强的辐射和带动作用。作为全市服务业发展重点区域,××区集聚了一大批具有较强竞争力和影响力的服务业大企业。从服务业联网直报数据看,20××年全区年营业收入超过1亿元的骨干企业有206家,占全市服务业亿元以上企业的14.0%。20××年全区206家骨干企业共实现营业收入1511.74亿元,资产总额9587.41亿元,利润总额305.65亿元,缴纳各项税金113.74亿元,吸纳就业人数7.54万人,分别占全市服务业亿元以上骨干企业的14.8%、34.9%、36.8%、41.5%和30.8%。

二、××区服务业存在的问题

1. 发展速度缓慢。近年来,尽管××区服务业总量不断提高,但是占全市服务业增加值的比重却逐年下降。20××年××区服务业增加值增长 8.3%,增速低于全市服务业增速 4.6 个百分点,增幅居各市(县)区末位。

2. 结构有待优化。从××区服务业增加值构成看,20××年批发和零售业,交通运输、仓储和邮政业,住宿和餐饮业等传统服务业占服务业增加值的比重合计达 36.7%,其中批发和零售业占绝对主导,占服务业增加值的比重为 26.4%,而信息传输、计算机服务和软件业,科学研究、技术服务和地质勘查业等现代服务业占比仅 3.6% 和 3.7%。从区亿元以上骨干企业行业构成看,批发和零售业占 60.2%,科学研究和技术服务业仅 5 家。

3. 发展后劲不足。××区服务业投资明显不足。20××年××区服务业投资 126.46 亿元,仅占全市的 4.9%。服务业的内部结构有待进一步优化。

4. 对外开放水平不高。20××年××区服务业实际利用外资 410 万美元,仅占全市 0.1%;服务业外包接包合同额 1105 万美元,仅占全市 0.3%;离岸接包执行额 100 万美元,占全市 0.1%。

5. 龙头企业偏少。在××省发改委、××省统计局联合发布的 20××年××省服务业百强企业中,××市共有 21 家入围,××区仅有××进出口(集团)有限公司和××人民商场股份有限公司 2 家入围。

三、促进××区服务业发展的几点建议

当前是××中心城区建设的重要机遇期,××市委市政府提出要将××区建设成为高端服务经济集聚区,紧抓发展契机,创新发展思路是推动××区服务业实现跨越式发展的必然选择。

1. 扩宽投入渠道,增强发展后劲。要建立健全优化服务业结构的投融资机制,强化政府对投资流向的引导和信息服务作用,实现发展服务业的资金来源、筹集形式和管理方式多样化。积极营造服务业对外开放的良好环境,探索创新利用外资的形式,多渠道、多方式对接国际资本,着力改善政策、生活、社会、人才等投资软环境,增强吸引外资的能力。

2. 突出发展重点,加快结构调整。立足本区资源条件、市场潜力和发展基础,重点发展五大产业:商贸服务业、旅游业、文化产业、科技服务业和商务服务业。逐步形成以现代服务业为主体的产业结构。

3. 扬长避短,发展楼宇经济和总部经济。××区是城市化发展的成熟地区,一方面文化、科技、教育、行政资源要素集聚,另一方面空间有限,土地资源不足,发展楼宇经济和总部经济是利用资源优势、弥补空间不足的有效方法。以建设总部集聚区为目标,加快总部楼宇的开发建设和功能改造,提升服务能力,打造特色星级楼宇,为总部经济发展提供优质平台。吸引跨国公司地区总部、职能总部、中国总部以及更多国内大公司总部入驻发展;引进国际顶级专业服务机构与中介机构,如法律、会计、咨询、信息服务、建筑规划、工程设计、资信评估、市场推广等推进专业

服务的发展,打造功能定位清晰、产业特色鲜明的总部经济和楼宇经济集聚区。

【评析】这篇市场调查报告是对××区服务业进行市场调查,前言交代调查对象和调查目的,可以用文字、图表、数字说明××区服务业发展现状,对情况的介绍详尽而准确,在分析××区服务业发展存在的问题基础上,有针对性地提出促进××区服务业发展的几点建议。本文结构完整,观点明确,具有较强的说服力。

⇨ 写作实训

1. 根据以下材料,设计一份针对市场需求者的调查问卷。

××购物中心是××市著名的大型零售商场之一。几年来,在市场激烈竞争中重视市场调查研究,搞好市场定位,掌握商战主动权。20××年××购物中心重新装修后,即以中高档定位作为目标市场。为了验证购物中心市场定位是否准确,揭示经营效果与市场定位的相关性,购物中心开展了商场客源的调查,以来购物中心购物的顾客为调查总体,从中随机抽取 1000 名顾客作为调查的具体对象。考察顾客的性别、年龄、居住地、职业和经济收入等关于顾客的基本情况,调查顾客的购物动机,并通过对顾客的基本情况及其购物动机的统计分析,对上述问题作出一个客观的结论性的判断。

请为××购物中心设计一份调查问卷。各题均采用封闭式设计,要求调查对象根据实际情况在各题所列的选择项中选取一项,作为对该题的回答。

2. 根据案例导入材料,××纺织服装企业选择泳装作为突破,请为××纺织服装企业针对大学生消费群体开展泳装市场调研,设计调查问卷,写作一份市场调查报告。

二、市场预测报告

⇨ 案例导入

×××餐饮管理有限公司总部位于福建省省会福州市,是福建省最具规模的西式快餐连锁体系。20××年由创始人高××创建,创新是起点,技术为根基。立足福州 20 年,×××公司成就众多创业者财富梦想并为中国的餐饮高速发展提供了大量的创业机会。

20××年创始人高××在福州市台江区开了第一家"动力杯"奶茶店,他潜心研究的奶茶新配方以其独特的口味深受广大顾客的欢迎,小店生意日趋兴隆,在短短的两年内,"动力杯"奶茶连锁店在福建省已发展到 50 多家,这为今后的×××品牌奠定了坚实的基础。

"欢聚欢笑每一客",20××年×××餐饮管理有限公司正式成立,与此同时,公司的形象也逐渐提升,在福建省各个地区设立分公司,并积极对外开放×××特许加盟连锁事业。

随着时代的变迁与顾客消费习惯的改变,传统的奶茶经营模式已经慢慢陷入困境。×××公司改变"动力杯"旧有的经营模式,凭借对茶饮的高度热情,历经数个阶段性的转型与蜕变,于20××年成功注册"马路英雄"手摇奶茶连锁店,结合传统与现代文化之精髓,充分依托台、港两地的技术优势和传承配方,以茶为本,让台湾泡沫茶饮美味得以永续成长,保证一杯杯臻至完美的奶茶送到顾客手中。在竞争激烈的泡沫茶饮领域里,"马路英雄"的口碑与创新得到了各界的肯定。"路上当主角,奶茶也疯狂",让喝"马路英雄"奶茶成为一种习惯,让每一位顾客都是"马路英雄"的代言人。

请针对"马路英雄"手摇奶茶项目,在某个区域内进行市场调研,预测市场发展趋势,写作市场预测报告。

⇒ **知识链接**

(一)市场预测报告的内涵

市场预测就是运用科学的知识和手段,分析研究所掌握的市场信息,对市场的发展变化或可能的结果进行事先的推测和估量,由过去和现在推测未来,由已知推测未知。

市场预测报告是反映市场预测工作的分析研究过程及其成果的书面报告。它要求在正确的理论指导下,在掌握市场情况的基础上,运用科学的方法,根据市场调查获取的资料、数据,对未来一定时期内市场供需前景和发展趋势作出预见,并得出定性和定量的结论,提出有针对性的措施或建议。

市场预测报告与市场调查报告是两个相近的文种,在写作内容、写作方法和篇章结构等方面有很多相似之处,都需要通过市场调查和搜集资料进行分析和预测,提出针对性的建议。它们的区别在于反映的角度、写作的侧重点不同。市场调查报告侧重于反映市场情况,市场预测报告以市场调查为基础,侧重于预测市场发展趋势。

(二)市场预测报告的种类

1. 按预测的范围划分

可分为宏观预测报告和微观预测报告。宏观预测是从宏观经济管理角度,对商品流通总体的发展趋势所作的综合性预测,如对社会商品购买力与社会商品供应总额及其平衡状况的预测。微观预测是从企业的角度,对影响企业生产、经营的市场环境以及企业本身生产、经营活动的预测,如对企业所经营的具体商品的需求进行的预测。

2. 按预测的内容划分

可分为产品市场需求量及变化的预测报告、产品销售情况的预测报告、生产技术发展的预测报告、企业生产所需资源的预测报告、企业产品成本的预测报告等。

3. 按预测的时间长短划分

可分为近期预测、短期预测、中期预测和长期预测。

⇨ **格式扫描**

市场预测报告由标题、前言、主体、落款四部分构成。

（一）标题

市场预测报告的标题比较灵活，常见的有以下三种写法：

（1）由预测的时限、范围、对象和文种四个要素组成，如"20××年我国手机市场预测"。

（2）省略预测的时限和范围，只写预测的对象和文种或只标明预测的对象，如"冰箱市场预测""装饰材料市场预测"。

（3）类似于经济消息的标题，如"家用轿车市场需求持续上升"。

（二）前言

前言一般简要介绍预测对象或概括预测的主要内容，以领起下文。

（三）主体

主体是市场预测报告的核心内容，一般包括现状、预测和建议三个部分。

1. 现状

这一部分内容主要是用具体的材料来说明市场的现状，它是预测的出发点和基础。可以包括产品的产销情况、购买情况、同行的经营情况、本企业的生产能力和技术设备情况等。必要时还可以对历史情况作简要回顾以探寻其来龙去脉，以便更好地了解其发展趋势。

2. 预测

这部分内容是具体展开分析的过程，即根据上述各种现状，加以分析研究，从中推导出对未来的判断，从而得出发展的趋势和规律，预见到未来可能出现的情况。预测的内容包括市场对某产品的需求总量和本企业产品占有市场的比例，它既可以从产品销售总量、同行业的生产情况、影响产品销量的因素和新产品开发速度等方面进行预测，也可以从产品的技术发展趋势、资源、生产成本等方面进行预测。预测必须以翔实准确的数据和材料为依据，通过比较分析、科学推断等方法准确预测市场的发展趋势。

3. 建议

预测的目的就是准确地作出决策，建议是市场预测报告中必不可少的内容，它是针对未来发展情况提出的措施或对策。建议必须以针对现状的客观分析为基础，提出既具有前瞻性又切实可行的意见和措施，只有写得具体、有效，才能对决策

 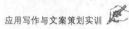

产生作用。

（四）落款

落款写明写作预测报告的单位名称和个人的姓名,并注明写作日期。

⇨ **写法指要**

市场预测报告的性质就是对市场未来的发展趋势作出预见性的判断。写作市场预测报告,必须以周密的调查研究为基础,充分搜集各种真实可靠的数据资料,并运用科学的预测理论和预测方法,才能找出预测对象的客观运行规律,得出合乎实际的结论,从而有效地指导人们的实践。市场预测报告要求能运用资料数据,准确说明现状;分析资料数据,科学推断未来;依据分析预测,提供可行建议。

【例文 6.7】

××文化中心综合体项目市场预测报告

××文化中心综合体项目地块位于××新城中央商务区核心区,区内多为写字楼、商业区和高档住宅,地块内部平整,南侧为安置小区,东侧为待出让商业用地、××商务金融用地及人民路滨水商业街,距离万达广场约 500 米,北侧紧邻城北公路及河道。地块周边商务载体、住宅小区较为集中,居住人口超过 7 万人。南侧、西侧紧邻规划中的小学、幼儿园,辐射人口数量大且交通便利,具备发展成为文化中心的市场基础。

一、项目基本情况

用地规划:可用地面积 $13729m^2$ (20.59 亩),容积率为 $3.0 \sim 4.0$,建筑密度为 25% ,建筑限高 $50 \sim 100m$,绿地率为 35% 。

项目建设指标:可建设面积 $41187 \sim 54916m^2$ 。

功能设置:包含文化馆、图书馆、科技馆等文化载体。

××新城在×××期间着重建设商贸载体,将生产性服务业作为主要招商产业,在南至火车站、北至城北公路与人民路端点共计 2.7 平方公里的区域内,建设商贸载体,成为新产业集聚地。

商贸载体建设:目前已建成商务商贸载体面积 37 万 m^2 ,在建面积 23 万 m^2 ,待建面积 71 万 m^2 。×××期间计划建成 200 万 m^2 商贸载体。

计划引进产业:大力发展现代服务业,重点发展生产服务业,着力引进智慧型、科技型产业,建设四大功能区域,逐步形成集行政办公、金融贸易、会议展示、公司总部、商务洽谈、健康娱乐等功能于一体的商务区。生产性服务业包含现代物流业、科技服务业、金融保险业、信息服务业、商务服务业。

二、项目市场预测

城北市场是××市未来商贸载体的主要供应板块,以大型城市综合体为主。

××新城与××区中央商贸区联成一体,沿人民路、阳澄湖路、春申湖路形成"干"字形城市商贸区,商贸载体建设量体超过 400 万 m^2,集群优势明显。

(一)在售项目去化率高,项目入市竞争压力趋弱,从企划形象以 SOHO 公寓形象为主的在售项目的销售率来看,多数项目销售率在 7 成以上,良好的市场去化为项目今后入市减少竞争压力,多数项目市场宣传形象以 SOHO 类公寓为主,该类产品在城北板块有较好的销售量。

(二)平层产品是城北板块 SOHO 类供应主力,通透性和挑高两类户型客户接受度最高,市场在售 SOHO 产品绝大多数层高都在 3m 左右,部分项目作了挑高设计,前后通透性产品购买客户接受度最高。

(三)区域内客群是各项目主力成交客群,平层投资多,挑高自住比例较高,

从区域在售项目市场调研来看,成交客源以本区域为绝对主力,投资客源整体占到 2~3 成左右;部分挑高类产品自住需求较高。

三、项目开发建议

从××新城的区域属性和项目的建设愿景来看,项目适合向城市文化综合体方向发展,即兼具零售、商务、公共休闲、居住等城市综合体和文化体验、文化消费、文化展示等文化载体功能的复合型综合体。

(一)发挥××新城的人流聚合优势,充分利用轨道交通、快速环线、城北公路等城市交通设施对人流的导入作用,通过项目内部不同功能的组合,成为××市民文化活动中心。

(二)从××新城产业发展的目标来看,大力发展现代服务业将引进大量高素质人才,对文化类消费需求加大,文化综合体项目的出现是催生创意、激发城市活力的发动机。

(三)从项目自身的价值来看,城市文化综合体很好地规避了纯粹办公、商住所造成的同质化竞争,具有更强的持续发展能力;同时也规避了单一文化载体投资回收期长、经营压力大等投资压力,具有更强的经济性。

(四)城市文化综合体通过其内部商业、商务及居住等各种功能综合互补,建立相互依存的价值关系,从而能够适应不同时段的城市多样化生活,并能够进行自我更新与调整。

××文化中心综合体项目组

××××年×月×日

【评析】这是一份微观市场预测报告。针对××文化中心综合体项目开发的发展前景进行市场预测,市场预测报告的针对性很强,文章分项目基本情况、项目市场预测、项目开发建议三个部分,结构严谨。以周密的调查研究为基础,得出客观

的结论,使预测结果和未来的实际情况的偏差概率达到最小化。

⇨ **写作实训**

1. 请针对"马路英雄"手摇奶茶项目,假设在你所在学校的学生广场开设加盟连锁店,针对大学生消费群体进行市场调研,预测市场发展趋势,写作市场预测报告。

2. 结合你家乡的某一特色餐饮项目,针对大学生消费群体进行市场调查,预测市场发展趋势,撰写市场预测报告。

第四节　经济活动分析报告、可行性研究报告

一、经济活动分析报告

⇨ **案例导入**

××印刷厂20××年度提出实现年利润25万元的奋斗目标,截至3月底,已完成利润10.3万元,完成了年计划的41.2%。总体情况虽好,但成本却逐月上升。

2月份每千印成本为45.23元,百元产值成本为59元。3月份每千印成本为65元,百元产值成本70元。3月份千印成本比2月份增加19.77元,百元产值成本增加11元。

分析3月份成本增高的原因包括:纸张价格上涨、千印油墨费增高、辅助生产费用和企业管理费用偏高。辅助生产费用增加的主要原因是领用大型工具多,设备备件多。企业管理费偏高的原因是购买办公用品和招待费多。为此,××印刷厂为控制成本,提出如下建议:制订千印油量消耗定额,把千印油墨消耗控制在0.2千克/千印左右。建立健全设备的维修、保养制度和工具出库保管制度。企业管理费的支出要严格控制,合理使用。

根据以上材料,并查找相关资料,为××印刷厂写一份3月份的成本分析报告。

⇨ **知识链接**

（一）经济活动分析报告的内涵

经济活动分析是以党和国家的经济方针政策与正确的经济理论为指导,以现实和历史的计划、会计、统计资料以及有关原始记录和调查材料为依据,对某一地区、某一行业、某一单位、某一部门的所有经济活动或某一项经济活动的情况进行客观分析的行为。经济活动分析报告就是反映经济分析的内容和结果的书面

报告。

（二）经济活动分析报告的种类

根据分析的范围、目的和内容的不同，经济活动分析报告大致分为以下几种：

1. 全面分析报告

全面分析报告也称系统分析报告或综合分析报告。它是对一定时期内的经济活动根据各项主要经济指标所作出的系统的分析，目的是全面检查各项指标的完成情况，找出其中互相影响的关系，从整体上认识生产经营活动的成绩、问题和原因，对经济活动作出总体评价，提出改进工作的具体措施和办法。这种分析报告面广量大，一般只用于定期分析。

2. 简要分析报告

这种分析报告一般是围绕主要财务指标、计划指标或抓住一两个重点问题进行分析，以观察经济活动的趋势和工作的进程。这种分析报告常在年、季、月末进行。

3. 专题分析报告

专题分析报告是根据企业的实际需要，对某些重大经济措施和业务上的重大变化以及工作中的薄弱环节和关键问题等进行专项分析后写出的分析报告。如成本分析、费用分析、产品质量分析等。专项分析报告的特点是内容专一、主题明确、分析透彻。它既可以是定期的，也可以是不定期的。

（三）经济活动分析的基本方法

恰当运用分析方法可以保证经济活动分析的准确性和有效性。常见的经济活动分析方法有以下几种：

1. 对比分析法

对比分析法是通过指标对比来发现问题、揭示矛盾，一般可从以下几个方面进行比较。

（1）比计划。将本期实际指标与计划指标相比较，检查计划的执行情况。

（2）比历史。将本期实际指标与上期或上年同期的实际指标相比较，或与本单位历史最高水平相比较，观察经济活动的发展变化趋势。

（3）比先进。将本期的实际指标与客观条件大致相同的国内外同类型企业的先进指标相比较，发现差距，找出薄弱环节，提高经营管理水平。

2. 因素分析法

因素分析法是在发现指标差异的基础上，分析影响经济活动的各种因素，从而采取相应的措施。例如，利润的多少要受到商品销售数量、销售价格、成本、税金、费用等因素的影响和制约。运用因素分析法，既要重视客观因素的分析，又要重视主观因素的分析。

3. 动态分析法

动态分析法是指对经济活动的变化情况及其趋势进行分析。将不同时期的某一经济指标或反映有关发展水平的动态指标按时间顺序排列成动态数列,进行比较研究,从而了解企业经营活动的规律。

⇨ 格式扫描

经济活动分析报告一般包括标题、正文、落款三个部分。

（一）标题

（1）由分析单位名称、分析时限、分析内容和文种四个部分构成,如"××公司20××年度空调销售情况分析报告"。

（2）省略单位名称或分析时限,由分析内容和文种构成,如"手机销售分析报告"。

（3）直接使用分析报告里提出的意见或建议作为标题,如"关于加强回笼资金管理的建议"。

经济活动分析报告标题中的文种名称,有时也可称为"分析""情况汇报""情况说明""评估与建议"等。

（二）正文

正文通常由以下三个部分组成：

1. 基本情况概述

概括叙述经济活动分析期间的基本情况、分析的背景、分析的原因和目的、分析的范围和时限等内容。

2. 评价、分析经济效益

对经济活动过程中的各项指标进行综合分析研究,对有关的数据进行科学的运算和推导,通过对比分析和因素分析等方法,揭示问题的实质,探求原因。

3. 提出建议

根据分析的结果,提出改进经济活动的措施和建议。有的经济活动分析报告以说明成绩、总结和推广经验为主,这一部分就着重写明推广经验、提高经济效益的途径;有的经济活动分析报告以揭露问题、总结教训为主,这一部分就应着重写明解决问题、改进工作的措施。总之,分析是建议的前提,建议是分析的结果。提出的建议应注意具体可行和切实有效。

分析报告的结尾是对全文的一个简略总结,起到收束、归纳全文的作用。结尾应简明扼要、干净利落。

（三）落款

在正文右下方写明撰写此经济活动分析报告的单位名称和写作日期。

⇨ **写法指要**

经济活动分析报告的质量和效果,在很大程度上取决于材料的准确性和完整性。材料不真实,是无法对经济活动作出正确判断和深入分析的。

写作经济活动分析报告要突出分析的重点,要抓住关键问题,揭示潜在的问题,客观对待存在的问题,提出有预见性的意见。

分析报告要客观全面,既要肯定成绩,又要找出差距;既要说明有利因素,又要说明不利因素;既要分析客观因素,又要分析管理上的主观因素。

经济活动分析报告的语言要正确反映经济分析的内容,分析透彻、判断准确、观点鲜明、措施可行。

【例文 6.8】

××厂20××年1—4月经济效益分析报告

我局下属××厂是一家副食品加工企业,10年来生产和效益稳步上升。20××年工业总产值完成335.8万元,比20××年投产时的117.3万元增长近3倍,20××年实现利润24.3万元,比20××年增加4倍。然而20××年1—4月××厂的经济效益情况很不理想,1—4月份的财务状况与去年同期相比,利润下降,成本增加,销售额降低(具体见附件20××年1—4月主要财务指标情况表),需引起该厂领导和全体员工高度重视。

一、原因分析

(一) 主观原因

造成企业经济效益下降的主观原因主要在企业领导放松了对企业的管理,具体表现在:

1. 规章制度执行不力。该厂制定了领退料制度,以往严格按照制度控制原材料耗费,收到了很好的效果。然而,近期该厂在原材料供应上基本是用料随拿,实报实销,使原材料耗费大幅度增加。20××年前4个月,企业产品成本比去年同期增长4.59%,其中耗料就占86.75%,仅原材料消耗一项,就影响企业效益3.5万元。又如计件工资制度的取消,造成企业利润减少3500多元。

2. 生产安排无计划。今年1—4月,××厂不搞成本核算,生产品种76个,亏损品种达32个,占全部生产品种的42.1%,亏损金额达14万元。

3. 原材料和产成品浪费现象严重。原材料入库不堆码,产成品上下车乱丢乱撒现象严重,这是造成原材料和产成品浪费的重要原因。今年1—4月,××厂各种原材料报损2568元,比去年同期1167元增加1.2倍,再加之次、废及其他损失浪费,20××年1—4月××厂各项损失金额达 7568 元。

（二）客观原因

从客观方面分析,造成××厂今年1—4月经济效益下降的原因有以下几点:

1. 原材料供应不足。米稀是副食品工业不可缺少的原材料。××厂往年所需的米稀一般都是由当地粮食局供应大米,自己加工,不仅成本低,而且质量好。可是现在随着市场的变化,原拨米计划远远满足不了生产的需要,××厂不得不出高价(每 500 克 0.42 元)到外地购入米稀 1.05 万公斤。如按常规计算,仅这一笔,加运杂费一起就使得企业成本费用增加 3600 元。

2. 增加了设备贷款。××厂底子比较薄,在企业现有主干生产设备中,很多都是老机器,这些机器不仅耗电量大而且费工费时。为了尽快改变目前这种生产设备陈旧的状况,该厂加快了设备更新步伐。20××年第一季度企业设备贷款 27 万元,利息支出 8026 元,比去年同期的 2555 元增加将近 3 倍。

二、对策建议

1. 整顿领导班子。应当及时把懂业务、懂管理的人提拔到领导岗位上来。在整顿领导班子的同时,企业还必须建立各种奖惩制度,要以经济手段来管理经济,杜绝浪费,对那些随意浪费原材料和因失职而给企业带来经济损失的,坚决予以经济制裁。

2. 重视经济核算。尤其是要重视生产成本的核算,使成本核算工作走在产品投产之前。同时要注意对产品结构的研究,即要预先测定投产产品的经济效益,对那些市场需要但原材料耗费很高、企业不能盈利的品种要注意研究改进。可在企业内试行成本、利润包干到车间、班组的办法,力争把班组、车间、厂部的三级核算逐步建立起来。

3. 恢复计件工资制。实践证明,××厂这样一个手工操作比重较大、产品季节性强的行业,实行计件工资制是有利的。一方面可以解决任务大和劳动力不足的问题,另一方面在企业增产的基础上职工也可以增收,同时也便于劳动管理。但在实行计件工资制的过程中,一定要测定好劳动定额,即应以本行业先进平均数作为基础,努力做到三定:定产量、定质量、定耗料。把职工个人收入与对企业贡献的大小联系起来,充分调动广大职工的劳动积极性。

4. 按照"国务院关于进一步扩大国营工业企业自主权的十条标准"拿出具体方案,把生产和企业经济效益搞上去。

附件:20××年1—4月主要财务指标情况表(略)

××局

20××年×月×日

【评析】这篇经济活动分析报告,是针对 20××年1—4月××厂经济效益作的分析,标题鲜明、完整。正文的基本情况、原因分析、对策建议三部分,环环相扣,条理清楚,分析全面。文中采用概括性情况介绍和大量数据说明问题的定性定量结合的分析方法,进行历史的同期比较,材料充实、说服力强。特别是"对策建议",针对造成效益下降的主客观因素分析,提出解决途径,切实可行。

⇨ **写作实训**

1. 阅读××电力集团公司上半年经济活动分析报告关于成本分析的材料,指出运用了哪些分析方法。

固定成本得到有效控制,但因电煤价格不断攀升,总成本未能控制在预算执行进度之内,成本增长远高于收入增长。上半年,集团公司销售总成本 118.92 亿元,为年度预算的 51.06%,同比上升 14.04%,高于收入增长 3.93 个百分点。其中,电力产品销售成本 112.51 亿元,占销售总成本的 94.61%,同比上升 13.83%;热力产品销售成本 5.41 亿元,占销售总成本的 4.55%,同比上升 16.32%。电力成本中,火电成本 100.57 亿元,占电力成本的 89.39%,同比上升 13.19%;水电 11.94 亿元,占电力成本的 10.61%,同比上升 19.53%。从电力成本构成来看,燃料成本占电力成本的 51.4%,同比上升 2.9 个百分点;水费及固定成本占电力成本比例相应下降。燃料成本预算执行进度 58.13%,其他成本项目均控制在 50% 以内。燃料成本增加是推动成本上升的最主要原因。上半年,电力燃料成本同比增加 9.88 亿元,上升 20.03%;其中,因煤炭价格大幅度上涨,增加燃料成本 6.99 亿元。火电售电单位燃料成本同比上升 14.17 元/兆瓦时。电价政策性调整难以平衡煤价的上涨。从单位看,内部核算电厂成本控制总体好于独立发电公司。上半年,内部核算电厂成本同比上升 3.43%,全资、控股公司成本同比上升 15.04%。

2. 根据案例导入部分的材料,查找相关资料,为××印刷厂写一份 3 月份的成本分析报告。

二、可行性研究报告

⇨ **案例导入**

××镇坐落在风景秀丽、生态环保的石湖之畔,这里环境优美,四面依山傍水邻田,地域广阔,山水相融。为加快旅游产业发展,满足人们日益增长的消费娱乐需求,××镇拟开发建设××山庄休闲度假村项目,目标是把××山庄休闲度假村建设成旅游观光、休闲垂钓和品尝农家美食的最佳去处,一个集垂钓、餐饮、住宿、会议、娱乐为一体的综合性服务场所。

项目概况:总规划占地面积 25 平方公里,总投资 1500 万元,总建筑面积 2500m^2。本项目建设期为 6 个月。

山庄内建筑要求典雅大方,宽阔的绿色草坪上,点缀着错落有致的亭阁。山庄备有标准客房及钟点客房,客房环境清幽典雅,清新舒适,四周围绕着湖泊,让游客体会到江南水乡的韵味。山庄备有众多农家特色美食,专门为同学、亲戚朋友聚餐和企事业单位联欢会提供服务。

山庄会议中心音响投影设备要齐全,建设小会议室 10 间,能够容纳会议人数 20~30 人;大会议室 5 间,能够容纳 80~100 人。

山庄内开设多种娱乐服务,如池边垂钓、野果采摘、棋牌游戏、KTV 等,使游客能够完全投入其中,放松心情,是调节生活烦恼、释放工作压力的绝佳去处。

请对该项目进行效益分析和财务分析,拟写一份××山庄休闲度假村项目可行性研究报告。

⇨ **知识链接**

（一）可行性研究报告的内涵

可行性研究报告是有关单位针对拟开发的新项目、新技术,分析其必要性、可能性、客观条件与未来前景的书面报告。

在制订生产、基建、科研等计划的前期,通过全面深入的调查研究,对拟投资的工程建设、技术改造或科学研究等项目进行技术论证和经济评价,选出一个技术上先进、经济上合算的切实可行的最优方案,在可行性研究工作完成以后把分析研究结果写成可行性研究报告,为决策提供依据。

在项目确定前,可行性研究报告是决策取舍的主要依据;在项目确立后,它是制订生产、建设、科研项目计划的重要依据。因此写作可行性研究报告,要深入开展调查研究,掌握大量真实的材料,运用科学的方法进行全面系统的分析,既要从经济、技术、资金、市场销售等方面进行分析论证,又要从法律、政策、环保及对整个社会的影响等方面进行客观科学的评价。其研究的内容具有综合性和前瞻性,需要多方面人员共同合作完成。

（二）可行性研究报告的种类

（1）按可行性研究报告的内容划分,可分为工业建设项目可行性研究报告、商业性建设项目可行性研究报告、中外合资经营项目可行性研究报告、新产品开发项目可行性研究报告、科学研究项目可行性研究报告、申请使用银行贷款项目可行性研究报告等。

（2）按研究对象的规模划分,可以分为一般项目可行性研究报告和大中型项目可行性研究报告。

一般项目可行性研究报告指规模小、投资少的新建、扩建项目,牵涉面不大的常规性技术改造项目,某个方面的经营管理改革,单项科学实验等。

大中型项目可行性研究报告是指涉及项目内容多、技术经济论证分析复杂、涉及多种专业、写作要求很高的可行性研究报告。

（3）按研究对象的性质划分，可以分为肯定性可行性研究报告、否定性可行性研究报告和选择性可行性研究报告。

肯定性可行性研究报告是指经过严格论证，认为开发的新项目、新技术有实施的必要性和可行性，从而予以肯定的报告。

否定性可行性研究报告是指经过分析论证，认为开发的新项目、新技术不具备实施条件，从而予以否定的报告。

选择性可行性研究报告是指经过分析论证，对拟开发的新项目、新技术进行选择性评价。如对提出的实施方案肯定部分内容，否定其中部分内容，要求重新进行论证；或者对开发的新项目、新技术提出的两个或多个实施方案，选择其中一个方案，否定其他方案的报告。

（三）可行性研究报告的内容

可行性研究报告的基本内容一般根据项目性质、规模大小、复杂程度来决定。不同项目的研究报告在研究内容上各有侧重，对此，国家有关文件也作了规定。现分别介绍如下：

1. 外商投资项目可行性研究报告的主要内容

包括基本情况、合营目标、合营企业的组成方案、生产原料供应方案、安全环保、技术经济分析、资金来源及项目组成、实施计划、评语、财务分析等，附件包括财务分析目录（各类表格）、国内外市场预测（调查报告）、投资估算表等。

2. 新建项目可行性研究报告的主要内容

包括项目的背景、市场预测及拟建规模、资源、原料及主要协作条件、建厂条件和厂址方案、项目技术方案、环境保护、工厂的机构、管理和定员、项目实施计划和进度要求、项目投资和资金筹措方案、不确定性分析、经济评价等。结论运用各项数据，从技术、经济、财务各方面论述拟建设项目的可行性，指出存在的问题，提出改进建议。

3. 技术改造项目可行性研究报告的主要内容

包括项目概要说明、承办企业的基本情况与条件、产品规划、燃料、动力、原材料和有关协作配套条件的规划、技术与设备的选择、结论及推荐最佳技术改造方案的意见、生产组织和人员培训的意见、环境保护和污染防治的方案、项目实施计划、资金概算及来源、经济效益分析等。

⇨ 格式扫描

可行性研究报告一般由标题、正文和附件三部分构成。

（一）标题

可行性研究报告的标题由项目主办单位、项目名称和文种构成，如"××公司转产改建工程可行性研究报告"；标题也可简化，突出项目名称，如"关于扩建××度假村的可行性研究报告"。

（二）正文

正文一般包括前言、主体和结论三部分。

1. 前言

主要内容包括：项目名称、项目主办单位及负责人、可行性研究单位，可行性研究项目的技术负责人、经济负责人和参加人员。另外还要概括说明可行性研究的总体情况，交代项目提出的背景和依据，实施该项目的意义，实施单位的简要情况及可行性研究的大致结论、建议等。

2. 主体

这是可行性研究报告的分析论证部分，各类可行性研究报告的内容各有侧重，概括起来，主要有以下三个方面：一是市场研究，这是可行性研究的前提，主要任务是解决立项的必要性问题；二是工艺技术研究，主要任务在于解决技术上的可能性问题；三是经济效益研究，主要解决项目的合理性问题，这是可行性研究的核心和重点。

3. 结论

这是可行性研究报告的一个综合性评述意见，是在对可行性研究项目的内容进行分析后得出的整体评价，是可行性研究报告的落脚点，提出建议，上报有关部门审批。

（三）附件

附件部分实质上是正文的论据材料，主要由有关文件、调查材料、图表、分析报表等构成。附件可增强可行性研究报告的说服力。

大中型项目可行性研究报告一般单独成册上报，由封面、摘要、目录、前言、正文、结论或建议、参考文献和附件等内容构成。

封面包括项目名称、项目主办单位及负责人、可行性研究工作单位、可行性研究的技术负责人、经济负责人、参加人员和编写时间等。

⇨ 写法指要

可行性研究是投资前期调查论证工作的最后一个环节，有时还可能与评估决定合二为一，既是项目能否通过的关键，又是获准立项后展开下一步工作的依据。

可行性研究要在深入调查研究、全面掌握情况、科学准确测算的基础上得出客观的结论。项目的可行性在很大程度上取决于市场调查分析的准确性，要避免人为因素的干扰和先入为主的做法，既讲有利因素，也讲不利因素，既反映肯定的意见，也反映争议的意见。研究方法要坚持定量分析与定性分析相结合，动态分析与静态分析相结合。正确认识和处理好局部利益与整体利益、眼前利益与长远利益的关系。

投资参股 Y 食品有限公司可行性研究报告

投资参股方：××市农业投资发展有限公司

被投资参股方：××市 Y 食品有限公司

投资参股方主管单位：××市农业担保有限公司

投资参股方住所：××市××路××号

投资参股项目建设地点：××市××区××镇××路××号

投资规模：1960 万元人民币（或 1000 万元）

投资用途：扩建 15000m^2 厂房、三条生产流水线，完善 Y 食品有限公司销售网络，增加自有品牌产品宣传，进行新品开发和研制。

投资参股方法人代表：××

被投资参股方法人代表：×××

项目负责人：×××　　××

联系电话：×××××××

一、投资双方概况及投资方案

（一）投资参股方概况

××市农业投资发展有限公司成立于 2009 年 10 月 16 日，注册资本 1 亿元人民币，位于××市××区××路 1288 号四楼。公司许可经营项目：无；一般经营项目：实业投资与资产管理，投资咨询、物业管理。

公司的组织形式为有限公司，股东为××市农业担保有限公司。因此××市农业投资发展有限公司是××市农业担保有限公司的全资子公司。××市农业担保有限公司是经市政府批准成立的国资担保公司，注册资本 4.12 亿人民币，是××市唯一有国资背景的担保公司。作为市委市政府为扶持"三农"而成立的国有专业性担保公司，公司始终以"构建三农服务平台、架设银企合作桥梁"为首要目标任务，坚持以"惠农利民、保障农业、服务中小企业"为己任，旨在积极、有效地引导社会资本、金融资本加大对农业生产的投入，促进地方农村经济的发展，以支持社会主义新农村建设，逐步缩小城乡差距，增强地方经济的整体实力。农业投资发展有限公司自成立起就积极围绕公司工作重心，本着规范操作、稳步推进、适时退出的原则，主动采点选点、扩大范围、择优选项，希望把公司的资金投放到比较好的项目上，努力使国有资产得到保值增值，同时使公司在竞争中发展壮大。

（二）被投资参股方概况

Y 食品有限公司是一家专业从事豆果、坚果等休闲食品的专业生产厂商，成立于 2013 年 12 月 18 日，注册资本 840 万元人民币，位于××市××区××镇东园路 15

号,公司占地 28 亩,现有生产厂房约 10000m²。公司许可经营范围:生产加工膨化食品(豆果、米果),烘焙、炒制坚果与籽类;一般经营项目:生产、销售食品机械,自营和代理各类商品及技术的进出口业务。

公司主要产品为焙烤豆果,系用优质豆、花生、坚果等,配以优质变性淀粉、小麦粉,经过卷粉、烘烤、选别、调味、干燥等工序加工而成的膨化休闲食品,目前公司拥有优尔、淘豆两大品牌系列产品,公司努力争取在两年内把这两大品牌知名度做到家喻户晓。

公司法人代表:××,男,37 岁,本科学历,2004 年 7 月毕业于××学院发酵工程专业。2016 年 9 月,××同志被××区人民政府评为优秀创业青年,在他的积极带领下企业获得了快速发展,××公司被连续评为重合同、守信誉企业和××市龙头企业。

财务状况:截至 2019 年 12 月 30 日,Y 食品有限公司的总资产为 2899 万元,总负债 1154 万元,净资产为 1745 万元,财务状况稳定,销售收入每年按 50% 左右增长,公司偿债能力良好,获利能力较好。

(三)投资方案

1. 投资方式

以 Y 公司现有的资产 3000 万元为基础,农投公司参股进入,注册资本增加到 4000 万元,Y 公司原股东以 51% 股权管理企业,农投公司以不超过 49% 参股。以现有公司的生产管理、销售网点为基础,从休闲食品生产加工起步,向绿色生态农业产业发展,为城市中的消费群体提供天然绿色健康食品,最终建设一个集生产与销售为一体,致力绿色产业综合开发的经济实体。

2. 投资计划

计划 2022 年上半年企业设立,当年产值达到 8350 万元,净利润 1600 万元,2023 年年产值达到 1.2 亿元,净利润 2400 万元,2024 年产值达到 1.7 亿元,净利润 3750 万元。

增资以后生产、销售的设想:公司准备扩建 15000m² 厂房、三条流水生产线来提高公司生产能力,以解决现有的供不应求的问题,完善公司经营管理,健全公司销售网络,增加自有品牌产品的宣传,进行新品的开发和研制,实现产品增值。公司成立后,每年按净利润的 49%,以最高不超过注册资本的 40% 进行分红。

二、本报告研究内容

本报告主要是对投资项目的必要性、Y 公司产品的市场分析、投资项目的 SWOT 分析、建设规模及工程方案、生产线与工艺方案、环境保护、节能和安全卫生、组织机构与项目管理、项目实施计划、投资估算、项目运营与财务分析、风险与对策等内容进行较系统的分析研究。具体研究内容如下:

(一)项目投资理由和必要性(略)

(二)休闲食品的市场分析

休闲食品融合时尚健康,交流传统现代,互动东西文化。在工业化、城市化和推进农业现代化的进程中,休闲食品的增长速度是食品行业中上升最快的。

据有关资料显示,目前世界休闲食品市场的年销售额超过 400 亿美元,市场规模增长速度高出食品市场平均增长速度 20 个百分点。休闲食品行业的市场前景广阔,发展潜力巨大。从目前情况来看,高档休闲豆果市场将保持较好的发展态势。

一是国外有传统消费休闲豆果的习惯。除了日常生活中,外国消费者在任何生日聚会、朋友聚会、节日聚会等,都会需要不同种类的休闲豆果。所以休闲豆果是国外传统的消费品。随着消费者对休闲豆果质量和品种要求的提高,高档、营养、安全的休闲豆果的消费将呈上升趋势,前景看好。

二是国内消费者对休闲豆果的消费正快速上升。一方面是国内消费者对高档休闲食品的需求随着经济水平的上升和收入的增加而增加;另一方面是越来越多的国际交流使得中国的消费者了解和接受了国外的消费习惯,因此对休闲豆果的需求正快速增长。

三是随着市场自由化的扩大,中国的产品在国际市场上的影响力越来越大。技术的进步使得中国的企业能够生产出高质量的休闲豆果,满足国际消费者的需要。

四是国内和国际专业生产休闲豆果的同类生产企业屈指可数。大多数企业生产规模较小,品种不全,质量受生产技术和原材料供应的影响,不能满足国内外的需求。

（三）Y 公司投资的 SWOT 分析及应对措施（略）

（四）建筑概况、工艺流程及主要设备（略）

（五）地理条件和位置优势（略）

（六）环境保护和安全卫生（略）

（七）企业组织机构及劳动定员（略）

（八）项目运营与成本分析（略）

（九）财务评价（略）

（十）投资退出方式分析（略）

三、主要研究结论

（一）本投资项目符合国家产业政策,符合建设社会主义新农村、扶持"三农"建设的要求。

（二）本项目依托现有资源,有利于节约项目投资、运行成本和社会资源。

（三）本项目产品具有很大的市场空间,发展潜力巨大。

（四）原厂所处地理位置条件优越、环境优良,是有机食品、绿色食品、无公害食品生产加工基地。优越的地理环境、无污染的水源和原料,能保证 Y 公司产品的

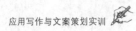

高品质。

（五）从财务分析指标看，其利润率及收益率均较好，具体指标见附表。

四、主要建议

（一）项目投资后，应明确职责、建章立制、突出重点、加强监管、规范运作，确保投资参股经营工作的顺利开展。

（二）拟购买的厂房还未落实且地点、环境、设备等条件是否能满足本项目生产，三条流水线是否需改造等都还是未知数，建议对拟购买的厂房进一步落实。

（三）本项目是食品类，直接关系到人民的身体健康，涉及国家的法律法规较多，强制性标准也很多，因此企业应严格遵守相关法律法规，产品生产严格按行业强制性标准执行，定期组织合规性评价和产品检测，避免发生诸如苏丹红、三聚氢胺等类似事件。

（四）大胆创新机制，资产运营机构应提前介入，参与投资参股项目的选择、立项和评估，及时与拟参股企业进行投资参股的意向性沟通，并全程参与资产的评估和认定，以便从专业的角度更详细地了解企业发展前景、投资风险、产权和企业法人治理结构等情况，更准确地与企业进行出资范围、股权设置等方面的谈判，更有目的地加强监管工作，提高监管质量，实现国有股权的保值增值。

（五）及早做好资产退出准备工作，如采用并购、回购方式退出，即应提前收集资料，了解并购方、回购方的情况，早规划，早实施。

××市农业投资发展有限公司

20××年×月×日

【评析】这是一份投资参股项目的可行性研究报告。开头交代了投资双方概况及投资方案，详细说明了该项目提出的背景和依据，投资的条件、必要性和经济意义，分析项目投资的理由和必要性，在开展市场需求调查的基础上，对项目的规模和发展规划进行论证，并分析经济效益和社会效益，得出具体明确的结论。

⇨ **写作实训**

1. 根据案例导入部分材料，对××山庄休闲度假村项目进行效益分析和财务分析，拟写一份××山庄休闲度假村项目可行性研究报告。

2. 选择一项自主创业的项目，进行可行性分析，撰写可行性研究报告。

第七章 司法文书写作与实训

教学目标
◎ 掌握各类司法文书的内涵、写作内容和写作结构。
◎ 能根据案例熟练写作起诉状、上诉状和答辩状。

教学指导
◎ 指导学生认真阅读例文,把握司法文书的写作特点。司法文书以事实为根据,要把纠纷案件发生的起因、时间、地点、过程、结果等交代清楚,并做到准确、可靠,经得起人民法院的验证。
◎ 采用分组作业的形式,要求学生根据案例写作起诉状和答辩状。
◎ 组织学生开展情景模拟,模拟原告和被告双方向人民法院宣读起诉状和答辩状,并开展法庭辩论。

司法文书既包括司法机关在办理各类诉讼案件中依法制作的具有国家公文性质的各类文书,也包括律师组织、公证机关、仲裁机关、当事人和诉讼参与人依法制作的处理各类诉讼案件及非诉讼事件的具有法律效力或法律意义的文书。

具有法律效力的文书,有判决书、裁定书等。不直接发生法律效力,但具有法律意义,对执行法律有切实保证作用的文书,有诉状、公证文书等。

司法文书的制作总是和一定的法律程序相联系,必须有法律依据,是保证法律得以实施的重要手段和得力工具。司法文书使用的材料必须绝对真实,因为司法裁判是以事实为依据的。司法文书必须使用规范的结构、用语、称谓,语言要力求准确、精练、简洁。

本章主要介绍起诉状、上诉状、答辩状、申诉状、授权委托书和公证书的写法。

第一节　起诉状、上诉状

一、起诉状

⇨ **案例导入**

××××年7月1日,××市××养鸡场与××鱼粉厂签订了鱼粉买卖合同。合同规定,养鸡场向鱼粉厂购买国产鱼粉20吨,总货款为4万元,货到付款。7月20日,鱼粉送到后,养鸡场不履行合同规定,以"现有钱款急于购买饲料,暂欠几日,卖完鸡蛋即还"为理由拒付货款。鱼粉厂因生产急需资金,故派人索要,但养鸡场均以同样理由一再拖欠。养鸡场占用鱼粉厂生产资金,使鱼粉厂蒙受损失,故诉至法院。请代××鱼粉厂拟写一份起诉状。

⇨ **知识链接**

（一）起诉状的内涵

起诉状是指在诉讼过程中,公民、法人或其他组织因自身合法权益遭受侵害而向人民法院提起诉讼的文书。

起诉状也称"诉状",俗称"状子"。它是司法文书中使用频率最高的一个文种。当公民、法人或其他组织自身的合法权益受到侵犯,依法提起诉讼,就必须写起诉状。在诉讼过程中提出诉讼者,即为原告,被诉讼者为被告。原告提出诉讼时,向人民法院提交的诉状,要求正本一份,副本根据被告人数确定,有几个被告就要有几份副本。

（二）起诉状的种类

根据诉讼性质和目的不同,起诉状可以分为民事起诉状、行政起诉状和刑事自诉状三类。

1. 民事起诉状

民事起诉状,是指原告在发生与自己有直接利害关系的民事权利和义务方面的纠纷时,认为自己的合法权益受到侵害,向人民法院提交的请求人民法院依法裁判的法律文书。例如涉及财产继承权、债权、经济合同纠纷及婚姻家庭纠纷等属于民法、经济法、婚姻法的内容范围。

《中华人民共和国民事诉讼法》规定起诉必须符合下列条件:

（1）原告是与本案有直接利害关系的公民、法人和其他组织。

（2）有明确的被告。

（3）有具体的诉讼请求和事实、理由。

（4）属于人民法院受理民事诉讼的范围和受诉人民法院管辖。即诉讼必须把原告所在地的辖区基层法院作为第一审受理本案的人民法院。

当事人向人民法院递交民事起诉状，人民法院经审查并决定受理后，将直接引起民事诉讼程序。民事起诉状的作用在于当事人提交起诉状是其行使起诉权的表现，是其维护自身合法权益，请求国家司法救济的途径，有利于其实体权利依法得到应有保护；起诉状是人民法院受理民事案件，予以立案、受理的凭证；起诉状是人民法院对民事纠纷进行调解和审理的基础，通过起诉状可以使法院了解原告的诉讼请求、事实和理由，为公正、合理地解决纠纷打下基础；起诉状也是被告应诉答辩的依据。

2. 行政起诉状

行政起诉状，即公民、法人或其他组织认为行政机关的具体行政行为侵犯其合法权益，按照行政诉讼法的有关规定向一审人民法院提起诉讼，请求人民法院对该行政行为是否合法予以裁决的行政诉讼文书。

撰写行政起诉状是《行政诉讼法》赋予公民的一种权利。原告被国家行政机关或其工作人员的具体行政行为侵犯之后，为了维护合法权益，可以向人民法院提起诉讼。对受理行政诉讼的人民法院来说，起诉状是引起行政诉讼程序的根据，并成为审判结论的重要依据。行政起诉状具有以下特点：

（1）起因的单一性。行政起诉引起争议的对象是专指国家行政机关或其工作人员的具体行政行为，其他的不能提起行政诉讼。

（2）起诉权的专属性。起诉人，即原告是专指受国家行政机关或其工作人员具体行政行为侵害的公民、法人或其他组织。

（3）起诉程序的规范性。行政诉讼的起诉有两种程序：一种是申请行政复议，对复议决定不服才向人民法院起诉；另一种是原告直接向人民法院起诉。

3. 刑事自诉状

刑事自诉状是指在法律规定的自诉案件中，由受害人或者他们的代理人，直接向人民法院控告刑事被告人侵犯其人身权利或其他合法权益，要求法院追究其刑事责任所递交的法律文书。其使用范围是用于告诉才处理和其他不需要进行侦查、由人民法院直接处理的轻微的刑事案件，如情节轻微的侮辱罪、诽谤罪、干涉婚姻自由罪、虐待罪和轻伤害罪等。

在刑事案件中，还可以附带民事诉讼。司法机关在刑事诉讼过程中，在解决被告人刑事责任的同时，附带解决因被告人的犯罪行为所造成的物质损失的赔偿问题。《刑事诉讼法》第77条规定，被害人由于被告人的犯罪行为而遭受物质损失的，在刑事诉讼过程中，有权提起附带民事诉讼。如果是国家、集体财产遭受损失的，人民检察院在提起公诉的时候，可以提起附带民事诉讼。人民法院在必要的时候,可以查封或者扣押被告人的财产。

⇨ 格式扫描

起诉状的结构主要包括首部、正文、尾部三部分。

（一）首部

包括标题和当事人基本情况等。

1. 标题

要写明案件性质和文书种类名称,如写"刑事自诉状""民事起诉状"或"行政起诉状"。

2. 当事人基本情况

包括原告、被告双方,若有多个原告和被告,应根据他们在案件中的地位和作用,依照先原告方后被告方的顺序,分别依次写明姓名、性别、年龄、民族、籍贯、职业、工作单位和住址。如系机关、团体或企事业单位,应写明单位名称的全称、所在地和法定代表人的姓名与职务。

由诉讼代理人起诉时,还要写明代理人的姓名、所在单位和代理权限。如系涉外经济纠纷案件,还必须写清当事人的国籍。

（二）正文

包括案由、请求事项、事实、证据和理由。

1. 案由

案由是整个案件内容的高度概括,以简短的文字确切地反映出争议之所在,以便法院立案、编号、归档。如因产品质量不符合合同规定,写明"买卖合同质量纠纷";如因建设单位不按合同规定付款,拖欠工程款项,写明"索付建筑工程款纠纷"等。

2. 请求事项

诉讼请求事项要写明请求法院解决有关民事、刑事或行政权益争议的具体问题,如要求与被告离婚,要求被告赔偿损失、履行合同等。这项内容要求写得具体明确、合理合法。如请求事项在两项以上,可分条来写。

3. 事实、证据和理由

这是指原告人提出请求事项的事实根据和法律依据。

事实,是指引起纠纷的具体问题。在写作时要求将引起纠纷的原因、时间、地点、经过和分歧的焦点,以及造成的后果、应承担的法律责任书写清楚。如果自己在纠纷中有过错,也要实事求是地承认,以便法院全面了解案件的真相,并依法裁决。陈述事实,要注意文明用语,要客观、严肃、重点突出地陈述纠纷的事实经过及有关情况。

证据,是指证明事实的人证、物证、书证和其他有关实证材料,如经济合同文本、发货清单等。证据是认定事实的依据,要求真实、可靠。列举证人,要写明其姓名、住址、工作单位;列举物证,要写明什么物件,与本案有何关系,现在何处,由何人保管;列举书证,要附复印件或手抄件。证据是法院审理案件时认定事实的基础。因此,写作起诉状时,原告对自己提出的诉讼事实一定要列出证据,对列举的证据要仔细检查、核实,确定无误后,再分类排列,对照事实,分条加以说明。只有这样,证据才能起到证明事实的作用。

理由,是指根据事实和证据,论证起诉的理由,理由与事实和证据构成因果关系。援引有关法律条文,经过论证推理,从而提出请求的法律和政策依据,认定被告违法行为的性质,以及造成的后果和应承担的责任。

写作时要根据事实和证据阐明理由,一般运用演绎推理的论证方法,法律依据是大前提,事实是小前提,经过推理,得出请求事项完全合理的结论。具体写法可采取先写事实后写理由的分述法,也可采取边写事实边讲道理的夹叙夹议法。

(三)尾部

尾部主要包括以下内容:

(1)写明诉状所递交的人民法院的名称。要求另起一行空两格写明"此致",再另起一行顶格写明"××人民法院"。

(2)具状人。要求具状人签名并加盖印章。

(3)具状的时间。写明具体的年、月、日。

(4)附件。包括诉状副本、物证、书证等。写在起诉状结尾部分的左下方,要一一注明附件的份数。

⇨ 写法指要

起诉状是诉讼程序发生的根据,是重要的诉讼文书。叙述案情要有条理,要写清当事人之间纠纷的由来及发生、发展的经过。阐述理由要清楚明白,写清双方争执的焦点、具体内容,以及与案件有直接关系的客观情况和实质性分歧。引用有关法律、政策条文作为依据,证明自己提出诉讼请求的合法性和合理性。引用时,不要使用模糊语言,如"根据有关法律规定",要使用准确的语言,如根据何法何条款,并写出具体的内容。

无论是陈述事实,列举证据,还是论证理由,都要准确有力,无懈可击。要用恰当的词语准确地表述事实和法律,避免词不达意。

【例文 7.1】

民事起诉状

原告:张晓华,女,××××年×月×日出生,汉族,现住×市大儒巷9-3号。

被告：李月珍，女，××××年×月×日出生，汉族，现住×市大儒巷 9-3 号。

被告：张秋剑，男，××××年×月×日出生，汉族，现住×市大儒巷 21-1 号。

被告：张映月，女，××××年×月×日出生，汉族，现住×市大儒巷 21-1 号。

诉讼请求：

一、请求确认×市大儒巷 21-1 号房地产共有权。

二、请求分割×市大儒巷 21-1 号共有房地产。

三、请求判决被告承担本案诉讼费用。

事实及理由：

×市大儒巷 21-1 号为原告及其父亲张福（已过世）、母亲林凤（已过世）、兄长张林（已过世）、弟张根（已过世）家庭共有的老宅，土地面积 243.9m²、老屋 90m²。

因原告父母在世时，张林及妻子李月珍、儿子张秋剑、女儿张映月随原告父母居住，因此，该处共有财产没有分割。1970 年及 1982 年原告的父母相继过世，遗产也未分割。被告一家在 1987 年将老宅的部分旧房屋拆掉后翻建了现在的房屋。

20××年 6 月，大儒巷 21-1 号房屋由政府规划拆迁，原告才发现原家人共有房屋已由被告违法登记为个人所有，现由三被告居住。原告认为：被告违法将共有人共有财产及父母遗产登记为个人所有，侵犯了原告的共有权、继承权。依照我国继承法规定，女儿是第一顺序继承人，可以和儿子享有同等比例的继承权。为此，诉请贵院，依法保护原告合法权益。

此致

××区人民法院

附：本诉状副本三份

具状人：张晓华（签字）

20××年×月×日

【评析】这份民事起诉状，案由是请求析产，请求事项分三条表述，明确具体。事实与理由部分交代纠纷的来龙去脉，言简意赅。理由部分引用继承法的有关规定，合理合法。诉状内容体现以事实为根据、以法律为准绳、有理有据的原则。

【例文 7.2】

行政起诉状

原告：陈××，男，汉族，1979 年 11 月出生，现住××新村 48 幢××室。

被告：××区规划建设局，地址：××区××路××号大楼 6 楼，电话：×××××××。

法定代表人：朱××，男，××区规划建设局局长。

第三人：××置地有限公司，地址：××区××路 15 号置地商业广场，6 楼，电话：×

××××××。

法定代表人：王××，男，公司总经理。

诉讼请求：

一、依法撤销被告为第三人颁发的215地块-B4、B5地块商业楼的审批，判令审批违法。

二、相关诉讼费用由被告单位承担。

事实与理由：

原告系××区××新村48幢楼居民，20××年10月下旬，在售楼小姐虚假陈述，故意隐瞒房屋缺陷的情况下，以每平方米7723元的价格（总价73万元）购买了一套由××置地有限公司开发的××花园3幢302室。

后来发现该房屋有严重缺陷，不仅东面及南面的商铺呈L型遮挡，而且该商铺楼与原告居住的3号楼主体结构的外墙相距直线距离不足6.4m，加上第三人开发的商铺后墙紧贴原告房屋的阳台，该商铺的2层框架楼层严重阻挡了3号楼4层以下楼层居民的采光、通风。该商铺的遮挡，使3号楼（高度9米左右）东侧没有光照、通风，安全也无法保障，同时必然使原告居住的房屋市场价值明显降低，严重侵犯了原告的人身权和财产权。

《民法典》第二百八十八条规定："不动产的相邻权利人应当按照有利生产、方便生活、团结互助、公平合理的原则，正确处理相邻关系。"第二百九十三条规定："建造建筑物，不得违反国家有关建设工程标准，不得妨碍相邻建筑物的通风、采光和日照。"东侧商铺长达6.4m的墙横亘在原告阳台空间里，违反了《城市居住区规划设计规范》的有关规定："适应居民的活动规律，综合考虑日照、采光、通风、防灾、配建设施及管理要求，创造安全、卫生、方便、舒适和优美的居住生活环境。"

根据《××省城市规划技术管理技术规定》中，第3.1.1条"建筑物的间距应该符合消防、抗灾、安全的要求，并综合考虑采光、通风、环保、视觉卫生、工程管线等的要求"，第3.1.9.1条"非住宅建筑位于住宅建筑南侧或东西侧的，其建筑间距按住宅建筑间距规定控制"，原告房屋为被遮挡的高层建筑，其南面的商铺与之最小的建筑间距应该是18m，而目前只有6.4m。

原告为维护自身的合法权益多次向建设单位交涉，得知被告单位为第三人颁发了《建设工程规划许可证》。

原告认为，被告单位的行为违反了国家及××省有关法律、法规和规章的规定。其行为侵犯了原告的人身权、财产权，故向贵院提起诉讼，要求人民法院依法撤销被告单位为第三人颁发的215地块-B4、B5地块商业楼的审批，判令审批违法，以维护原告的合法权益不受侵害。

此致

××区人民法院

附：本诉状副本二份

具状人：陈××

20××年×月×日

【评析】这份行政起诉状原告提起行政诉讼要解决的问题是撤销被告为第三人颁发的 215 地块-B4、B5 地块商业楼的审批,判令审批违法。诉讼请求表述明确、具体。正文写明被告侵犯起诉人合法权益的事实经过、原因及造成的结果,指出行政争议的焦点,针对被告具体行政行为的性质,以及自己的权益受损害的程度,在叙述事实的基础上,依据法律法规进行分析,论证诉讼请求的合理合法。

【例文 7.3】

刑事自诉状

自诉人：赵××,女,32 岁,汉族,××市××县××乡××村农民。

被告人：刘××,男,35 岁,汉族,××市××县××厂工人,住本厂宿舍。

案由：虐待家庭成员。

诉讼请求：被告人犯虐待罪,请依法惩处。

事实和理由：

自诉人和被告人于 20××年结婚,感情尚好,生有一女。结婚十年后被告人与女徒工×××发生婚外情。自诉人知道后,曾多次向被告人单位反映,要求领导制止被告人的不道德行为。由于种种原因,问题未能解决,使自诉人精神上受到了极大的刺激,患了精神分裂症(有医院证明)。

被告人为了达到与自诉人离婚而与女徒工×××结婚的目的,便对自诉人在精神、肉体上加以虐待。被告人假借为自诉人治病,在夜间使用暴力,强行往自诉人嘴里灌砒霜,妄想置自诉人于死地。由于自诉人紧咬牙关,被告人的阴谋才未得逞,却造成了自诉人舌尖糜烂、嘴唇脓肿等严重后果(有证人证明)。

今年春节期间的一天夜里,被告人又对自诉人下毒手,用剪刀狠扎自诉人。因自诉人大声喊叫,并用右手将剪刀尖攥住,邻居戴××进屋帮助夺下剪刀,自诉人才幸免于难。但自诉人右手被被告人扎伤四处,缝合六针,至今还留有伤疤(邻居戴××、王××均可证明)。3 月 10 日,被告人刘××突然回家把自诉人捆住送××精神病疗养院,期间将家中全部粮食拉走,自诉人出院后,无奈地带着孩子回到娘家。

被告人刘××为了达到与自诉人离婚的目的,不间断地对自诉人在精神上进行折磨,在肉体上进行摧残,在经济上克扣开支,情节恶劣,触犯了《中华人民共和国刑法》第××条第×款规定,已构成虐待罪,请人民法院依法追究被告人的刑事责任。

　　此致

××市××县人民法院

　　附：

　　一、本诉状副本一份。

　　二、证人：

　　戴××,女,本村农民。

　　李××,男,本村医生。

　　王××,女,本村农民。

　　三、××市××医院病情证明书一份。

自诉人：赵××

20××年×月×日

　　【评析】这份刑事自诉状案由是被告人刘××犯虐待罪,当事人称谓是自诉人和被告人。主体部分写明被告人犯罪行为的具体事实,包括犯罪的时间、地点、动机、目的、方式、手段、行为过程和造成的犯罪后果,并根据案件的事实和法律规定,对被告人侵害行为进行分析,指明犯罪的性质和罪名,以及追究刑事责任的法律依据。

⇨ 写作实训

　　1. 根据案例导入部分内容写作一份起诉状。

　　2. 根据下列材料,写作一份民事起诉状。

　　民事起诉状原告张××,男,1973年6月12日出生,现住××市××区××道10号。被告钱××,男,1964年3月12日出生,现住××市××区××街道12号。20××年2月1日,钱××因购买房屋资金紧张向张××借款50000元,写下借条并约定到20××年底还款,利息按照银行利息支付。到期后,钱××以没钱为由拒绝归还。为此张××向××区人民法院起诉,要求钱××返还欠款50000元人民币并支付利息,诉讼费××××元由钱××承担。请代书写一份民事起诉状。

二、上诉状

⇨ 案例导入

　　××市××公司经理贺××,派刘××到××市农贸公司联系拖拉机业务,公司开出的介绍信明确注明持信人只能去特定地点××市农贸公司办理特定事项,即订购拖拉机。但刘××接受贿赂,擅自与××市生活资料公司订立彩电购销合同,刘××回公司后也未向领导交代说明,公司方面对该合同一无所知,当第一批彩电由××市生活资料公司经理胡××押送到后,贺××明确告诉胡××,公司未授权刘××签订彩电购销合同,不能收货。后应胡××要求,公司表示可以先把货留下,看看有无销路再说。由于这批彩电是质次产品,根本没有销路,贺××代表公司要求退回这批彩电。

但××市生活资料公司不同意退货,作为原告向××区人民法院递交起诉状,要求被告××公司履行合同。

××区人民法院审理此案后,以××字第××号文判决认定刘××与原告订立的合同已由被告追认,合同有效。

××公司不服一审法院××字第××号文判决,向××市中级人民法院提交上诉状,请求撤销原判,确认合同无效,判令被上诉人偿付公司彩电保管费 5000 元,并承担本案诉讼费用。

⇒ 知识链接

（一）上诉状的内涵

上诉是法律赋予公民的一种诉讼权利,是审判程序中的一项重要审判制度。通过上诉和对上诉的审理,可以保护当事人的合法权益,也可以提高办案质量。

上诉状是民事案件、行政案件或刑事案件中有权提出上诉的当事人（原告或被告）或者他们的法定代理人,不服法院第一审的判决或裁定,依照法定程序和期限,向原审法院的上一级法院上诉,请求撤销、变更原裁判或者重新审理而提交的诉讼文书。

（二）上诉状的作用

上诉状的作用不同于起诉状。起诉状是原告的合法权益受到侵害,或者当事人在某种问题上产生纠纷而向人民法院提起诉讼,目的在于引起法院的审判和裁决,从而保障其合法权益。上诉状是上诉人不服人民法院的第一审判决或裁定,要求改变第一审判决或裁定,从而维护自己的合法权益。

起诉状是针对对方当事人而写的,而上诉状则是针对法院第一审的判决而写的。

民事和行政案件的当事人不服第一审判决的上诉期限为 15 天（如果当事人不在国内居住,上诉期限为 60 天）,不服第一审裁定的上诉期限为 10 天。刑事案件的当事人不服第一审判决的上诉期限为 10 天,不服第一审裁定的上诉期限为 5 天。以上期限均从接到判决书或裁定书的第二天起计算。

上诉状必须在第一审判决和裁定未发生法律效力之前递交。如超过上诉期限,对已经发生法律效力的第一审判决和裁定不服,认为有错误而提出要求重新复查纠正,只能使用申诉状。

⇨ **格式扫描**

上诉状由首部、正文和尾部三部分组成。

（一）首部

1. 标题

写明是什么性质的上诉状，如"民事上诉状""行政上诉状"或"刑事上诉状"。

2. 当事人基本情况

写明上诉人和被上诉人的自然情况，先写上诉人，再写被上诉人。主要包括姓名、性别、年龄、民族、籍贯、工作单位、职业和住址等内容。如果被上诉人是单位，要写明单位名称、地址及法定代表人的自然情况。

（二）正文

由案由、上诉请求和上诉理由组成。

1. 案由

上诉状的案由是指不服从第一审判决或裁定的事由，如"上诉人因××一案，不服××人民法院××××年×月×日第×号的判决（或裁定），现提出上诉，上诉的请求和理由如下"。

2. 上诉请求

上诉请求是指上诉人不服原审裁判，要求二审法院撤销原审裁判或部分变更原审裁判结论。这部分要明确、具体地写出原审裁判的不当之处，而不要详述案情。

3. 上诉理由

上诉理由是指针对原审判决或裁定的不当，写明上诉的理由，也是针对上诉人的请求进行论证。这是上诉状的关键部分，上诉请求能否成功，取决于有无理由和理由是否充分。这部分应根据原裁判的具体情况，或否定事实部分的内容不实，或指出运用法律条文的不当，或指出法律程序的不当等。

（三）尾部

写明上诉状所递交的人民法院名称，具状人签名盖章，具状的时间和附件。附件主要包括上诉状的份数、人证的自然情况、物证和书证的件数。

⇨ **写法指要**

写作经济纠纷上诉状，必须遵循有关的法律规定和一定的法律程序。上诉状的内容要合乎法律的规定，上诉请求要正当合法，绝对不允许无理取闹、无事生非，其行为不能超出法律许可的范围。上诉状要求证据确凿、具体、论证有力。只有依法办事，使自己的行为合乎法律的规定，法院才会全面真实地了解法律事实，作出公正合法的判决。

【例文 7.4】

民事上诉状

上诉人(一审原告)：××运输(集团)有限责任公司

法定代表人：曾××,男,45岁,系该公司董事长。

被上诉人(一审被告)：××贸易公司

法定代表人：李××,男,42岁,系该公司经理。

案由：运输合同拖欠运费纠纷。

上诉人××运输(集团)有限责任公司不服××区人民法院〔××××〕××字第××号民事判决,现提出上诉。

上诉请求：

一、撤销××区人民法院〔××××〕××字第××号一审判决；

二、判令被上诉人支付给上诉人拖欠运费款184696.80元人民币；

三、一审和二审诉讼费用全部由被上诉人负担。

上诉理由：

一审判决认为：原告与被告签订了运输协议书,由于原告违约在先,欠运6984.1担茶叶,导致被告拖欠运费款184696.80元人民币,判决驳回原告诉讼请求。

上诉人认为一审判决认定的事实错误：

一、一审判决认为上诉人违约在先是错误的。上诉人与被上诉人于××××年3月14日,签订了一份运输协议书,上诉人为被上诉人承运20000担茶叶,于××××年7月底全部承运完毕。按照约定,上诉人为被上诉人承运了13015.9担茶叶,由于××茶厂停产,导致上诉人未能按期运完茶叶,至今欠运6984.1担。合同未完全履行责任不在上诉人,而在被上诉人未提供可运货物上,责任理应由被上诉人承担。

二、在运输合同期限届满后,被上诉人对部分运费进行了统一结算,但拖欠运费184696.80元。上诉人从××××年12月11日起,向××区人民法院提交起诉状,多次要求支付拖欠运费款。这期间被上诉人未向上诉人主张任何权利。由于诉讼时效已过,法律不应保护被上诉人提出的要求。

三、现上诉人在提供原证据的基础上,又补充新的证据,即××茶厂停产证明,足以证明违约责任不在上诉人。

综上所述,一审法院认定事实不清,判决错误。被上诉人拖欠运费的事实无法抵赖,根据《民法典》第×××条的规定,被上诉人应立即支付运费。特提出上列上诉请求,请贵院根据事实和法律,依法改判。

此致

××市中级人民法院

附：

1. 上诉状副本一份。

2. 运输茶叶清单一份。

3. ××茶厂停产证明一份。

上诉人：××运输(集团)有限责任公司

法定代表人：曾××

20××年×月×日

【评析】这份民事上诉状格式规范，案由是运输合同拖欠运费纠纷。上诉请求写得明确具体，并指出一审判决的不当之处。根据事实分析，得出结论：合同未完全履行，责任不在上诉人，而在被上诉人未提供可运货物上，责任理应由被上诉人承担。并补充了新的证据，以证明上诉人的上诉理由是充分的。

【例文 7.5】

行政上诉状

上诉人(一审原告)：刘××

被上诉人(一审被告)：××市××区城市管理行政执法局

地址：××区××大道××大厦 6 楼

上诉人因不服××区人民法院〔20××〕××字第××号行政判决，现提出上诉。

上诉请求：

一、撤销××区人民法院〔20××〕××字第××号行政判决。

二、依法判决撤销〔20××〕××字第××号行政处罚决定。

三、一审和二审诉讼费用全部由被上诉人负担。

事实与理由：

一审判决认为，原告家庭装修占用了部分公共部位，属于违章建筑，判决驳回原告诉讼请求，拆除装修设施，一审诉讼费由原告负担。

上诉人认为一审判决认定的事实有误。

一、一审判决认为上诉人的家庭装修属于违章建筑，这与事实不符。上诉人既没用地也没占道，既没土建也没造房，只是美化自己的家庭家园装饰装修，根本没有占用公共部位。为进出自己家庭家园方便把窗改门，为家庭防雨和卫生之需用玻璃封闭。同样的装修行为是本小区内业主家庭家园装饰装修普遍现象，都是被普遍认同的事实。业委会、物业、居委会都认可上诉人的家庭装修，足以证明上诉人的装饰装修不是违章建筑。

二、一审判决扩大了被上诉人的职权范围、管理范围和执法范围。被上诉人的管理范围和执法范围已经超越其职权范围，被上诉人的管理范围和执法范围是城市公共设施公共街道部位，不是私人家庭家园部位。

综上所述，一审法院认定事实不清，判决有误。特提出前列上述请求，请贵院根据事实和法律，依法改判，维护上诉人合法装修权益。

此致

××市中级人民法院

附：上诉状副本一份

上诉人：刘××

20××年×月×日

【评析】这份行政上诉状陈述家庭装修没有占用公共部位的事实，并根据客观事实，有针对性地反驳一审法院认为是违章建筑的错误认定。在举出充分的证据，并阐明其中道理的基础上，提出请法院根据事实和法律，依法改判，维护上诉人合法装修权益的诉讼请求。

⇨ 写作实训

1. 根据案例导入部分内容，××公司不服一审法院××字第××号文判决，向××市中级人民法院提交上诉状，请求撤销原判，确认合同无效，判令被上诉人偿付公司彩电保管费 5000 元，并承担本案诉讼费用。代××公司拟写一份上诉状。

2. 根据下列材料，写作上诉状。

××县××农村信用合作社和××镇××村农民孙××签订了一份 10 万元的借款合同，借款期限为 5 年。孙××在借款合同上签了字，但没有盖章。合同签订后，银行支付 10 万元给孙××。

合同到期后，孙××一直拖欠借款本息，为此××农村信用合作社向××县人民法院起诉，要求被告孙××偿还借款本息。但被告孙××在法庭上辩称其没有在付款凭证上签字，根本没有收到借款。

××县人民法院经过审理，作出一审判决，认为孙××没有递交借款申请书，借款合同上只有签字但没有印章，认定借款合同不成立。

××农村信用合作社不服一审判决，向××市中级人民法院提交上诉状，要求依法撤销原审判决，改判孙××偿还信用合作社借款本息。认为借款申请书有无并不影响借款合同双方当事人的权利义务，根据《贷款通则》的规定，借款人可以口头提出借款申请而无须填写书面借款申请，贷款人可以口头答复。借款合同上印章是否存在并不影响该签字的效力。付款凭证的借款借据第 2 联借款方经办人处"孙××"的签字与借款合同上"孙××"的签字很明显是一个人的笔迹。孙××对借款借据签字提出质疑，但并未在法定期间内向人民法院申请对签字字迹进行鉴定，因此孙××的辩称完全是想逃避信用社债务。

第二节　答辩状、申诉状

一、答辩状

⇨ **案例导入**

为了适应××市商业发展的需要,××市××房地产开发公司于××××年12月2日向市城建规划局提出申请,要求拓宽新建丝绸百货大楼前场地150m²。市城建局于12月25日以市城建××字××号批文同意该项工程。

在拓宽场地过程中,需要拆迁租住户张××一户约18m²的住房,但张××因为所住房屋还有两年才到期,不同意搬迁。几经协商,不能解决,××房地产开发公司于××××年×月×日起诉于××区人民法院。

××区人民法院于××××年×月以××字第×号判决书判处张××必须于××××年3月底前搬迁该屋,并由市房地产开发总公司提供不少于原居住面积的房屋租给张××居住。市房地产开发总公司与房主×××订立了房屋拆迁协议,并提供租住户张××一户约20m²的出租房。

张××向××市人民法院提出上诉,认为拓宽新建丝绸百货大楼前面的场地是未经批准的,因为他要求查阅市城建局的批文未获准许。张××认为未征得他本人同意,与房主×××订立的房屋拆迁协议也是非法的。

接到××市人民法院的上诉状副本,××房地产开发公司提交答辩状,并提供了市城建××字××号批文和与房主×××订立的房屋拆迁协议作为证据。

请代××房地产开发公司写作一份答辩状。

⇨ **知识链接**

（一）答辩状的内涵

答辩状是被告人、被反诉人、被上诉人、被申诉人针对起诉状、反诉状、上诉状、申诉状的内容,在法定期限内根据事实和法律进行回答和辩驳的文书,是诉状中使用频率最高的文种之一。

答辩状是法律赋予处于被告地位的案件当事人的一种权利,其有处置答辩权的自由,可以答辩,也可以沉默。但答辩状的写作目的与起诉状、反诉状、上诉状、申诉状的写作目的是针锋相对的,写作答辩状的目的是回答、反驳对方诉状的诉讼请求,以减免答辩人的责任。

答辩状有利于保护处于被告地位的案件当事人的正当合法权益,有利于人民法院在全面了解案情的基础上,判明是非,作出正确的判决,因此应该对答辩权给予足够重视,积极以答辩状的形式提出答辩。

（二）答辩状的作用

其作用主要表现在两个方面:

1. 保护处于被告地位的案件当事人的正当合法权益

在答辩状中,处于被告地位的案件当事人针对对方的诉讼请求,充分陈述有关事实,明确提出自己的看法和理由。可以将被歪曲、夸大的事实澄清,可以对似是而非的事实和理由进行辩驳。这对于切实有效地保护自己的正当合法权益,充分行使自己的权利,具有重要意义。

2. 有利于人民法院作出合理的裁判

在诉讼活动中,原告的起诉、上诉人的上诉等,对于法院来说,都是一方当事人的一面之词。法院要全面了解情况,不能只听一面之词,而应同时充分听取另一方的答辩。兼听则明,偏听则暗。法律赋予处于被告地位的案件当事人提出答辩的权利,允许他们反驳对方的诉讼请求,使法院充分听取双方当事人的理由和意见,全面查明案情,从而真正分清是非,作出正确的判决和裁定。

⇨ 格式扫描

答辩状由首部、正文和尾部三部分组成。

（一）首部

1. 标题

标题要标明性质和文种,如"民事答辩状""行政答辩状"。

2. 答辩人基本情况

写明答辩人的基本情况,包括答辩人的姓名、性别、年龄、民族、籍贯、职业、工作单位和家庭住址等内容。

如答辩人是法人或其他组织,要标明单位名称、地址、法定代表人姓名与职务。

有代理人的,另起一行列写代理人,并标明是法定代理人、指定代理人还是委托代理人,要写明其姓名、性别、年龄、民族、籍贯、职业和住址。如果是法定代理人,还要写明他与答辩人的关系。如委托律师代理,要写明其姓名和职务。

（二）正文

正文包括案由、答辩理由和答辩意见。

1. 案由

写明针对何人的起诉或上诉等提出答辩,也可写明针对何案提出答辩。如一审程序的答辩案由一般格式为:"答辩人于××××年×月×日接到××人民法院交来被答辩人××经济纠纷起诉状副本一份,现答辩如下。"或者写为:"现就被答辩人×××

为××纠纷一案起诉之事,特提出如下答辩。"

二审程序的案由可写为:"上诉人×××(姓名)因××(案由)一案,不服××人民法院××××年×月×日××字第×号××案判决(或裁定),提出上诉,现提出答辩如下。"

2. 答辩理由

这是答辩状的核心内容,一般要明确回答对方提出的诉讼请求,清楚地阐明自己对案件的看法,提出自己的理由和观点。要针对对方所提出的事实、理由和法律依据,据理据法反驳。

答辩内容是针锋相对的,如对方陈述的事实不真实,可以重点叙述事实真相;如对方超过法定诉讼有效期,可以重点分析对方由于超过诉讼有效期已经丧失实体诉权的理由;如对方资格不合格,则重点分析对方的资格问题。

3. 答辩意见

在充分阐明答辩理由的基础上,申明自己的意见、主张或反驳请求。主要包括:依据有关法律文件,说明答辩理由的正确性;根据确凿的事实,说明自己行为的合理性;揭示当事人诉讼请求的谬误性;请求人民法院合理裁判或提出答辩人的诉讼主张。

(三)尾部

写明答辩状递交的法院名称,答辩人签名盖章,书写时间。如答辩时提交了证据,要依次写明证据的名称和数量。如果有律师代书,应注明律师单位和姓名。

⇨ 写法指要

写作答辩状要根据双方当事人在经济纠纷中争执的焦点,抓住纠纷的关键性问题,有针对性地阐明理由,进行辩驳。答辩要紧紧扣住对方的诉讼请求,如对方要求赔偿经济损失,答辩就要围绕是否负有赔偿责任展开;如果对方的请求是完全没有理由的,就要提出自己新的理由和观点;如果对方的请求有部分理由,就要证明自己只负部分赔偿责任;如果对方的请求是有充分理由的,就要承认对方的请求,而不应该在答辩中狡辩。

答辩要有雄辩力,要有理、有据。有理,就是要有充足的理由;有据,就是要有足够的事实和法律根据。书写答辩状应当始终遵循实事求是的原则,按照所争执的事实的本来面貌,如实地、客观地、全面地答复对方所提出的诉讼请求。

要注意抓住对方陈述事实的错误之处,或引用法律的错误之处,作为反驳的论据。同时,还要注意补充列举新的事实证据或被对方忽视了的事实证据。只有坚持摆事实讲道理,凭事实和法律依据说话,推理严密,用词准确有力,才能令人信服。

【例文 7.6】

答辩状

答辩人：李月珍,女,××××年×月×日出生,汉族,现住×市大儒巷 9-3 号。

被答辩人：张晓华,女,××××年×月×日出生,汉族,现住×市大儒巷 9-3 号。

因被答辩人诉答辩人不动产确权及析产纠纷一案,特提出如下答辩意见：

一、被答辩人诉称原老屋的面积为 90m² 与事实不符

×市大儒巷 21-1 房屋,是张家的私房。该处房屋中原有老屋,根据被答辩人提供的"××市土地房产所有证"的记载："有瓦房屋两间、草房一间。"答辩人根据当时老屋的原有印记,经自行测量两间老屋的建筑面积约为 40m²,而草房也只有 20m²,而并非是被答辩人在诉状中所称的老宅面积为 90m²,故答辩人认为被答辩人对于老宅面积的认定是没有任何事实依据的。

二、被答辩人要求分割大儒巷的共有房地产的诉请于法无据

本案中所涉及的房产因进行过翻建,原有的老屋也已拆除,而新建的房屋并未在原有的位置而是在新的位置,故应属异地翻建,况且,上述房屋翻建后,在××××年 5 月 25 日已获得××市房地产管理局颁发的房屋产权证,根据证书上的记载,该房屋的产权人为张林,故该房屋的产权应与本案的被答辩人张晓华无涉。

三、答辩人认为本案的诉讼时效已过

依据最高人民法院关于贯彻执行《中华人民共和国继承法》若干问题的意见中相关规定："自继承开始之日起的第十八年后至第二十年期间内,继承人才知道自己的权利被侵犯的,其提起诉讼的权利,应当在继承开始之日起的二十年之内行使,超过二十年的,不得再行提起诉讼。"本案的被答辩人的双亲,已分别在 1970 年及 1982 年先后去世。××××年间,答辩人将老宅进行异地翻建,房屋翻建后又领取房屋产权证书,并一直由答辩人使用和管理。

值得注意的是,答辩人在××××年间将老宅拆除进行异地翻建时,被答辩人还到答辩人家帮忙,这是左右邻居都知道的事实(见答辩人所提供的笔录)。

综上所述,被答辩人既未在继承开始后进行主张继承,亦未在发现答辩人侵犯其权益时,主张其权益。故答辩人认为：被答辩人知其权利被侵害时,之所以未提出相应的主张,是其对自己权利的放弃;同时,被答辩人的不作为也导致诉讼时效的过期。

结合上述案件的实际情况,恳请贵院对上述财产权属纠纷一案等相关问题逐一查清后,依法裁判。

此致

××区人民法院

附件：

1. 笔录一份
2. ××市房地产管理局颁发的房屋产权证

答辩人：李月珍

20××年×月×日

【评析】这份答辩状围绕不动产确权及析产纠纷一案，针对起诉状提出的问题逐一辩驳。分析被答辩人诉称原老屋的面积为 90m² 与事实不符，被答辩人要求分割大儒巷的共有房地产的诉请于法无据，并指出本案的诉讼时效已过。答辩状澄清事实，且有证人证词，层次清楚。

⇨ 写作实训

1. 根据案例导入部分内容，代××房地产开发公司写作一份答辩状。

2. 根据以下材料，写作一份答辩状。

李××（男方）与吴××（女方）结婚至今已有 20 余年，自结婚后女方一直在家中料理家务、相夫教子、孝敬父母，全力支持男方在外工作、学习，女方为这个家庭付出了人生最美好的青春。双方夫妻感情一直较为融洽，并于××××年生育一女，女方在家抚养女儿，男方在外工作来维持共同的家庭生活。

直到女儿进幼儿园读书，女方才找了一份销售工作。由于经常出差在外，不能照顾到家庭，男方便猜疑女方在外和其他异性有不正常的关系，双方经常争吵。男方向法院起诉要求离婚，理由是感情不和及女方有婚外情。

女方不同意离婚并作出答辩。女方认为，男方起诉书所称与男同事发生婚外情无任何法律事实依据。自己做销售工作，因为工作关系接触异性是难以避免的，希望男方能够珍惜双方建立起来的感情和家庭。

女方认为他们的婚姻关系尚未彻底破裂，不符合离婚的法定条件。为维护家庭的和睦关系，考虑女儿尚未成年，离婚会对孩子的身心造成巨大的伤害，不利于孩子的健康成长，请求法院不予判决离婚。

二、申诉状

⇨ 案例导入

申诉人（原审被告）高××是××县××镇××村农民，被申诉人（原审原告）沈××是××县××镇××村个体工商户。

20××年 2 月 16 日，申诉人与被申诉人发生一笔板材买卖交易，被申诉人向申诉人交付单板一批，申诉人根据被申诉人提供的中国农业银行账号陆续向该账号打款 39000 元。此笔交易完成后，申诉人与被申诉人沈××再没发生任何交易。可是被申诉人沈××却于今年5月16日根据申诉人未收回的欠条（申诉人在上海，是通过银行向被申诉人沈××打的款，申诉人因客观原因未将欠条收回）向××县人民法院提起诉讼，并于7月22日强制执行申诉人33640元。

申诉人后来找到银行的转账凭证，向××县人民法院提起申诉请求，请求事项：撤销××县人民法院〔20××〕××字××号判决，被申诉人退还申诉人被重复收取的货款33640元人民币并赔偿给申诉人造成的所有损失。

请代拟写一份申诉状。

⇨ **知识链接**

（一）申诉状的内涵

申诉状，又称再审申请书，是申诉人对人民法院已生效的裁定、判决、调解书，认为有错误，请求原审人民法院或上级法院（刑事申诉也可以向人民检察院提出）给予复查纠正而写的司法文书。

申请再审要符合下列条件：

（1）有新的证据，足以推翻原判决、裁定的。

（2）原判决、裁定认定事实的主要证据不足的。

（3）原判决、裁定适用法律确有错误的。

（4）人民法院违反法定程序，可能影响案件正确判决、裁定的。

（5）审判人员在审理该案件时有贪污受贿、营私舞弊、枉法裁判行为的。

此外，当事人对违反自愿原则的调解协议和内容违法的调解协议，也可申请再审。

（二）上诉状与申诉状的区别

上诉状与申诉状都是对原审法院的判决或裁定不服，要求纠正错误。二者的区别有以下几方面：

（1）上诉是对未生效的一审判决、裁定不服向上级人民法院上诉。申诉是对已经生效的判决、裁定不服向人民法院或人民检察院（刑事案件）提出申诉。

（2）上诉状只能向上一级人民法院提起上诉，而申诉状可向原审的法院或原审的上级人民法院或人民检察院（刑事案件）提出申诉。

（3）上诉的期限较短，过期失效。再审的申请可以在判决、裁定或者调解书发生法律效力后三年内提出。

⇨ **格式扫描**

申诉状一般由首部、正文和尾部三部分组成。

（一）首部

1. 标题

写明文书名称，如"民事申诉状""行政申诉状"等。

2. 当事人基本情况

提出申诉的当事人称"申诉人",写明姓名、性别、出生年月、民族、文化程度、工作单位、职业、住址;申诉人如为单位,应写明单位名称、法定代表人姓名及职务、单位地址。

被提出申诉的当事人称"被申诉人",写明姓名、性别、出生年月、民族、文化程度、工作单位、职业、住址;被申诉人如为单位,应写明单位名称、法定代表人姓名及职务、单位地址。

（二）正文

1. 申诉事项

包括案件的案由、原处理机关名称、处理文书名称等。一般表述为:"申诉人因××(写明案由,即纠纷的性质)一案,不服××人民法院(写明原终审法院名称)××字第××号判决,现提出申诉,申诉请求及理由如下。"

2. 请求事项

写明提出申诉所要达到的目的,要明确具体写明请求人民法院予以解决什么问题。

3. 事实和理由

写明申诉的事实依据和法律依据,应针对原终审判决认定事实、适用法律或审判程序上存在的问题和错误陈述理由,并提出有关证据材料和有关法律规定进行论证。

（三）尾部

尾部主要包括以下内容:

1. 写明申诉状所递交的人民法院的名称

要求另起一行空两格写明"此致",再另起一行顶格写明"××人民法院"。

2. 具状人

要求申诉人签名并加盖印章。

3. 申诉时间

写明具体的年、月、日。

4. 附件

包括申诉状副本、物证、书证等。写在申诉状结尾部分的左下方,要一一注明附件的份数。

⇨ 写法指要

申诉状内容的重点是申诉理由和申诉请求。申诉理由应力求充分、具体,要有说服力,要指出原判认定的事实、证据、量刑、适用法律、诉讼程序等方面的不当,提出纠正或否定的事实、证据和法律根据,特别要重视提出新的证据。申诉请求要明确具体,提出撤销、变更原裁判或者重新审理的请求。

【例文 7.7】

民事申诉状

申诉人:李月珍,女,××××年×月×日出生,汉族,现住×市大儒巷9-3号。

被申诉人:张晓华,女,××××年×月×日出生,汉族,现住×市大儒巷9-3号。

申诉人因"不动产确权及析产纠纷"一案不服×市××区人民法院××字第××号判决,现提出申诉,申诉请求及理由如下。

申诉请求:

1. 请求撤销×市××区人民法院××字第××号判决。

2. 请求法院依法再审,在查清事实的基础上依法分割拆迁费并赔偿申诉人的经济损失。

事实与理由:

×市大儒巷21-1房屋是张林家的私房。该处房屋中原有老屋,根据"土地房产所有证"的记载:"有瓦房屋两间、草房一间。"××××年张林经弟弟同意,将2间老屋拆除,同时申请盖房,经政府批准在老房屋之北的空地上新建二层楼房,××××年建成并领取了《房屋产权证》和《国有土地使用证》。××××年7月,大儒巷21-1面临拆迁,张晓华起诉,请求确认×市21-1房地产共有权,分割大儒巷21-1房地产。提供的主要证据有1951年9月土地改革后颁发的《土地房产所有证》和《国有土地使用证》。

一、原审法院审理本案所适用的程序不当

1. 原审原告请求确认"×市大儒巷21-1房地产共有权,分割大儒巷21-1房地产"。事实上大儒巷21-1的房地产已经确权给原审被告,如原审原告对此确权不服,应向政府部门申请裁定。原审法院直接受理此案,属于越权的、违反法定程序的行为。

2. 本案不具备适用简易程序的条件。《民事诉讼法》规定的适用简易程序的条件是,事实清楚、权利义务关系明确、争议不大的简单民事案件。本案不但案情复杂,还涉及许多法律关系(法院追加了共同被告,说明本案的权利与义务关系不明确)。

3. 根据最高人民法院关于适用简易程序审理民事案件的若干规定,本案"应当一次开庭审结""应当当庭宣判"。本案却经过两位法官、三次开庭而又没有当庭宣判,为本案的错误判决留下了足够的时间与空间。

由于法院使用程序不当,影响了本案的正确判决。

二、原审法院的判决故意歪曲主要事实

在庭审过程中,申诉人多次强调二层楼房是异地翻(新)建,判决书却毫无根据地认定两层楼房是在"共有老房基础上翻建而成的"。通观三次庭审笔录和本案的全部证据材料,找不出一个支持判决书认定这个主要事实的证据。

被申诉人从×市房地产档案馆调取了许多材料,原审法院也去调取了许多材料,申诉人在他们之后从×市房地产档案馆调到了《房屋建造申报图》(见附件),证明本案争议的房屋(主要指××××年建成的二层楼房)不是在老房基础上翻建的,而是在老房北边的空地上新建而成的,中间相隔约5m的距离。原审法院却不调取《房屋建造申报图》。

三、原审判决书认定的两份证据的证明力不足

1. 被申诉人提供的1951年的《国有土地使用证》,该证上登记的三块耕地是政府没收了地主的土地后分配给张家耕种的耕地,早已被集体和国家收去另作他用,而且全部在张家老宅之外,与本案一点关系也没有,此证已是一张废纸,没有任何证明力。判决书将此作为主要证据之一,区法院如此认定证据让人不可思议。

2. 被申诉人提供的1951年的《土地房产所有证》,该证颁发在新中国成立初期的1951年。现在该证已被1962年中共中央颁布的《六十条》和1982年的《宪法》所否定:《宪法》第十条"城市的土地属于国家所有"。同时,申诉人认为,被申诉人虽然提交了1951年的《土地房产所有证》权属证书,但没有提供发证机关的存根。该证据唯一能够证明的是原有的两间瓦屋和一间草屋属于当时父母的财产,而且登记在该证上的两间瓦屋和一间草屋已经不存在,所以该证据不是证明两层楼房为共有财产的直接证据。

3. 申诉人提供××××年经×市土地初试登记后核实的《国有土地使用证》是证明两层楼房和大儒巷21-1国有土地使用权属于申诉人的直接证据,是本案诉争的两层楼房和国有土地使用权的合法的权属证书。判决书没有明确阐明不采纳这份直接证据的理由,是没有说服力的。

综合上述原审法院的错误,申诉人特向贵院申请再审,恳请贵院依法予以纠正,支持申诉人申请再审的请求。

此致

××市中级人民法院

附件:

1. 原审判决书(复印件)

2. 房屋建造申报图(复印件)

3. 国有土地使用证(复印件)

申诉人:李月珍(签字)

20××年×月×日

【评析】这份申诉状提出了两项申诉请求：一是请求撤销×市××区人民法院××字第××号判决；二是请求法院依法再审，在查清事实的基础上依法分割拆迁费并赔偿申诉人的经济损失。申诉的理由是原审法院审理本案所适用的程序不当、判决故意歪曲主要事实、原审判决书认定的两份证据的证明力不足。行文条理较清楚。但对照前文的答辩状，申诉书没有提供新的证据。

⇨ 写作实训

1. 根据案例导入部分的内容，代××县××镇××村农民高××拟写一份申诉状。

2. 根据以下材料，写作一份刑事附带民事申诉状。

20××年6月11日，被申诉人张×因酒后肇事，将申诉人陈××的儿子毒打致死，原审法院以故意伤害罪判处张×有期徒刑15年。申诉人作为原告在一审中提起刑事附带民事诉讼，要求被申诉人张×承担人身损害赔偿责任，但原审法院以申诉人所提人身损害赔偿中的死亡赔偿金、被抚养人生活费及精神抚慰金不属于附带民事诉讼赔偿范围为由不予支持。

申诉人认为，原审法院存在适用法律错误的问题，不服×××市中级人民法院〔××××〕×××字第×号刑事附带民事判决，请求再审。申诉请求如下：

撤销原审法院〔××××〕×××字第×号刑事附带民事判决中"死亡赔偿金不属于附带民事赔偿之列，赔偿丧葬费10944.00元和抢救费800.75元"的不公正判决。请求被申诉人张×承担人身损害赔偿责任，另行支付死亡赔偿金79060.00元，被抚养人生活费72360.00元，精神损害抚慰金50000.00元。

第三节　授权委托书、公证书

一、授权委托书

⇨ 案例导入

为了快速扩大品牌在市场的影响力，提高品牌的知名度，实现公司规划的集团化市场销售模式，××茶文化传播有限公司在××地区招聘了一名一年期品牌代理商，全权代理公司在××地区的茶叶销售业务，包括销售和收款，代理商销售产品利润的50%作为报酬支付给代理商。请代××茶文化传播有限公司写一份授权委托书。

（一）授权委托书的内涵

授权委托书是指当事人为把代理权授予他人而制作的一种法律文书。它是委托人实施授权行为的标志，是产生代理权的直接根据，是受托人以委托人的名义进行经济法律活动的一种证明性文书。

（二）授权委托书的种类

授权委托书分为两种：一种是民事代理授权委托书；另一种是诉讼代理授权委托书。

1. 民事代理授权委托书

该委托书是指在民事法律行为过程中，由委托人授予受托人权限，受托人在一定权限范围内进行民事法律行为。这类委托书以契约形式，将个人的某些权利委派于他人。最常见的是用于物业管理上，例如委托他人出租或出售房屋、管理物业等。

委托人授权代理之后，应给予受托人授权委托书，作为代理的凭据。委托人委托的权限，必须依法进行，不得违反法律、法令的规定，委托的代理权限应具体明确。

2. 诉讼代理授权委托书

该委托书是指在诉讼过程中，由委托人授予受托人权限，受托人在一定权限范围内取得诉讼代理资格，为委托人进行诉讼的证明文书。其记载的内容主要包括委托事项和代理权限，由委托人向受理案件的人民法院送交授权委托书，并签名或盖章，以证明代理权的确定及其范围。

受托人在代理权限范围内为委托人行使诉讼行为，如查阅案卷、审查证据和陈述辩论等。案件在审结、裁判后，授权委托书的效力即告终结，代理权也同时消失。

（三）委托的权限范围

委托的权限范围，是受托人实施代理行为有效的依据，一定要明确具体。

（1）在民事代理中，委托人授予受托人代理权的范围有三种情况：

一是一次委托，即受托人只能就受托的某一项事务办理民事法律行为；

二是特别委托，即受托人受托在一定时期内连续反复办理同一类性质的民事法律行为；

三是总委托，即受托人受托在一定时期内办理有关某类事务或某一种标的物多种民事法律行为。

（2）在诉讼代理中，委托人授予受托人代理权分为两种：

一是一般委托，即委托代理人只能代受托人进行一般的诉讼行为。如提出证据、进行辩论、申请财产保全等。

二是特别委托，即受托人受托进行某些重大诉讼行为。如有权代理委托人承认、变更、放弃诉讼请求，有权提起上诉或反诉，有权与对方当事人和解等。

⇨ **格式扫描**

授权委托书的格式由标题、首部、正文、尾部等部分构成。

（一）标题

可以直接写"授权委托书"，也可以写出授权事项，如"经济诉讼授权委托书"。

（二）首部

如果是个人授权委托书，依次写明委托人和受托人的基本情况，包括姓名、性别、年龄、民族、籍贯、身份证号码、工作单位、联系方式等。

如果委托人是法人的，则应写明法人的单位全称、地址、法定代表人的基本情况。

（三）正文

正文首先写明委托的缘由和委托事项，如"现委托上列受托人在我单位与××单位因经济合同纠纷一案，作为我方诉讼代理人"。

接着明确受托人的代理权限，常用过渡句"委托人对受托人授权如下"领起下文。

如果代理权限内容较多，则分条列项写出具体代理权限。

（四）尾部

写明授权有限期。写明自20××年1月1日至12月31日。

由委托人和受托人签名盖章，如果是法人，就写明委托单位和法定代表人，并签名或盖章。最后注明成文时间。

⇨ **写法指要**

授权委托书记载的内容主要包括委托事项和代理权限。委托的事项一定要写得明确、具体。委托的权限范围，是代理人实施代理行为有效的依据，委托的期限一定要写明起与止的时间，不写起止的时间，就容易引起争议。特别授权委托书如果是公民之间的，应当办理公证，以确保委托行为的真实性、合法性。

【例文 7.8】

房屋买卖授权委托书

委托人：张××，男，汉族，出生于××××年×月×日，现住址：××市××区××路××小区××号××室，身份证号码：××××××××××××××××××

受委托人：李××，男，汉族，出生于××××年×月×日，现住址：××市××区××路××新村××号××室，身份证号码：×××××××××××××××××

本人张××购买××市×××开发有限公司所售房屋××花园××号××室，因在外地上班，无法亲自办理房屋买卖相关事宜，特委托李××为代理人，代为办理如下事宜：

一、代为签订房屋买卖合同和交纳定金协议，并办理合同公证，领取公证书；

二、代为领取房地产权证，并支付相关费用；

三、代为办理该房屋的领取钥匙，实测面积核算验收；

四、代为办理房屋装修和日常管理等事宜；

五、代为办理该房屋买卖其他事宜。

受托人在代理权限内签署的一切文件我均予以承认。

委托期限：××××年×月×日至×月×日

委托人：张××（签名盖章）

受委托人：李××（签名盖章）

××××年×月×日

【评析】这是一份房屋买卖授权委托书，委托事项具体明确，用条文的形式列出代为办理房屋买卖相关事宜，并明确表示受托人在代理权限内签署的一切文件均予以承认，委托期限清楚。

⇨ 写作实训

1. 根据案例导入部分的材料，代××茶文化传播有限公司写作一份授权委托书。

2. 根据下列材料，写作一份授权委托书。

××建筑工程公司和××商场发生一起债务纠纷案，原告是××建筑工程公司。××建筑工程公司写了一份委托书送交××人民法院，委托××律师事务所×××律师担任代理人。代理权限：特别授权代理。代为起诉，代为承认、变更诉讼请求，代为提起上诉，代为收取赔偿款，代为签署各项法律文书等各项诉讼权利。

二、公证书

⇨ 案例导入

出租方××企业的法定代表人×××与承租经营者×××于××××年×月×日在××市公证处，签订了《××企业租赁经营合同》。公证处经查，上述双方当事人的签约行为符合《中华人民共和国民法典》第一百四十三条的规定，合同上双方当事人的签字、印章属实，合同内容符合《全民所有制小型工业企业租赁经营暂行条例》。请代××市公证处写作一份公证书。

➪ 知识链接

（一）公证书的内涵

公证书是指国家公证机关根据当事人的申请，依照事实和法律，按照法定程序制作的具有特殊法律效力的司法证明书，或证明当事人的法律行为，或证明当事人持有文书的法律意义的真实性、合法性。

公证书是公证处制作并发给当事人使用的法律文书，旨在监督引导当事人正确行使民事权利、履行民事义务，达到预防纠纷、减少诉讼的目的。民事诉讼法规定，经过公证的法律行为、法律事实和文书，人民法院应当作为认定事实的根据。

公证书不仅在国内具有法律效力，而且还具有域外法律效力，被广泛运用在国际交往中。

（二）公证书的种类

1. 按内容不同，可分为民事公证书和经济公证书。民事公证书适用于继承权、遗嘱、收养、赡养、赠与、析产、借据等行为、事实、文书的证明。

2. 按适用地不同，可分为国内公证书和涉外公证书。

➪ 格式扫描

《公证暂行条例》规定，公证文书应当按照司法部规定或批准的格式制作。包括首部、正文、尾部三个部分。

（一）首部

（1）写明公证书名称和公证书编号。

（2）写明当事人的基本情况。

（二）正文

正文主要内容是公证书证词，其内容包括：公证证明的对象，公证证明的范围和内容，证明所依据的法律、法规等。

公证的证明对象、范围不同，公证的条件、内容和适用的法律也不同，这些都要在证词中有所反映。公证证词所涉及的组织名称第一次出现时必须使用全称，所涉及的日期要采用公历，需涉及农历时应采用括号注明。

公证证词中注明的文件也是公证书的组成部分。

（三）尾部

（1）承办公证员的签名或签名章、公证处印章。

（2）出证日期以公证处审批人审核批准的日期为准。

➪ 写法指要

办理公证时公证员必须问清当事人是否在订立时具有法律规定的民事权利能

力和民事行为能力。如果一方不识字,可以由公证员念给他听,并且在公证存档的谈话笔录中写明。法院没有权利解除公证,只有采纳与不采纳,只有本公证机构和司法局有权撤销公证书。

公证书不得涂改、挖补,必须修改的应加盖公证处校对章。根据需要或当事人要求,公证书可附外文译文。除法律另有规定外,公证书从审批人批准之日起生效。审批人批准日期即为出证日期。

【例文7.9】

××合同公证书

( )××字第××号

兹证明××茶叶公司的法定代表人×××与××茶厂的法定代表人×××,于××××年×月×日在××市公证处,在我的面前,签订了《茶叶购销合同》。经查,上述双方当事人的签约行为符合《中华人民共和国民法典》第一百四十三条的规定;合同上双方当事人签字、印章属实;合同内容符合《中华人民共和国民法典》的规定。

中华人民共和国××省××市公证处

公证员×××(签名)

××××年×月×日

【例文7.10】

招标公证书

( )××字第××号

兹证明××(招标单位全称)于××××年×月××日在××(地点)对××××(招标项目名称)举行了公开招标,××、××、××(投标单位全称)参加了投标,××(中标单位全称)中标。

经审查和现场监督,招标项目与招标活动已获主管部门批准。招标方与投标方××、××、××(投标单位全称)均具有合法的招标、投标资格,招标文件合法,投标方××、××、××(投标单位全称)所投标书均符合招标文件的规定,为有效标书,整个过程的招标、投标、开标、评标、定标活动均符合招标文件的规定,招标结果合法、有效。

中华人民共和国××省××市公证处

公证员×××(签名)

××××年×月×日

【评析】这两份公证书,前者是证明当事人持有文书的法律意义的真实性、合法性,证明双方签订的《茶叶购销合同》有效。后者是证明当事人的法律行为,证明整个招投标过程的招标、投标、开标、评标、定标活动均符合招标文件的规定,招标结果合法有效。公证书措辞规范,体现了公证书的严肃性。

⇨ 写作实训

1. ××××企业系×××、××和×××按照协议投资、共同经营、共负盈亏的合伙企业,已于××××年×月××日经××工商行政管理局核准登记,取得工商××字第××号《营业执照》。在××市公证处进行公证,请代拟写一份合伙企业资格公证书。

2. 被收养人×××的生父母自愿将×××送给他人收养,收养人×××、×××愿意收养×××为养子(女)。××市公证处经审查,该收养关系符合《中华人民共和国民法典》第××条的规定。请代拟写一份收养公证书。

第八章 信息文书写作与实训

教学目标

◎ 掌握各类信息文书的内涵、写作内容和写作结构。

◎ 能根据案例熟练写作启事、声明、海报、广告、消息和通讯。

教学指导

◎ 指导学生认真阅读例文,揣摩信息文书的特点和语体风格。

◎ 采用分组作业的形式,要求学生分组策划一次主题班会活动,根据活动方案,组织主题班会活动,并根据具体内容撰写海报和消息。

◎ 组织学生为家乡的特色产品或旅游景点进行广告策划,撰写广告文案,并组织广告策划交流活动。

信息文书是指以各种宣传手段和信息传递方式为媒介,向公众有目的地进行宣传,使公众知晓有关信息所使用的文书。广义的信息文书种类很多,本章主要介绍为了某种目的将有关信息广泛传递给公众的文书,包括启事、声明、海报、广告、消息和通讯等。

撰写信息文书要客观地反映事实,内容不允许虚构,如启事就是向公众说明事实,希望得到支持和帮助,声明是就有关事项或问题向社会公众说明真相,表明自己的立场和态度。广告有公益广告和商业广告之分,公益广告是为促进社会的进步文明进行宣传,商业广告虽以吸引消费者购买为目的,但也不能任意夸大商品的功效,如果侵犯消费者权益,要承担经济或法律上的责任。

信息文书写作可以综合运用多种表现手法,以吸引读者的注意力,达到感染读者的效果。

第一节　启事、声明

一、启事

⇨ **案例导入**

20××年10月8日是××模塑集团公司成立20周年纪念日。为配合集团公司成立20周年庆祝活动,公司将举办"我与模塑"征文活动,面向公司全体员工征集稿件。

征文要求以员工的视角,以自己在模塑集团公司的亲身经历为题材,可以写下自己对模塑的认知和体会,可以抒发自己对模塑的情感,可以回顾与模塑共同成长的辉煌历程,也可以为模塑未来的发展建言献策。文章体裁不限,散文、诗歌、论文、随笔等均可,篇幅不限。本次活动将组织评奖,并拟结集成册,出版纪念专辑,此次活动截止时间为20××年11月8日。

请代××模塑集团公司写一篇征文启事,欢迎公司全体员工踊跃投稿。

⇨ **知识链接**

（一）启事的内涵

启事是机关、团体、企事业单位和个人在一定范围内公开说明情况,提请公众注意,请求大家帮助和支援的应用文体。

启事的特点是公开性和告知性,它只是用来向单位、个人告知某些事项,不带有任何强制性和约束力。启事一般用张贴、登报、广播等形式发布。

（二）启事的种类

启事使用较广泛,常见的启事大致可以分为三类:

1. 找寻类启事

包括寻人启事、寻物启事等。

2. 征招类启事

包括征文启事、征婚启事、招生启事、招工启事、换房启事等。

3. 说明类启事

包括开业启事、搬迁启事、更名启事等。

⇨ **格式扫描**

启事一般由标题、正文和落款三部分组成。

（一）标题

标题位于首行居中，字体稍大。有以下四种写法：

（1）以文种"启事"作标题。

（2）以事由作标题，如"招领""换房"。

（3）以启事性质加文种组成，如"寻物启事""征文启事"。

（4）以启事单位名称加文种组成，或在启事性质和文种前加启事单位名称，如"××日报启事""××大学和××大学20××年联合招生启事"。

启事的标题要注意不能误写为"启示"，启事是陈述事项的意思，而"启示"是对人加以指点使其认识到某些事物的意思。该用启事发布的信息不能误用其他文种，在报刊、广播、电视上经常出现"征订报刊公告"和"楼房出租公告"，这是错误的。公告是行政公文，是国家权力机关向国内外宣布重大事项的一种严肃庄重的公文文种。

（二）正文

正文是启事的主体，位于启事标题下一行，前空两格。

正文内容一般包括写作启事的原因和目的、启事的事项和要求两部分。也可以只写启事的要求事项。

启事的正文要写得既具体又简洁，即启事事项要具体，如征文启事一定要写明征文的主题、体裁、字数要求、投稿地址、截稿日期及征文评奖情况等，征文的目的要简洁。又如寻物启事，要写明丢失物品的特征、数量、丢失的地点。

（三）落款

在启事正文右下方写明启事单位名称或个人姓名、联系方式、写作日期。如单位名称在标题中已出现，落款可省略启事单位名称。联系方式一定要交代清楚，包括联系人、联系电话等，以免误事。

⇨ **写法指要**

写作启事，内容要具体，语言要简明扼要，使人一读就懂。例如"寻物启事"要写清楚丢失物件的时间、地点、数量、颜色和特征，而招领启事只要写明捡到物品的时间地点就可以，不必写出数量和其他特征，让失主前来认领时自己说出来，以防别人冒领。

【例文 8.1】

寻物启事

因本人不慎，于9月15日中午12时左右，在××公司门口遗失公文包一只，内

 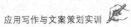

有本人身份证、工作证、若干文件及人民币若干元,请捡到者与电话××××××××联系或送至××小区××幢××室。本人定重谢!

王××

××××年×月×日

【评析】这是一篇找寻类启事。启事详细交代了物品遗失的时间、地点并写明遗失物品的数量和内容,启事的要求事项具体周全。因为是请求大家帮助寻找遗失物品,所以用语恳切,措辞得体。

【例文 8.2】

××电博会征文启事

活动宗旨:

××电子信息博览会已连续成功举办三届,成为××市的科技城市名片,为了进一步提升电博会在广大市民中的影响力,特举办以"科技与生活——电博会畅想曲"为主题的征文比赛,增进市民与电博会的交流与互动。

征文要求:

1. 观点明确,思想健康,富有创新和启示性。

2. 以从电博会看××市科技与百姓的数码生活为主要内容。

3. 必须为作者原创。

4. 文章体裁不限,字数要求:消息类 1000 字以内,言论类 2000 字以内,其他类 3000 字以内。

5. 参赛作品版权归作者所有,主办单位有权将参选或得奖作品结集出版、发表。

活动时间:

截止日期:××××年 9 月 5 日,以收到邮件寄出当日的邮戳为准。

评审阶段:××××年 9 月 8 日—9 月 15 日

奖项设置:

特等奖:1 名　　时尚数码照相机一部

一等奖:2 名　　精美彩屏手机一部

二等奖:6 名　　精美 MP3 一部

三等奖:15 名　　eMEX 精美 U 盘一个

优秀奖:30 名　　eMEX 电脑包一个

参加方法:

来稿请寄:××市时山路 2 号新创大厦××展览商务有限公司"科技与生活——

电博会畅想曲"征文组收。来稿请注明有效联系方式。

邮编：××××××

主办单位：

中共××市委宣传部

××市人民政府新闻办公室

《××日报》报业集团

××市广播电视总台

"科技与生活——电博会畅想曲"征文组

××××年8月5日

【评析】这是一篇征文启事。从活动宗旨、征文要求、活动时间、奖项设置到参加方法，内容完备周全，要求事项交代清楚。每项内容前以小标题的形式加以概括，简洁醒目，易吸引读者。

【例文8.3】

××青年旅行社股份有限公司招聘启事

××青年旅行社股份有限公司因业务发展的需要，以下岗位诚聘德才兼备人士。

（一）行政管理中心主任1名

任职资格：大学本科以上学历，5年以上管理工作经验。

主要职责：主要负责集团公司行政管理工作，包括办公室、财务部、连锁网络管理中心、信息中心。

薪资：10万~15万元/年

（二）办公室主任1名

任职资格：大学本科以上学历，2年以上办公室主任工作经验。

主要职责：主要负责集团公司办公室日常管理工作。

薪资：10万~12万元/年

（三）因私出入境总经理1名

任职资格：大学专科以上学历，5年以上管理工作经验，有从事过留学移民业务的管理经验。

主要职责：主要负责管理集团公司下属因私出入境留学移民相关业务。

薪资：10万元/年+业务奖金

（四）导游10名

任职资格：中专以上学历，身体健康，熟悉导游业务，具备导游从业资格，有较强的语言表达能力。

 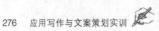

薪资：8万元/年+业务奖金

欢迎您加盟××青旅，自即日起报名，报名截止日期10月30日。

加盟热线：×××××××　　地址：人民西路11号国贸大厦二楼　　联系人：王小姐

××青年旅行社股份有限公司

20××年10月15日

【评析】这则招聘启事明确了招聘岗位、任职资格、主要职责和薪资待遇，使应聘者一目了然，了解公司的招聘情况，以便对照自己是否符合应聘条件。联系地址、联系电话和联系人都清楚明确。

【例文 8.4】

××大厦鞋业城开业启事

位于××区××路××号的××大厦为××市十佳大型商场，其五楼的鞋业城将于10月1日试营业，10月3日正式开业。鞋业城将向广大顾客提供充足的货源和优质的服务。

鞋业城面积××××m^2，以鞋类批发零售为主业。内设皮鞋、高档女鞋、童鞋、旅游鞋、运动鞋、劳保鞋共六个专区，还设有多家著名品牌展销专柜。

鞋业城开业之际，全场八折优惠销售，优惠时间为10月1日到10月15日。

热忱欢迎各位顾客光临鞋业城！

××大厦

20××年9月10日

【评析】开业启事是商店、饭店、旅馆、加油站等各种服务性经济实体及各类公司开始营业时，为招徕顾客、促进效益所发布的一种启事。它可以张贴在自己的店铺或其他合适的地方，也可以在各种媒体上发表。开业启事的主要功能是宣传自己。这则鞋业城开业启事首先介绍自己的基本性质和服务宗旨，其次介绍自己的主要业务范围和经营项目，再次介绍自己的优惠服务项目，最后表示对顾客的热烈欢迎。启事内容具体，层次清晰。

⇨ 写作实训

1. 根据案例导入部分材料，请代××模塑集团公司拟写一篇征文启事，欢迎公司全体员工踊跃投稿。

2. 位于沪太路3101号，大场立交桥北800米处的上海大场加油站即将开业。大场加油站由国家一级企业上海炼油厂和大场镇工业公司联合经营，是大场地区投资规模最大、设施最先进完备的经营服务性企业。汽、柴油由上海炼油厂直接供应,汽油内加有清洁剂,可显著减少机车的结碳、油泞现象,质量稳定可靠。另设有新华润滑油厂产品专柜,优惠供应各种小包装润滑油,量大可按出厂价供应。

该站将以保质保量、价格合理、热情服务、用户至上为服务宗旨,实行全天候 24 小时服务,内设小卖部、客户休息室,并有洗车及充气设备为用户提供服务。为所有供油客户提供优质服务:优惠洗车、优惠换机油、免费充气、免费供应茶水等。

请代上海大场加油站拟写一则开业启事。

3. ××小区物业管理办公室保安张×于××××年 11 月 18 日中午 12 点左右在小区南停车场捡到一个女式皮包,内装各类证件、人民币等物,请失主到物业管理办公室认领。请代××小区物业管理办公室拟写一则招领启事。

二、声明

▷ 案例导入

××遗失了第二代居民身份证,身份证遗失必须在当地报纸上刊登遗失声明,登报主要是防止非法分子利用身份证进行违法犯罪活动。请代××拟写遗失声明,表明该身份证作废,自本声明发布日起所有与该身份证有关事情概与××无关。

▷ 知识链接

(一)声明的内涵

声明是国家、党派、团体或个人就有关事项或问题向社会表明自己立场、态度的应用文体。

声明的使用范围相当广,政党和国家的领导机关及其领导人、机关单位、社会团体、企事业单位、其他组织或公民个人均可发表声明。声明可以在报刊登载,也可以通过广播、电台播发,还可以进行张贴。

在现实生活中,单位或个人遗失证件、单据、存根、牌照等,向有关部门挂失或公开宣布作废时需使用声明。某些单位要向社会公开说明情况时需使用声明,一般由具有法人资格的单位和法定代表人、当事人郑重发布,也可委托律师发表声明;两个或两个以上单位还可以共同发表声明,称"联合声明"。几个国家间相互约定权利和义务,也可以向全世界发表声明。

声明以议论为主要表达方式,对某些问题和意见的态度要很明确,语言简洁明快、庄重得体,使读者对声明单位和个人坚持与反对的内容一清二楚。

（二）声明的种类

声明一般有三类：

1. 维权声明

维权声明是当自己的某种合法权益受到侵害，为维护自己的合法权益、引起公众关注，并要求侵权方停止侵害行为的声明。

2. 遗失声明

遗失声明是在自己遗失了支票、证件等重要凭据或证明文件时，为防止他人冒领冒用而发表的声明。

3. 联合声明

联合声明是指两个或两个以上的国家、政府、政党在举行会议或会谈中，就共同关心的问题表明立场，或说明各方就双边或多边问题所达成的协议以及各自享有的权利和义务而发表的声明。

⇨ 格式扫描

声明一般由标题、正文和落款三部分构成。

（一）标题

声明的标题有三种形式：

（1）直接以"声明"作标题。

（2）由声明的性质加文种构成，如"遗失声明"。

（3）由声明单位、声明性质和文种三部分构成，如"××××有限责任公司授权法律顾问××律师声明"。如是带有很强的抗议和驳斥性质的政治性声明，还以"严正声明"的形式出现。

（二）正文

声明的正文要写清三方面的内容。一是阐明发布声明的原因、目的和意义；二是写明告之于众的情况；三是表明对事情的意见、态度和立场，提请有关人员或单位注意的事项。以上三方面内容可根据需要灵活掌握。

（三）落款

在正文右下方，由发表声明的国家、政党、团体和个人署名，并盖章。同时写上发表该声明的日期和地点。

⇨ 写法指要

写作侵权声明，要明确表明自己的立场、态度，警告侵权方，如不立即停止侵权行为并消除侵权造成的影响，就要依法承担相应的法律责任。写作遗失声明，要写明遗失人、遗失原因、遗失物品名称和具体证号。

【例文 8.5】

声　明

最近,许多读者向我们反映,当地一批被新华社江苏分社辞退的发行人员,至今仍打着新华社的旗号,从事与新华社无关的经营活动,严重损害了新华社的声誉。新华社江苏分社特发表如下声明:

新华社在扬州地区未设立任何分支机构,所谓的"新华社扬州新闻信息中心"纯属非法机构。新华社没有聘用当地任何人员开展经营工作,新华社在当地的经营业务均由新华社江苏分社直接派人开展。未持新华社有效证件(明)的任何人员,其经营活动与新华社无关,由此造成的后果新华社不予承担。敬请各有关单位注意识别并及时向江苏分社举报。

举报电话:025—×××××××

新华通讯社江苏分社

20××年×月×日

【评析】这是一篇维权声明,由新华通讯社江苏分社发表。声明首先写明发布声明的原因,是因为被新华社江苏分社辞退的发行人员,打着新华社的旗号,从事与新华社无关的经营活动,严重损害了新华社的声誉。接着表明声明的态度,未持新华社有效证件(明)的任何人员,其经营活动与新华社无关,由此造成的后果新华社不予承担。最后提请有关单位注意识别。

【例文 8.6】

遗失声明

××有限公司不慎将营业执照正、副本丢失,注册号:××××××。特此声明作废。

【评析】这是一篇遗失声明。遗失物品要写作寻物启事或遗失声明,寻物启事和遗失声明的区别表现在以下几方面:一是寻物启事主要用来陈述事项请求帮助;遗失声明除了简明地陈述某事外,主要用来表明立场、澄清相关事项、保护权益等。二是寻物启事正文重点要写清楚丢失物品的特征、丢失地点和时间、丢失者的联系方式;遗失声明正文交代遗失物品有关事项,重点需要态度严明地表达观点。

⇨ **写作实训**

1. 根据案例导入部分材料,代小张拟写遗失声明,表明该身份证作废。

2. ××有限公司于 20××年 10 月 20 日遗失××市商业(服务业)发票 100 张,金

 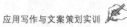

额为 10000 元人民币,需要登报声明作废,请代拟写遗失声明。

3. 广州腾飞计算机科技有限公司最近发现有不法分子利用公司的名称销售手机及配件,要求用户将钱款打入骗子指定的私人账号,进行骗钱活动。为此,该公司登报发表声明,不法分子在网上发布的关于手机及配件销售等信息非公司行为,如有以上事件发生,请打电话至公司进行确认。请代该公司拟写一份声明。

第二节　海报、广告

一、海报

⇨ 案例导入

为了繁荣发展文化事业,××市图书馆将以"分享读书之乐,弘扬民族文化"为主题举办第五届晒书会活动,届时将组织一系列激发和引导书友的阅读热情,营造全民阅读氛围的读书活动。活动时间:20××年 4 月 22 日(周日)14:00,活动地点:××市图书馆广场。晒书会现场设置环保展区,内容包括生活布艺手工制作、家庭环保窍门公益展览。

本次活动口号是:晒书召集令,幸福第五季。内容包括:

亲子阅读:不仅是对孩子阅读能力的锻炼培养,也是营造书香家庭的重要手段。

趣味猜书谜:千余条书谜有奖竞猜,邀请书法家协会会员现场挥毫赠墨(书签)。

书香集市:毕业生可提前预约和领取摊位编号,并提前到达现场布置,书籍、音像制品、生活用品、电子产品等均可出售。

跳蚤市场:该区主要活动形式为跳蚤市场,含书籍在内的任何与阅读相关的物品都可以在跳蚤市场出售或交换。

请代××市图书馆拟写一份第五届晒书会活动的海报。

⇨ 知识链接

(一)海报的内涵

海报是机关、团体、企事业单位向群众公布影讯、书讯、艺术活动、学术交流等信息的应用文体,多用于文化娱乐部门。

海报与广告极其相似,两者的区别主要在于:广告是以影响舆论、扩大销售为目的,多用于经济领域;而海报则是以吸引参与为目的,多用于文化艺术活动。广告的表现形式比海报要丰富。

（二）海报的特点

海报的特点首先是告知性。它运用富有感情色彩的语言告知一定范围内的人们，吸引他们参与某项活动、了解某些情况、光临某种特定的场合。海报没有强制性和约束力。

海报的时效性很强，它迅速及时地公布文化娱乐部门的有关信息，一般在活动进行之前或进行之中出现。

海报写作上比较自由，海报的制作者可以对海报的内容进行艺术渲染，使其具有鼓动性和感召力，但不能夸大其词、哗众取宠。

格式扫描

海报的形式自由灵活，不拘一格，常见海报的结构形式包括标题、正文、落款三部分。

（一）标题

海报的标题比较灵活，写法较多，大体有以下几种形式：

（1）单独由文种名称构成。直接用"海报"二字作为标题，即在第一行中间写上"海报"字样。

（2）由活动的内容构成标题，如"书讯""影讯""球讯"等。

（3）运用一些描述性的文字构成标题，如"请注意——周末茶座""××活动激情登场"。

海报的标题要求醒目、直观、富有艺术性。

（二）正文

海报的正文要把公布的信息及与此相关的时间、地点和相关事宜交代清楚。

正文一般采用叙述的方式，也可采用叙述、议论和抒情相结合的方式。

正文的语言应简洁明了、重点突出。正文之后常以"欢迎参加""敬请光临"等惯用语作结。

（三）落款

在正文的右下方署上单位名称和日期。

海报的结构形式只是相对的，在撰写海报时，可根据需要进行艺术处理，用大胆的想象来吸引读者。但无论采用何种形式，一定要把内容、时间和地点交代清楚。

写法指要

海报是为某项活动作的前期宣传，其目的是让人们参与其中。有的海报加以美术的设计，以吸引更多的人加入活动。

电影海报要公布演出电影的名称、时间、地点及内容介绍。这类海报有的还会配

 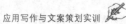

上简单的宣传画,将电影中的主要人物画面形象地绘制出来,以提高宣传的力度。

学术活动类海报一定要具体真实地写明活动的地点、时间及主要内容。文中可以用些鼓动性的词语,但不可夸大事实。

海报文字要求简洁明了,篇幅要短小。

【例文 8.7】

东风雪铁龙世嘉快乐购活动　激情登场

为答谢消费者对世嘉三厢的厚爱,"东风雪铁龙世嘉快乐购活动"从 7 月 24 日起全面启动,该活动是东风雪铁龙针对世嘉三厢特别推出的乐购回馈活动。

活动时间:7 月 24 日至 8 月 31 日。

活动内容:凡在××市各东风雪铁龙 4S 店订购世嘉三厢的用户,将获得时下热映档电影票两张;订车后消费者及亲友还将被邀请参加经销商举办的试乘试驾活动和欢乐购派对。

等待爱车也可以如此快乐,消费者不仅可以更好地体验世嘉三厢的魅力,更能提前感受东风雪铁龙经销商"家一样关怀"的服务品质,真正享受到品质与服务的消费双赢。

活动地点:××市××路东风雪铁龙××4S 店

联系电话:×××××××××××

××市东风雪铁龙 4S 店
20××年×月×日

【评析】这是一篇商业活动海报。在信息时代的今天,许多企业都纷纷与公益海报联姻,以此作为塑造企业自身形象的窗口,商业海报的运作也因此更注重文化性、艺术性。这篇商业活动海报,以答谢消费者为目的,宣传企业的服务品质,以提高其亲和力及美誉度。

【例文 8.8】

科技沙龙活动

主题:科学精神比科学知识更珍贵
　　　——《市民科普读本》读书会之一

时间:20××年×月×日(星期四)13:30

地点:××市科技大楼二楼科技沙龙

　　××市人民路 979 号

主办：××市科学技术协会
　　　××市科普促进协会

由《读本》第一分册(《比科学知识更珍贵》)编著人×××教授介绍编著经过,进行读书指导;特邀市科普促进协会名誉理事长×××谈科普体会;重点谈第一分册读书心得体会,与会者互相交流,谈体会、提建议。活动特邀××公司担任现场速录。

出席对象：区、街道、社区科协干部;社区居民、青少年、离退休人员;《市民科普读本》编撰人员。

联系电话：×××××××

【评析】这是一篇为学术性的活动而发布的海报。学术类海报具有较强的针对性。写作学术海报要详细交代活动的目的和意义、活动的主要项目、时间、地点、参加的具体方法及一些必要的注意事项等。

⇨ 写作实训

1. 根据案例导入部分内容,代××市图书馆拟写一篇第五届晒书会活动的海报。

2. ××大学将邀请著名的人力资源管理专家李××作题为"千里之行,始于足下"的职业生涯规划专题讲座,讲座安排在学术报告厅,请代拟写一篇海报。

3. 电影海报是一部电影的缩影,可以让我们知道这部电影所要表达的内容。既公布演出电影的名称、时间、地点及内容介绍,又配上宣传画,将电影中的主要人物画面形象地描绘出来,以提高宣传的力度。请搜集你喜欢的电影海报并进行点评。

二、广告

⇨ 案例导入

××电器公司新开发电饭锅新品——电脑电饭锅,与普通的自动电饭锅相比,有以下显著特点：

采用微电脑最新模糊逻辑控制技术,能正确判断出水量和米量的多少,智能地控制烹饪全过程的火候,达到烹煮出可口美味食物和最大限度节约能源的目的。

具有标准煮饭、快速煮饭、冷饭加热、1小时蒸、1小时煮粥、2小时煮粥、1小时煮汤、2小时煮汤八大功能供选择使用。

16小时以内设定煮好食物的时间(以小时为单位)。

LED数码显示屏美观、大方、醒目。

请为电脑电饭锅设计一则广告。

⇨ **知识链接**

（一）广告的内涵

广告是指组织或个人为了一定的目的,依靠付出费用,在规定的时间内,按照要求,通过媒体将真实信息传播出去的一种交流活动。《中华人民共和国广告法》对广告的定义是"商品经营者或者服务提供者承担费用,通过一定媒介和形式直接或间接地介绍自己所推销的商品或者所提供的商业服务"。

广告有广义和狭义之分,广义广告包括非商业性广告和商业广告。非商业性广告又称公益广告,是指不以盈利为目的而为社会公众切身利益和社会风尚服务的广告。狭义广告仅指商业广告,是指以营利为目的的广告,通常是商品生产者、经营者和消费者之间沟通信息的重要手段,或是企业占领市场、推销产品、提供劳务的重要形式,主要目的是提高经济效益。

（二）广告的分类

1. 以广告内容分类

可以分为产品广告、企业形象广告、公益广告等。

产品广告是指向消费者介绍产品的特征,直接推销产品,目的是打开销路、提高市场占有率。

企业形象广告战略的重点不是直接宣传其产品,而是通过对企业的规模、业绩、历史、实力、精神等特点的介绍来宣传企业,提高企业的知名度和美誉度。

公益广告的主题具有社会性,其主题内容存在深厚的社会基础,它取材于老百姓日常生活中的酸甜苦辣和喜怒哀乐,并运用创意独特、内涵深刻、艺术制作等广告手段,以鲜明的立场及健康的方法来正确诱导社会公众。

2. 以传播媒介分类

可以分为报纸广告、杂志广告、广播广告、电视广告、网络广告、招贴广告、车体广告、门票广告等。随着新媒介的不断增加,以媒介划分的广告种类也会越来越多。

⇨ **格式扫描**

广告写作结构由标题、正文、广告口号和附文四部分组成。

（一）标题

广告标题是整个广告文案乃至整个广告作品的总题目。广告标题为整个广告提纲挈领,将广告中最重要的、最吸引人的信息进行富于创意性的表现,以吸引受众对广告的注意力;它昭示广告中信息的类型和最佳利益点,使他们继续关注正文。人们在进行无目的的阅读和收看时,对标题的关注度相当高,特别是在报纸、杂志等选择性、主动性强的媒介上。

标题是广告内容的高度概括,是广告的核心和灵魂,在广告中处于最突出、最重要的位置,一般都用最醒目的方式加以表达。

广告标题有三种写法:

1. 直接性诉求标题

以商标牌号、商店企业名称作为标题,如中国联通公司的"情系中国结,联通四海心"。

2. 间接性诉求标题

用富有暗示性、诱导性、趣味性和哲理性的语言,引人联想。如有一家咖啡厅以"有空来坐坐"作为广告标题,虽然只是淡淡的一句,却打动了许多人的心。

3. 复合性诉求标题

引题交代背景,烘托气氛,正题表现广告的主要内容。例如,"中原之行哪里去?郑州亚细亚!"(亚细亚商场)引题设置悬念,正题道出广告的内容。

标题要求概括精当,简洁新颖,出奇制胜。

(二)正文

这是广告中的主体语言文字。它的作用是进一步解释、论证广告标题,更充分地表现广告主题。

正文常见的写作形式有以下几种:

1. 陈述体

用简明、朴实的语言介绍商品的名称、规格、型号、特点、功用等内容,或陈述企业的创业过程。这类广告内容实在,适用于对新产品的宣传介绍。

2. 问答体

以两人一问一答或多人问答的形式,表达广告宣传的内容。这类广告针对性强,信息容量大,采用层层深入或设疑解答的方式,有利于吸引消费者的注意力。适用于广播、电视广告,用于解释价值较高、技术性较强的商品和其他内容较丰富、知识性较强的商品。

3. 新闻体

用类似新闻的形式撰写,发掘广告内容的新闻性。当某种商品与重大新闻事件、新闻人物有联系,或企业获得荣誉证书和荣誉称号时,就可以借题发挥,给人留下深刻印象。

4. 文艺体

用文艺创作的表现手法,如运用诗歌、散文、相声、小品等来介绍商品。这类广告注重情趣、生动形象、引人入胜、感染力强。

并不是每一则广告都有正文,有些广告(如霓虹灯广告)因受媒体条件的限制而无法使用正文。有些广告所宣传的产品已进入成熟期或衰退期,广告更重要的作用是强调商品的品牌或企业形象。因此广告的文字很简洁,往往用图像、音乐等取代正文部分,以加强广告的感情诉求。

（三）广告口号

广告口号也叫广告主题词、广告标语。这是广告在一定时期内相对稳定并反复使用,带有强烈鼓动作用的简短语句。广告口号是为了维持广告宣传的连续性,运用于同一商品的一系列广告中。

广告口号超越于广告的基本内容之外,使消费者建立起一种思想观念,具有延伸性,在不同时期以不同内容反复出现。广告口号既要概括广告的内容,又要写得简短明白、生动形象、富有感染力。

能够在社会上广泛流传的广告口号基本都是很简短的。广告口号的字数一般不超过 12 个。如我国著名民族企业海尔集团的广告语"海尔——真诚到永远";英特尔"给电脑一颗奔腾的'芯'";耐克"Just do it";海飞丝洗发水"头屑去无踪,秀发更出众";等等。

在实际使用中,口号与标题会出现交叉、重合的情况,这是因为有的口号本身就是由标题演化而来的,而有的口号本身又适合充当标题。一般来说,每则广告都有标题,但不一定都有口号。口号运用于系列广告宣传中。

（四）附文

这是广告中备用的信息,为消费者提供一些必要的线索和资料。附文一般包括企业及其销售点的名称、地址、电话、电挂、传真、邮政编码、开户银行、账号、联系人、商品价格、购买方式等。

⇨ **写法指要**

广告写作综合运用说明、叙述、描写、抒情、议论等多种表达方式。

说明是文字广告最基本的表达方式,用简明朴实的文字,介绍商品的性能、特征、功能、成因和发展等。

叙述体广告常用叙述的表达方式。一些新产品开发成功,广告中可叙述企业创业经过,介绍产品发明者的事迹。

广告中运用描写的方法,主要用于揭示产品的特点、作用,用形象、逼真的语言描绘产品,描绘优美的服务设施和环境。描写多采用白描的手法,用传神的笔法,勾勒出产品的特征、性能。

很多广告采用抒情的方式,以打动消费者的心,抒情使人感到亲切,可增强广告的表达效果。

运用议论的表达方式,可使广告在注重情感化的同时,注重理性化。它能使读者在受到感染的同时,产生理性思考。

广告写作应注重在广告语言方面的创新,体现出简洁明快、形象生动的语言特色。

【例文 8.9】

伊利纯牛奶广告文案案例

广告文案：无论怎么喝，总是不一般香浓！这种不一般，你一喝便明显感到。伊利纯牛奶全乳固体含量高达 12.2% 以上，这意味着伊利纯牛奶更香浓美味，营养成分更高！

广告口号：青青大草原　自然好牛奶

广告文案：一天一包伊利纯牛奶，你的骨骼一辈子也不会发出这种声音。每 1100 mL 伊利纯牛奶中，含有高达 130 mL 的乳钙。别小看这个数字，从骨骼表现出来的会大大不同！

广告口号：青青大草原　自然好牛奶

广告文案：饮着清澈的溪水，听着悦耳的鸟鸣，吃着丰美的青草，呼吸新鲜的空气。如此自在舒适的环境，伊利乳牛产出的牛奶自然品质不凡，营养更好！

广告口号：青青大草原　自然好牛奶

【评析】这三则系列商品广告，除品牌标识及产品包装外，没有任何图形。画面中心巧妙地利用汉字字形的精心编排设计，通过一系列的象声词，分别表现人们迫不及待地喝牛奶的声音，因缺钙而导致的骨骼碎裂的声音，以及乳牛在舒适的环境中惬意地吃草鸣叫的声音，调动受众的想象和联想，形成视觉冲击力。而广告文案又对画面主体用文字作了形象的说明、注释和深化，道出了伊利纯牛奶诱人的浓香、纯真精美的品质和饮用后的效果及其根源，非常有说服力，很能打动消费者，是以文案写作为主要表现形式的典型佳作。

【例文 8.10】

太阳神集团广告

广告标题：孩子，妈妈能给你的真的不多……

广告正文：12 岁，我就离家读寄读中学了。那时正是春荒季节，每次返校前，妈妈总能变戏法似的弄出一小袋米来，再让我捎上一罐咸菜，这便是那时山里孩子一星期最奢侈的伙食了。送我上路时，妈妈那爱怜的眼神里总是盛满了愧疚与无奈。岁月荏苒，今天，我才读懂了妈妈的眼神，她仿佛喃喃地对我说："孩子，妈妈能给你的真的不多，但那可是我能给予的全部啊。"火柴很小，散发的光亮很微弱，但它是在竭尽所能燃烧着，就像妈妈。

（背景画面：全黑底包围中，一根火柴头在黑暗中燃烧着，散发出微弱但绚丽无比的光焰。)

【评析】这是一则宣传企业形象的广告。太阳神集团广告通过一个动人故事的叙述,将企业的精神理念赋予其中,火柴头、妈妈的形象象征着太阳神集团,虽然散发的光亮也很微弱,但它是在竭尽所能燃烧着。这样的形象在平凡中闪耀着伟大的光辉,更贴近普通人的心,让人信服,极具说服力。

【例文 8.11】

公益广告《心在一起》文稿

我们在寻找一个眼神,然后让微笑像空气一样;

我们在寻找一种单纯,然后让感动像音符一样;

我们在寻找一种温暖,然后让幸福像孩子一样。

啊!世界那么大,只要我们心在一起,爱会一步一步向上升,希望充满灿烂天地。

世界那么大,只要我们心在一起,爱会让每个角落发光,你的未来你听见了吗?

【评析】这是一篇公益广告。优美的旋律,活泼快乐的孩子,真诚的微笑,亲切温暖的眼神,让人们由衷地感到助人是快乐的,是温暖的,只要我们心在一起,爱会让每个角落发光,让希望充满灿烂天地。这则公益广告旨在教育和启发大家,从我做起,乐于助人,主动帮助别人,做文明人。公益广告《心在一起》简洁而动情,把欢乐的笑声和感激的心声都融入其中。

⇨ 写作实训

1. 根据案例导入部分内容,为电脑电饭锅设计一则广告。

2. 以"保护环境就是保护美好的未来"为主题,拟写一篇公益广告文案。

3. 为你家乡的某一旅游景点设计一则广告。

第三节　消息、通讯

一、消息

⇨ 案例导入

20××年3月28日下午,××大学××系学生党支部精心组织了"美化校园　净化心灵"志愿服务活动,此次活动以保持校园环境卫生,创造整洁、干净的学习和生活环境,培养热爱学校、热爱劳动的良好风尚为目的,树立大学生良好形象,展示志愿服务风采。本次活动有近50名学生党员、入党积极分子参加。

同学们手拿垃圾袋从学生宿舍开始,沿着校园主干道,捡起教学楼、食堂等地的垃圾,用实际行动践行"美化校园 净化心灵"的活动主旨。

请以××系学生党支部的名义写一篇消息。

⇨ 知识链接

(一)消息的内涵

消息是新闻中最基本的、使用量最大的文体。它是用概括叙述的方式,以简明扼要的文字,迅速、及时地报道最新事实的短篇新闻。

消息的主要特点是:报道新闻事实迅速及时,内容简明扼要,语言生动简洁,篇幅短小精练。一般采用"倒金字塔"结构,即消息的写作是将最重要、最新鲜的事实写在新闻的最前面,按事实重要程度和读者关注的程度先主后次地安排,内容越是重要的,读者越是感兴趣的,越要往前安排,然后依次递减。

(二)消息的种类

根据内容分类,消息可分为动态消息、综合消息、经验消息、述评消息、人物消息。

1. 动态消息

动态消息是迅速及时地报道国内外正在发生或新近发生的新闻事实,是反映新事物、新情况、新动向的主要的消息体裁。以叙事为主,用事实说话,一般不必发议论。

2. 综合消息

综合消息是指围绕一个主题,把不同地区或不同部门的性质类似的事件,综合起来加以报道的一种消息。综合消息的特点是报道面广,使读者得到全局性的认识。

3. 经验消息

经验消息是对某一时期某一地区或单位的典型经验或成功做法进行报道。对典型经验进行报道,关键要做好选择,点出亮点,引发思考,引导舆论。要善于揭示典型经验背后深刻的社会意义。

4. 述评消息

述评消息是一种边叙边评、夹叙夹议的消息类型,它介于新闻和评论之间,既报道新闻事实,又在报道的同时对新闻事实的性质、特点、发展前景等作出分析、解释、评价。"述"的部分是讲述事实,"评"的部分是表达作者的观念,包括思想、见解、意见、态度。

5. 人物消息

人物消息就是以消息的形式报道新闻人物,反映某个特定人物的事迹和行为的新闻体裁,一般通过一个事件来反映新闻人物的面貌,截取人物生活的横断面,只写人物的一时一事。而人物通讯则在较为广阔的时间和空间范围内表现人物,内容比人物消息丰富。

根据结构分类,消息可分为短讯、标题新闻、无标题新闻。

1. 短讯

最精练的新闻体裁之一,其中最简短的被称为"一句话新闻"。它常常以若干条集中的形式分类编排,如"经济要闻""国际短讯"等。

2. 标题新闻

没有正文,以标题形式出现,是最短的新闻。

3. 无标题新闻

只有正文,没有标题。

⇨ **格式扫描**

消息一般是由标题、导语、主体和结尾组成,并由它们构成了消息的习惯格式,体现消息的文体特征。

(一) 标题

标题是消息的重要组成部分,被称为"新闻的眼睛",要求既能够吸引读者,又能够概括内容。

标题的形式有单行式和多行式。

1. 单行式标题

只有一个标题,它是消息内容的高度概括。例如"全国'农家乐'超 150 万家""网络小说莫娱乐过度"。第一个标题直接用数字介绍农家乐的规模;第二个标题直接写出观点,指出网络小说呈现出过度娱乐化的倾向。

2. 多行式标题

由引题、正标题和副题组成。引题在正标题之上,交代背景、说明消息的意义;正标题概括消息的主要内容;副题在正标题之下,对正标题进行补充说明。

根据内容需要,可以采用三行标题,包括引题、正标题和副题,也可以采用正标题只加引题或只加副题的形式。例如:

(1)"进一步规范事业单位公开招聘工作"(引题)

"人社部拟出台《事业单位人事管理条例》"(正标题)

(2)"公安机关打击侵害公民个人信息犯罪网络"(正标题)

"信息掮客背后有'内鬼'"(副题)

（3）"确保基金安全　实现保值增值"（引题）

"养老金投资管理已有初步思路"（正标题）

"今年企业退休人员基本养老金提高到每月人均 1700 元"（副题）

以上标题，第一个标题属于引题加正标题，人社部出台《事业单位人事管理条例》的意义就是进一步规范事业单位公开招聘工作；第二个标题属于正标题加副题，信息掮客背后有"内鬼"是对公安机关打击侵害公民个人信息犯罪网络的补充说明；第三个标题引题、正标题、副题俱全，养老金投资管理的意义是确保基金安全，实现保值增值，副题补充交代养老金投资管理的初步效果。

消息标题最常用的是双标题，撰写消息标题，要力求做到内容新颖、形式醒目。

（二）导语

导语是消息的开头。需要用最精粹的文字，简明扼要地把消息中最重要、最新鲜、最吸引人的事实及其意义表达出来。导语的常用写法有以下几种：

1. 叙述式导语

用概括的语言直接叙述消息的事实，突出消息的主要内容。

例如："4 月 21 日清晨，2018 名暴走队员齐聚上海青浦朱家角，参与'一个鸡蛋的暴走'活动。超过 1000 名队员在 12 小时内完成了 50 公里的徒步行走，为贫困儿童筹款 134 万余元。在 5 月 18 日活动结束以前，公众可以继续捐款，主办方上海公益事业发展基金会（以下简称联劝）将在 5 月 26 日公布最终募捐结果。"

这条导语详细交代了"一个鸡蛋的暴走"活动的时间、地点、人物和新闻背景。为了让贫困地区的孩子每天上学吃到一个鸡蛋，主办方把户外运动和公益结合起来。导语不仅叙述了消息的主要事实，而且起到了引人注意的作用。

2. 描写式导语

简单描写某个事件或人物的有意义的特征，既形象又传神，具有现场感。

例如："见到他，会一眼就记住他。中等身材，黑黑的脸，眼睛炯炯有神。就是他，在边防哨所守护了整整 23 个春秋，走了近 20 万公里，相当于绕地球 5 圈，记录了 27 本边情值班日志。他就是新疆生产建设兵团第十师一八五团桑德克哨所的护边员马军武。"

这是人物消息"心中永远装着祖国——记新疆生产建设兵团农十师一八五团马军武"的导语，用简洁又生动的语言勾勒出报道对象的形象，给读者以深刻印象。消息不能像文学作品那样细致地描写，应力求简洁传神。

3. 评议式导语

在导语中表明作者的态度和对报道对象的看法，对读者具有导向性的作用。

例如："眼下，基层有一种现象值得警惕：一些部门常年借用基层干部'打工'，有的部门甚至借用多达二三十人。举办活动临时抽人，推进工作临时挖人，动

 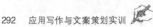

议机构临时借人……"

这条导语从议论入手,接着列举基层借用人的现象。叙议结合,点明报道的目的。

4. 提问式导语

用提问的方式引出消息的主要内容,能启发读者进行思考,吸引读者阅读消息。

例如:"最近,天津科技大学海洋科学与工程学院把社会公益服务列为必修课,占 1 学分。据悉,北京大学、中国人民大学、南京大学等高校都有相似举措。将社会公益服务纳入学分体系中,效果如何? 值得探讨。"

这条消息报道的主要内容是对高校将志愿活动纳入学分体系的调查,"效果如何"这个问题突出消息主题,针对性强,主体部分将围绕这个问题进行解说。

（三）主体

主体是导语的展开或续写部分。主体承接导语对新闻事实作进一步报道,以满足读者对事实进一步了解的需要。

主体常采用倒金字塔结构形式。所谓"倒金字塔",就是把最重要的材料放在开头,比较重要的随后安排,再次的再向后排,最不重要的放在最后。这种写法很有意义:一是这种结构便于阅读,二是便于编辑,三是便于写稿。

（四）结尾

消息的结尾承接主体,有时没有结尾,事实叙述完毕,就自然结尾了,有的对全文作简单总结。

⇒ 写法指要

消息写作必须完全真实地反映客观事实,用确凿的事实来教育影响读者,绝不允许虚构和添枝加叶。无论是构成消息要素的时间、地点、人物、事件和结果,还是所引用的背景材料、数字,都要完全真实、准确可靠。消息必须迅速及时地把最新的事实报告给读者,延误了的信息就失去了新闻价值。消息要用较小的篇幅、简练的文字来叙述事实、传达信息,要求内容集中、言简意丰。

【例文 8.12】

用艺术魅力传承道德力量
"全国道德模范故事汇"基层巡演启动

今天下午,"全国道德模范故事汇"基层巡演启动仪式暨首场演出在北京剧院举行,有关单位负责同志及 800 多名观众参加。本场演出由中央文明办、中国文联和中国曲协主办,国务院国资委协办,神华集团有限公司承办。

孝老爱亲道德模范朱清章,31年不离不弃,用孝心孝行唤醒已成"植物人"的养母;助人为乐道德模范阿尼帕·阿力马洪,以慈母之心,收养汉族、回族、维吾尔族、哈萨克族4个民族10名孤儿;孝老爱亲道德模范张蕾,带着父亲上大学,一边读书一边尽孝;见义勇为道德模范王茂华、谭良才,从火海中救出5名儿童,用健康和生命换取他人新生……演出从第三届全国道德模范中选出一批典型人物,创作成动人的故事、说唱和二人转等节目,评书表演艺术家刘兰芳领衔主演。演出的先进事迹感人肺腑,演员的表演引人入胜,观众不时报以热烈掌声。

演出没有华丽的舞台布景,也没有夸张的动作表现,艺术家们用平实却动人心弦的表演,把道德的丰富内涵、向善的价值追求传递给了观众。艺术家杨鲁平说,演员要深入了解模范内心,融入自己的深刻体会,才能打动人心。

自2010年以来,中央文明办、中国文联、中国曲协坚持开展"道德模范故事汇"活动,经常深入基层单位,宣传道德模范的感人事迹和高尚品德,受到各地群众的热烈欢迎。据了解,今年首场演出后,主办单位还将组织节目到部分地区示范巡演,推动各地深入开展"道德模范故事汇"活动,全国演出预计将达千场以上,现场观众达百万人以上。

中央文明办有关负责人表示,运用讲故事这种寓教于乐的方式弘扬传统美德,赞颂高尚情操,有助于在全社会树立良好风尚。

【评析】这是一篇动态消息,报道"全国道德模范故事汇"基层巡演启动仪式暨首场演出。导语部分简明扼要地介绍基层巡演启动仪式的地点、规模和举办单位。主体部分围绕全国道德模范故事汇这一主题,依次介绍演出的内容和形式。中间穿插介绍全国道德模范故事汇活动的新闻背景。最后用中央文明办有关负责人的表态对活动进行总体评价。

【例文 8.13】

公共景区不是"公司资源"

把景区承包出去后,地方政府更应当好公共资源看门人。

今年是景区票价调整的"解禁期",至今有20多个知名景区门票已经或即将涨价,涨幅从20%到60%不等。消费者颇有怨言,景区却底气十足:有行政许可,是市场行为,涨价无可厚非。

如果涨价源于成本提高所迫、源于改善服务所需,只要摊开账本解释清楚,公众自然可以理解。但近期,旅游行业上市公司的年报却显示,掌控部分旅游景区经营权的上市公司,坐拥超过70%的主营业务毛利率,甚至连寺院都承包给了旅游公司经营。

相应的,却是旅游服务的滞后。一些景区配套设施落后,不仅座椅、厕所等设施陈旧稀少,一些景点内餐饮、住宿更是搭车涨价,屡屡遭到投诉。以北京一家公司为例,20××年其旅游服务收入超1.6亿元,而旅游服务成本支出却不足0.7亿元。在某种程度上,部分旅游资源已成为一些公司的赚钱工具。

大部分景区资源,都属于公共资源。不管是文化遗存,还是自然风物,景区携载着一个地方历史和文化的基因,本身就具有全民性和公益性,理应为人们所共赏、共享、共保。

把景区承包给企业经营,进行市场化运作,可以提高管理效率,有一定合理性。但问题是,企业有逐利本性,一旦掌握了景区这样的优质资源,难免想要更多、更快地获取高额利润,而不顾其公益性和公共性。现实中,少数旅游公司或是跑马圈地粗放式发展,或是巧立名目乱收费损害消费者利益。门票涨价,也正因此而屡屡招来质疑。

一些地方政府的想法也可以理解:让本地景区发挥更大效益,既是政绩需要,也是真金白银。但是,把景区承包出去,并不是把公共资源拱手让人。如果政府在这一过程中丧失了景区建设和保护的主动权,就容易被企业牵着鼻子走,造成毁灭性开发。如果放任公司的逐利行为,任由古迹和环境被破坏,损失的将不仅是景区形象,更是旅游业的长远发展。

那种单纯为了追求利润而吸引众多投机性资本的发展方式,那种为了短期利益而牺牲公共利益、长期利益的行为,都可谓杀鸡取卵、涸泽而渔,不仅将影响到普通游客的利益,扭曲资本市场的配置作用,更可能使我国旅游行业畸形发展,有悖于中央发展文化产业的精神,更有悖于建设文化强国的目的。

景区是公共资源,不属于某个地方、某家企业,而是属于公众所有;这资源不仅属于当代人,也属于子孙后代。对于企业,不能承包之后就急于变现、无序开发,而应承担起应有的社会责任,对于地方政府,不能把景区承包出去后,就放弃了监管责任,坐等分成,而应该当好公共资源的看门人。这不仅是为了旅游公司、旅游资源的长远发展考虑,更是为了旅游产业、文化产业的长远发展考虑。

【评析】这是一条述评消息。针对某些企业掌握了景区这样的优质资源,为了更多、更快地获取高额利润,而不顾其公益性和公共性,任由古迹和环境被破坏的问题,指出其危害,揭示正确的做法,帮助读者提高认识。消息有叙有议,边述边评,提高读者认识问题的能力。

"中国网事·感动中国"
第一季度网络人物评选结果揭晓

　　"中国网事·感动中国"第一季度网络人物评选结果日前揭晓,中国网民用数十万张选票选出了心中的草根英雄,他们中的第一名为"山神"刘××。

　　刘××是一个老兵,坚持做像雷锋那样的人,用 30 年时间守护一座大山。他与孤独、误解以及人性的贪婪对抗,成为人们眼中的"山神"。2 月 23 日,《光明日报》头版以一个整版的超常规形式推出《新时代的"活雷锋"——共产党员刘××30 年守护山林的故事》,让刘××走进全国人民的视野。

　　"中国网事·感动中国"网络人物评选活动由新华社主办,新华网为官方网站,中央新闻网站、主要商业网站承办,知名地方网站、都市报和手机媒体共同参与,评选在网民中有较大影响力,主要事迹发生在本年度或在本年度引起网络广泛关注的网络人物。在 20××年首届评选中,徒手接住从 10 楼坠下的女童的"最美妈妈"吴××等 10 名"草根英雄"当选年度网络人物。

　　【评析】这是一篇人物消息,报道刘××获得"中国网事·感动中国"第一季度网络人物第一名。在这篇消息中,人物是中心,报道老兵刘真茂坚持做像雷锋那样的人,用 30 年时间守护一座大山的事迹。但人物消息不强调细节,也不对事迹进行渲染,只写出人物的一时一事。

⇨ 写作实训

　　1. 根据案例导入部分材料,请以××系学生党支部的名义写一篇消息。
　　2. 请以你所在班级举行的一次主题班会为内容,写作一篇消息。

二、通讯

⇨ 案例导入

　　××市高教区学生广场被评为××市"文明示范商业街区"。20××年 5 月,建筑面积约 3.3 万 m² 的学生广场落成启用。但在当时高教区只有 7 家入驻院校、学生规模 3000 人左右,次年高教区商业发展部做了一项调查,当年只有不到 30% 的商铺处于微利状态,30% 的商铺勉强保本,近 40% 的商铺亏本经营。由于无利可图,有些商户就开始转租、退租,或者调整经营范围,这让学生广场招商工作的开局有些步履维艰。

　　今年高教区商业发展部经过数轮市场调研后,坚定了业态升级,引入品牌商业的信念,通过市场调研来找准区内不同消费者的需求习惯和偏好,从而引进适合区域发展的特色商业品牌。近两年,学生广场已集聚了肯德基、老娘舅、85度C、iPhone体验店、朱鸿兴、全家超市、来伊份等一批特色项目,提升了学生广场的整体经营档次。

据商业发展处调研,今年夏天,学生广场日均人流量约为1.5万人次,70多家商户中有9成多实现了盈利,已成为高教区人流量最为密集的场所,也成为高教区主要的消费场所之一。

根据以上材料,结合你所在学校学生广场的调研情况,写一篇风貌通讯。

⇨ 知识链接

（一）通讯的内涵

通讯是运用叙述、描写、抒情、议论等多种手法,详细、深入而又生动形象地报道新近发生的事实的新闻体裁。

通讯与消息都是新闻的主要文体,它们的共同点是都要求具有严格的真实性和及时性。不同之处有以下几点：

（1）选择材料不同。消息选择材料广泛,可大可小。通讯要选择含量较大的真实典型材料。

（2）表述详略不同。消息的内容表述简单概括。通讯内容表述比较复杂详尽,讲究场面和细节描写。

（3）表达方式不同。消息多用叙述,而通讯在叙述的基础上,还要运用描写、议论、抒情等表达方式。

（4）结构形式不同。消息有固定的结构形式。通讯的结构与一般记叙文章相同,基本上按时间、逻辑及二者结合的顺序安排结构。

（二）通讯的种类

根据通讯的内容和写法,一般将通讯分为人物通讯、事件通讯、工作通讯和风貌通讯。

1. 人物通讯

人物通讯是以报道各方面的先进人物为主的通讯,以表现人物为中心,从不同角度反映人物的事迹和思想。

2. 事件通讯

事件通讯是以写事件为中心,重点描绘社会生活中带倾向性和典型性的生动事件及具有普遍教育作用的新闻事件。

3. 工作通讯

工作通讯是以报道先进工作经验或某项工作的成就和存在的问题为主要内容的通讯。

4. 风貌通讯

风貌通讯是以反映社会生活、风土人情、自然风光和现实中的建设成就为主的报道。

⇨ **格式扫描**

通讯的写作结构包括标题、开头、主体和结尾四个部分。

（一）标题

通讯的标题多数为单行式，有的有副标题，也只是交代报道的对象和新闻的来源。通讯的标题可以直接概括新闻事实，也可以运用多种表达方式，引发读者的阅读兴趣。例如："刘路是怎么一飞冲天的——中南大学见闻实录""复员军人的'面包梦'"。第一个标题采用双行标题，正标题介绍报道的主要内容，设置悬念，引发思考，副标题补充交代报道的来源。第二个标题直接叙述新闻事实。

（二）开头

消息为了吸引受众，往往把最主要、最新鲜的东西放在前面，把最精彩的东西放在导语里，呈倒金字塔结构。通讯则不一样，通讯是围绕主题，把材料串起来，有故事情节，有细节材料，可以按时间来写，也可以按因果关系来写，还可以纵横交错来写。

通讯的开头有多种方式。主要方式为直起式和侧起式。直起式是开门见山直述其人其事，直接抒发感情或直接发表见解。侧起式是利用铺垫的方法，娓娓道来，然后再进入正题。例如：

大学四年级那年，在面临是工作还是继续读研的抉择时，××大学历史学系学生张××却选择了另一条路——到西部支教一年。经过重重选拔，他成为北京大学第十二届研究生支教团的一员，并被大家选为团长，前往青海支教。

莽莽林海，层峦叠嶂。我们坐上护林员的摩托车，在热带丛林的羊肠小道上艰难前行。经过四五十分钟的"极限体验"，终于来到海南省白沙黎族自治县道银村——鹦哥岭自然保护区最早建立的护林站点，见到这群20多岁的大学生。

以上两篇通讯，第一篇的开头开门见山、直入主题写出了报道的人物和事件。第二篇先描写鹦哥岭自然保护区的环境，再引出报道对象。

（三）主体

主体是通讯的主干部分，是继开头之后，对事件或事实报道的核心。

写作人物通讯注意以下三个方面：

一是形与神兼备。不仅要写出人物的行为和事迹，更要展示其精神世界。

二是言与行统一。人物的语言和行为能传递出人物的思想，而不同的语气、句式、词汇、动作、表情、神态等是极富个性色彩的内心表露形式。

三是注意细节描写。如果说言行、事例、情节勾勒出人物的整体形象，那么生

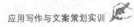

动的细节描写能真实地体现人物的情感和精神,增强人物的艺术感染力。

写作事件通讯须完整地叙述事件的起因、人员、场面、结果等,以交代事件的复杂性和社会影响度。叙事要注意以下三点:

一是理清主线。一个新闻事件的发生、发展过程中,有因有果,有人有事,头绪多而关系复杂,作者须理清主线,按事件原貌将其完整地、动态地、立体地呈现给读者。

二是选择典型细节。一篇优秀的事件通讯,必然有几个生动感人的细节来充分展示主线,使作品丰满而具现场感。

三是合理安排结构。叙述单一事实的通讯多采用时序结构,即按照事实发生的先后顺序安排主体层次。综合性通讯多采用逻辑结构,按事物内在的联系或问题的类型安排结构。

篇幅不长而情节不太复杂的事件通讯可运用插叙、补叙、分叙等手段,充分展开情节和利用背景材料,使文章有变化起伏。

容量大而情节复杂的事件通讯则常常运用时空交叉方式,以时间推进、空间变换等手段来切割事件,构成若干侧面。经过作者精心的组合剪辑,完整而利落地表述事件。

(四)结尾

通讯的结尾可采用自然收束的结尾方法,即按叙述过程自然结尾,干净利落。也可采用卒章显志的结尾方法,即在结尾点明主题或写作目的,起提示和总结的作用。

⇨ **写法指要**

通讯写作须选好典型,确立主题。典型是通讯的筋骨,主题是通讯的灵魂。要选择那些具有代表性、具有普遍意义、具有宣传价值和教育意义的人和事,选择那些在一定时期内人们所关注的问题。要确立体现时代精神、表现时代风尚的主题,确立反映人物和事物本质与规律的主题。

通讯写作要做到材料精当,按照主题思想的要求去选取材料,把最能反映事物本质的、具有典型意义的和最有吸引力的材料写进去。写人物要用人物自己的语言、行为、活动来表现人物。

通讯写作要角度新颖,结构合理。写作方法要灵活多样,除叙述外,可以描写、议论,也可以穿插人物对话、自叙和作者的体会、感受。既可以用第三人称的报道形式,也可以写成第一人称的访问记、印象记或书信体、日记体等。

通讯结构安排可采用纵式结构,即按时间顺序、事物发展的顺序或作者对报道事物认识发展的顺序来安排结构。也可采用横式结构,即用空间变换或按照事物性质来安排材料。也可采用纵横结合式结构,即以时间顺序为经,以空间变化为纬,把两者结合起来运用。

【例文 8.15】

我们希望她永远不要退休

4月23日早上7点15分,距离上班时间还有45分钟,年过花甲的陶医生已经坐在××市红十字会医院风湿免疫肾脏科的"名中医工作室"里,开始了她普通而又繁忙的一天。

陶医生,全国"五一劳动奖章"获得者、全国劳动模范。从医30余年来,她每年接诊来自全国各地的病人8000余例。

她的办公桌陈设简单,一台电脑、一台打印机、一本台历还有一杯泡了几片西洋参片的开水。

9点30分,陶医生电脑上的医生诊间系统显示:待诊33,已诊17。此时,一位20来岁的女患者一坐下就问:"陶医师,我这个月又重了6斤,您说我还能不能瘦回去啊?"

"小姑娘就是这样。我第一次不就跟你讲过了,胖瘦跟你的病没关系,不要有心理压力。只要保持心情愉悦、多做运动,以后肯定会瘦下来的。"陶医生说。

一位中年妇女患有风湿性关节炎,陶医生为她开好药方后,转动着脖子教她"米字操":"像这样,上面、下面、左面、右面,经常做做会对你的颈椎有好处的。"

慢性肾炎、尿毒症、红斑狼疮都是疑难杂症和慢性病,而且患者大多来自农村,漫长的治疗过程使不少患者因病致贫。病人们都知道找陶医生看病,不仅心情愉悦、效果好,而且便宜。陶医生会尽量给病人省钱。同样的疗效,能用便宜的药,绝不用贵药。陶医生说:"同样的药,用好了就是良药,用不好就是毒药。药就是医生的良心。"

记者看到,一位患者的缴费单据上显示,除去医保报销部分,陶医生开的半个月中西药自费不到200元。"陶医生真是个好医生,我们希望她永远不要退休。"这位患者说。

13点10分,上半段门诊告一段落,陶医生起身吃午饭。此时的医生诊间系统显示:待诊16,已诊50。这中间,60岁的陶医生只喝过两口水,一连坐了6个小时。

13点40分,吃过午饭的陶医生来到办公室,已经有2位患者在等待。

陶医生办公室旁边的一个小房间是"专科病人档案室",四层高的柜子塞满了泛黄的档案袋。这3000余份档案里记录着每一个病人从第一次来这里住院的病历和单据,最久的距今已经30年……

17 点 30 分,陶医生细心叮嘱今天最后一位患者要注意的事项。此时医生诊间系统显示:待诊 0,已诊 77。

【评析】这篇人物通讯开头直入主题,距离上班时间还有 45 分钟,年过花甲的陶医生开始了她普通而又繁忙的一天。主体部分以时间为顺序,记录她的工作状况,运用数字和患者的评价写出陶医生医德高尚、医术精湛。写人物通讯,细节描写不可少。陶医生转动着脖子教患者"米字操",生动、精彩的细节,更加真实地体现人物的情感和精神,增强人物的艺术感染力。

【例文 8.16】

体验他们谋生的辛苦
上海交大学生到建筑工地零距离关注农民工

在工地上汗流浃背干了半天,手脚都磨起了血泡,脸庞被烈日晒得又红又痛,"虽然累,但我们真切体会了民工们的生活,以后会更多地站在他们的立场上考虑一些问题"。昨天,上海交通大学暑期社会实践团的 4 名学生在当了一回民工之后,感慨颇多。

这 4 名男生是交大的大一学生。他们是"追索务工流,关注农民工"主题社会实践团的成员。从今年 6 月开始,他们在校内开展了大学生对农民工关注情况问卷调查,并向市劳动局等相关单位了解了农民工的一些基本情况。昨天,他们又来到了建筑工地,用半天时间亲身体验农民工的工作状况。

午后一点多,在民工家里吃过一顿简单的面条后,这 4 位"民工"开始在浦东曹路镇的一个建筑工地上忙开了。看似最简单的铲沙石,给了他们一个"下马威"。刚铲了四五车,两个同学手上就磨出了血泡,37℃高温更使得 4 个人浑身上下湿了个透。"只要干上一个小时,就足够让你想象他们的工作有多累多苦了。"姚敏同学说。

生命科学院的曹雷明虽然人高马大,但是每次用足了劲也只能铲起半铲。旁边一位姓肖的民工向他传授经验:"要弓起腰,铲子贴着地面,才能铲满一铲沙。"推车也不是件轻松的事,一满车沙有四五百斤重,一步一步推起来十分吃力。虽然旁边的民工热情地传授了经验,要推着车快速往前冲比较省力,但同学们还是快不起来。小曹自嘲地说:"真是看人挑担不累啊!"

虽然累,但同学们热情很高。生命科学院的王家乐是上海人,他说:"过去暑假在家基本上就是看看碟片、上上网,很想找些有意义的事情去做做。平时总觉得民工辛苦,今天有个量化的感受,很有意义。"父母对宝贝儿子的举动也很支持,王家乐的母亲说:"现在孩子都是独生子,娇养惯了,他们自己肯吃吃苦锻炼一下,我看很好。"

当然,短短半天时间,4名同学也不奢望能得到多么深刻的实践感悟。姚敏说:"我们觉得,能体验一下他们谋生的辛苦,以后能更多地站在他们的立场上考虑一些问题,也就很有收获了。"

　　除了劳动和体验,4名同学还自己印制了《农民工维权手册》和上海市劳动监察机构的投诉电话送给农民工们。按计划,秋季开学后他们还将联系民工子弟学校,开展长期的义务支教活动。

　　【评析】这篇通讯报道上海交通大学学生参与暑期社会实践活动的情况。标题采用双行标题,正标题"体验他们谋生的辛苦"交代了活动的主题,副标题补充交代报道的人物、地点和事件。

　　第一段以精练生动的文字概写大学生劳动的情况和感受。第二段是背景材料,写这次暑期社会实践活动的前期准备工作。正文部分夹叙夹议,具体写大学生们的劳动场景和劳动体会。结尾写暑期社会实践的意义。

⇨ 写作实训

　　1.根据案例导入部分的材料,结合你所在学校学生广场的调研情况,写一篇风貌通讯。

　　2.选择你身边的一个人物进行报道,反映在平凡的学习、生活和工作中体现出人生价值,写作一篇人物通讯。

第四节　解说词、导游词

一、解说词

⇨ 案例导入

　　以你所在学校的校园建筑和风景为内容,写作一篇校园解说词。

⇨ 知识链接

（一）解说词的内涵

　　解说词是对人物、画面、展品或旅游景观进行讲解、说明、介绍的一种应用性文体,采用口头或书面解释的形式,或介绍人物的经历、身份、所作出的贡献（成绩）、社会对他（她）的评价等,或就事物的性质、特征、形状、成因、关系、功用等进行说明。

　　解说词是配合实物或图画的文字说明,用简明的文字把实物介绍给观众,使观众借助简明的文字介绍,对实物或图画获得深刻认识。解说词既要便于讲解,又要便于观众一目了然,如电影解说词、文物古迹解说词、专题展览解说词等,可帮助观众在观看实物和形象的过程中,让其在发挥视觉作用的同时,也发挥听觉的作用。

（二）解说词的作用

1. 发挥对视觉的补充作用

让观众在观看实物和形象的同时,从听觉上得到形象的描述和解释,从而受到感染和教育。

2. 发挥对听觉的补充作用

通过形象化的描述,使听众感知故事里的环境,犹如身临其境,从而达到情感上的共鸣。

⇨ 格式扫描

解说词一般包括标题和正文两个部分。

（一）标题

解说词的标题可由解说对象和文种构成,如"儒家茶业生态安溪乌龙茶茶园解说词"。也可由解说词的类别、解说对象和文种构成,如"电视专题片《人民艺术家——老舍》解说词"。还可用双标题,如"城市宣传片解说词:历经天华成此景"。

（二）正文

解说词是对实物和形象的解说,以实物和形象为写作依据,起着起承转合的作用。

解说词正文按照实物陈列的顺序或画面推移的顺序编写。陈列的实物或画面有相对的独立性,反映在解说词里,应该节段分明,每一件实物或一个画面有一节或一段文字说明。在书面形式上,或用标题标明,或用空行表示。

正文全篇结构不苛求严谨,段落之间不苛求紧扣。解说词不是简单的说明和说教,而是通过形象的语言对实物和形象进行描绘,文艺性很强。从某种角度上看,它是说明和诗歌的结合。一篇好的解说词,就是一首感人的诗歌。

如电视片《壮丽的长江三峡》解说词:"这三个峡各有其特点。瞿塘峡以宏伟雄壮著称,巫峡以幽深秀丽闻名,西陵峡则滩多险峻惊人。三峡胜景美丽多姿,更有许许多多的名胜古迹,流传着奇妙动人的神话故事,令人无限神往。古往今来,多少诗人画家、名士高人慕名而来,为其吟诗作画,描绘和赞美它的千姿百态。游览三峡,饱览奇光异景,是一种非常美妙的享受。"

配合画面解说,要抓住特点。上面的解说词只用三句话,就把三个峡各自的特点概括出来了:一个"宏伟雄壮"、一个"幽深秀丽"、一个"滩多险峻",既准确又鲜明。解说词还运用一些语句开拓听者的想象,诱发听者去联想神女峰的传说,李白、杜甫等诗人的诗词佳句,历代画家描绘三峡的名画。

解说词是解说客观事物的,而客观事物是复杂的,只有仔细地观察、深刻地研究,才能把事物如实地反映出来,介绍给读者。因此,要写好解说词,就要认真观察、研究被解说的事物,准确地把握它们之间的关系。在物与物之间,有并列关系、有先后关系、有总分关系、有主次关系等。这些关系,有分有合,分则相对独立,合则相互联系,在一定的范围内组成一个有机的统一体。

解说词写作的形式多样,方法灵活,可用平实的语言,也可用文学的语言;可用散文形式,也可用韵文形式。

【例文 8.17】

文化系列电视片《江南》解说词——桨声灯影

以夫子庙为中心,沿着秦淮河畔,看秦淮风景。

风华烟月,金粉荟萃,秦淮河上的风景,好像是为了故事才修造的,先是有了故事的起承转合,然后围绕着这个故事,再造出来一段风景和风景里的春花秋月。

故事老了,风景依旧。

老了的故事把人世间的沧桑细细诉说,而风景,则是这人世间沧桑的留影和形式。

好些年前,很多游玩秦淮河的文人墨客,他们敏感柔软的心灵,常常因了秦淮河的桨声灯影而惊美感动,这样,他们就写下了很多关于秦淮河的诗词文章。有时候那文人墨客仅仅为了一些绮丽的梦想,有时候为了那么一点欢乐、那么一点忧愁,他们就把情感投向了秦淮河,秦淮河就风姿绰约、风情万种,就成了文人墨客的风景。当这些文人墨客也加入到风景中来,秦淮河就进一步地诗情画意了。

也许,恰恰由于这样的情形,走过秦淮河,我们变得特别地风雅起来。

"城里的一道河,东水关到西水关,足有十里,便是秦淮河,水满的时候,画舫箫鼓,昼夜不绝。每年四月半后,秦淮的景致渐好了。到天色晚了,每船两盏明角灯,一来一往,映在河里,上下通明。"

吴敬梓在《儒林外史》中,这样描写了秦淮河。

有关秦淮的记忆,是一些拆散了的日记。仿佛就是昨天,昨天的清早或黄昏,然而重新翻读,却是恍若隔世。

诗人说,江南有我许多的表妹,而我只能采其中的一朵。这话,真叫人怦然心动。

这一天,照例是阳光很好,早上,卖花的姑娘依然是从画舫经过,她喊着:卖

 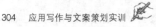

花,卖花哎。她的声音是甜津津和脆生生的。花是新摘的,花瓣上还有昨夜的露珠。

(略)

夫子庙是供奉和祭祀我国古代思想家、教育家孔子的庙宇,这一组规模宏大的建筑群,始建于宋朝,由东晋时期的学宫扩建而成,然后,几番兴废,历经沧桑,在清朝同治八年重建后,又遭侵华日军损毁。1984 年以后,历经数年论证和规划,维修和复建,夫子庙得以再现辉煌。

夫子庙的一边就是贡院,这是当时江南最大的科举考场了。

(略)

不仅仅是秦淮河上的那一幕风花雪月、天老地荒,持之以恒的是平常日子,百姓人家;不仅仅是夫子庙前的那一声之乎者也、前世今生,经久不衰的是风土人情、衣食住行。

就是现在。现在的秦淮河,现在的夫子庙,古玩字画、民间工艺、花鸟盆景、茶楼酒肆、饭馆小吃,那一份民间的风情,那一种民俗的情调,愈发让人感到可亲可近。

也许就是巧合,在夫子庙,我们找到的一家菜馆,正好是经营淮扬菜的。

有许多人,读了"烟花三月下扬州",就会自然而然地联想起"夜泊秦淮近酒家"。这就像有许多人到了秦淮河,竟会不由自主地想起扬州的瘦西湖来。

似曾相识的风貌,依稀仿佛的格调,使夫子庙和淮扬菜珠联璧合,这时候我们的心情和口味联系起来,竟也是那么天衣无缝。

(略)

【评析】这篇解说词介绍南京秦淮风景。采用散文的形式,运用文学语言,描绘秦淮河的桨声灯影。移步换景,通过形象化的描述,使听众既领略到秦淮的诗情画意,又感知民间的风情,民俗的情调,犹如身临其境,达到情感上的共鸣。

⇨ 写作实训

1. 根据你所在班级的情况,写一篇在学校运动会入场仪式上的解说词。

2. 以你的家乡为背景,写作一份宣传文稿,配合图片制作演示文稿,并写作解说词。

二、导游词

⇨ 案例导入

以你所在城市的一日游为内容,通过查阅资料,写作一篇导游词。

（一）导游词的内涵

导游词是导游人员引导游客观光游览时的讲解词，是导游员同游客交流思想，向游客传播文化知识的工具。

导游人员用流畅的语言清楚地向游客介绍游览景点的大概情况，如成因、特点、历史及现状等，使游客能对景点有个大概的了解。

（二）导游词的作用

1. 引导游客鉴赏

导游词的宗旨是通过对旅游景观绘声绘色的讲解、指点、评说，帮助旅游者欣赏景观，以达到游览的最佳效果。

2. 传播文化知识

导游人员向游客介绍有关旅游胜地的历史典故、地理风貌、风土人情、传说故事、民族习俗、古迹名胜、风景特色，使游客增长知识。

3. 陶冶游客情操

导游词的语言应具有言之有理、有物、有情、有神等特点。通过语言艺术和技巧，为游客勾勒出一幅幅立体的图画，构成生动的视觉形象，把旅游者引入一种特定的意境，从而达到陶冶情操的目的。

⇨ 格式扫描

一篇完整的导游词，一般包括开头语、概括介绍、重点讲解、告别语四个部分。

（一）开头语

开头语包括问候语、欢迎语、介绍语、游览注意事项和对游客的希望五个方面，放在导游词的最前面。

开头语在表示问候欢迎之情后，要具体介绍自己和旅行社，介绍司机和车型、车号，介绍旅游时间、地点和行程安排等。

例如："大家好！很高兴在这样一个阳光明媚的日子里见到大家，首先我代表我们公司——××旅行社，向大家的到来表示热烈的欢迎！非常高兴能担任各位的导游，我叫××，大家叫我小×就可以了。我身边的这位，是我们这次旅途中最为劳苦功高的一位，我们的司机××师傅，他已有20多年的驾车经验，由他行车大家可以放心。相识是缘分，因为缘分我们坐到了一起，因为缘分我们成了朋友，既然是朋友，如果我有什么做得不合适的地方，大家要及时提出来。下面我介绍本次游览的行程安排和注意事项。"

（二）概括介绍

概括介绍是用概述法介绍旅游景点的位置、范围、地位、意义、历史、现状和发展前景等,目的是帮助旅游者对景点先有个总体了解,引起游览兴趣,犹如"未成曲调先有情"。

概括介绍应根据时间和游客情况,可长可短,可详可略。

(三)重点讲解

重点讲解是对旅游线路上的重点景观从景点成因、历史传说、文化背景、审美功能等方面进行详细的讲解,使旅游者对旅游目的地有一个全面、正确的了解。

(四)告别语

告别语包括以下几方面内容:总结旅游情况,感谢游客配合,希望提出意见,表达依依惜别之情等。

⇨ **写法指要**

导游词的主要特点是口语化,要求营造和谐、亲切、自然轻松的气氛。还应注意知识性、文学性、礼节性等。

导游词既有说明性的特点,也有欣赏性的特点。在一篇导游词中,会用到自然科学知识,如地质成因、动植物学知识等;还会用到社会科学知识,如宗教常识、哲学美学知识、诗词歌赋、中外文学等;另外,建筑、园林、书法、绘画等,都会有所涉猎。一篇优秀的导游词往往综合了各个学科门类,多角度、多层面对景点加以叙述,给阅读者全方位的信息。

【例文 8.18】

导游词

游客朋友们:

大家好!

欢迎各位来到江苏,我是你们的地接导游,我姓×,大家叫我小×就可以了。为大家提供驾驶服务的是××师傅。

此次江苏之旅,行程 5 天,将游览南京、扬州、无锡、常州、苏州、周庄,共 5 个城市和一个水乡古镇。线路较长,旅途比较辛苦,我们将本着"宾客至上,服务第一"的宗旨,尽心尽力地做好服务工作,同时也希望我们的工作能够得到各位游客的支持和配合,促进我们提高服务质量,从而使大家吃得满意,住得舒适,玩得愉快,乘兴而来,满意而归。

游客们,江苏旅游资源丰富,人文景观独特,这里是鱼米之乡,山清水秀,名人荟萃。南京的城墙伟岸挺拔,扬州瘦西湖清秀婉丽,无锡太湖烟波浩渺,常州中华恐龙园素有"东方侏罗纪公园"美称,江南水乡苏州历来有"上有天堂,下有苏杭"

之誉,古镇周庄被称为"中国第一水乡",我们可以欣赏古镇夜景,品味水乡风情。

最后还要推荐一下江苏佳肴,色香味形驰名中外。美食种类繁多、异彩纷呈、处处飘香,南京板鸭、无锡酱排骨、苏州松鼠鳜鱼、阳澄湖大闸蟹、扬州炒饭等,无不让您大饱口福。

各位游客,今天大家来到江苏,其悠久的历史、璀璨的文化等待着您去领略,秀丽的风光、美好的山水期盼着您去欣赏,但愿江苏之旅能够成为您的度假天堂。

现在我们的车已经行驶在高速公路上了,请朋友们在座位上坐好,坐在窗边的朋友千万不要把手或头伸出窗外。

(略)

各位朋友,时间过得真快,几天的行程将要画上圆满的句号,心中真的有无限的眷恋。

几天的行程我们游览了举世闻名的江苏美景,品尝了别有风味的江苏小吃,有的朋友还购买了许多具有江苏特色的土特产品,相信我们的江苏之行一定给大家留下了深刻的印象。

感谢各位朋友的支持,我和××师傅感到此次接待工作非常顺利,心情也非常愉快,在此,向大家表示衷心的感谢! 不知大家的心情是否舒畅、愉快? 对我们的工作是否满意? 如果我们的工作能得到大家的肯定,我们就更高兴了! 如果我们的服务有不足之处,希望大家能多包涵。

分别之际,我们希望大家不要忘记,在江苏有我和××师傅两个与你们有缘而又可以永远值得依赖的朋友。今后如果再来,请提前告诉我们,我们一定为您打开一切方便之门。最后,预祝各位在今后的旅途中一切顺利,并希望有机会再回江苏游览,开放的江苏欢迎您!

【评析】这篇导游词开头用简洁的语言表达欢迎之情,并进行自我介绍。主体部分在简要介绍行程的基础上,讲解江苏的旅游资源、风景名胜和特色佳肴,结尾部分表达依依不舍之情。全文结构完整、语言流畅、感情真挚。

⇨ 写作实训

1. 以你所在城市的一日游为内容,写作一篇导游词。
2. 以某个旅游景点为内容,进行重点讲解,写作导游词。

第九章　实习报告和毕业论文写作与实训

教学目标
◎ 掌握实习报告和毕业论文的写作结构与写作方法。
◎ 能根据实习岗位工作周记,写作实习报告。
◎ 能结合本专业学习内容和要求,写作毕业论文。

教学指导
◎ 组织学生上网搜集有关实习报告和毕业论文的写作范文,揣摩实习报告和毕业论文的写作结构与写作方法。
◎ 运用案例分析法,指导学生熟练掌握实习报告和毕业论文的写作结构与写作要求。
◎ 指导学生根据专业学习要求,正确选题并撰写毕业论文。
◎ 采用习作交流的形式,分组交流学生习作并由师生共同点评。

第一节　实习报告

⇨ 案例导入

关于在××贸易有限公司的实习报告

(一) 实习目的
为了锻炼在校所学的实践技能,我利用大三工学结合的机会,找了一家外贸单位实习,一方面是想通过面试找工作了解以后面试时面试官的侧重点,比如是重视工作经验还是资格证书;另一方面是想了解当下就业形势,根据公司用人需求在以后工作中不断完善自我。最重要的一点就是在工作中运用所学知识，获得实践经验，为以后的工作奠定基础。

（二）实习单位和实习岗位简介

我所在的单位是××贸易有限公司，是一家私人经营的服饰和化妆品领域内专业化外贸代理进口公司。我实习的岗位是业务部的业务部助理，具体主要是负责进口方面的相关工作，比如进口货物的签收与分发，客户物流信息跟踪，新产品的上架与客户咨询等相关操作。

（三）实习内容和过程

在本次实习阶段，我在××贸易有限公司担任业务部助理。这家企业是一家以服装为主体的贸易有限公司，主要负责韩国服饰的进口，包括国内的批发和零售项目。业务部助理的工作内容是综合性的，主要协助部门经理处理行政、人事、财务、库管等方面的综合工作，产品上新、客户下单、订购后台处理及国内到货的分发都是平时的工作内容，工作涉及面广，要学习的东西很多。因此，实习期间我在各方面都得到了锻炼和提升。

（四）实习总结

实习一个学期，在外贸代理进出口公司的实习中，我学到了很多宝贵的知识，这是在学校课堂上无法获得的，这将是我日后工作中的宝贵财富。这次实习工作的体会，我主要归纳了几点：

（1）在后台数据处理时要注重核心单据在流程中的重要性，要使它准确、系统、完整。记录数据时应严格准确，掌握各数据之间的关联性。

（2）要把握专业知识与实习的关系。实践操作与理论相结合的实习，锻炼了我的综合运用能力。此次实习经验为我日后工作打下了扎实的基础。

（3）实习工作一定要认真对待，实习者务必要坚守职业道德，提高职业素养。

回顾实习工作，我也发现自己有很多不足，希望自己今后在以下方面多多改进：

一是加强外语及专业知识的学习。对于外贸人员而言，要掌握过硬的专业知识，且必须会用英语或者其他语言与外商交流、谈判及熟练写作传真、书信等。在这次实习工作过程中我明显觉得自己的英语水平有限，韩语也是需要学习的部分，所以我要努力掌握过硬的外语，以便胜任以后从事的外贸工作，使业务顺利快捷地进行。

二是端正工作态度，以积极的心态面对每一项工作任务，且细心、认真。刚进公司的时候我对业务完全一无所知，不过在领导和同事的帮助下，我慢慢接触公司业务，很快就掌握了工作要领，所以希望在以后工作中能以正确的态度对待。

三是坚持理论应用于实践，理论支持实践。在这么长时间的实习中，我感觉到有时实际操作要比理论简单得多，所以要灵活运用。

总之,这次实习令我受益匪浅,在学习做事的同时也学会了如何做人,我充分了解到实践的重要性。顶岗实习让我既对专业有了更为详尽而深刻的了解,也对学校所学知识进一步加以巩固与运用。从这次实践中,我体会到了实际的工作与书本上的知识是有距离的,只有把学到的理论知识和具体的工作实践结合起来,我们才能更好地为单位乃至社会服务。我将不断提升自我,努力成为一个社会需要的合格人才。

⇨ 知识链接

(一)实习报告的含义

实习报告是指在校大学生在完成部分或全部专业课课程,依据教学计划参加顶岗实习后,向学校提交的有关顶岗实习工作的记录和总结的书面材料。在实习报告中,学生根据自己的实习经历,用简洁的文字记载关于实习目的、时间、地点以及实习过程、体会、收获等方面的情况报告。

顶岗实习是理论联系实际的重要环节,实习报告是对学生实习过程的全面总结,反映学生学习深化与升华的重要过程。它既是对理论学习与技能实践的全面总结,又是对个人素质与能力的一次全面检验。

(二)实习报告的特点

1. 真实性

实习报告的重点是真实反映实习者参加实习后自身经历过什么,收获了什么,感受到了什么。实习报告不能凭空想象、任意虚构。实习者将理论运用到实践中并有所收获是实习的目的和意义。

2. 客观性

实习报告是实习者报告自己实习过程中的收获和体会,不是对他人实习过程的汇报和概括。实习报告要对实习情况进行客观记录,对自己的成功与失败进行客观总结。

3. 概括性

实习报告要记录实习的过程,但不是事无巨细、有事必录,而是有目的、有重点地记录,是用概括的方式总结实习过程的点点滴滴,反映出将知识转化为能力的过程。

(三)实习报告的种类

(1)根据实习的单位不同,实习报告可分为文员实习报告、营销实习报告、会计实习报告、导游实习报告等。

(2)根据实习的时间不同,实习报告可分为阶段性实习报告、暑期实习报告、寒假实习报告、毕业实习报告等。

实习报告的格式大致如下：

（一）前置部分

前置部分包括封面和目录。

1. 封面

封面需要列出学校、院系、专业班级、学生姓名、校内外指导教师及实习报告的标题等内容。标题一般格式为"关于在××单位的顶岗实习报告"或"关于在××单位从事××岗位的实习报告"。

2. 目录

目录用来反映实习报告的结构和主要内容，也可省略。

（二）正文部分

正文是实习报告的核心部分。正文主要包括以下内容：

1. 实习目的

即回答为什么要实习，希望通过实习达到什么目的。这部分内容和实习大纲的要求通常是一致的，篇幅一般都不长。要求言简意赅，点明主题。

2. 实习单位及岗位介绍

即介绍实习单位的情况，以及重点介绍自己的实习岗位情况。要求详略得当，重点突出，重点应放在实习岗位的介绍上。

3. 实习内容及过程

这是一份实习报告的重点，通常会占据实习报告一半以上的篇幅。写法上有的是以实习的流程为结构主线，有的是以实习中接触的不同项目为结构主线。要求内容详实、层次清楚；侧重实际动手能力和技能的培训、锻炼和提高，但切忌记账式的简单罗列。

4. 实习总结及体会

这部分内容虽然篇幅不一定会很长，但确是实习报告的精华部分。个体的体会、独特的感受、经验与教训，往往都在总结和体会里。要求条理清楚、逻辑性强，着重写出对实习内容的总结、体会和感受，特别是自己所学的专业理论和技能与职业岗位实际要求的差距，以及今后努力的方向。

（三）落款和附件

实习报告正文右下方落款，包括实习者署名和实习报告写作时间。

附件部分的主要内容是实习鉴定，需要由实习单位在实习鉴定表上填写实习评价，签字盖章，作为附件放在实习报告正文后面。

⇨ 写法指要

（一）广泛收集材料

要想写出质量较高的实习报告必须广泛收集材料,并通过工作日记等形式记录下来。比如专业知识在工作中是如何灵活运用的,周围同事是如何处理问题、解决矛盾的,实习单位是如何落实上级指示精神的,工作作风如何,等等。这些都是写好实习报告的素材。

（二）完整写出实习要素

实习有五个要素,即实习时间、实习地点、实习目的、实习内容和实习收获。撰写实习报告时,一是要把五个要素都写上,缺一不可。二是要按照实习时间、实习地点、实习目的、实习内容和实习收获这样一个顺序依次写。实习收获是对整个实习报告的升华,必须建立在完成所有的实习过程的基础上。

（三）突出重点内容

具体的实习内容和实习过程是实习报告的重点,重点部分应该着力写。如何着力呢?

首先,要聚焦实习大纲,围绕实习大纲的设计内容,一一回答完成了实习大纲的哪些要求,完成的质量如何。

其次,要找出实习内容的重点、难点、突破点有哪些,实习中是如何应对的,把它们展开来论述,写作重点就有了。

再次,回忆一两个实习工作的细节,这个细节可以是一个令人难忘的事件,也可以是一个让人感动的故事,尤其是故事中有个性的人物更值得回忆,通过回忆加深对实习工作的理解和感悟。以上几个方面处理好了,一篇重点突出的实习报告就初步成型了。

（四）写好精华部分

所谓精华,往往是自己的独创内容——实习期间的切身感受、深刻体会、获得的经验、吸取的教训等,这些都是支撑实习报告精华内容的宝贵素材。前文案例中《关于在××贸易有限公司的实习报告》的精华,一是交流实习收获,二是分析在实习中了解到自身的不足与需要提升的地方,这两点体会很具体、很深刻。类似的精华素材在实习过程中,要通过实习过程的回忆,并在回忆的基础上进行理性的概括,才能把它们总结出来。

⇨ 写作实训

请结合自己的实习经历写作一篇实习报告。

第二节　毕业论文

⇨ 案例导入

太湖水污染治理模式建构：一个网络治理的视野

×××

（××大学　管理学院）

内容摘要： 太湖水污染的治理已成为当今社会的热点，但当前太湖水污染治理模式效力低下，已严重制约对太湖水污染的治理。网络治理是当前治理的最新发展，从网络治理的视野出发来构建一个太湖水污染治理网络，将有助于我们更好地治理太湖水污染。

关键词： 太湖　水污染　网络治理

水资源，是生态环境的基本要素，在保障经济社会可持续发展中具有不可替代和重要的支撑作用。太湖，是我国第三大淡水湖，面积 2400 平方公里，流域面积 36895 平方公里，地处我国经济中心区之一——长江三角洲的核心地带，其水资源为这块中国最富庶地带的经济社会发展和自然生态居住环境提供重要的支撑和保障作用。但近年来，频繁的污染事件为我们敲响了太湖水资源的警钟。据统计，目前太湖流域工业和生活点源污水年排放量达 53 亿吨，流域城镇生活污水处理率仅为 30%左右，污水大多未经处理直接排入河网，污染物总量已远远超过太湖流域水环境承载能力[1]。长此以往，必将影响长三角地区经济社会的可持续发展和生态文明社会的建设。

一、太湖水污染治理现状

从太湖水污染的治理历史来看，早在 1995 年，太湖就被列入了国家"三河三湖"水污染防治重点，政府投入了大量的人力、财力对其进行治理。在 1995 年到 2005 年的十年间，仅江苏一省就已经投入资金 80 多亿元，并组织多个部门大量人力联合执法，对污染源进行严打，但流域内总体水环境的质量并没有实现预期目标。从这一点来看，我们对太湖水污染的治理是失败的，或者至少可以说没有取得良好的治理效果。造成这种结果的原因很多，但当前这样一种治理模式的效力低下却是一个不争的事实。从现阶段太湖水污染的治理模式来看，主要存在以下两个问题：

…………

二、治理的新形态：网络治理

"治理"这一概念兴起于20世纪90年代，其兴起背景为传统的政府科层制管理的失败。随着社会事务的日益复杂和社会变化的日益加快，传统的对应于稳定的环境和不变的事务的科层制管理日益显示出它的局限性。在此基础上，人们逐渐认识到除政府之外，引进其他的主体来对公共事务进行管理可以实现优势互补，有效地弥补政府管理的缺陷。因此，"治理"概念被引入并被定义为"各种公共的或私人的个人和机构管理其共同事务的诸多方式的总和"[5]。当前治理理论研究的一个热点问题是讨论治理如何被组织起来，也就是采用什么样的方式来治理。在这一研究中，网络治理理论为当前的最新发展。

……

三、建构太湖水污染治理新模式

从网络治理的视野出发，我们可以尝试为治理太湖水污染构建一个全新的治理模式，与以往建立在科层制基础上政府集中治理的模式相比，新的治理模式依靠一个相互依赖、密切合作、发挥比较优势的治污网络来进行治理。此一治污网络的参与者应包括政府、企业、非营利组织、居民以及其他可以帮助治污的人和组织，这些参与者通过三个子类型网络，即政府间网络、政府与非政府间网络和应急网络被组织起来共同参与治理。

……

政府间治污网络、政府与非政府间治污网络和应急治污网络共同构成了太湖水污染治理网络，与传统的治污模式相比，这一新型的治污网络具有三方面的优势：第一，规范性强，制度化程度高。各治理主体权责明确，主体之间的关系明了，分工合作，使得治理能有序进行。第二，适应性强，灵活程度高。这一治污网络是开放的不是封闭的。这一开放既针对运行机制也针对主体。治污网络可以根据不同的情形来选择运用权威还是市场或合作方式来调控不同治理主体之间的关系；治污网络也可以根据不同的情形来决定让某个组织进入治理网络或将某个不合格的治理主体排除出网络。第三，专业性强，比较优势明显。不同的治理主体在治污方面拥有不同的优势和长处，治理网络将这些优势组织起来合理配置，实现治污能力的最大化，从而提高治污效果，最终实现对太湖水污染的彻底治理。

注释：

[1] 邓建胜.长三角"心脏之痛"未除 太湖治污再成热点[EB/OL]（2004-12-08）http：//www.cctv.com/news/china/20041208/101315.shtml.

[2] 张馨.公共财政论纲[M].北京：经济科学出版社，1999：609.

[3] [美]保罗·A.萨缪尔森，威廉·诺德豪斯.经济学[M].16版.萧琛，等译，北京：华夏出版社，2002：268.

[4] 郭风旗.区域性公用资源治理模式研究——以泥炭河流水资源治理为个

案[D].苏州：苏州大学,2006：78.

[5] 俞可平.引论：治理与善治[A].俞可平.治理与善治[C].北京：社会科学文献出版社,2000：4.

[6] 张紧跟.组织间网络理论：公共行政学的新视野[J].武汉大学学报(社会科学版),2003(4)：480-486.

[7] 朱德米.网络状公共治理[J].华中师范大学学报(人文社会科学版),2004(2)：5-13.

[8] Liesbet Hooghe, Gary Marks. Unraveling the Central State, But How? Type of Multilevel Governance. American Political Science Review, 2003(2).

[9] 芮国强,郭凤旗.区域公共管理模式：理论基础与结构要素[J].江海学刊,2006(5)：211-215.

⇨ **知识链接**

（一）毕业论文的含义

毕业论文是高等院校毕业生在教师的指导下,综合运用所学专业的基础理论、基本知识和基本技能,针对某一现象或问题进行独立分析和研究后形成的具有一定学术或社会应用价值的文章。

毕业论文写作具有较强的实践性和目的性,对学生具有十分重要的意义。写作毕业论文,不仅需要写作方面的技巧,还需要扎实、系统的专业知识和技能,更需要正确的世界观和方法论。所以,毕业论文写作是对高校学生的基础理论、基本知识和基本技能的一次总测试,更是对学生将所学基础理论、基本知识和基本技能运用于社会实践中的一次综合训练。

（二）毕业论文的特点

1. 理论性

理论性是毕业论文的主要特点。毕业论文一般针对某一现象或某一问题,通过收集资料,分析综合,逻辑推理,寻找出材料背后的一般规律并加以论述。这是从感性认识升华到理性认识的过程,所以具有理论性。

2. 创新性

创新性是毕业论文的生命。毕业论文的创新性从难到易分别是有新观点、有新论据、有新方法或有新角度。目前从专科到博士层次的学生都要求撰写毕业论文,我们不要求所有学生的毕业论文都能有新发现和新发明,对于专科和本科学生而言,因为他们还未进入科学研究的领域,所以他们的毕业论文如果能从自身实践这一他人未有的角度出发来写作也可以被认为有一定的创新。

3. 科学性

科学性是毕业论文的灵魂。坚持论文的科学性,就是坚持实事求是。主要表现为：论文的观点要客观;论文的论据要确凿;论文的论证要合乎逻辑。

4. 专业性

专业性是毕业论文的特征。毕业论文是对学生在大学生涯中所学专业知识的一次总测验,所以毕业论文必然要围绕学生所学专业知识和技能来展开。

5. 实践性

实践性是毕业论文的意义。毕业论文的实践性是指毕业论文要在社会实践中有应用价值和现实意义。学生在写作毕业论文的时候,从选题到研究,都必须始终面对社会现实,研究社会情况,解决实际问题。

（三）毕业论文的种类

（1）按照学科专业,首先可以把毕业论文分为两大类：社会科学类毕业论文和自然科学类毕业论文。社会科学类毕业论文又可以按照专业细分为哲学、社会学、法学、政治学、经济学、文学、历史学、教育学等毕业论文;自然科学类毕业论文也可以按照专业细分为物理学、化学、数学、生物学、地理学、计算机科学与技术、机械学等毕业论文。

（2）按照不同的研究内容和研究方法,可以把毕业论文分为理论性毕业论文、实验性毕业论文、描述性毕业论文和设计性毕业论文。一般文科大学生写作的主要是理论性毕业论文,理工科大学生一般选择后三种形式。

⇨ 格式扫描

毕业论文的格式大致如下：

（一）标题和署名

1. 标题的作用

标题是毕业论文内容的精炼概括,用来准确生动地展示论文主要内容,给读者留下深刻的印象。一般来说,论文标题可以通过两种形式来展示论文主要内容：第一,揭示论文基本论点。如《行政沟通是提高办公室管理效率的重要途径》《实践是检验真理的唯一标准》。第二,厘清论文研究范围。如《关于培育和完善建筑劳动力市场的思考》《苏州工业园区新型社区治理模式的研究》。

2. 标题的要求

（1）准确。标题要准确揭示论文基本内容,不要拐弯抹角,也不适宜用比喻等修辞手法,应让人一眼就大致了解论文的轮廓和论述内容。

（2）简洁。标题要简短,一般不超过20个字,要做到多一字不必要,少一字不达意。标题不足以表达论文内容时可以增加副标题,用来解释、补充或限定正题。

（3）鲜明。标题应具有很强的吸引力,能激发读者的阅读兴趣。

3. 署名

毕业论文的署名,要写清楚写作者的学院(系)、专业、班级和姓名。

（二）摘要及关键词

1. 摘要

摘要是毕业论文的内容不加注释和评论的简短陈述。摘要主要是说明研究工作的目的、方法、结果和结论。摘要应具有独立性和自主性，摘要中应用第三人称的方法记述论文的性质和主题。中文摘要字数一般在 300 字左右，英文摘要与中文摘要内容要相对应。

毕业论文摘要一般有两种位置。一是单独成页，放在封面页后一页。在第一行正中写上"摘要"或"内容提要"，再另起一行，写摘要正文。二是独立成段，放在毕业论文的标题下方，正文上方。"摘要"或"内容提要"几个字用方括号括住，写在段首。

2. 关键词

关键词个数为 3~8 个。关键词的排序，通常应按研究的对象、性质（问题）和采取的手段排序，关键词与关键词之间一般留出一个汉字的空间，不加任何标点符号，亦可加分号隔开。关键词应另起一行，排在摘要的左下方，中外文关键词一一对应。

关键词一般位于内容摘要之下，正文之前。"关键词"三个字用方括号括住置于段首。

（三）正文

毕业论文的正文包括绪论、本论和结论三部分。

1. 绪论

绪论又称引言、前言、导论。它是论文的开头部分，主要交代论文的由来、目的、意义及结论。绪论应尽量简短。

2. 本论

本论是论文的核心部分，应当多占些篇幅，作为一篇毕业论文，本论部分一般应达到 5000 字以上。本论是对绪论中提出的问题进行具体、细致的分析和论证，要做到论点准确、论据有力、论证充分。

3. 结论

结论又称为结束语。它是正文的最后部分。结论是对本论进行归纳和综合，作出一个最终论述。

（四）注释及参考文献

对于毕业论文中的引文，必须进行标注，否则就有抄袭或者剽窃之嫌，因此毕业论文完成之后必须进行注释和参考文献的标注。

1. 注释

注释是对文章中的词语、内容或引文的出处所作的说明。从注释的位置来看，有以下三种注释方式。

 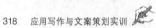

（1）夹注。指在文章中需要注解的文字后面加括号,直接注明引文出处。

（2）脚注。又称为页末注,即在需要加注部分的页面下方,用一条横线隔开,在横线以下标记注释内容。

（3）尾注。即把全文的引文从头到尾统一编排序码,在文章结束后,在文尾附上注释。

夹注、脚注、尾注三种形式,作用是相同的。一篇文章里,一般只采用一种注释方法。毕业论文一般采用尾注的方式。

2. 参考文献

参考文献是作者在撰写毕业论文过程中曾经借鉴、引用过的重要文章和著作。论文写好之后,要给参考文献编辑目录,附在论文后边。具体标注方法如下:

（1）著作。作者.书名[M].出版地:出版社,出版年:起~止页。

（2）期刊论文。作者.题(篇)名[J].刊名,出版年,卷号(期号):起~止页。

（3）会议论文。作者.题(篇)名[C].文集名.会议名,会址,开会年:起~止页。

（4）学位论文。作者.题(篇)名[D].授学位地:授学位学校,授学位年。

（5）报纸。作者.题(篇)名[N].报纸题名,出版年月日(版次)。

（6）网上检索。论文作者.论文名称.网址。

⇨ 写法指要

（一）正确恰当地选题

选题是撰写毕业论文的第一步,也是决定论文内容和价值的一个关键性环节。论题选得好,选得恰当,等于完成了毕业论文的一半,接下来的一系列工作,如确定标题、搜集材料、结构安排、进行论证等,就能够顺利进行。选题要遵循以下两个原则:一是专业性原则。在专业范围内选题,就能为毕业论文的写作提供必要的知识基础,也有利于专业指导教师对论文的指导。二是可行性原则。可行性原则要求选题宜小不宜大,因为毕业论文是在大学临毕业前的一学期之内进行的,学生进行研究和写作的时间都比较少,再加上学生个人知识和能力的限制,选择过大的题目难以驾驭,不能按时完成。建议选题与自己的实践相关联。毕业论文需要有创新,也需要有实际意义。大学生写作毕业论文往往是进行科学研究的开始,这时候不应该好高骛远,应脚踏实地,从自己的所学所做开始。与自己的实践相结合,既能寻找到论文的实际意义,也有助于从个人角度来论述这个问题,提供一个不同于他人的视角。

（二）广泛搜集查阅参考资料

全面搜集参考资料是毕业论文写作过程中继选题之后的又一重要环节。王力先生在谈论文写作时曾说道:“别看写出来的文章只有一万字,几千字,搜集的材料确是几十万字,这叫作充分占有材料,材料越多越好,材料不够就写不出好文章。"搜集参考资料有以下几个渠道：一是充分发挥图书馆的作用，利用图书馆搜集参考资料；二是利用互联网搜集资料，尤其是学校的电子数据库，如中国知网、维普、万方、超星图书馆等；三是通过观察和社会调查来获取资料。

（三）认真谋篇布局

毕业论文准备写作之前一定要先做好谋篇布局工作，也就是说要先列好大纲、搭好框架、排好结构。具体来说，就是要依据所搜集的参考资料分别列好论文题目、大标题、小标题，然后修改提纲，直到感觉提纲已经结构得当，逻辑也合理，所搜集的材料也足以支撑论证过程。这个时候再写作，就只需把选定的材料穿插进去，按照结构逻辑顺势行文，一切显得顺理成章。

⇨ 写作实训

结合所学专业，认真选题，查阅资料，谋篇布局，写作一篇毕业论文的摘要，并列出详细的结构提纲。

第十章　文案策划综合实训

教学目标

◎ 掌握文案策划的写作要求和写作方法。

◎ 能够分析文案策划案例，根据文案策划理论知识和文案策划写作要求开展文案策划。

◎ 能利用计算机写作平台熟练地完成文案策划的写作任务。

教学指导

◎ 在学生根据案例进行文案策划的基础上，教师有针对性地进行指导，切实提高学生的文案策划能力和文案写作能力。

◎ 根据文案策划实训案例，学生分组策划并上机写作电子文稿。

◎ 采用习作交流的形式，分组交流学生习作并由师生共同点评。

第一节　文案策划知识

⇨ 案例导入

××企业股份有限公司成立于 1984 年 5 月，是目前中国最大的专业住宅开发企业。2006 年业务覆盖到以珠三角、长三角、环渤海三大城市经济圈为重点的 20 多个城市。经过多年发展，××企业股份有限公司逐渐确立了在住宅行业的优势。

近期，为了更好地服务消费者，建设更加透明的企业文化，坚持以专业能力从市场获取公平回报，公司拟联合综合业绩全国前十的房地产企业召开"全国房地产市场现状与展望"的会议。

1. 请为这次会议撰写会议策划方案。

2. 请撰写与此会议相关的其他应用文书。

（一）文案策划的内涵

文案策划一般是指用文字来描述某项活动的过程及相应的创意策略。公司或企业，以及其他单位、团体、机构等组织进行某项活动的策划，需要撰写与之相关的策划文书。文案策划既包括对企业产品进行广告文案策划，也包括对企业组织的各项会议和活动进行文案策划。

（二）文案策划的特点

1. 综合性

策划方案本身作为一种应用文体，内容涉及活动的方方面面，既需要写作策划方案，也需要写作各类应用文书。

2. 创意性

文案策划需要策略思维、灵性思维，不仅体现在每一个应用文体的撰写上，还应考虑到不同应用文体的组合搭配关系，以及文字策划方案的效果，共同为一场活动服务，以便更好地展现一家企业或单位、团体的良好形象。

3. 针对性

方案策划涉及一项活动的各个方面，要对活动进行精准定位，始终紧扣目的与宗旨，不能偏离主题，这既指构思策划方案，又指单个的应用文书撰写。策划方案撰写与实施的目的是更好地宣传企业形象。

4. 即时性

要及时、准确进行构思并撰写，以便活动的安排对当前工作具有直接的效益和作用，也可为以后的活动策划提供有益的参考。

5. 前瞻性

策划是在充分思考及调查的基础上进行的科学预测，因此具有一定的前瞻性与预测性。

文案策划如果是针对某个公司或企业，则属于企业形象策划的有机组成部分，因为是具体活动策划，又具有灵活性的特点。

⇨ 格式扫描

下面结合××企业股份有限公司召开"全国房地产市场现状与展望"的会议，介绍文案策划的流程和文案策划过程。

（一）文案策划流程

1. 搜集

深入了解活动的信息，积累素材。比如针对此次会议需要了解当前房地产市场的现状、问题、改进措施、房地产企业的经营状况、购房者的核心诉求、对不同房

 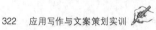

企的评价等。

2. 思考

在搜集材料后需要对文案内容、活动过程及相关的创意进行思考,如本次会议需要撰写哪些应用文书,前期需要的调查报告(含调查问卷)如何设计,以及请示、通知、邀请函、电子邮件、聘书、海报等如何设计和制作等;会议还需要整套的会务文书及简报、欢迎词、欢送词、消息等;会后还需要写作总结和会议纪要等。

3. 撰写

在获取丰富的写作材料并确定写作主题后,需要把较成熟的活动构思用文字表达出来。在当今融媒体时代,还要充分利用各类媒介进行有效宣传,根据各类宣传媒介的特点制作相应的策划文案。

4. 修订

撰写的策划文案,还需要征求意见,根据各种反馈意见,不断地调整和完善,经过多次修改,最终定稿。

(二)文案策划格式

文字策划的形式很多,每种形式侧重点不同,没有完全一致的格式。下面根据××企业股份有限公司召开的"全国房地产市场现状与展望"的会议,介绍文案策划方案的基本格式:

1. 封面

包括题目、策划者单位名称和个人姓名、撰写日期和简介说明文字或内容提要。如"全国房地产市场现状与展望"策划文案的题目:××企业股份有限公司20××年"全国房地产市场现状与展望会议"策划方案。

2. 目录

"目录"两字居中,列出策划方案和各类文书的名称。

3. 正文

正文包括"全国房地产市场现状与展望会议"组织的各项活动内容,具体包括活动背景分析、活动主题、活动目的、活动内容、实施程序等,实施程序包括活动形式、场地布置、时间地点人员安排等。另外还需要传播与沟通方案,即关于如何利用各种媒介传播活动信息的具体说明。

4. 附件

其他应用文书可作为附件,列明活动前、活动中、活动后需要撰写的文书。附件还包括工作推进表、相关人员职责分配表和其他相关资料及注意事项等。

活动策划是短期的,需要即时效果。企业形象策划则是对企业形象与产品品牌的全方位的较长期的规划,涉及面更广,影响更大。

⇨ **写法指要**

（一）文案策划前期工作

在撰写文案策划前,必须查询大量相关资料,进行针对性的深入思考,注重创意性思维的发挥,这些基础工作做得扎实了,后面的撰写才会水到渠成。比如本次房地产会议涉及的调查报告还有市场分析报告,就需要大量的准备工作,其中调查问卷的设计、投放、回收、分析等,尤需要细致对待。因为这是获得第一手信息的必要途径,只有获得充分的第一手信息,在此基础上的策划文案撰写工作才能有的放矢,契合实际。

（二）文案策划撰写工作

文案策划在撰写过程中,要条理清晰、简明扼要,同时要具有可操作性。另外还要具有新颖的创意,尽可能地把某个企业或单位、机构的特色展现出来,要充分考虑读者的心理期待与实际体验,始终以换位思考的心态来进行文案策划,以期引起共鸣,让读者产生信任感。比如本次房地产会议,对主办方与参与方来说是个难得的展示机会,但归根结底要把购房需求者与消费者的诉求摆在首要地位。

（三）文案策划排版要求

策划方案及其他应用文书撰写完成后,排版也要注意规范美观。

⇨ **写作实训**

苏州博物馆近年来举办了一系列主题鲜明的本地艺术家作品展览,在社会上引起了较大的反响,好评不断。唐寅作为明代吴门画派的代表人物,始终是艺术史研究的一个重点。在唐寅诞辰 555 周年即将来临的时候,苏州博物馆拟为之举办一场专题展览。

1. 请为这次展览写一份策划方案。
2. 列出这次展览需要的相关应用文书并分组撰写。

第二节　文案策划实训案例

⇨ **实训案例一**

××市会议中心(集团)是××市属全资国有大型企业,企业成立于 1995 年 4 月。经过 20 多年的发展和积累,目前已经形成旅游星级酒店、物业管理、旅行社、人力资源等多产业多元发展的集团架构,企业员工数量达到 4000 名左右。作为四星级旅游饭店的××市中心大酒店,是××市举行政治活动和接待大型会议的重要场所,是中国会议酒店联盟副会长单位以及××市旅游饭店业协会副会长单位和秘书长单位,荣获中国十佳会议中心金鸥奖、中国十大会议中心奖项、中国最佳会议酒店、中国十大首选会议会展酒店、美丽中国十大绿色会议酒店等荣誉称号,目前已尝试向外输出酒店管理,并托管××区在水一方大酒店和××区玉屏客舍会议中心。

××市会议中心近期将与××市电子信息学院开展校企战略合作签约仪式,会议中心及所属酒管公司、物管股份公司领导和相关职能部门负责人、××市电子信息学院领导和部分师生将出席活动。

签约仪式上,会议中心酒管公司总经理××同志将对会议中心总体概况及所属酒管公司、物管股份公司的基本情况作介绍。会议中心副总经理×××同志和××市电子信息学院副院长×××同志分别代表企业方与校方正式签署校企战略合作协议。今后双方将积极探索多领域、多层次、高水平的深度合作模式。

××市会议中心在签约仪式后开展招聘活动,岗位有文员、酒店管理、物管工作人员等,报名条件如下:大专及以上学历,熟悉行业及客户服务相关知识,专业不限;普通话标准,善于沟通,有较强的语言表达和综合分析能力,熟练掌握办公自动化技能。

⇨ **写作实训**

1. 根据案例内容,双方校企战略合作签约仪式将在学院礼堂举行,请策划校企战略合作签约仪式活动方案并写作活动其他相关应用文。

2. 根据案例内容,为××市会议中心(集团)写一则招聘启事。

3. 根据案例内容,写作一篇求职信。

⇨ **实训案例二**

奇瑞汽车股份有限公司的前身是 1997 年 1 月 8 日在安徽省芜湖市经济技术开发区注册成立的奇瑞汽车有限公司。奇瑞汽车有限公司于 1997 年 3 月 18 日动工建设,1999 年 12 月 18 日实现第一辆奇瑞轿车下线,2007 年 8 月 22 日实现第 100 万辆汽车下线,创造了中国汽车工业自主品牌快速发展的一大奇迹。2008 年 3 月 24 日,为适应资本市场上市的需要,公司更名为奇瑞汽车股份有限公司,注册资本为 32 亿元,截至 20××年已具备年产整车 65 万辆、发动机 65 万台和变速箱 40 万套的生产能力。

奇瑞汽车股份有限公司旗下现有奇瑞、开瑞、瑞麒、威麟四个子品牌,覆盖家轿、微车、商用车和高端品牌领域,满足细分市场的不同消费需求。

近年来,奇瑞汽车产品品质和服务质量大幅提升,受到消费者的好评,带动了品牌形象和价值的提升。2006 年,"奇瑞"被认定为"中国驰名商标",入选"中国最有价值商标 100 强";2010 年,奇瑞公司连续第 5 次被《财富》杂志评为"最受赞赏的中国公司";2010 年,奇瑞继 2007 年后再次入围罗兰贝格公司发布的"全球最具竞争力的中国公司 TOP10";2011 年,奇瑞汽车首次跻身胡润中国品牌榜100 强。

"自主创新"是奇瑞发展战略的核心,也是奇瑞实现超常规发展的动力之源,打造"国际名牌"是奇瑞的战略发展目标。2010 年 3 月 26 日,以"新高度,新征程"为主题的奇瑞汽车第 200 万辆下线仪式暨威麟新品上市新闻发布会在安徽芜湖隆重举行。

⇨ 写作实训

1. 根据案例内容,为奇瑞汽车股份有限公司制订第 200 万辆下线仪式暨威麟新品上市新闻发布会计划。

2. 根据案例内容,为奇瑞汽车股份有限公司制作一份宣传海报,发布第 200 万辆下线仪式暨威麟新品上市新闻发布会信息。

3. 根据案例内容,为奇瑞汽车股份有限公司编写一期简报,报道新品发布会的情况。

⇨ 实训案例三

深圳(春/秋)房地产交易会始于 1992 年,历经二十余载成长,见证了深圳房地产市场的萌动、开拓和发展历程。1998 年根据市场需要进行创新,每年在五一和十一期间各举办一次,从此确定了春秋模式。长期以来,春交会、秋交会以"专业、规范、实效"为办展宗旨,赢得了参展商及参展观众的广泛信任,是目前中国房地产交易会展览面积最大的展会,取得了"中国地产第一展"的美名,它对促进深圳房地产市场的健康发展起到了极其重要的推动作用,是促进购房者、开发商及住宅产业相关机构交流的重要舞台。

深圳(春/秋)房地产交易会秉承多年的成功运作经验,构建一个兼具销售、行业交流及品牌推广作用的综合性展示平台,吸引全国逾 500 万人次共同见证这一房地产展览盛会,在活跃了房地产市场的同时,也向全国推广了深圳地产开发、服务等行业的先进经验。深圳(春/秋)房地产交易会在全国地产界具备了广泛的知名度与美誉度,在市场上拥有强大的号召力,作为 21 世纪经济发展的助推器,将与中国经济一起站在优化城市竞争力的舞台上,爆发出惊人的财富能量。

20××年深圳(春季)房地产交易会即将举办,具体信息如下:

举办时间:20××年 5 月 1 日—20××年 5 月 5 日

举办展馆:深圳会展中心深圳市福田中心区福华三路深圳会展中心

所属行业:房产家居

展会城市：广东深圳市

主办单位：深圳市土地房产交易中心

展会规模：预计展出面积 35000 平方米

展会面积：35000 平方米

⇨ 写作实训

1. 根据案例内容,请以主办、承办单位的名义拟写一份邀请信,邀请某地产商参加 20××年深圳(春季)房地产交易会。

2. 根据案例内容,请以主办、承办单位的名义拟写一份请柬,邀请深圳市×××市长出席 20××年深圳(春季)房地产交易会。

3. 根据案例内容,请拟写一份欢迎词,由主办单位负责人在 20××年深圳(春季)房地产交易会开幕仪式上宣读。

4. 根据案例内容,请以建设部××司的名义拟写一份贺词,由建设部××司×××司长在 20××年深圳(春季)房地产交易会开幕仪式上宣读。

⇨ 实训案例四

花旗集团(Citigroup)是当今世界资产规模最大、利润最多、全球连锁性最高、业务门类最齐全的金融服务集团。

花旗集团作为全球卓越的金融服务公司,在全球一百多个国家约为 2 亿客户服务,包括个人、机构、企业和政府部门,提供广泛的金融产品服务。

花旗集团在中国的历史可追溯至 1902 年 5 月,是首家在中国开业的美国银行。如今,花旗银行已是中国顶尖外资银行,为客户提供最广泛的金融产品。目前,花旗银行分别在北京、上海、广州、深圳和天津设立企业与投资银行分行;在上海和北京设立个人银行营业网点;在厦门和成都设有代表处;中国区总部设在上海。作为花旗集团在全球 100 多个国家网络的一部分,花旗银行是中国最具全球性的外资银行。

花旗集团在中国与当地社区建立了良好的关系,主要在教育、金融教育、小额信贷及可持续发展方面作出了突出贡献。通过赞助奖学金、组织学术交流项目及让员工作为志愿者教授实用银行课程,花旗银行与中国许多重点大学和学院及非政府盈利机构建立了长期合作的关系。同时还通过捐赠等方式,与一些著名非政府机构和非营利性组织建立了良好的合作关系。

为"发扬人道主义精神,发展残疾人事业",花旗集团将召开关于对中国残联慈善捐赠的信息发布会,借此支持中国乃至世界残疾人事业的发展。

⇨ **写作实训**

1. 根据案例内容,制订花旗集团慈善捐赠信息发布会会议计划。
2. 根据案例内容,写作花旗集团慈善捐赠信息发布会开幕词和闭幕词。
3. 根据案例内容,编写一份花旗集团慈善捐赠信息发布会的会议简报。

⇨ **实训案例五**

"丝界"围巾品牌由上海天忠围巾制造有限公司于 2003 年创立,该公司是一家集研究、设计、生产、销售于一体的时尚围巾企业。"丝界"围巾坚持以简约、高雅、时尚、经典、舒适与原创为设计理念,并追求面料、工艺、款式完美和谐的品牌推广理念,展示了传统经典、文化与现代时尚韵律相结合,并集优雅、含蓄、浪漫、洒脱于一体,同时也体现了女性出色的智慧、卓越的能力、自信乐观的人生态度,对生活、理想不畏艰难的追求,惊喜来自创意,格调来自自我,和谐来自认同。

"丝界"采取以"品牌经营"为核心的连锁经营发展模式,在全国各大城市最繁华商业地段和市中心步行街开设专卖店,先后进驻各大城市最具实力的商场,以连锁店及百货店的经营形式迅速拓展市场,带动整个销售网络。近年来,公司在卖场选址、装修、店堂布置、货品摆放、整体规划到人员配备等方面,特别邀请香港知名店面设计师及陈列师操刀。国际化的体验式消费环境、别具一格的产品设计和优质的售后服务,赢得市场口碑。

2009 年公司在中国羊绒之都内蒙古兴建了现代化制造基地,年生产能力达 200 万件。公司秉承"质量是企业的生命"的理念,特地从日本、德国引进了数条具有国际顶尖工艺水准的数码印染整烫、整型为一体的围巾制造流水线,现代化的生产工艺与科学规范的工作流程保证了每件产品的优良品质。目前公司的产品已走出国门迈向世界,并在欧美、中东及东南亚等 40 多个国家和地区享有良好声誉。

公司同时非常注重对员工企业归属感的培养,并连续五年荣获政府所颁发的"和谐企业"荣誉奖章!公司旗下"丝界"品牌已在全国拥有近百家直营店,并在北京、天津、成都设立了分公司。"丝界"品牌以其精致优美的产品,极具艺术底蕴的设计,细致周到的服务赢得了一大批顾客的"芳心",同时在市场上也拥有了良好的口碑。在 2010 年 4 月"丝界"品牌非常荣幸地被评为上海消费者最喜欢的品牌之一。

"丝界"品牌也成为很多企事业单位用于员工福利或馈赠客户团购产品的最佳选择。同时公司也替不少企事业单位设计生产了各类专属纪念版围巾、阳伞等产品。

2010 年底"丝界"品牌的第一家加盟店也隆重开幕,公司制订了"三年六百加盟店"的战略规划,欢迎向往成功、热爱艺术、享受生活的人士投入"丝界"的怀抱,成为"丝界"这个充满着爱与美大家庭中的一员。

"丝界"围巾20××秋冬新品订货会将于20××年5月1日至5日在上海隆重召开,诚邀全国各地新老客户莅临参观指导。丝界,专业围巾缔造者,将惊喜为每一位顾客制作精品,送上最温暖的产品。

⇨ 写作实训

1. 根据案例内容,为"丝界"围巾20××秋冬新品订货会写一篇宣传海报,刊登在有关刊物和公司网站。

2. 根据案例内容,为"丝界"围巾20××秋冬新品订货会写一篇邀请函,诚邀全国各地新老客户莅临参观指导。

3. 根据案例内容,公司总经理将在"丝界"围巾20××秋冬新品订货会上致欢迎词,请代写一篇欢迎词。

4. 根据案例内容,撰写一篇报道"丝界"围巾20××秋冬新品订货会的消息。

⇨ 实训案例六

××市生态农业有限公司创建于2004年4月2日,注册资本400万元,2005年增资扩股至1000万元,为股份合作制企业有限责任公司。××市蔬菜开发公司为控股股东,法人代表为张××。经营范围:农作物种植;花卉、苗木培植;科普教育实施基地,观赏农业园作物种植;农业观赏景点建设;餐饮服务;等等。经营宗旨:注重生态,崇尚自然,整合周边环境,追求土地资源的多元化利用,追求天人合一,返璞归真,促进人和自然的和谐,促进资源的持续利用和循环经济的发展。

20××年3月,公司召开董事会,讨论公司下一步发展规划。董事长提出,最近几年,国内旅游业发展迅速,旅游人数不断增加。尤其是"五一""十一"黄金周的推出,使外出旅游成为一种时尚。因此,公司将投资建设××生态农庄。把××生态农庄建设成为我国东南沿海传统文化品位最高、设施最齐全、环境最优雅的绿色食品基地和休闲观光庄园。围绕建设××生态农庄项目,请董事们讨论项目的建设计划。经过讨论,董事们一致同意建设××生态农庄,具体先在什么地方投资兴建,需要经过详细认真的考察、论证。最后,董事会决定,选派几位有经验的专家,由公司李总经理带队,开展实地调研考察。

考察组经过3个多月的实地调研,收集了大量信息资料。经过对资料进行分析论证,最后得出结论:公司建设××生态农庄项目具有可行性。

20××年10月,公司再次召开董事会,听取考察组的汇报。李总经理代表考察组,作了如下阐述:

××生态农庄地址可以选择在位于××市××湖东侧1公里处,本区域地理位置优越,交通便利,有利于农产品的运输和销售。其中陆地面积1500亩,水面面积405

亩。农庄以保护自然、利用自然、美化自然为准则,结合园林艺术手法和东南沿海浓厚的传统文化,体现××市围垦文化、移民文化的特色,同时配合以农业观光、采摘、垂钓、酒店餐饮、科教等娱乐服务设施,让人们在游乐中体会自然,认识农业,了解农村。

××生态农庄可以开发包括以游园互动为主题的生态农业大观园、以休闲游憩为主题的生态休闲渔园、以休闲度假为主体的渔家小村、集青少年学工学农学军于一体的青少年素质教育基地、数字农民与农民信息化平台建设和盐生植物园等。

生态农业大观园重点开发建设一"市":田园超市;二"区":露地区和温室区;三"能":生物质能、风能和太阳能;四"用":温室区雨水收集利用,污水生物膜处理中水回用,微滴灌、微喷灌节水应用;五"坊":春蚕坊、编织坊、豆腐坊、煮酒坊、晒盐坊;六"园",即建设 6 个主题的日光温室:蔬菜森林、奇巧园艺、沙漠风情、热带雨林、北国风光、瓜果飘香。6 个独立的日光温室分布在露地区中,露地区中建设 5 个主题的特色园,即回归自然风情园、江南水乡风情园、落叶果树展示园、常绿果树展示园、蔬菜大观园。

生态休闲鱼屋可以充分利用水域面积。休闲渔园可以建设标准化生态鱼塘405 亩,可以建设 4 个鱼塘。其中 1 号鱼塘 140 亩,2 号鱼塘 102 亩,3 号鱼塘 118亩,4 号鱼塘 45 亩。建筑面积 560 平方米,其中渔博物馆 280 平方米,渔家餐馆280 平方米,休闲渔园 5 亩,包括急流勇进、徒手抓鱼及配套的景观设施和渔家小村。渔家小村位于生态农庄西侧,总占地 2200 平方米。渔家小村可以建造双人套房十幢,四人套房八幢,八人套房二幢。房屋为单层别墅型混合结构,计总建筑面积为 1346 平方米。

素质教育基地可以建在生态农业大观园南侧,占地面积 200 亩,包括教学区、实践区、体验区和考察区。教育基地建筑面积 2900 平方米,其中教育办公区 250平方米,师生宿舍 1500 平方米,科技活动区 500 平方米,综合会议室 500 平方米,附属用房 150 平方米。农业实践区 2500 平方米。教育基地每天可接待学生 150名。教育基地可以采用灵活、多样的教育内容方法,主要有参观、考察和实践三大类,通过以上三类的建设,形成一个集农业科技、农耕文化、军事训练、环境保护、科技活动、数字农业、能源开发等为一体的综合性教育基地。

盐生植物示范园以收集、驯化、筛选耐盐(盐生)植物资源为主要特色,以科研、科普、示范、推广为基本任务,是一个集科研、示范、观赏为一体的植物园区。

信息化平台建设可以通过农业科技园区的信息化管理来提高园区的技术含量、经营管理水平、招商引资力度和示范辐射的功能;通过产地环境质量评价、精准施肥和标准化生产技术(系统)的应用达到作物生产的精细管理,提高肥料利用率,改善施肥对环境的影响,提高农产品品质和市场竞争力。

董事会经过研讨,认为工程可以分两期建设。一期工程投入资金 1800 万元,重点建设生态农业大观园和生态休闲渔园,包括生态酒楼、水上迷你宾馆、水上露天包厢、渔人湾垂钓亭、水上乐园、文化长廊、生态会议室、游客中心、有机农业示范区、特种水产养殖区等。生态农庄应充分体验人与自然的和谐。二期工程投入资金1000万元,重点建设素质教育基地、盐生植物示范园和信息化平台。

为确保项目通过评审,董事会要求考察组撰写一份可行性研究报告,包括××生态农庄的市场调研情况、拟建设项目和规模,并分析农庄的社会效益和经济效益。

⇨ 写作实训

1. 根据案例内容,为公司20××年3月召开的董事会写一篇会议纪要。

2. 根据案例内容,为××市生态农业有限公司写一份关于××生态农庄项目的可行性研究报告。

3. 根据案例内容,写一份关于生态休闲鱼屋的简介。

⇨ 实训案例七

最近,有关部门采用问卷和访谈等方式,针对××市的消费者进行电脑消费需求调研,本次调查的结果如下:

一、从是否拥有家庭电脑的调查结果看出,在被调查者当中拥有一台电脑的占总数的45%,拥有两台或两台以上电脑的占4.8%,没有电脑的占50.2%。

二、在对不同的年龄、收入、职业的调查中,不同的消费者呈现的消费特征是不同的。在拥有电脑的被调查者当中,年龄在20岁以下、20~30岁和30~40岁年龄段拥有电脑的比例分别为29.4%、52.4%和57.8%;个体业主、学生、公务员、自由职业者和职业经理拥有电脑的比例分别为44%、28%、60.6%、48.9%和72.7%。

月收入在1000元以下的被调查者中只有33.6%拥有一台电脑;月收入在1000~1500元的被调查者中,拥有一台电脑者为55.9%;月收入在1500~2000元的被调查者中,拥有一台电脑者为57.2%;月收入在2000~2500元的被调查者中,拥有一台电脑者为81.2%。但月收入在2500元以上的被调查者中,情况略有不同,其没有台式电脑的比例高达46.7%,这是因为收入处在这一阶段的被调查者倾向于价格较高的笔记本电脑。

三、在对何时购买电脑的调查中,有50.2%的被调查者没有购买,有16.8%的被调查者在两年前购买电脑,有13.8%的被调查者在一年前购买电脑,有11.4%的被调查者在半年前购买电脑,有7.8%的被调查者刚刚购买。在两年前购买电脑的被调查者中,有39.6%打算购买新电脑。这就说明,在两年前购买电脑的消费者中,有很大一部分将对电脑进行升级。在对没购买者何时购买电脑的调查中,选择"没这打算"的占23.3%,选择"近期"的为3.6%,选择"半年内"的为15.3%,选择

"一年内"的为 34%,而选择"一年以上"的为 23.7%。从中我们也可以发现,电脑作为高科技产品,将日益普及,逐步走进普通家庭。

四、在品牌机和组装机及手提电脑和台式电脑的问题上,选择"手提品牌机且能购买"的占 10%,选择"手提品牌机但无力购买"的占 18%,选择"台式品牌机且能购买"的占 38.3%,选择"台式品牌机但无力购买"的占 4.9%,选择"组装机,因其价格低"的占 10.7%,选择"组装机,因我可随心所欲"的则占 18.2%。选择品牌机的为 71.1%,组装机的为 28.9%,台式电脑的占 72%,手提电脑的为 28%。大部分人还是选择品牌机及台式电脑,而影响人们购买品牌机的主要因素还是价格因素,但在组装机中个性化的配置才是决定因素。

五、在购买地的选择上,选择"专卖店"的为 42.5%,选择"电脑商城"的为 39.8%,选择"商场"的为 4.1%,选择"网上或电话订购"的为 1.2%,选择"厂家"的为 3.6%,选择"其他"的为 8.8%。大部分人选择了专卖店及电脑商城,一是出于对它们的信赖,二是因为消费者对服务有更高的要求。而且,收入越高,这方面的趋势越明显。月收入处在 2000~2500 元的被调查者(85.1%)在购买地点上选择了专卖店及电脑商城,而月收入在 2500 元以上的达 80%。

⇨ **写作实训**

1. 根据案例材料,设计一份电脑消费需求调查问卷。
2. 根据案例材料,写作一份关于××市电脑消费需求情况的市场调查报告。

⇨ **实训案例八**

原告××市润达货运配载经营部(以下简称润达货运部)因与被告××市农业机械公司(以下简称农机公司)、第三人刘小成发生运输合同纠纷,向××省××市××区人民法院提起诉讼。

1998 年 4 月 18 日,原告润达货运部的代表李刚与被告农机公司苏 A×××××货运车的车主刘小成在上海签订了一份公路货物运输合同书。合同约定:苏 A××××××号车为润达货运部从上海、浙江等地承运鞋底、火花塞和冰柜等货物。合同还对运输目的地、运费、运输时间等内容作了约定。合同签订后,苏 A×××××号车在运输途中发生交通事故,使润达货运部托运的火花塞损失计款 14680 元,胶合板损失计款 7122 元(其中遗失的胶合板损失 5368.5 元),货损共计 21810 元。此后,润达货运部因与农机公司协商货损赔偿问题无果,遂提起诉讼。

在本案审理中,农机公司提交了该公司与刘小成签订的分期付款购车合同。合同除约定了车价、分期付款时间和金额以外,还约定:刘小成从事货物运输所使用的车辆营运证等有关手续均由农机公司提供;在付款期内,因乙方(刘小成)发生事故对第三者造成人身伤亡和财产损失时,乙方应承担全部责任。上述事实,有运输合同、西南农机公司的川 A×××××号车行驶证、货损清单、分期付款购车合同及当事人的陈述证实。

原告诉称：原告作为托运方与被告农机公司签订了公路运输合同。该合同虽未加盖被告的单位公章，但约定使用的汽车是被告单位的，承运人刘小成等出示的证明也是被告单位的，因此被告作为车主，应当对合同的履行承担全部责任。合同履行过程中，被告的汽车因发生交通事故，给原告造成货物损失合计 21810 元。请求判令被告赔偿货损及利息。

被告诉称：为原告承运货物的汽车，是公司卖给刘××的分期付款商品车。为了防止购车人在付清车款前将车变卖、转移，所以该车的户籍目前暂挂在我公司。本案合同是刘小成与原告签订的。我公司在此合同上既未加盖公章，事后也未追认，与原告并无合同关系。因此，基于该合同所产生的权利、义务，均与我公司无任何关系，应当由刘小成承担。法院应当驳回原告的诉讼请求。

⇨ 写作实训

1. 根据案例材料，请代原告拟写一份起诉状。
2. 根据案例材料，请代被告拟写一份答辩状。

⇨ 实训案例九

广东好太太集团是以建材家居产品为龙头，集物业开发管理和金融投资为一体的民营企业集团公司。集团由四个全资子公司及两个控股公司组成，现有员工约 1500 名。集团旗下的事业实体主要有家居事业部、家具事业部、厨卫事业部、广东东莞中亚电线电缆有限公司、广东凤来仪物业发展有限公司、广东粤商创业投资有限公司六大运营板块，产业经营与资本运作相结合，确保公司的可持续性发展。

家居事业部以经营"好太太自动晾衣架"为主，成立于 1999 年，首创"自动晾衣架"产品概念，从无到有，以一个产品开创一个行业，好太太晾衣架以其独特的设计、优良的品质、超强的市场运作及完美的售后服务，一直雄踞行业榜首。该产品拥有国家专利近 40 项，国内市场占有率超过 60%，并且远销东南亚、中东、欧美各地。2005 年，好太太品牌被认定为中国驰名商标，成为广州首家获得这一国家级品牌荣誉的家居企业，2006 年，"好太太晾衣架"被中国品牌研究院授予"行业性标志品牌"，与珠江钢琴一起，成为广州仅有的两个行业标志性品牌之一。

由于近来衣柜市场竞争日益激烈，各企业新产品层出不穷，在很大程度上削减了公司产品在市场上的份额。因此公司研发部经过再三协商一致认为应开发新产品，以此来面对激烈的市场竞争。广州好太太集团研发部经过充分的市场调研，拟开发好莱客整体衣柜，引进先进的软件设计系统，为顾客提供个性化、体验式设计服务。研发部向集团递交了关于好莱客整体衣柜研发的请示。

为实现集团做大做强的发展战略,集团同意开发好莱客整体衣柜,并成立了家具事业部,研发、生产、销售好莱客整体衣柜,在家具行业率先提出"整体衣柜"概念,定位于做"整体衣柜领跑者"。

好莱客产品通过技术研发和创新,获得了多项技术专利,滑轮等核心五金部件品质达到国际领先水平,经过六年的努力,好莱客整体衣柜已实现产品风格体系最丰富、价格覆盖面最广、性价比最高的发展思路,现已有全国专卖店近四百家,网点规模和发展速度均雄居同行前列,产品获得"消费者满意家居品牌""最受消费者推崇建材品牌"等多项殊荣,好莱客业已成为中国整体衣柜行业发展的先导者和领军品牌。

在集团年度总结表彰大会上,为鼓励先进,树立典型,经公司研究,决定对本次研发新产品表现突出的优秀员工予以通报表彰,表彰他们发扬主人翁的精神,以企业发展为前提,以提高经济效益为目标,在各自的岗位上勤奋工作,积极进取,为公司的发展作出了贡献。

⇨ **写作实训**

1. 根据案例内容,代研发部写一份关于好莱客整体衣柜研发的请示。

2. 根据案例内容,代广东好太太集团有限公司写一份关于同意好莱客整体衣柜研发的批复。

3. 根据案例内容,代广东好太太集团有限公司写一份关于表彰优秀员工的通报。

⇨ **实训案例十**

海尔集团创立于19××年,创业27年来,坚持创业和创新精神创世界名牌,已经从一家濒临倒闭的集体小厂发展成为全球拥有7万多名员工、2011年营业额1509亿元的全球化集团公司。海尔已连续三年蝉联全球白色家电第一品牌,并被美国《新闻周刊》(Newsweek)网站评为全球十大创新公司。

海尔致力于成为全球白电行业领先者和规则制定者。成为引领者就是要成为行业主导及用户心智的首选,海尔的某些产品已经做到了引领,欧美一些国际著名品牌也在模仿海尔。海尔希望创新出更多引领潮流的产品,创新的制高点即是掌握专利和标准的话语权。目前,海尔累计申请专利1万多项,居中国家电企业榜首,并率先实现国际标准的零突破。海尔累计参与了77项国际标准的起草,其中27项标准已经发布实施。海尔通过标准输出,带动整个产业链的出口。

目前海尔在全球建立了29个制造基地,8个综合研发中心,19个海外贸易公司,已发展成为大规模的跨国企业集团。2008年海尔集团实现全球营业额1190亿元。

海尔文化的核心是创新。它是在海尔几十年发展历程中产生和逐渐形成特色的文化体系。海尔文化以观念创新为先导、以战略创新为方向、以组织创新为保障、以技术创新为手段、以市场创新为目标,伴随着海尔从无到有、从小到大、从大到强、从中国走向世界,海尔文化本身也在不断创新、发展。员工普遍认同、主动参与是海尔文化的最大特色。当前,海尔的这个目标把海尔的发展与海尔员工个人的价值追求完美地结合在一起,每一位海尔员工将在实现海尔世界名牌大目标的过程中,充分实现个人的价值与追求。

海尔集团自创业以来一直将培训工作放在首位,上至集团高层领导,下至车间一线操作工人,集团根据每个人的职业生涯设计为每个人制定了个性化的培训计划,搭建了个性化发展的空间,提供了充分的培训机会,并实行培训与上岗资格相结合。

海尔的人力资源开发思路是"人人是人才""赛马不相马"。在具体实施上给员工搞了三种职业生涯设计:一种是对着管理人员的,一种是对着专业人员的,一种是对着工人的。每一种都有一个升迁的方向,只要是符合升迁条件的即可升迁入后备人才库,参加下一轮的竞争,跟随而至的就是相应的个性化培训。

海尔集团除重视"即时"培训外,更重视对员工的"脱产"培训。在海尔的每个单位,几乎都有一个小型的培训实践中心,员工可以在此完成诸多在生产线上的动作,从而为合格上岗做充分的准备。

20××年3月,海尔将开展新员工培训,培训分为两个阶段:导入阶段的企业培训和岗前培训。第一阶段的培训目的是让新员工认识企业、了解企业、知道企业。第二阶段的培训是让新员工明确岗位工作职责,掌握岗位工作技能。

公司人力资源部拟写了一份新员工培训工作计划,着手开展新员工培训工作。

⇨ 写作实训

1. 根据案例内容,代公司人力资源部拟写一份新员工培训工作计划。
2. 根据案例内容,代公司人力资源部拟写一份关于新员工培训工作的通知。
3. 根据案例内容,代公司人力资源部拟写一份新员工培训工作总结。

附录

党政机关公文处理工作条例

（中办发〔2012〕14号）

（2012年4月16日由中共中央办公厅和国务院办公厅联合印发）

第一章 总 则

第一条 为了适应中国共产党机关和国家行政机关（以下简称党政机关）工作需要，推进党政机关公文处理工作科学化、制度化、规范化，制定本条例。

第二条 本条例适用于各级党政机关公文处理工作。

第三条 党政机关公文是党政机关实施领导、履行职能、处理公务的具有特定效力和规范体式的文书，是传达贯彻党和国家的方针政策，公布法规和规章，指导、布置和商洽工作，请示和答复问题，报告和交流情况等的重要工具。

第四条 公文处理工作是指公文拟制、办理、管理等一系列相互关联、衔接有序的工作。

第五条 公文处理工作应当坚持实事求是、准确规范、精简高效、安全保密的原则。

第六条 各级党政机关应当高度重视公文处理工作，加强组织领导，强化队伍建设，设立文秘部门或者由专人负责公文处理工作。

第七条 各级党政机关办公厅（室）主管本机关的公文处理工作，对下级机关的公文处理工作进行业务指导和督促检查。

第二章 公文种类

第八条 公文种类主要有：

（一）决议。适用于会议讨论通过的重大决策事项。

（二）决定。适用于对重要事项作出决策和部署、奖惩有关单位和人员、变更或者撤销下级机关不适当的决定事项。

（三）命令（令）。适用于公布行政法规和规章、宣布施行重大强制性措施、批准授予和晋升衔级、嘉奖有关单位和人员。

（四）公报。适用于公布重要决定或者重大事项。

（五）公告。适用于向国内外宣布重要事项或者法定事项。

（六）通告。适用于在一定范围内公布应当遵守或者周知的事项。

（七）意见。适用于对重要问题提出见解和处理办法。

（八）通知。适用于发布、传达要求下级机关执行和有关单位周知或者执行的事项，批转、转发公文。

（九）通报。适用于表彰先进、批评错误、传达重要精神和告知重要情况。

（十）报告。适用于向上级机关汇报工作，反映情况，回复上级机关的询问。

（十一）请示。适用于向上级机关请求指示、批准事项。

（十二）批复。适用于答复下级机关请示事项。

（十三）议案。适用于各级人民政府按照法律程序向同级人民代表大会或者人民代表大会常务委员会提请审议事项。

（十四）函。适用于不相隶属机关之间商洽工作、询问和答复问题、请求批准和答复审批事项。

（十五）纪要。适用于记载会议主要情况和议定事项。

第三章　公文格式

第九条　公文一般由份号、密级和保密期限、紧急程度、发文机关标志、发文字号、签发人、标题、主送机关、正文、附件说明、发文机关署名、成文日期、印章、附注、附件、抄送机关、印发机关和印发日期、页码等组成。

（一）份号。公文印制份数的顺序号。涉密公文应当标注份号。

（二）密级和保密期限。公文的秘密等级和保密的期限。涉密公文应当根据涉密程度分别标注"绝密""机密""秘密"和保密期限。

（三）紧急程度。公文送达和办理的时限要求。根据紧急程度，紧急公文应当分别标注"特急""加急"，电报应当分别标注"特提""特急""加急""平急"。

（四）发文机关标志。由发文机关全称或者规范化简称加"文件"二字组成，也可以使用发文机关全称或者规范化简称。联合行文时，发文机关标志可以并用联合发文机关名称，也可以单独用主办机关名称。

（五）发文字号。由发文机关代字、年份、发文顺序号组成。联合行文时，使用主办机关的发文字号。

（六）签发人。上行文应当标注签发人姓名。

（七）标题。由发文机关名称、事由和文种组成。

（八）主送机关。公文的主要受理机关，应当使用机关全称、规范化简称或者同类型机关统称。

（九）正文。公文的主体，用来表述公文的内容。

（十）附件说明。公文附件的顺序号和名称。

（十一）发文机关署名。署发文机关全称或者规范化简称。

（十二）成文日期。署会议通过或者发文机关负责人签发的日期。联合行文时，署最后签发机关负责人签发的日期。

（十三）印章。公文中有发文机关署名的，应当加盖发文机关印章，并与署名机关相符。有特定发文机关标志的普发性公文和电报可以不加盖印章。

（十四）附注。公文印发传达范围等需要说明的事项。

（十五）附件。公文正文的说明、补充或者参考资料。

（十六）抄送机关。除主送机关外需要执行或者知晓公文内容的其他机关，应当使用机关全称、规范化简称或者同类型机关统称。

（十七）印发机关和印发日期。公文的送印机关和送印日期。

（十八）页码。公文页数顺序号。

第十条　公文的版式按照《党政机关公文格式》国家标准执行。

第十一条　公文使用的汉字、数字、外文文字符、计量单位和标点符号，按照有关国家标准和规定执行。民族自治地方的公文，可以并用汉字和当地通用的少数民族文字。

第十二条　公文用纸幅面采用国际标准 A4 型。特殊形式的公文用纸幅面，根据实际需要确定。

第四章　行文规则

第十三条　行文应当确有必要，讲求实效，注重针对性和可操作性。

第十四条　行文关系根据隶属关系和职权范围确定。一般不得越级行文，特殊情况需要越级行文的，应当同时抄送被越过的机关。

第十五条　向上级机关行文，应当遵循以下规则：

（一）原则上主送一个上级机关，根据需要同时抄送其他相关上级机关和同级机关，不抄送下级机关。

（二）党委、政府的部门向上级主管部门请示、报告重大事项，应当经本级党委、政府同意或者授权，属于部门职权范围内的事项应直接报送上级主管部门。

（三）下级机关的请示事项，如需以本机关名义向上级机关请示，应当提出倾向性意见后上报。不得原文转报上级机关。

（四）请示应当一文一事，不得在报告等非请示性公文中夹带请示事项。

（五）除上级机关负责人直接交办事项外，不得以本机关名义向上级机关负责人报送公文，也不得以本机关负责人名义向上级机关报送公文。

（六）受双重领导的机关向一个上级机关行文，必要时应当抄送另一个上级机关。

（七）不符合行文规则的上报公文，上级机关的文秘部门可退回下级呈报机关。

第十六条　向下级机关行文，应当遵循以下规则：

（一）主送受理机关，根据需要抄送相关机关。重要行文应当同时抄送发文机关的直接上级机关。

（二）党委、政府的办公厅（室）根据本级党委、政府授权，可以向下级党委、政府行文，其他部门和单位不得向下级党委、政府发布指令性公文或者在公文中向下级党委、政府提出指令性要求。需经政府审批的具体事项，经政府同意可由政府职能部门行文，文中需注明已经政府同意。

（三）党委、政府的部门在各自职权范围内可以向下级党委、政府的相关部门行文。

（四）涉及多个部门职权范围内的事务，部门之间未协商一致的，不得向下行文；擅自行文的，上级机关应当责令其纠正或者撤销。

（五）上级机关向受双重领导的下级机关行文，必要时抄送该下级机关的另一个上级机关。

第十七条　同级党政机关、党政机关与其他同级机关必要时可以联合行文。属于党委、政府各自职权范围内的工作，不得联合行文。党委、政府的部门依据职权可以相互行文。部门内设机构除办公厅（室）外不得对外正式行文。

第五章　公文拟制

第十八条　公文拟制包括公文的起草、审核、签发等程序。

第十九条　公文起草应当做到：

（一）符合国家的法律法规和党的路线方针政策，完整准确体现发文机关意图，并同现行有关公文相衔接。

（二）一切从实际出发，分析问题实事求是，所提政策措施和办法切实可行。

（三）内容简洁，主题突出，观点鲜明，结构严谨，表述准确，文字精练。

（四）文种正确，格式规范。

（五）公文涉及其他部门职权范围事项的，起草单位必须征求相关部门意见，力求达成一致。

（六）深入调查研究，充分进行论证，广泛听取意见。

（七）机关负责人应当主持、指导重要公文起草工作。

第二十条　公文文稿签发前，应当由发文机关办公厅（室）进行审核。审核的重点是：

（一）行文理由是否充分，行文依据是否准确。

（二）内容是否符合国家法律法规和党的路线方针政策；是否完整准确体现发文机关意图；是否同现行有关公文相衔接；所提政策措施和办法是否切实可行。

（三）涉及有关地区或者部门职权范围的事项是否经过充分协商并达成一致意见。

（四）文种是否正确，格式是否规范；人名、地名、时间、数字、段落顺序、引文等是否准确；文字、数字、计量单位和标点符号等用法是否符合规定。

（五）其他内容是否符合公文起草的有关要求。

需要发文机关审议的重要公文文稿，审议前由发文机关办公厅（室）进行初核。

第二十一条　经审核不宜发文的公文文稿，应当退回起草单位并说明理由；符合发文条件但内容需作进一步研究和修改的，由起草单位修改后重新报送。

第二十二条　公文应当经本机关负责人审批签发。重要公文和上行文由机关主要负责人签发。党委、政府的办公厅（室）根据党委、政府授权制发的公文，由受权机关主要负责人签发或者按照有关规定签发。签发人签发公文，应当签署意见、姓名和完整日期；圈阅或者签名的，视为同意。联合行文由所有联署机关的负责人会签。

第六章　公文办理

第二十三条　公文办理包括收文办理、发文办理和整理归档。

第二十四条　收文办理主要程序是：

（一）签收。对收到的公文应当逐件清点，核对无误后签字或者盖章，并注明签收时间。

（二）登记。对公文的主要信息和办理情况应当详细记载。

（三）初审。对收到的公文应当进行初审。初审的重点是：是否应当由本机关办理，是否符合行文规则，文种、格式是否符合要求，涉及其他地区或者部门职权范围的事项是否已经协商、会签；是否符合公文起草的其他要求。经初审不符合规定的公文，应当及时退回来文单位并说明理由。

（四）承办。阅知性公文应当根据公文内容、要求和工作需要确定范围后分送。批办性公文应当提出拟办意见报本机关负责人批示或者转有关部门办理；需要两个以上部门办理的，应当明确主办部门。紧急公文应当明确办理时限。承办部门对交办的公文应当及时办理,有明确办理时限要求的应当在规定时限内办理完毕。

（五）传阅。根据领导批示和工作需要将公文及时送传阅对象阅知或者批示。办理公文传阅应当随时掌握公文去向,不得漏传、误传、延误。

（六）催办。及时了解掌握公文的办理进展情况,督促承办部门按期办结。紧急公文或者重要公文应当由专人负责催办。

（七）答复。公文的办理结果应当及时答复来文单位,并根据需要告知相关单位。

第二十五条　发文办理主要程序是:

（一）复核。已经发文机关负责人签批的公文,印发前应当对公文的审批手续、内容、文种、格式等进行复核;需作实质性修改的,应当报原签批人复审。

（二）登记。对复核后的公文,应当确定发文字号、分送范围和印制份数并详细记载。

（三）印制。公文印制必须确保质量和时效。涉密公文应当在符合保密要求的场所印制。

（四）核发。公文印制完毕,应当对公文的文字、格式和印刷质量进行检查后分发。

第二十六条　涉密公文应当通过机要交通、邮政机要通信、城市机要文件交换站或者收发件机关机要收发人员进行传递,通过密码电报或者符合国家保密规定的计算机信息系统进行传输。

第二十七条　需要归档的公文及有关材料,应当根据有关档案法律法规及机关档案管理规定,及时收集齐全、整理归档。两个以上机关联合办理的公文,原件由主办机关归档,相关机关保存复制件。机关负责人兼任其他机关职务的,在履行所兼职务过程中形成的公文,由其兼职机关归档。

第七章　公文管理

第二十八条　各级党政机关应当建立健全本机关公文管理制度,确保管理严格规范,充分发挥公文效用。

第二十九条　党政机关公文由文秘部门或者专人统一管理。设立党委（党组）的县级以上单位应建立机要保密室和机要阅文室,并按有关保密规定配备工作人员和必要的安全保密设施。

第三十条　公文确定密级前,应当按照拟定的密级先行采取保密措施。确定密级后,应当按照所定密级严格管理。绝密级公文应当由专人管理。公文的密级需要变更或者解除的,由原确定密级的机关或者其上级机关决定。

第三十一条 公文的印发传达范围应当按照发文机关的要求执行;需要变更的,应当经发文机关批准。涉密公文公开发布前应当履行解密程序。公开发布的时间、形式和渠道,由发文机关确定。经批准公开发布的公文,同发文机关正式制发的公文具有同等效力。

第三十二条 复制、汇编机密级、秘密级公文,应当符合有关规定并经本机关负责人批准。绝密级公文一般不得复制、汇编,确有工作需要的,应当经发文机关或者其上级机关批准。复制、汇编的公文视同原件管理。

复制件应当加盖复制机关戳记。翻印件应当注明翻印的机关名称、日期。汇编本的密级按照编入公文的最高密级标注。

第三十三条 公文的撤销和废止,由发文机关、上级机关或者权力机关根据职权范围和有关法律法规决定。公文被撤销的,视为自始无效;公文被废止的,视为自废止之日起失效。

第三十四条 涉密公文应当按照发文机关的要求和有关规定进行清退或者销毁。

第三十五条 不具备归档和保存价值的公文,经批准后可以销毁。销毁涉密公文必须严格按照有关规定履行审批登记手续,确保不丢失、不漏销。个人不得私自销毁、留存涉密公文。

第三十六条 机关合并时,全部公文应当随之合并管理;机关撤销时,需要归档的公文整理后按照有关规定移交档案管理部门。

工作人员调离岗位时,所在机关应当督促其将暂存、借用的公文按照有关规定移交、清退。

第三十七条 新设立的机关应当向党委、政府的办公厅(室)提出发文立户申请。经审查符合条件的,列为发文单位,机关合并或者撤销时,相应进行调整。

第八章 附 则

第三十八条 党政机关公文含电子公文。电子公文处理工作的具体办法另行制定。

第三十九条 法规、规章方面的公文,依照有关规定处理。外事方面的公文,依照外事主管部门的有关规定处理。

第四十条 其他机关和单位的公文处理工作,可以参照本条例执行。

第四十一条 本条例由中共中央办公厅、国务院办公厅负责解释。

第四十二条 本条例自 2012 年 7 月 1 日起施行。1996 年 5 月 3 日中共中央办公厅印发的《中国共产党机关公文处理条例》和 2000 年 8 月 24 日国务院发布的《国家行政机关公文处理办法》停止执行。

参考文献

［1］王敏杰,徐静.财经应用文写作[M].北京：科学出版社,2005.

［2］张德实.应用写作[M].北京：高等教育出版社,2004.

［3］杨文丰.现代应用文书写作[M].北京：中国人民大学出版社,2001.

［4］杨忠慧.应用文写作[M].北京：中国人民大学出版社,2010.

［5］王敏杰.商务会议与活动管理实务[M].上海：上海交通大学出版社,2008.

［6］姬瑞环, 张虹.公文写作与处理[M].北京：中国人民大学出版社,2005.

［7］郭冬.秘书写作[M].北京：高等教育出版社,2003.

［8］卢如华.新编秘书写作[M].北京：高等教育出版社,2007.

［9］王敏杰.谈优化秘书写作教学过程的方法[J].秘书之友,2008(4).

［10］王敏杰.以工作项目为导向的应用写作课程教学设计[J].应用写作,2009
(1).

［11］王敏杰.论行政公文的结构特点和结构方式[J].档案学通讯,2009(5).

［12］王敏杰.高职应用文写作精品课程建设的实践探索[J].中国职业技术教
育,2009(35).